JN438227

무등산 아침 해같이

무등산 아침 해같이

박 용 운

시와문화

| 차 례 |

■ 책머리에 _ 6

제1부 그리운 옛날의 그 친구들

그리운 옛날의 그 친구들 –상해 회갑 여행 후기 _ 12
서른 잔치는 아직 끝나지 않았다 –HOME COMING DAY 참관기 _ 32
이제는 모두 말할 수 있다 _ 40
창공(蒼空)의 Ace! 날아라! 영만아, 푸른 하늘을! _ 49
남기고 싶은 야그들 –제1화 '송강별곡' _ 67
남기고 싶은 야그들 –제2화 '각시와의 약속' _ 72
남기고 싶은 야그들 –제3화 '빠삐따' 삼계명 _ 78
아, 아부지! _ 84
태호야! 정말 잘 가, 안녕! _ 88
잃었던 아들, 돌아온 탕자 _ 93
암사슴이 시냇물을 그리워하듯–반창회 참관기 _ 97
무남독녀 혜준이 여우는 한남하에게 _ 102

제2부 백두산 뻗어내려 반도 삼천리

아아! 천왕봉, 기연치 다시 오마! _ 108
백두산 뻗어내려 반도 삼천리 _ 121
아아! 설악산, 끌텅을 파불란다! _ 152
내장산 산행기–탈락자의 고백 _ 162
사랑과 소망이 이루어지는 곳 –연인산 _ 171

제3부 푸른 초원 우에 그림 같은 샷 날리며

아! 하이난, 기연치 다시 오마! _ 178
무안의 금잔디 동산에서 _ 202
계림산수 갑천하(桂林山水 甲天下)! _ 223
불쌍흔 고아들의 치앙마이 방랑기 _ 260

제4부 나의 이야기

소녀와 토끼 _ 294
모가지 걸고 마신다 _ 309
반지 도둑 _ 311
아내는 부재중 _ 317
아내에게 바치는 눈물의 편지 _ 320
아름다운 죽음을 위하여 _ 323
나는 아직 암것도 모르겄다 _ 327
지나니 한숨이요, 나오나니 눈물이다 _ 331
천상 잔치에 참석하자 _ 337
잘 가, 엄마! 정말, 너무나 보고잡네 _ 341

■발문 – 조승환/ 박용운의 저서 출간을 기다리며! _ 346
■발문 – 강남석/ 박용운 책 발간에 부쳐 _ 349

■본문 삽화 – 장동주, 교정 – 임윤섭

■ 책머리에

맑고 푸른 꿈 변함 없이

13년 전, 지리산에서 '산사랑' 친구들과 막걸리 한 사발 하며 구성지고 걸쭉한 우리말 산행기를 써서 홈피에 올려 보라는 제안을 받았다. 지금 생각하면 우습지만 홈페이지라는 게 뭔지 몰랐고, 글을 써서 우체부가 아닌 e-mail로 보낸다는 고도의 기술을 처음 듣는 컴맹인 난 못 한다고 했다.

목마른 산사랑 회장 임복순이가 샘을 팠다. 산행기를 써서 팩스로 보내주면 지가 홈피에 다시 쳐서 올려준단다. 친구들이 술 사주며 볶는 통에 2003. 8. 19 떨리는 마음으로 처음으로 써서 올린 글, 즉 나의 첫번째 작품이 제목은 '지리산 산행기 마이크 테스트' 요, 내용은 '인터넷에 처음 접속하여 혹시 잘못 될까 연습으로 올린다' 이다.

자상한 친구 3명이 즉시 댓글을 달아주었다. "역시, 용운이답다." 목소리 가다듬는 마이크 테스트는 들어봤지만 인터넷 글쓰기 테스트는 듣보잡이란다. 시공간을 초월하여 소통이 가능함을 깨친 그날의 감동이란 자칭 국보 양주동이가 「면학의 서」에서 설파한 '1인칭, 2인칭, 3인칭을 깨친 즐거움' 을 능가하였다. 나의 동창회 홈피 글쓰기는 그렇게 시작되었다.

그게 13년 동안 쓰다 보니 125편이 되었다. 특별한 정보나 지식을 전달하는 글도 아니요, 철학이나 사색을 요하는 것도 아니요, 문체나 묘사가 뛰어날 것도 없는 그야말로 평범한 우리들의 이야기에 전 세계에 있는 친구들이 각별한 관심과 사랑을 보내주었다. 썼다 하면 천 명이 넘게 조회를 하고 분에 넘치는 칭찬과 정에 넘치는 댓글을 달아 주었다. 연재가 늦어지면 빨리 안 올리고 뭐 하고 자빠져 있느냐는 성화가 빗발치기도 했다.

작년 7월 3일, 이영만이가 이사장으로 있던 서초동 김영옥 평화센터 사무실에서 이영만, 한남하, 조기인, 이백만, 안재욱, 김상태, 임윤섭, 한동철이와 만났다. 남하가 홈피에 올린 나의 글들을 좀 다듬고 정리한 다음, 환갑 여행 이야기를 덧붙여 책을 출간하자는 제안을 했고, 모두들 대찬성이었다. 그런 연유로 13년 동안 썼던 글을 1부는 친구들과 함께 했던 회갑 여행, 홈커밍데이 참관기, 자랑스런 친구 이영만이와 박선우의 부대 방문 등 동창회의 공식적인 행사와 친구들의 경조사 참석 후 느낀 소회 등을, 2부는 산악회 '산사랑' 친구들과 다녔던 지리산, 백두산, 설악산 등의 산행기를, 3부는 나이 쉰이 넘어 배워 염불보다는 잿밥에 팔려 공치러 다니던 이야기를, 4부는 애비로서 자식 키우며 느끼거나 술 마시는 남편으로서 아내 속 태우고 쓴 반성문과 각서, 부모, 형제 얘기 등으로 구분하여 정리해 보았다.

홈페이지의 글들이 한 권의 책이 되기까지는 봄부터 소쩍새가 울고 또 천둥이 먹구름 속에서 울듯 많은 친구들의 격려와 응원과 희생과 사랑이 있었다.

이백만이의 푸른 기와집 홍보수석 관록과 여러 권의 책을 낸 경험을 바탕으로 한 조언이 없었다면 이 책은 세상에 나오기 어려웠을 것이다. 백만이는 책 제목 '무등산 아침 해같이' 도 정해 주었다. 우리 교가의 첫 소절로 입과 귀에 익을 뿐 아니라 어머니 같은 무등산과 어릴 때의 꿈이 아련히 피어 오르는 '고향의 잔디' 같은 제목이라 마음에 든다.

임윤섭이는 초벌구이도 제대로 되지 않은 원고를 밤을 새워가면서 꼼꼼이 교정해 주었다. 싱어 송 라이터로 작년에 데뷔한 그의 아들 재호는 겨우 눈코 뜰 새 없이 바쁜 일정에도 불구하고 아빠 친구들의 잔치에 참석하여 축가를 불러주기로 했다.

장동주는 병원 일에 쫓기면서도 그 순수하고 맑은 시선과 심성으로 너무도 예쁜 표지 그림과 동화 같은 삽화를 그려 주었다. 동주의 투명하고 여린 가을 동화에 맞는 글을 써야 하는데. 오죽하면 내 책에 넣기는 너무 아깝다고 했을까? 주객이 전도된 느낌이다.

김상태와 조기인, 한동철이는 회사의 임원으로 업무와 회의, 출장으로 쫓기면서도 참석하여 그것만으로도 큰 힘이 되었는데, 도리어 항상 웃고 격려하며 잘한 것도 없는데 칭찬해 주고 적극적으로 참여를 못해 죄인이라며 모든 밥값과 술값을 흔쾌히 내주었다.

안재욱이는 딸을 결혼시키고 캐나다로 떠나보낸 다음날 참석해 우리들을 감동시키고 미안하게 했다. 빨리 책이 끝나 자나깨나 남편 걱정만 하는 그의 아내에게 재욱이를 조금이라도 더 많이 돌려보낼 수 있으면 좋겠다.

내가 군 출신인만큼 동창 장성들의 도움이 컸다. 이영만 장군은 발기인이지만 레바논 대사 발령으로 책 발간을 못 보고 가는 것을 너무 서운해하며 출국 전 F-15K 전투기 모형을 선물로 주었다. 축하와 성공을 비는 그의 강렬한 눈빛과 굳은 악수가 지금도 너무 생생하다. 박선우 장군은 시간만 있으면 참석하여 격려해주었고 출판기념회의 장소와 음식을 준비해 주었다. 자이툰 부대와 한미연합사 경험 덕분에 선진국의 드레스 코드에 정통하여 처음으로 나한테 나비 넥타이를 매게 하였다. 박형인 장군은 기꺼이 출판 기념회의 사회를 맡아 주었다.

원고가 정리되자 추천사로 고민흐던 중 조승환이의 「박용운이의 저서 출간을 기다리며」가 홈피에 올라왔다. 승환이와는 개인적인 교분은 없고 가끔 그의 글을 보며 '그는 프로요, 나는 아마구나' 하며 그의 내공을 흠모한 것이 전부다. 그런 그가 꼭 필요한 시기에 꼭 원하는 내용의 글을 선물

한 것이다. 우연의 일치로만 돌리기에는 뭔가 있는 것 같다.

강남석이는 통 소식이 없이 지내다 갑작스레 부탁한 나의 청에, 군말 없이 학창 시절로 돌아가게 하는 심쿵한 글을 써 줬다. 그는 목포고를 우리와 같은 연도에 졸업한 호남의 스타다. 이미 등단한 그의 새 책이 나올 때 나도 품앗이 해야겠다.

조경준이는 '책의 제호' 부탁을 일언지하에 들어 주었다. 첫 결혼식이 많은 실수가 있듯, 첨으로 책을 만들다 보니 가장 중요한 간판을 생각도 못했다. 개업할 때에야 생각나 허겁지겁 부탁했는데 바쁜 중에도 개운하고 힘차게 일필휘지로 갈겨 줬다.

그밖에도 사방데서 재능 기부가 답지했다. 제5회 MBC 대학가요제 그랑프리에 빛나는 〈바윗돌〉의 정오차와 고등학교 짝궁이었던 색소폰의 대가 김용국이는 기념회 날 공연을 위해 최선을 다해 연습중이고 민훈기와 부인 윤혜옥이는 광주에서 서울까지 천리 길을 오가며 갖은 정보와 조언을 아끼지 않았다.

이 책은 '한남하의, 한남하에 의한, 한남하를 위한 책'이다. 그는 최초로 나에게 산행기를 써서 홈페이지에 올리도록 하였고 한편 한편 격려의 댓글을 달아 주었으며 한동안 뜸하면 왜 안 올리냐고 다그쳤다. 최초로 이를 묶어 책으로 엮을 것을 제안하고, 모두 회의적일 때 열정과 뚝심으로 밀어붙여 오늘이 있게 하였다. 남하는 이 책의 지휘자요 총감독이다.

고로 나는 바지 작가이다. 모든 내용과 추억은 다 친구들이 만들어 준 것이고 나는 그대로 옮겼을 뿐이다. 책도 다 친구들이 만들어 주었고 잔치까지 벌려 주었다. 그러기에 대부분 서문에서 작가가 이 책을 누구에게 바친다고 하던데 난 그 반대다. 친구들아, 고맙다. 너희들이 만들어 준 책 잘 받았다. 너희들의 정성이 가득 담긴 예쁘고 소중한 책, 오래오래 고이 간직하련다.

가슴 아픈 사실은, 남편들이 책 만든다는 핑계로 자주 만나는 통에 각시들의 걱정이 컸다는 것이다. 각시들에게 용서를 빌고 7월 9일만 지나면 다시는 만나지 않기로 다짐한다. 일을 빙자한 몇 번의 음주로 아내 강혜영의 슬픔과 분노가 극에 달했다. 살아가면서 영원히 갚아도 못 갚을 가장 큰 빚이요, 나만이 지고가야 할 십자가다.

등단을 감축한다는 친구들의 농담 어린 축하에는, 작가가 되는 것보다는 책 발간을 통해 좋은 친구들과 좋은 인연으로 행복한 시간을 보낼 수 있었다는 것이 가장 고마웠다고 답하고 싶다.

애초에 홈피에 글을 쓸 때, 책이 되리라고는 생각도 못했다. 그런데 시간이 가고 친구들이 모이다 보니 진짜 책이 나오게 생겼다. 지난 수요일, 몇 명의 친구들과 출판기념회 장소인 육군회관 사전 답사를 마치고, 삼각지 로타리에 있는 소공원에서 둘러앉아 동서식품 한동철이가 가져온 커피와 음료를 마시며 누군가 하는 말,

"우미, 진짜 책이 나오기는 나올 모양이다이.

장난치다 애 배불었는디 어째사 씨것냐, 얼릉 나불어야제."

2016. 6.

박 용 운

제1부
그리운 옛날의 그 친구들

그리운 옛날의 그 친구들
–상해 회갑 여행 후기

옛날에 즐거이 뛰놀던 곳 나 언제나 그리워라
동산에 올라가 함께 놀던 그 옛날의 친구들
먼 산에 진달래 곱게 피고 뻐꾸기 한나절 울어대던
그리운 옛날의 그 얘기를 다시 들려주세요.

환갑 잔치로 상해를 다녀온 지 1주일째, 마냥 '훈기 앓이'를 하고 있다. 바로 어제처럼 선명하기도 하고 아득한 옛날처럼 아스무라하기도 하다. 길을 가다, 지하철이나 버스 안에서, 사무실에서, 심지어는 자다가도 훈기의 옹알이가 들리는 듯한 환청과 훈기가 버스 안에서 남진, 나훈아 노래를 함서 허벅지 안쪽 양복바지 자락을 움켜쥐고 비벼대며 찌렁내를 내뿜던 모습이 떠오르면 폭소를 터뜨리다 남 볼까 우세시라서 뚝 그친 적이 한두 번이 아니다.

금년에 돌아가신 엄마로부터 천부적 코미디 재능을 물려받은 훈기는 여행 내내 우리 모두를 웃기느라 머리에 땀이 맺히게 했다. 인민군 모자를 쓰고 사이키 조명을 휘두르며 각시를 찾아 황포강 가를 목메어 헤매던 모습은 찰리 채플린, 배삼룡 이후 슬랩스틱 코미디의 절정이었다. 덕분에 그간의 모든 스트레스를 힐링하고 재충전했다. 도대체 친구가 뭣이기에 만

나면 고렇게 반갑고 이 나이에도 함께 놀면 얼척없고 헤어지면 이렇게 애틋흐꺼나?

작년 국립중앙박물관 교양 강좌 '인류학' 시간에 배왔는디 인류학을 공부흘라믄 세 가지 '사고방식의 전제'가 있단다. 첫째는 제일성(齊一性)으로 어떤 사람이건 마음이 표현되는 방향과 방법은 다를지언정 '사람의 마음은 동일하다'는 전제, 둘째는 상대성(相對性)으로 '모든 사람은 다 다르다'는 전제, 셋째는 총체성(總體性)으로 아무 상관이 없는 듯흐지만 '모든 것은 서로서로 다 직접적인 관련이 있다'는 전제란다.

이 전제들을 우리흔테 적용하믄 첫째 우리 모두는 서중, 일고를 나왔다는 제일성을 공유하고 있다. 우리가 지금은 어찌고 살든 뭣을 흐든 국적은 바꿀 수 있어도 학적은 못 바꾼다는 말이 있듯 서중, 일고를 나온 한 우리는 죽을 때까지 영원히 하나다.

둘째는 우리 모두는 다 다르다는 상대성이다. 같은 학교에서 같은 선생님흔테 같은 나이에 배웠지만 공부 잘흐는 넘, 운동 잘흐는 넘, 음악·미술에 뛰어난 놈, 시와 문학 재능이 다 다르고 지금 흐는 일도 다 달라. 우리가 똑같다면 만나도 먼 재미가 있겄냐? 훈기가 없다면 먼 재미가 있을 것이며 내가 없다면 누가 촌시런 전라도 말을 싸질르고 쌍욕을 흘 것이며 그 누가 얼척없는 노가리를 까겄냐.

셋째는 우리가 아무 관계 없이 혼자 잘살 수 있을 것 같아도 안 되야. 아무 연락도 없고 오랜만에 만났지만 그간 음으로 양으로 다 연결돼 있고 느그들이 한 일을 어찌께든 다 알고 있어. 요번에 강의했던 진상이가 그러드라. 지가 삼성병원 광주 서중, 일고 복덕방이란다. 동창뿐 아니라 선후배, 옛날의 은사님 등 모든 사람이 급히 삼성병원에 올라믄 저한테 문의를 흐고 부탁을 한단다. 성가시고 번거로운 일 같지만 고것이 다 세상 살아가는 재미고 보람이란다.

괜히 학문적 용어로 대가리를 복잡흐게 했다만 쉽게 말흐먼 친구는 나의 분신으로 남들이 나를 판단흐는 간판이요, 친구를 통해 내 꼬라지를 보고 판단흐는 거울이라는 것이여. 긍깨 바른 방향으로 잘 나갈라믄 많은 친구를 자주 만나야 한다. 요놈 저놈 많이 만나다 보면 첨에는 요상흐고 변태 같은 놈도 나중에는 다 나를 알기 위해 필요흐다는 말이다.

요번에 졸업 이후 첨 본 친구들이 많던디 찬찬히 들여다본깨 그 안에 옛날 까까중 머리흐고 학교 댕길 때 그 모습이 다 있더라. 타임머신이나 역방향 열차를 타고 가듯 지나온 길들을 더듬어 거슬러 올라간께 40여 년 전의 모습이 오버래핑되며 하나하나 떠오르드라.

10대의 소년이 어느덧 저렇게 훌쩍 자라 아들딸 여우고 손자, 손녀 재롱에 자식 바보, 손자 바보가 되다니. 더욱더 한 명 한 명이 귀흐고 반가와지며 백발과 주름, 심지어는 잡티까지도 그간 살아온 연륜과 역사의 흔적인 듯 더욱 자랑시럽고 사랑시러워졌다.

우리는 영원히 하나다

로버트 프로스트가 「가지 않은 길」에서 '먼 훗날 나는 어디에선가 한숨을 쉬며 이야기할 것입니다./ 숲속에는 두 갈래 길이 있었다고/ 나는 사람이 적게 간 길을 택했다고/ 그리고 그것 때문에 모든 것이 달라졌다' 고 읊은 것처럼 각양 각처에서 다른 길을 걷던 친구들이 인생의 가장 민감한 시기에 학생탑 아래서 함께 공부했다는 이유로 이 자리에 이렇게 모인 것만도 대단한 일이다. 아울러 친구도 친구지만 이 부잡시런 서방들을 아직까지 내뿔지 않고 어르고 달래서 훌륭히 키워 함께 참석해 준 각시들에게 존경과 찬미와 감사를 드리고 싶다.

참석한 각시들의 얼굴이 한결같이 온화흐고 평온해서 놀랐다. 다 좋게 생기고 엄마처럼 포근해서 앵기고 싶었다. 계산적이고 까칠한 여자는 눈 씻고 찾아봐도 보이지 않았다. 후덕한 미모와 지성에 생활력과 머리에다 지아비에 대한 한없는 애정까지 갖췄으니 진짜 우리는 호강에 초친 놈들이다. 각시들도 지금까지 같이 살았으면 성에 관계없이 다 친구여. 각시들도 서방 친구 각시들이 훨씬 이모롭고 편흐단다. 만나면 길게 이야기흐고 자실 것도 없이 금방 이해와 소통이 되분단다.

여자 친구들끼리 만나 서방을 씹을라면 자존심도 있고 숭(흉)볼까봐 눈치도 보여 꼼치기도 흐지만 서방 친구 각시들은 각자 서방을 뻔히 다 안께 원 없이 씹어서 패 밭어불어도 챙피는커녕 속이 시원흐단다. 그래서 버스별로, 만찬시 테이블 별로 단톡방을 개설하여 언제든지 우정을 돈독히 흐고 서방 비리에 대한 정보를 교환흐기로 협정을 맺었다 흐니 각별히 조심토록 해라.

환갑을 맞아 동창과 각시 150명이 중국으로 단체 여행을 간다고 했더니 남들이 모두 놀라더라. 광주 서중, 일고만이 할 수 있는 일이란다. 훗날 사가들이 광개토대왕의 요동 정벌 이후 최대의 사건이라 기록할 것이란다.

이 모든 것을 준비하기 위해 집행부가 너무 수고했어. 덕분에 아무 사고 없이 재밌고 행복한 여행을 다녀왔다. 광주 본부 박병순 회장님 이하 간부들, 경인 본부 윤영복 회장님과 최근창 사무총장님, 그리고 완벽한 준비를 위해 각 분야별로 힘써 준 집행위원들에게 모두 격려와 감사의 박수를 보내 주자.

이번 여행이 너무 좋아 65세에 또 한번 더 잔치를 열기로 현장에서 만장일치로 결정했다는디 아주 잘한 일이다. 예순다섯 살은 인생의 가장 좋은 때란다. 금년 초 우리 학교 다닐 때 지성의 상징이었던 연세대 철학과 김형석 명예교수의 인터뷰를 본 적이 있어. 요 양반이 금년 96센디 지금도 강의를 흐고 책을 쓴단다. 인생의 황금기가 언제였냐는 물음에 망설임 없이 60대 중반 즉 65세 전후란다. 그때가 차츰 욕심이 없어진깨 마음이 평온해지고 뭔가 주위에 관심을 가질 수 있는 마음의 여유가 생기드란다. 귀도 순해져서 누가 뭐라 해도 수긍이 가고 버럭 성질도 순화되어 김태길, 안병욱 교수 등 친구들과도 사이좋고 재밌게 잘 지낸단다. 숨 가쁘게 해치우던 인생의 규정 종목을 끝내고 자기가 하고 싶은 것, 자유 종목을 할 수 있고 친구가 있다는 것이 젤 큰 행복이더란다.

지성인이랑께 또 한 명의 대표적인 지성 이어령 씨가 떠오른다. 이 양반도 80이 넘은깨 자꾸 깜빡깜빡흔단다. 특히 세수를 흠서 이빨을 닦았는지 비누칠을 했는지 도통 기억이 안 나드란다. 그래서 어쩔 땐 두세 번씩 이빨을 닦거나 비누칠을 했는디 차차 꾀가 생겨 요새는 긴가민가흐면 비누나 칫솔에 물기가 있는지 세심히 살펴본단다. 그렇게 머리가 좋은 사람도 나이 묵으면 그런디 우리는 어찌까 걱정된다.

각시랑 자다가 꼴려서 배 우에 올라갔다 왜 올라갔는지 잊어부러서 눈 뜬 각시에게 “할멈, 내가 올라왔지?” 물응깨, 할멈이 눈을 끔뻑이며 “영감은 뉘슈?” 하고 물었다던디. 그때는 이어령 씨처럼 어디에 물기가 있는지 뭣을 자세히 살펴야 흐나?

우리도 65세쯤이면 지금보다 더 여유와 평온이 찾아올 거여. 아직은 현직에 남아 있는 친구들, 의사 친구들이 많아 출발이 1, 2, 3진으로 나뉘고 버스가 다르다 보니 전화로는 상해서 보자고 했는디 도통 만날 수가 없어. 갔다 와서는 누가 왔는지도 확실히 모르겄더라. 김포 도착해서도 입국수속과 수화물 찾다 보니 뿔뿔이 흩어져서 제대로 인사도 못 한 것이 아쉬워. 담에는 시간도 일정도 넉넉히 잡고 함께 출발해서 하루 정도는 자유의 날로 친구들만 만나고 이야기흐고 묵음서 보내고 잡다.

2016년 4월 22일, 금요일 오후 회갑 여행단 본진과 선발대는 상하이 중심가 101층 파이넌스빌딩 94층 전망대에서 만났다. 선발대 23명은 본진 115명보다 이틀 먼저 상해에 도착해서 본진이 계획대로 차질 없이 편안히 여행할 수 있도록 사전 준비와 경호와 의전을 맡았다.

사방데서 남북 이산가족의 만남을 방불케 하는 포옹과 감동의 함성이 메아리쳤다. 1983년 KBS의 이산가족 상봉 방송이 생각난다. 30여 년 만에 만나도 잘 기억을 못 흐고 요것조것 묻다가 부모 형제임이 확인되면 대성통곡을 흐다 실신을 흐던디, 우리는 40년 넘어 만났지만 모가지에 건 이름표만 봐도 본능적으로 알 수 있었고 서로 뜨거운 악수와 포옹을 나눴다.

돌아다닌디 모조리 우리 편이다. 영락없이 고등학교 때 충장로 우체국 앞이다. 전망대 올라와서 구경은커녕 인사흐고 이야기 나누기에 여념이 없다. 관람비가 솔찬흐던디 요럴지 알았으면 길바닥에 앉아 입장료로 술 사묵고 놀 거인디 후회막급이다. 본전 생각이 나서 화장실에 들러 개안흐게 배설의 기쁨을 맛봤다. 94층에서 깔긴 오줌을 밑에서 맞어불면 어찌까? 흐흐흐.

중국 여행은 도시마다 특색이 있단다. 시안 여행은 진시황 때부터 수천 년 역사를 가이드가 썰을 풀어싼께 귀때기가 아픈 여행이란다. 계림은 하도 신기하고 볼 것이 많은 자연 풍광에 눈탱이가 아픈 여행이고 베이징은 천안문 광장, 자금성 등을 부지런히 싸댕길라믄 다리 아픈 여행인디, 상해는 모가지가 아픈 여행이란다. 하도 높은 고층 건물을 올려다보느라 현기증이 나고 뒷모가지가 뻣뻣해짐서 혈압이 올라 훈기같이 눈깔이 튀어나와 접시를 받혀야 했다.

머리 히컨 노인네들이 자기 가이드 깃발을 졸졸 따라 버스 5대에 분승하고 다니는 모습을 보니 중·고등학교 때 수학여행이 떠올랐다. 중학교 수학여행은 당일 아침 다 준비하고 학교 운동장에 세워 논 광주고속버스를 타려고 흔디 전날 경서중학교 수학여행 버스 건널목 충돌 사고 땜시 문교부의 특별지시로 전국의 모든 학교 수학여행이 금시되었단 비보가 전해졌다. 집에 돌아가 책가방 들고 다시 등교흐라는디 이미 들뜬 맘은 학교를 떴고 용돈도 탔겠다 뜻을 함께하는 동지들을 규합하여 증심사 계곡에 가서 술 마시고 노래흐고 춤을 추다 담날 아침 교무실에 끌려가 복날 개 맞듯이 터진 잊을 수 없는 웃픈 여행이었다.

우리 친구들은 공부만 잘 흔지 알았더니 준법정신도 뛰어났다. 버스별로 인원 파악을 흐면 항상 정시 이전에 탁탁 맞았다. 예원과 상해 옛거리를 관광한 후 저녁을 예상해 식당에서 상해 현지식으로 묵었다. 식사중 반가운 손님이 왔다. 홍콩에서 'T&M World'라는 회사를 경영하는 조관진이가 찾아온 것이다. 연대 졸업 후 '대우'에 다니던 관진이는 30년 전에 홍콩에서 사업을 시작했단다. 낯선 타국에서 그간 고생이야 오죽했것냐마는 지금은 꽤 잘 나가는 회사란다. 우리가 온단 말을 듣고 만사 제치고 잠깐 친구 얼굴 보러 왔단다. 선물로 백주 130병을 가지고 와서 원없이 마시고 각자 1병씩 선물로 안고 왔다.

밤에는 황포강 유람선을 타고 김정일이가 경천동지(驚天動地)할 일이라며 입을 다물지 못했던 외탄 야경을 감상했다. 휘황찬란하고 일사분란하게 계획, 통제된 야경은 귀국하는 날 올림픽대로에서 본 초라하고 어두운

한강의 야경과는 너무 대조적이지만 사회주의 국가의 보여주기 위한 전시 행정보다는 실속을 챙기는 내 나라의 난개발이 더 좋더라.

호텔로 이동하여 체크인 후 휴식을 취하는디 수학여행 온 학생처럼 좀처럼 자지 않고 방마다 전화하여 친구들을 불러 모아 우정을 확인하는 뜨거운 밤이었다. 보호자 없이 홀로 온 독거노인들이 점차 노숙자로 전락해 가는 밤이기도 했다.

이튿날 23일, 토요일은 비가 내렸다. 이때쯤 상해가 우기란다. 일정은 오진의 동책과 서책 관광이다. 오진은 '동양의 베네치아' 라 불리는 아름다운 운하 마을로 날씨 좋은 한적한 가을날, 각시와 함께 걸었으면 하는 곳이었지만 휴일이 겹친 데다 비는 주룩주룩 내리지 발 디딜 틈 없이 빽빽한 사람들 틈에 끼여 디질 뻔했다. 사방데서 중국말로 악을 쓰고 비명을 질러 골이 멍멍흔디다 옆 사람 우산대가 귓구녁을 쭈셔 고막이 빵꾸날 뻔했다.

서책으로 이동하여 주차장에 진입하는디 버스끼리 대가리 디밀다 빼도 박도 못흐게 되자 기사끼리 시비가 붙었는디 끝이 없다. 바로 그 순간, 훈기가 기사석으로 튀어가더니 창을 통해 상대 버스 기사에게 유창흔 중국말로 2분간 개안흐게 욕을 해분께 쌩지랄을 떨던 상대도 민보의 내공이 보통이 아님을 본능적으로 느끼고 살포시 꼴랑지를 내렸다.

근디 훈기 중국말을 자세히 듣고 분석해 본께 고것이 중국말이 아니다. 개샤키, 씹할 놈, 쌍놈스키, 아 쓰발 조오가튼 샤키, 가랑이를 찢어 불 놈, 오르가니즘도 못 느낄 놈, 싸다가 맥해서 못싸고 뻗을 놈, 씨팔노마 등의 우리말을 중국의 사성과 인토네이션에 맞게 조합한 것이다. 그런데도 번역이 전혀 필요 없다. 역시 우리 것은 좋고 세계에서도 통한다는 것을 알았다. 버스 안의 일행은 웃다 숨을 못 쉰께 뇌에 산소 공급이 끊겨 대가리가 쥐나불고 독흔 청양고추 여남은 개를 한번에 씹어분 양 낯부닥이 얼얼흐고 열이 나서 차의 에어콘을 최대한 올려야 했다.

점심 먹는 식당에서 고성원 부부, 이효재, 변계원, 신옥식, 박길주 1박 2일 팀이 마지막으로 합류하여 3당 체제가 완성되었다. 식후에는 배를 타고 노 저으며 운무가 피어오르는 수양버들 늘어진 수로를 유람했다. 숙소인 통안객잔(호텔)은 관광지 내에 자리잡은 분위기나 시설이 일본 냄새가 나고 시진핑이 투숙한 적이 있는 깨끗하고 아늑한 고급 호텔이었다.

호텔 볼룸에서 드디어 최후의 만찬이 시작되었다. 만찬장은 아주 넓고 무대 시설이나 테이블 배치도 좋았다. 보통 만찬은 그저 마시고 노는 시간이지만 우리는 달랐다. 우리의 두 번째 교훈인 '길러라 실력' 에 충실하게 공부부터 시작했다. 실상 학교 다닐 때는 '질러라, 머리' 라고 흐던 것들이.

제1부는 현존흐는 국내 의사 중에서 외래 대기 시간이 가장 길고 전문가들이 선정한 우리 사회 의료 분야의 대표시며 뇌졸중, 두통 분야의 세계적인 권위자이신 우리의 자랑 정진상이가 '행복하고 총명한 손주들로 키우기 위한 뇌 이야기' 란 주제로 강의를 했다. 진상이는 그 바쁜 와중에도 친구들이 보고잡어 휴가를 내고 참가한 각시들을 위해 돈 한푼 받지 않고 자청해서 강의를 했단다. 하도 기분이 존께 그간 마시지 않던 술도 한잔 했단다.

단지 흠이 있었다면 강의 도중 관심을 유도하기 위해 각시들흔테 질문을 흐는디 꼭 첨에는 전여고 출신들을 찾고, 담에는 중앙여고를 찾는 통에 전여고, 중앙여고를 안 나온 각시들이 불만에 가득 찼다. 특히 광여고, 동신여고 출신들이 자기들이 미모도 출중흐고 연예도 잘했는디 무시했다며 웬수를 갚기 위한 조직적인 복수를 계획하고 있다고 흥께 조심혀라.

2부는 내가 진행을 했는디 우려가 현실이 되었다. 출발 전 오브리나 가라오케 기기가 없다는 말을 듣고 험난한 미래를 예상했지만 친구들의 애쓰는 모습을 보고 정말 미안하고 가슴이 아팠다. 무대 위로 부부를 초빙하여 간단히 자기 소개를 하고 난 뒤 이제 와 이 나이에 노래방 기기 없이 가사를 외워 부르거나 반주 없이 음을 맞추기가 어려움을 알기에 인사치레로 노래를 청했는디 역시 '무궁화의 딸' 들은 위대했다.

남편과 새끼들에 대한 기대와 교육열은 그 누구도 막을 수 없었다. 각시는 어떠한 악조건 하에서도 남편은 기어이 해낼 거라는 믿음을 가지고 있었고 남편은 시켜만 주면 어떤 악조건 하에서도 각시의 믿음에 보답하려는 눈물겨운 몸부림을 보여 주었다.

우리의 소리꾼 윤영남이의 무반주 〈애비〉는 그간 딸들을 시집보내거나 요즘 날 잡은 친구들에게 단장의 아픔을 느끼게 하는 처절한 절규였다. 기억나지 않는 가사를 휴대폰을 연결해서 보려고 해도 눈이 침침해 뵈지를 않아 애쓴 〈안동역〉의 강성철 교장선생님, 최근에 『열린 생각, 열린 공간』이라는 저서와 애창곡 CD까지 발간한 〈아빠의 청춘〉의 정남준 전 행자부 차관님, 이태리 가곡을 시원흐게 뽑으려 했으나 중간에 막히자 그래도 포기하지 않고 〈토함산〉으로 마무리한 김석현 교수님 등께는 4년 후 65세 여행 시 최소 5인조 밴드나 정 안 되면 일고 오케스트라를 동원해서라도 무대를 꾸미고 맨 먼저 출연권을 보장해 줄란다.

남편들이야 남이사 노래를 하든 애기를 하든 술 마심서 지그들끼리 노가리깜서 보내면 되지만, 세상에서 젤 지루흐고 듣기 싫고 씨잘 데 없는 남자들 군대 가서 족구 흔 애기를 딱딱한 의자에 앉아 끝까지 함께 해주신 사모님들께 진심으로 감사드린다.

만찬 도중 방송사고가 났다. 이백만이 부부를 초청해 소개하는데 백만이가 지그 애기는 않고 대신 나의 책 이야기를 했다. 내가 책을 써서 곧 발간할 예정인디 그 발간 기념 콘서트를 7월 9일 흥깨 많이 참석해 달라고 발표를 해부렀다. 일부에선 짜고 치는 고스톱이란 비난이 있었지만 많은 친구들이 그날 온다고 흐고, 부인들이 축하한다며 도대체 무슨 책이냐고 성화와 질문이 빗발쳤다.

백만이는 진실한 사람이다. 절대로 저를 내세우는 배신의 정치를 할 넘이 아니다. 진실로 나를 위해 일하는 '진박(眞朴)'이다. 진도에서 태어나 초등학교를 나온 섬소년은 몹시도 육지를 그리워했다. 목포 제일중학교에 합격하여 꿈을 이루는 듯했으나, 육지는커녕, 집안 형편상 제주도로 백도를 했다. 기거할 곳이 없었던 소년은 작은 형이 제주에 취직을 해서 오현중학교를 갈 수밖에 없었다.

친구들이 "망아지를 나면 제주로 보내고 사람은 서울로 가야 흔디 너는 왜 거꾸로 했냐" 고 의아해 했단다. 고등학교 입시를 앞두고 백만이는 드디어 광주로 와서 일고에서 우리와 함께 공부하게 됐다. 공무원인 작은 아버지가 광주로 전근 오셨기 때문이다.

이후 서울대 경제학과를 졸업하고 기자를 걸쳐 2006년 1월 노무현 정권의 청와대 홍보수석이 된다. 노무현 대통령 서거 후 짧은 정치를 한 뒤 방황흐던 그는 캄보디아로 떠났다. 그리고 '반티에이 쁘리업' 이라는 시골에 서강대 예수회 신부들이 세운 장애인 자활공동체인 기술학교에서 7개월 동안 봉사하다 돌아왔다. 그때의 경험을 바탕으로 쓴 책이 『두 번째 방황이 가르쳐 준 것들』이다.

지금은 가톨릭교리신학원 학생이자 캄보디아 학교 건설 재단의 홍보대사를 맡고 있다. 느그들도 백만이 일 도와주면 천당 갈 것이다. 백만이의 이야기를 다소 길게 소개한 것은 그가 우리 친구들 중 모범이 되기 때문이다. 우리 시대가 영웅을 만들기는커녕 씹고 조지기에 바빠 그렇지 각 분야에서 자랑스럽고 훌륭흔 우리 친구들이 정말 많다. 그 중 한명이 이백만이고 또 한 명이 지난 4월 27일, 레바논 대사로 부임한 이영만이다. 몇 년 내에 백만이랑 베이루트 댕개 와서 '백만이와 영만이' 등 친구 열전을 쓸란다.

지금 생각해 본께 이번 사건은 백만이가 홍보수석 경험이 있어 내가 뺀질뺀질 글을 안 쓸라고 흔깨 '김무성이 살생부 파문' 처럼 슬며시 언론에 흘려 빼도 박도 못 흐게 옭아매분 것 같다. 할 수 없이 책 발간의 진실을 밝히고자 한다.

작년 이맘 때 한남하가 "내년에 동창회에서 환갑 기념으로 단체 여행을 간단디, 그동안 니가 우리 홈피에 올린 글들을 쫌 다듬고 정리흔 다음, 환갑 여행 이야기를 덧붙여 책 한 권 출간흐자" 했다. 주위가 시끄럽고 산만한 데다 내년 일이라 건성으로 "알았다"고 답했다.

작년 7월 3일, 이영만이가 이사장으로 있는 김영옥 평화센터 사무실에서 무슨 발기대회를 한다는 톡이 왔다. 발기라니 인자 나이가 들어 모다들 심이 시원찮아서 발기 촉진제를 주려나 하는 막연한 기대를 가지고 모임에 갔더니 동창들 중 평소 존경해 마지않던 짱짱한 친구들이 다 모타 있었다. 이영만, 한남하, 조기인, 이백만, 안재욱, 김상태, 임윤섭, 한동철 등이었다.

남하가 모임 취지에 대해 설명했다. 책을 발간하려는 생각은 즉흥적인 게 아니란다. 오래 전부터 지 나름대로 생각하고 쭉 구상을 해 왔단다. 단 그 시기가 문제였는디 때가 왔단다. 그래서 지와 뜻을 함께 하는 친구들을 골라 앞으로는 정례적으로 만나 책 제목, 편집 방향을 정하고 북 콘서트 등을 추진한단다.

뜻이야 그럴듯했지만 어차피 책 발간은 내년 일이고 세월이 가믄 모임이 흐지부지 없어저 버릴 수도 있고 책 발간을 핑계로 좋은 친구들과 만나 맛난 것도 묵고 놀 수 있어 굳이 마다하지 않았다. 근디 어영부영흐다 그 시간이 와 부렀다. 발기인 모임이 흐지부지되기는커녕 더 빳빳해져서 철판도 뚫어불 기세다.

출장 갔다 일을 서둘러 마치고 막힌 길을 달려온 친구, 공휴일도 불사하고 참석해서 흔쾌히 저녁을 사준 친구, 당시 같이 광주에서 학교를 다녔던 광고, 부고, 전여고, 조대여고, 중앙여고, 목고 졸업생도 초청흔다고 만나러 가는 친구에다, 각시마저 지그 친구들흔테 남편이 친구들 강요에 못 이겨 책을 낸다고 했더니 세상에 그런 좋은 친구들이 있냐고 세상 참 살았다고 몹시 부러워흐드라며 거든 통에 일이 생각보다 커져부렀다.

첨 애기 나왔을 때 딱흐고 잘랐서야 했는디 모질지 못해 어물어물했던 것이 인자는 을(乙)이 되야부렀다. 사방데서 갑(甲)들이 조졌싼께 내가 왜 요렇게 되야부렀는지 잠 못 이루는 밤이 늘었다. 책상에 앉기도 싫고 PC만 보면 대가리가 하애저분다. 도무지 생각이 나질 않으니 옛날 같으면 서너 시간이면 될 일을 종일 있어 봤자 두세 장 진도도 안 나가니. 글쓰기 입시에 걸려분 것 같다.

지난번 PGA 마스터스 1라운드 1번 홀에서 빅 이지 어니 엘스가 six 빠따를 흐고 머릿속에 뱀이 들어가면 어쩔 수 없다고 흐더니 머릿속 뇌는 다 녹아불고 똥만 가득찬 모양이다. 진상이의 뇌 노화에 대한 강의를 들으니 빨리 가서 진단을 받아 봐야겄다.

이 핑계 저 핑계로 차일피일 미루는디 남하의 한 마디가 가슴에 박힌다. 저는 옛날을 생각흐면 먼 일인가 해야 흘 일을 못 했다는 빚진 마음이 있어 친구들 모두가 공감흐고 기억하며 웃을 수 있는 추억을 담은 책을 만들고 싶었단다. 학교 다닐 때 청소도 열심히 안 했고 졸업 후 학교나 동창들을 위해 특별히 한 일이 없으니 모든 동창들이 함께 모여 즐기고 회갑 여행 해단식을 겸한 출판기념회 무대나 마련해 주고 끝내자는 의미란다.

4월 24일, 일요일 마지막 날이다. 다행히 비는 오지 않았다. 일정은 상해임시정부 청사 방문과 남경로 관광이다. '상해임시정부' 나라를 빼앗기고 남의 나라 땅을 얻어 세운 망명정부! 무언가 울컥하다. 건물은 그간 대한민국의 현직대통령이 3명이나 다녀가고 그 때마다 정비와 증축 계획이 뉴스에 나오는 것같던디 10년 전에 들렸을 때나 별 변동이 없는 듯하다.

거기서 김 구 선생은 숙식을 하며 자나깨나 조국의 독립을 위해 싸웠다. 자식 같은 30세 전후의 이봉창 의사나 윤봉길 의사에게 일왕이나 적장의 암살을 지시하고 떠나가는 청년들의 뒷모습을 쳐다보며 눈물 흘리던 그의 고뇌에 찬 결단을 그린 영화 〈상해임시정부〉가 떠오른다. 중학교 때 단체로 봤는디 그때, 김구 역은 정운, 윤봉길은 박노식, 이봉창은 젊은 이순재가 맡았다.

요즘도 간혹 신문 구석 부음란에 보면 독립투사 '○○옹(97세 등등) 별세'란 기사가 뜨던디 살던 곳이 대개 성남이나 부천의 달동네여. 그 옛날 독립운동 할라면 집이나 전답 등 돈 되는 것은 다 처분하여 만주나 상해로 가고 항상 일본 놈들이나 앞잽이들흔테 쫓겨다니다 본께 언제 자식 돌보고 교육시켰겄냐. 해방 후에 대개 독립투사 가족들은 헐벗고 못 배운 데다 모두의 무관심 속에 비참하게 생을 마감했어. 가끔 그런 분들에게 미안하고 먼가 빚진 거 같은 역사적 부채 의식이 있어.

그런 맘이 또 하나 있는디 전라도와 광주여. 전라도와 광주 말만 나오면, 특히 요즘같이 5월이 오면, 맬갑시 미안시럽고 슬퍼. 당시 광주서 학교 나온 우리 모두는 헐벗고 배고플 때 온 집안이 희생해서 대학 보내고 갈친 아들이 부모형제에게 가진 부담감을 알게 모르게 가지고 있을 거여. 묵고 돌아서면 배가 고프던 서중 시절. 하굣길에 네 명이 돈 긁어 모타 메밀국수 세 그릇 시켜 국물이나 단무지는 물론 그릇에 묻은 파가리나 아부래기 뿌시레기까지 핥아 묵고 나오면 대신 몰래 계산하고 가셨다는 어떤 아저씨. 버스 탔다가 차비가 부족흐거나 없어 난감흘 때 일고 교복 입고 있으면 슬며시 눈감아 주던 동갑 아니면 한두 살 위였을 차장 누나.

그들의 바람은 무엇이었을까? '후제 느그가 커서는 전라도가 차별받지 않기를.' '느그들이 전라도를 빛내서 우리 새끼들이나 동생들 애통터지는 일 안 생기게 해 주기를.' 경제에는 꽁짜 점심이 없다든디 다 고것이 우리가 짊어질 우리의 짐이여.

이번 4·13 총선을 앞두고 각시가 종일 종편을 보거나 휴대폰 조회를 흠서 판세를 분석흐고 난리 부르스를 치길래 왜 그냐고 물었더니 요번이야말로 전라도가 뭉쳐서 본때를 보여줘야 흔단다. 그리 않으면 우린 자존심도, 배알도 없는 사람이 된단다. 오죽흐면 무대 김무성이 같은 것이 전주에 와서 '전라도는 배알도 없냐?' 고 보가리(고삐)를 채겄냐고 게거품을 품었다.

안철수가 이뻐서가 아니라 전라도가 똘똘 뭉쳐 '더불어' 는 한 명도 찍어줘서는 안 된단다. 고래야 문재인이도 김종인이도 앞으로 우리를 시피보지 않는단다. 글면 우리 친구 이병훈이는 어찌까 했더니 어쩔 수 없는 '시대의 아픔' 이란다.

각시는 어릴 때 서울로 이사 와서 지역 감정이 없는 줄 알았더니 고 반대라는 것을 요번에 알았다. 초등학교 5학년 때 전학을 왔는디 오자마자 애기들이 오찌고 알았는지 전라도 가시내라고 골리더란다. 전라도 티 안 낼라고 서울말을 열심히 배움서 친구들과 말도 안 했더니 외톨이가 되고 성적도 점점 떨어졌단다. 고 상처는 나중에 커서도 남아 있었단다. 저는 무시당흐는 전라도가 싫고 챙피해서 쭉 꼼치고 살았단다.

그러다 33년 전, 강남구 삼성동 AID 아파트 앞 다방서 고것도 시간이 안 맞아 밤 9시 30분에 첫선을 보는디 탐탁찮게 생각했던 전라도 촌놈이 촌시런 전라도 말을 암시랑토 않게 도리어 자랑시럽게 쏟아분께 첨엔 주위 눈치 보이고 챙피해 죽겄더니 차츰 시간이 흐르며 잊혀졌던 단어, 말투가 떠오르며 고향이나 친정 오래비같이 정답고 친숙해지더란다. 헤어져 집에 감서는 저도 모르게 내 말투를 흉내냈더니 괜히 오지고 재밌어 혼자 킥킥 웃었단다. 고놈의 전라도 말 땜시 웬수를 만나 평생 고생흔다고 지금도 푸념이다.

각시는 "당신은 전라도에서 서중, 일고 다님서 대접을 받고 살아 서울서 타향살이 설움 당하고 산 내 심정은 모를 것이여"라며 날 기득권층이라 몰아세운다. 그래, 옳거니, 바로 요것이여. 요번에 '더 민주가 전라도에서 코피 쏟아분 이유' 가 바로 요것이여. 전라도 내에서 오냐오냐 해 준께 지그들이 잘 나서 근지 알다가 요번에 영코로 심판을 받은 것이여. 지금부터라도 정신 똑바로 채리고 잘 해야지 안 글먼 앞으로도 캐도 없어. 고것이 '전라도의 한(恨)' 이고 '광주의 심판' 이여!

임시정부청사를 나와 카페촌인 신천지를 거쳐 남경로로 갔다. 그간 중국이 많이 변한 것 같다. 겉만 번지르흔지 알았더니 이면 도로도 아주 정돈이 잘 되고 깔끔했다. 어느 유럽 도시 못지않았다. 상해 최대의 번화가인 남경로는 일요일을 맞아 북새통이었다. 우리는 꼬마열차를 타고 관광을 흐는 데 신호에 걸려 건널목에 멈춰 있으면 깃발을 앞세우고 옹기종기 모여 다니는 일행들을 만났다. 아침에 호텔서 봤어도 몇 년 만에 만난 양 악을 쓰며 호들갑을 떨고 열차 안으로 손을 넣어 하이파이브를 한다.

풍선이나 장난감을 들고 피리를 부는 친구, 아침부터 빠이주에 얼큰해져 볼딱지와 코가 취권의 소화자처럼 볼그족족해진 친구. 각시 선물로 산 짝통 백을 매고 흐뭇해하는 친구. 솜과자나 막대 사탕을 맛나게 뽈고 가는 친구. 정말 귀여운 개구쟁이들이다. 오죽흐먼 윌리엄 워즈워드가 '어린이는 어른의 아버지' 라고 했겄냐?

요번 환갑 여행은 요상흔 점이 있다. 노래방도 없고 비도 오고 일정이 바빠 불만이 많을지 알았는디 불만 접수가 한 건도 없었다. 도리어 갔다 온 친구들과 각시들을 만나보면 각 차마다 자기 차 분위기가 젤 좋고 재밌었다는 것이다. 한결같이 각시들도 아주 만족흐고 남편과 남편이 댕긴 학교, 친구에 대한 존경심과 충성심이 깊어져 '최소의 비용으로 최대의 효용' 을 거둔 최고의 여행이었단다.

한술 더 떠 3호차 각시들은 그 때 결성된 단톡방을 활용하여 차장이었던 정일윤이 각시 이유진 여사님의 초청으로 아예 서방들 빼불고 지그들끼리만 담 달에 보리가 익어가는 고창으로 놀러 간단다. 우리 각시들은 이렇게 대화와 소통이 잘 된디 청와대 아줌마는 왜 고 모양 고 꼴이까? 담에는 꼭 같이 가서 '각시들의 세상 사는 법' 을 가르쳐줘야 씨것다.

건강한 모습으로 다시 만나자

요번 환갑 잔치에 모두 다 참석했으면 좋았겠지만 다 사정이 있었것지. 맘은 다 가고 싶었을 거다. 오찌고라도 친구 얼굴 한번 볼라고 토요일 왔다가 일요일 오후에 돌아온 1박 2일팀 맘보다 더 간절했을지 몰라. 요런 아순 맘을 달래고 일정이 안 맞거나 바빠서 참석 못한 친구들도 모이고 여행 후일담도 듣고 우리 환갑의 유종의 미를 거두기 위한 기회를 갖고자 해.

학교 다닐 때, 11월 3일을 전후해서 체육대회, 마라톤, 무등산 등반 대회도 했지만 '학생의 날' 기념 행사의 하이라이트 겸 피날레는 학생회관 강당에서 열린 '문학의 밤' 이었어. 우리 친구 시성(詩聖)인 곽재구, 박몽구, 박재성, 최두석, 김정택 등이 아름다운 시를 낭송하곤 했지. 허지만 '문학의 밤' 이 인기가 있었던 이유는 '일고 문학의 밤' 에 대한 전라도 여고생들의 각별한 관심과 사랑 때문이었을 거야.

그 당시에는 그 밤이 아주 귀하게 공인된 사교 무대였어. 오죽흐면 다른 학교 남고생들이 지그 여친이 '문학의 밤' 에 가는지 감시할라고 짱돌 들고 학생회관 골목 입구에서 망을 봤것냐. 참석 대상도 다양했지. 광여고, 전여고, 중앙여고, 수피아, 사레지오, 춘태여고, 동신여고, 광주여상, 조대여고, 송원여고 또 어디 있냐? 잘못 흐면 진상이같이 사모님들에게 디지게 씹혀불 것인디.

가끔은 순천여고생이 출현하여 담날 최대의 화제가 됐지. 순천에서 인물 자랑 말라고 했는디 검은 색에 하얀 줄이 두 갠가 세 갠가 수놓인 칼라가 살랑거리는 세라복을 입고 엉덩이 흔들며 단상에 올라 꽃다발을 증정하던 모습은 많은 남고생의 부러움과 탄성을 자아냈지. 당시 광주에서 순천 가는 첫차와 막차가 몇 시인지 기억이 확실치는 않지만 기차나 버스가 자주 있지 않고 편도 3시간 정도 걸렸던 것 같은디 그 여학생이 어디서 잤는지, 학교 수업은 다 참석했는지, 공부는 어느 정도 했는지 의문이여.

야그가 어만간 데로 빠저분 것 같다만 하여간 우리도 모타서 그때처럼 자축흐기 위해 '북 콘서트'를 개최키로 했어. 말이 북 콘서트지 우리들 잔치여! 그간 열심히, 그리고 착실히 살아온 우리들은 환갑잔치를 누릴 만한 자격이 충분히 있어.

책의 내용은 그간 내가 보고 겪은 느그들 이야기고 제목은 아직 못 정했어. 좋은 아이디어 있으면 댓글을 달거나 알려 줘. 책은 우리 박몽구의 '시와문화' 출판사에서 발행하고. 장소는 아주 맛있고 고급스럽고 우아하고 대중교통이 편리한 삼각지에 있는 육군회관에서 할까 해. 시간은 7월 9일, 토요일, 오후 6시. 장소는 우리의 자랑인 박선우 예비역 대장이 섭외해 줬어.

모든 오락은 MBC 대학가요제 그랑프리에 빛나는 〈바윗돌〉의 정오차가 꽁짜로 재능 기부를 흐기로 했어. 오차는 그날을 기리기 위한 대곡을 작곡해서 그 날 신곡 발표까지 해 준단다. 전라도에서 색소폰의 대가로 혁혁한 명성을 날리고 있는 김용국(옛날 유찬이)이도 올 거여! 패티의 〈이별〉, 박상규 〈조약돌〉과 윤항기 〈별이 빛나는 밤에〉를 연습해 오라고 해야 쓰것다.

자식들을 대표해서 임윤섭이 아들, 싱어 송 라이터로 〈그때의 널, 멀어지지 마, 이별이라 하기엔 등〉으로 데뷔한 임재호가 특별 출연한단다. 항상 나를 깨기만 흐던 각시도 느그들흔테 감사의 마음을 담아 노래 한 자리 흔단다. 광주서 민훈기가 오면 조영남이 〈모란동백〉을 둘이서 콜라보레이션인가 마스터베이션인가 흔다더니 조영남이가 화투 사기 사건으로 시끄러운깨 어쩔지 모르것다.

비용은 일단 발기인들이 내서 치르고 그날 책 팔아서 즉시 돌려준단다. 근디 돌려줄 돈이 생길라나. 결국 '봉사 지 닭 잡어 묵기'여. 제 돈 내고 지 돈 묵고 놀긴디 이번 행사의 제작자요, 총감독인 남하는 대박을 확신한단다. 확신의 근거는 동물적이고 예민한 남자의 육감이라나. 돈 많이 벌면 모든 비용 제흐고 고래도 남으면 우리 부부 골프 그린피 한번 대준단다. 그린피 아니라 캐디피라도 나와야 될 것인디. 내 돈 내고 내가 친 것이 젤 마음 편해.

김포공항에서 헤어질 때 김여주가 7월 9일 보잔다. "먼 일이냐?"고 물응깨 "니 북 콘서트 흔닥 안 했냐?" 도리어 반문한다. 친구들아! 절대 억지로 올라고 무리하지 말고 시간 있는 친구들은 다 부담 없이 놀러와!

옛날에는 산에 오를 때 꼭대기를 봄서 '저기까지 언제 가지' 생각하면 너무 힘들더라고. 그래도 처지면 안 된다는 절박한 심정으로 땅만 보고 한 걸음씩 나아가 정상에 올랐지. 근디 산을 땅만 보고 걸으면 오르는 것만이 목표가 된깨 심만 들고 꿈도 보람도 행복도 없드라. 인자는 멀리서 정상을 쳐다보고 꿈을 꾸고 오르는 길, 그 과정을 즐길 줄 알아야 돼. 그리고 자주 뒤돌아 봐야 해. 뒤돌아다 보고 또 돌아다 보면 저 길을 내가 지나왔나 너무 자랑시럽고 기뻐.

너무 심들먼 기연치 오를 필요도 없어. 간 만큼 만족흐고 내려오면 돼. I did it my way여. 다시 오를 수도 있고 다른 산을 오를 수도 있어. 꼭 그때, 그 산을 올라가는 것이 정답이 아니여. 고은 시인이 읊은 '내려올 때 보았네 올라갈 때 못 보았던 꽃' 이란 시구처럼, 하산의 여유와 홀가분함을 느낄 줄 알아야 돼.

이제 그간 의무였던 규정 종목은 끝났어. 인자부터는 진짜 우리가 하고 싶은 것, 자유종목을 하면서 맘대로 우리의 권리를 행사할 때가 온 거여. 은퇴한 친구들 만나면 남을 배려하고 봉사흐고 희생하는 삶을 자주 얘기하던디 최근창이나 임윤섭이 본깨 글라면 열심히 공부흐고 훈련을 해야 쓰것드라. 머든지 거저 되는 법이 없어.

상해 다녀온 후 4월의 마지막 날 밤에는 강동 송파 모임 친구들이 모타서 내 환갑잔치를 해줬어. 도중 각시가 지난날을 회상하며 감사의 말씀을 흐드라고. 남편이 30대부터 병원 출입을 자주했단다. 교사 시절, 학교에 다녀와 배고파하는 애들 밥도 제대로 못 차려 주고 허위허위 병원에 달려가 주치의를 만나면 "남편 같은 환자는 술 담배 끊지 못하고 고생하며 살다 결국에는 마약이나 알코올 중독이 되어 노숙자가 되거나 죽는다"더란다. 집에 돌아오는 길에 너무 암울해서 제발 애들 사춘기나 지나고 죽거나 빨리 세월이 흘러 늙어 불었으면 하고 기도한 것이 한두 번이 아니었는디 이렇게 친구들의 축복을 받으며 환갑까지 살아 있어 너무 기쁘다며 울컥흐던디 찡흐드라. 각시흔테 보답흐는 의미에서라도 일흔 살까지 건강하게 살아야 쓰것다.

피천득 선생은 『인연』에서 '그리워하는데도 한 번 만나고는 못 만나게 되기도 하고 일생을 못 잊으면서도 아니 만나고 살기도 한다. 아사코와 나는 세 번 만났다. 세 번째는 아니 만났어야 좋았을 것이다' 라고 했지. 서중, 일고 '그리운 옛날의 그 친구들!' 우리 사이에 아니 만났어야 좋았을 만남은 없어. 우리의 만남은 우연이 아니라 우리 모두의 간절한 바람이기 때문이여. 다시 한번 느그들 환갑을 진심으로 축하흔다. 글고 4년 후, 인생의 절정기 65세 때 건강한 모습으로 다시 만나자.

Happy 환갑 to you!
Happy 환갑 dear my friends.
Happy 환갑 to you!

(2016. 5.)

서른 잔치는 아직 끝나지 않았다
-HOME COMING DAY 참관기

그날 밤 그 자리에는 밤이 없었다. 오직 환희와 격정과 열기와 우정과 추억과 반가움뿐이었다. 30여 년 전 유문동 동산에서 함께 뛰고 뒹굴며 놀던 동창들을 꼭 껴안아 보았다. 언제 봐도 요렇게 편흐고 푸근한 만남이 또 있을까. 그래. '서중 47회, 일고 50회 동창들의 서른 잔치'는 아직 끝나지 않았다. 오히려 인자부터 새로울 뿐이다. 동무들아. 모여라. 같이 놀자.

낯바닥은 분명히 기억이 난디 이름이 떠오르지 않는 친구들, 이름은 알 것 같은디 낯바닥 자체가 세월과 함께 변해분 친구들, 하도 오랜만이라 관계있는 것끼리 줄로 끄슬라면 헷갈리기도 했지만 마지막 '사랑으로'를 목터져라 부름시롱 인간 기관차를 만들며 강당을 누빌 때는 우리는 분명 하나였다. 30년 만에 다시 뭉친 '우정 열차의 질주'는 암도 막을 수 없었다.

자칫 그들만의 리그로 끝날 모임을 감동의 잔치로 설렘과 그리움의 한마당으로 만들기 위해 암도 알아주지 않고 안 끗도 생기지 않음에도 불구하고 모든 것 제쳐놓고 디지게 욕본 총동창회 회장, 각 지역 회장들, 글고 함께 애쓴 간부들과 친구들, 특히 참석 독려하느라 손가락이 쥐나불고 목구녁이 쉬어분 현장이와 근창이에게 삼가 이 글을 바친다.

연어가 모천으로 돌아오듯

묵고 사는 것이 왜 그리 심들고 바쁜지 그리운 놈들을 보지도 못흐고 소식도 못 전흠시로 정말 바보같이 무심흐게 살다가 HOME COMING DAY를 다녀오니 뭔가 찡흐더라. 아! 그래도 나를 아직 잊지 않고 불러주는 곳이 있구나! 죽음을 앞두고는 새의 울음소리가 슬퍼지고 여시도 지가 태어난 동굴을 향해 모가지를 돌린다더니 힘들고 고달픈 가운데도 내가 믿고 의지할 친정이 있는 것 같아 다시 한 번 몸을 추스르고 심기일전 할 수 있었다.

졸업한 지 30년이 지났건만 함께 배웠던 동창들과의 소중한 인연은 요즈음같이 경쟁이 심흐고 메마른 현실에서도 우리의 가슴을 뭉클하게 흐고 훈훈하게 해주는 것이 분명 있었다. 존재하는 것만으로도 서로에게 많은 위안을 주는 동창들. 양양 오대천의 연어가 태평양을 건너 밴쿠버의 프레이저 강에서 크다가 알을 깔 때는 고향인 오대천으로 다시 돌아오듯 그동안 어디서 무엇이 되어 다시 만날 때를 기다리던 친구들이 알을 품듯 넉넉한 마음을 품고 돌아와 모교에서 원없이 쏟아부렀다. 그리하여 학생탑 아래서 함께 공부했던 학연이 피보다 진흐다는 것을 만천하에 보여 주었다. 우리 모두 봄을 훌쩍 건너뛴 한여름의 뜨거운 햇살 아래서 껴안고 볼딱지 비비며 회포를 풀어 부렀다. 글고 봉께 죽지 않고 건강한 모습으로 이렇게 30주년 HOME COMING DAY에 참석해 준 느그들 한 명 한 명이 새삼 더 소중하고 반가워 부렀다.

지금으로부터 30여 년 전. 30년이란 세월은 징흐게 긴 시간이야. 일수로 따지면 만천 일이 다 되고 시간으로는 26만 시간을 넘어 부러. 흔히들 10년이믄 강산이 변흔다고 흐지만 세계화, 정보화 시대라고 흐는 요즘은 그 변화가 더 빠른 것 같애. 이번에 오랜만에 광주에 가봉께 진짜 많이 변해 부렀더라.

학교도 내가 댕긴 학교인지 긴가민가흘 정도니까. 담배 뽈고 삼봉 치던 유도장도 없고 만식이 윤환이한테 튀김 사 준다며 내기 하던 야구 연습장도 없고 학생탑 쪽은 인자는 밖에서 훤히 들여다보인께 담배는커녕 땡땡이 치고 넘지도 못흐겄드라.

비아 IC에서 일고까지 가는 길은 진짜 모르겄더라. 하도 변해서 놀랐는디 한 가지 분명한 것은 노산 이은상 선생이 써준 우리 교가 가사를 바꿔야 쓰겄드라. '극락강같이 줄기찬 우리의 전통' 이라고 했는디 요새 후배들이 극락강을 알아야 전통을 잇든지 말든지 흘 텐데 실개천만도 못 흐게 흔적도 없으니.

학생 때 배운 오 헨리의 「AFTER TWENTY YEARS」라는 단편을 보면 두 친구가 20년 후에 같은 시간 같은 장소에서 만나기로 약속하는 장면이 나와. 근디 20년 후에 다시 만난 친구는 현상범과 경찰로 만나게 되지. 20년 세월이 그만큼 비슷했던 친구들의 인생관을 바꾸고 너무나 다른 각자의 길을 만든 거야.

우리도 마찬가지야. 더군다나 30년 아니냐. 같은 학교에서 똑같은 선생님한테 함께 배웠지만 누구는 학생운동이다 전교조다 해서 잽혀 들어가고 누구는 고것을 진압하고 잡아 족쳐 집어넣는 검사나 순사 나으리를 하고 누구는 고것을 누가 잘했네 못햇네 심판을 보는 판사를 하고 있으니 말이야.

글고 봉께 우리 학생탑 비문도 바꿔야 할 것 같애. 고놈의 "바른 길만이 우리의 생명이다."라고 하도 귀에 못이 박히게 들어논께 고놈의 바른 길로만 갈라고 했더니 디지게 고생만 흐고 세상이 글지만은 않더라. 차제에 '적당한 길만이 우리의 생명이다' 로 바꾸자고 감히 제안해 본다. 이번에 보니 느그들도 세월의 흐름은 어쩔 수 없는 양 치매끼가 상당히들 있던디 30여 년 전, 중 고등학교에 댕기던 그때 그 시절을 기억흐는 데 도움을 주기 위해 그때를 전반적으로 회상해 본다.

정치적으로는 박정희가 DJ를 누르고 3선에 성공하여 유신의 발판을 마련흐고 아침마다 '새벽종이 울렸네! 새아침이 밝았네!' 하는 새마을 노래를 마을마다 확성기로 시카리 틀어놓고 경제 재건을 외칠 때야. 대통령 특별담화랍시고 했다 하면 카랑카랑한 목소리로 "본인은 가난한 농민의 아들로 태어나 자나 깨나 조국과 민족의 번영만을 생각한다"고 함시로 본인에 대한 평가는 먼 훗날 사가들이 내릴 것이라며 군사 독재를 강화할 때였지.

그때는 자세히 몰랐지만 최근에 영화화되어 관람객 천만 명을 돌파한 '실미도 사건'이 터진 것도 그때 일이야. 오치성 내무부장관 해임 결의안을 놓고 공화당 항명사건이란 것이 터져 소위 나는 새도 떨어뜨린다는 사인방 길재호, 김성곤, 백남억 등이 갑자기 짚차 몰고 선글라스 끼고 온 놈들한테 골프치다 잽해가서 디지게 터질 때지.

박정희가 전력을 쏟아도 우리 고향 광주에서는 야당 국회의원이 말뚝을 박고 있었지. 제 아무리 최정기다, 박철이다 공천해 놓고 중정을 동원해 갖은 짓을 다해도 항상 신민당 정성태와 김녹영이가 해묵었지. 요새 와서 늙어갖고 속없는 짓을 하는 마당발 김상현이가 당선된 사실이 김영삼이 이후 최연소니 어쩌니 할 때니까.

'아름다운 청년 전태일 열사'가 청계천에서 노동자 해방을 부르짖으며 분신자살을 해도 기사 한 줄 나지 않던 무서운 통제와 억압과 감시의 시절이었지. 사회, 경제적으로는 흑백 TV가 있는 집도 드물어 이빨 빠진 장욱제가 태현실이한테 "색띠야! 색띠야!" 하며 쫓아 댕기던 일일 연속극 〈여로〉나 김봉연, 김준환, 김일권, 스마일 투수 송상복이가 날리던 군산상고 야구를 볼라치면 충장로 전파사나 잘 사는 친구 집에 가야 했지.

'뮌헨은 부른다. 한국의 축구를!' 하며 난리를 떨었던 뮌헨올림픽 축구

아시아 최종 예선을 비 오는 날 서울 운동장에서 했는디 우리가 슈팅을 40개 넘게 쏘면서도 말레이시아 아마드한테 기습 골을 먹어 1:0으로 깨진 날 온 국민이 울었어. 그때 이상열이가 부른 〈아마도 빗물이겠지!〉가 금주의 인기가요 1등을 차지했는데 사람들이 '아마드 눈물이겠지' 라고 바꾸어 부를 정도였응깨. 프로스포츠가 없던 시절 고교야구는 최고의 스포츠였지. 우리 때 부활한 야구부가 대구 대건고를 깨고 8강에 오르자 '계란으로 바위를 깼네 어쨌네' 흐며 전남일보와 전남매일이 대서특필흘 때니까.

메가박스니 씨네시티니 하는 복합상영관은 생각도 못흐고 엄앵란, 신성일, 문희. 윤정희, 남정임이가 나오는 영화를 하도 돌려서 필름이 기스난 비가 내리는 영화를 동시 상영관인 2류극장 신영극장, 계림극장, 태평극장에서 3시간씩 서서보고 남진, 라훈아가 가수왕을 다투고 배호, 김상진이, 하춘화가 히트칠 때지. 원조 통기타 가수들인 트윈폴리오, 서유석, 양희은. 김정호, 어니언스 등이 대학생을 중심으로 이름이 알려지고 광주 가시내들은 원조 별밤지기 소수옥이나 정무일이에게 환장흘 때지.

수영장이 어디 있냐? 광주천이나 경향방죽 아니면 증심사 계곡에서 발이나 담그는 것이 고작이었지. 글다가 사직공원에 풀장이 생겨 개장흔 날 구름 같이 몰려 갔다가 우리의 영원한 막둥이 근호가 빠져 죽었지. 정말 가슴아픈 사건이야. 어렵고 힘들고 배고픈 시대지만 그래도 꿈과 낭만이 넘치는 시절이기도 해.

오죽 전남여고, 중앙여고 가시내들과 연애흐고 놀다가 결혼까지 했으면 이번 행사 때 고것들 동문회에서 화환을 보내 줬겄냐. 글고 보니 광여고 가시내들이 안 보인 것 같더니 괘씸한 것들. 현장아 고년들 분명히 안 보냈지야. 나만 해도 명성제과에서 광여고 가시내들한테 사 준 빵값이 얼만디. 시내를 피해 데이트 한답시고 피정센터나 효천 옥천사로 데리고 가서 신나게 쪼개고 돈 좀 생기면 운천동 방죽으로 데리고 가서 보트 한번 같이 타면 대낄이었지. 괜히 전여고 가시내들을 광고놈들이 건드렸다고 서방도 아니면서 때려 죽인다고 잡으로 댕겼는디 고때 고 연놈들도 지금쯤은 시집 장가가서 잘살고 있것지.

"나는 느그들이 30년 전에 한 짓을 다 알고 있다." 하지만 느그들이 하고 댕긴 얼척없는 일들을 다 쓰려면 '태백산맥' 이나 '한강' 같이 10권이 넘는 대하소설을 써야 될 거야. 대하가 비싸면 중하 소설이나 쓰면 되겄지. 대하나 중하 살 때 돈 없으면 느그들이 조금씩 보태라. 언제 은행 짤리고 흘일 없으면 조정래가 광주 민중항쟁이 남시로 「한강」을 끝냈으니 고 다음부터 지금까지를 「무등산은 알고 있다」라는 제목으로 한번 쓸란다.

고래야 근창이가 왜 체육이나 공업선생이 아니고 영어 선생인지를 알 것이다. 기성이, 남하, 유찬이, 현돈이가 나보다 키가 한 뼘이나 컸지만 근창이보다 작은 정덕채 선생님한테 농구를 배우던 시절을 알 것이고 남하 엄마가 김한규 선생님한테 찾아와서 칠판 깨분 값을 물어 주고 남하가 고렇게 김한규 선생을 미워하다가 요번에 용서한 아름다운 사건의 전말도 이해할 것이다.

철홍이와 선희가 언제부터 사랑해서 오찌고 맺어지고 지금까지 살고 있는가도 소상히 밝힐 것이다. 고등학교 사상 처음으로 '유신 철폐' 를 외치며 데모할 때 거기에 동참하지 않고 열심히 공부하여 오늘날 세계적인 심장병의 권위자가 된 국양이의 깊은 속도 알 것이다.

서로 박수를 보내며, 다시 만나자

고렇지만 아직 모른 것도 많다. 전교조로 고초를 겪던 지르박이 복직을 해서 컴퓨터를 가르친다는 것도 이해가 안 가고 천상병이보다 더 순진하고 아름다운 심성을 가진 시인 재성이가 국어나 불어 선생이 아니고 일고 중국어 교사라는 아이러니를 이해할 수가 없다.

함석헌같이 수염을 기른 서규가 진짜 신부로서 열심히 기도하는지 돈은 어디서 벌어서 고렇게 많은 친구와 각시들한테 만원씩 팁을 주는지도 모르겠다. 녹수 각시가 언제부터 고렇게 때국물을 씻어 불고 훤하고 우아하신 중년의 귀부인으로 변모해분지도 모르겠다. 민삿갓 아니 민보가 맞나? 훈기가 오찌고 동운당에서 안 짤리고 실세가 되었는지도 의문이다. 의문의 실체는 후제 내가 본인들을 다 만나서 직접 듣고 밝힐 것을 약속흐마. 알든 모르든 흐뭇하고 오진 일이야.

반면 가슴 아픈 사연도 많았어. 특히 “그런다아~ 이것이여” 하며 피를 토하듯 절규하며 지리를 가르쳐 주신 심술이 장삼술 선생님과 말문이 막히면 혀로 입술에 침을 묻히며 쪽쪽 빨고 말문을 더듬던 쪽쪽이 조브라함 링컨 조용돈 선생님과 동창 33명의 죽음이야. 그들의 죽음은 많은 것을 생각하게 해주었어. 특히 자랑스런 일고인 가족상을 받은 이준이 동생과 직원의 수상은 감동적이었어.

그래. 그들은 비록 갔지만 요번 모임에는 그들도 웃으며 동참했으리라 확신한다. 단지 근창이와 현장이가 전화를 안 해서 모습을 나타내지 않은 것 뿐이라 믿어. 그래도 다시는 이런 아픔이 없었으면 흐는 바람이야. 아야, 우리 죽더라도 이제 팔순 잔치는 끝내고 죽자. 그때는 아무리 허리가 부러지고 물팍이 썩어도 느그들 사진 앞에서 밤샘 고스톱을 웃으며 쳐 주마, 돈도 강남 아파트 한 평 값은 펴주마. 고전에 죽으면 국물도 없다. 정말 요말 명심해라.

오늘 졸업 30주년 기념 HOME COMING DAY!!!

미당 서정주는 불혹의 나이를 ‘그립고 아쉬움에 가슴 조이던 먼먼 젊음의 뒤안길에서 이제는 돌아와 거울 앞에 선’ 나이라 읊었지만 우리 나이 이제 서로 견제하고 싸우고 질시하고 부러워 할 불혹을 넘어 50줄에 접어들었어. 옛날에 밝혔던 닭띠, 개띠 애들 몇 명 빼고.

50은 지천명이야. 하늘의 뜻을 안다는 거지. 즉 하늘의 이치에 따라 사람의 도리를 다 하는 거야. 이제는 서로 생각해 주고 도와주고 자주 만나 술은 째까 마심시로 오순도순 대화를 나누고 새끼들 여울 때 서로 부르고 축하해줘야 돼. 이제 와 이 나이에 어디 가서 새 친구를 사귀겄냐? 기존 친구들과 유대 관계를 돈독히 흐고 우정을 깊게 흐는 것이 훨씬 소중하고 보람있는 일이 아닐까 해. 오늘 전부 참석했으면 좋았으련만 그래도 쪼까 아술 때가 좋은 것이야. 요만큼 된 것도 태석이, 현장이를 위시한 집행부와 경인 동창회의 승호, 근창이 글고 각 지역 회장들이 총대 메고 애쓴 덕분이지. 그들에게 정말 고맙다는 박수 한번 보내 주자.

불원천리 머나먼 지방에서 비행기 타고 기차 타고 와서 그래도 한 순간이나마 함께 하고자 디지게 고생한 친구들의 기특함을 칭찬흐는 의미에서 격려의 박수 한 번 보내 주자. 그래도 남편이라고 남편의 고등학교 행사에 아무런 불평 없이 기꺼이 참석해 준 각시들과 아빠의 모교를 찾아준 우리의 희망이자 미래인 F1들에게도 가장으로서의 끈끈한 정을 담아 사랑의 박수 한번 보내 주자.

마음은 함께 하면서도 외국에 나가 있거나 긴박한 일로 참석하지 못한 친구들에게도 우리의 넉넉한 마음을 담아 이해의 박수를 보내 주자. 오늘의 우리가 있기까지 혼신의 정열을 기울여 가르쳐주신 선생님들께도 보은의 박수를 보내드리자.

이것으로 나의 푸념어린 HOME COMING DAY 참관기를 마치려고 해. 다시 한 번 지금까지 건강하게 살아 있고 직장과 가정에 충실하며 행사에 참석해 준 친구들아 사랑한다. 고마워. 요다음 이순, 고희, 팔순 잔치 때도 꼭 다시 만나자. 안녕!

(2005. 5.)

이제는 모두 말할 수 있다

총무 메일을 제목만 보고는 누가 총무 맘을 상하게 해서 눈물이 나부렀는지 얼릉 열어 봉께 다행히 속상해서 흘린 눈물이 아니고 하도 오지고 조응께 저도 모르게 지 말대로 괜스레 흘려분 눈물이구나. 오매 느그들 잘했다. 정말 존일 했다. 고런 일은 자꾸 흐구, 글고 나서 만방에 알려야 돼! 그래야 애기들이 알고 많이 모이제.

글고 서중 운운하는 것이 동창회 단합에 짐이 된다는 운운은 인자는 말도 안 되는 소리여. 고것이 뭣인디 부끄럽고 꼼치고 쉬쉬할 일이다냐. 고이즈미가 야스꾸니 신사 참배흔 것도 아니고 자연스럽게 보고자픈 사람끼리 모여 회포도 풀고 서로 위해주자는 것인디. 글고야 진짜 본질적이고 중요한 것은 서중, 일고 동창모임이라는 것이 서중 and 일고가 아니고 서중 or 일고여! 긍께 요것은 교집합이 아니고 합집합이여, 즉 cap이 아니고 cup이란 말이여! 고것은 장환이 엉아한테 물어봐! 젤 잘 알고 있을 팅께.

고로 서중, 일고 모임은 배타적인 모임이 아니고 서중, 일고 유문동 교정을 한 번이라도 밟은 사람은 모두 하나여! 서중, 일고 모임은 축소 지향적인 것이 아니고 그 외연을 영원히 무한대로 넓혀가야 할 무등산같이 모두를 포용하는 개념인 것이여. 선생님들도 마찬가지여. 친구의 친구는 친구고 친구 부모는 모두 울 엄마, 아부지듯이 친구의 사부님은 우리 모두의 영원한 싸부님인 것이여.

글고 내가 시험 문제에는 안 냈다만 누차 강조했듯이 인자 우리 나이나 처지가 고런 것 쉬쉬하고 눈치 볼 때가 아니여. the game is over랑께. 괜히 남 눈치 보고 체면 생각하고 흠시로 피할 일이 아니여. 고것은 자연을 거스리는 것이여. 정치인이나 잇속 챙기는 놈들이 지그들 이익 볼라고 챙기는 사기에 신경 쓸 필요가 없어. 우리가 뭐 친구 이용해 묵고 선생님들 모셔 광내고 덕볼 일 있냐? 그저 좋고 보고잡고 만나면 오진께 자연스럽게 자발적으로 모트는 것이제. 얼마나 순수하고 좋냐? 지역감정이다 분파주의다 하여 고런 것을 타파해야 하네 어쩌네 하지만 도리어 그런 것이 위선적이고 부자연스런 것이여.

노자 말대로 상선약수(上善若水)라고 모든 것의 최상은 물 흐르듯이 자연스러워야 돼. 핏줄이 땡기는 것이 인지상정이듯 함께 인생의 가장 민감한 황금기를 같이 흔 놈들끼리 모타서 놀고 춤추고 추억을 함께 나누는 것은 극히 아름답고 자연스런 것이여. 글고 고것을 이해 못해 삐치고 질시할 놈들은 우리 주위에 암도 없어.

Home coming day를 댕겨 와서 후제 느그들 부잡 떨고 댕기던 일을 「무등산은 알고 있다」라는 제목의 소설로 쓰것다고 했더니 많은 친구들이 죽기 전에 읽고 싶다고 빨리 쓰라고 해싼께 오늘은 쬐끔 맛배기만 보여줄란다. 한 10권을 구상중인디 그 중에서 서중 시절이 5권 정도 돼. 그만큼 중요흐고 일도 많아 시험문제도 젤 많이 나올 것이다. 그때가 바로 요새 와서 떠드는 우리의 아이덴티티나 인생관이 확립된 시기이고 담배를 피우며 인생을 알고 성에 눈을 뜰 때이니까.

서중 인적 구성같이 복잡했으까 잉. 나만 해도 첨에 전기에 서중 봤다가 떨어져 분께 후기에 북중 합격해서 한 달 댕겼어. 근디 돌아가신 울 아부지가 뭣을 잘못 알아갖고는 내가 일고 갈 때는 시험이 없어져 일고는 갈래야 갈 수 없응께 재수를 흐라는 것이여. 어린 마음에 상처를 입었지만 할

수 없이 사레지오국민학교로 가서 7학년 편입을 했는디 애기들이 쉬쉬하며 '조새끼 수재네' 하고 손구락질을 하는 것이여. 그래도 공부 잘해서 수재라고 흔치 알고 좋아했더니 난중에 고것이 '재수'를 꼬꿀로 흔 말인지 알고 얼마나 쪽이 팔렸던지. 고때 나랑 같이 '수재'로 댕갰던 놈들이 환석, 경국, 경훈, 적형이 등등이제.

긍깨 북중 나온 놈들은 나보다 1년 후배고 진상이는 7학년 때 동창이고 부속 나온 형철, 성하, 종혁, 유찬 등등은 내 후배여. 재수해서 서중 들어온깨 재수 않고 들온 놈들은 2학년이 되야 운동장에서 만나 방가와 이름을 불렀더니 옆에 놈들이 선배한테 반말 쓴다고 뭐시라고 함시로 귀싸대기를 올려붙여 불더라고. 성질도 나고 얼척도 없었지만 난중에 본인이 조용히 당고 사줌시로 사과하드라.

2학년 땐가 하루는 쉬는 시간에 봉깨 영출, 선수, 현봉이가 뭣을 하나씩 뽑아 들고는 자로 지럭시를 재면서 지가 이겼니 어쨌니 흠시로 시시덕거리며 덴뿌라 내기를 하고 있었어. 호기심에 다가 가서 물어 봉깨 애기들은 저리 가란다. 뭔가 꼬불꼬불하고 윤기가 나는 터럭 하나씩을 들고 있는디 나중에사 고것이 거웃인 줄 알았어. 나는 재수를 했어도 일곱 살에 학교를 들어가놓께 고것이 안 났는디. 그때는 한창 클 때라 한 살 차가 엄청났지. 그래도 내가 백XX인 줄 알고 고민했는디 나중에 봉께 뭐가 뙤얏뙤얏 흠시로 거뭇거뭇 나길래 안심했지.

하루는 밤에 자다가 거시기를 만지작만지작대다 봉께 뭣이 찍 나오면서 대가리가 텅 빈 듯 흠시로도 기분이 쐐한 거야. 뭣인지 확실히는 모르지만 기분이 존께 자꾸 했지. 금시로도 모릉께 불안흐기도 흐고 고때만 해도 형제간들이 우굴우굴흥께 어디 부자 몇 놈 빼고는 지 방이 따로 있냐? 놈들 눈치 보잉께 칙간에 가서도 했지. 닦을 것이 없응께 신문지나 교과서 찢어서 꾸깃꾸깃해서 닦고. 글다가 어느 날 짝궁인 창득이가 HP 하냐고 물어보길래 모른다고 했드니 씩 웃으면서 거시기를 하나 그리더니 피스톤 왕복운동을 흐면 기분이 좋아진다고 이론적인 설명을 자상히 해주는 거야. 오매 그랬더니 그때까지 불안감이 사라지고 남들도 하는 정상적인 행위라는 것을 알고는 맘 놓고 얼마나 딸딸이를 쳤든지. 요새같이 인터넷이나 책도 없고 성교육은 언감생심, 말도 못 꺼내던 시절 누가 안 가르쳐줘도 성에 하나하나 눈 떠간 것이 서중 시절이지. 고런 얘기하려면 한도 끝도 없응께 오늘은 선생님들 이야기나 흘란다.

우리가 서중을 졸업할 때 3학년 담임선생님은 8분이셨어. 1반부터 이정희, 박길채, 김인걸, 정건철, 김장환, 김희수, 김세환, 김한규 선생님이셨지. 8분 중 절반인 4분이 벌써 고인이 되셨다니. 모진 세월이 어느덧 고렇게 흘러불고 우리가 또 고렇게 무심흐니 살았다는 것이지. 근디 우리가 고렇게 무심흐니 보냈음에도 불구흐고 사라져버린 학교의 막둥이들은 찾아보지도 않는데 그때 그 선생님들은 우리를 잊지 못흐시고 '동직회' 를 만들어 매달 만나 오셨다니.

선생님! 저희 모두가 죽일 놈입니다. 그래도 선생님들은 저희를 생각하시며 저희 하나하나 성장해 가는 모습을 먼발치에서나마 귀동냥으로 들으시고 잘되기를 비시며 그 보람과 긍지로 살아오셨을 텐데 싸가지 없이 막둥이 놈들은 지 잘나서 잘사는 줄 알고 새까맣게 잊고 살아왔다니.

가끔 'TV는 사랑을 싣고'를 보며 놈들 만나는 데는 눈시울을 붉히면서도 정작 직접 가르쳐 주시고 잘 되기만을 빌며 33년을 보내오신 선생님들께는 문안 한번 못 드리다니. 선생님 정말 죄송합니다. 잘못했습니다. 한번만 용서해주십시오. 앞으로 잘하겠습니다.

애기들이 선생님을 기억흐고 선생님 은혜에 보답흐는 계기가 될까 해서 33년 전 선생님들과의 추억을 실명으로 거론코자 합니다. 선생님이나 친구들의 명예를 훼손하거나 원망이나 미움은 결코 없기에 기억나는 대로 진솔히 말씀드리고자 합니다. 행여 마음 상하시거나 서운하시거나 오해가 있으시다면 훗날 만난 뵐 때 꾸짖어 주십시오. 엎드려 용서를 빌겠습니다.

회장님이시며 현존하시는 서중 은사님 중 제일 '큰 엉아'이신 정건철 선생님. 아담한 체구에 완만한 복부의 선이 인격을 나타내주고 있었지요. 선생님의 복스럽고 동그란 얼굴은 찐빵 최희준이를 연상케 합니다. 부드럽게 그리고 자상하게 웃으실 땐 눈이 거의 함몰되셨지요. 지금 같으면 멜빵을 하셨을 텐데 수업하시다 바지가 흘러내리면 양손으로 허리끈을 두어 번 추스르시며 바지를 추켜 올리곤 하셨지요.

아마 이번 모임에 주먹을 휘두르시며 응원가를 부르시면서도 바지를 두어 번은 추켜 올리셨을 것입니다. 선생님께 배운 국사 실력으로 지금도 두 딸의 국사를 가르쳐줍니다. 30년이 넘었음에도 너무나 선명히 연대와 사건의 배경을 설명해 주는 애비를 두 딸은 경탄과 존경으로 쳐다봅니다.

언젠가 경주로 휴가를 가서는 신라 사적지를 돌아보며 처자식에게 설명을 해준 적이 있는데 나중에는 사람들이 한 50명 따라오는 것이었습니다.

이유를 물으니 모두 제가 역사학자나 관광 가이드인 줄 알았다며 너무 재미있으니 계속 설명을 해달라고 하였습니다. 직업을 밝히고 요 정도는 왕년에 중학교 때 배운 실력이라고 했더니 사람들이 어느 중학교를 나왔냐고 물어 비록 안 갈쳐줬지만 선생님이 생각났습니다.

나이는 어리지만 두 번째 서열이신 손철한 선생님! 비록 미술을 가르쳐 주셨지만 외모는 미술과는 거리가 있었지요. 그러나 그 순수한 열정과 마음만은 아름다울 미(美) 그 자체였습니다. 선생님의 별명이 무엇이었는지 아세요? 요것은 서중 제자들이 붙인 별명이 아니라 광여고 가시내들이 붙인 것입니다. 우리 선생님들은 실력이 출중하시고 인격이 훌륭하시어 인사이동이 되더라도 당시 명문 학교만 돌아다니셨지요. 그러기에 새로 부임하셔도 형이나 누나들을 통해 다 알았습니다.

광여고 가시내들은 선생님을 '썩탱' 이라 불렀습니다. 사연을 물어 보니 선생님 용안의 피부가 썩은 탱자 껍질처럼, 혹은 달의 분화구처럼 생겼기 때문이랍니다. 못된 X들. 그러나 우리 머시매들은 선생님의 날카로운 눈매와 움푹 패인 볼에서 도리어 사나이의 매력과 의지를 느낍니다. 그리고 선생님의 마음은 한없이 여리고 착하셨습니다. 제자들을 때리시는 것을 보면 알 수 있습니다. 애들 싸다구를 한대 올려 부치시면서도 선생님은 마음이 아프셨는지 먼저 흥분하셨습니다. 흥분하시니 어깨에 힘이 들어가고 크게 휘두르시니 맞는 놈은 무의식중에 살짝 피하고. 그러다 보면 선생님은 더욱 성질이 나셔서 씩씩거리시고. 기회 있으면 선생님께 다시 한번 맞아 보렵니다. 어떤 육십 넘은 효자가 팔순 노모에게 종아리를 맞으며 하도 설리 울길래 이유를 물어 보니 어머님 때리시는 기력이 너무 약해지셔서 글로 슬퍼 운다고 하였다는데 선생님 다음에 만나면 제 뺨이 얼얼하게 때려 주십시오.

전라남도 교육 관찰사이신 '장환이 엉아!' 선생님은 저희들의 '영원한 엉아' 이십니다. '인걸이 엉아' 에게는 '성님' 이지만 저희들에게는 엉아이십니다. 매끄롬한 외모에 항상 수줍은 듯한 미소와 눈웃음. 젠틀한 매너. 땡순이 사모님은 안녕하십니까? 선생님은 수줍어 남 앞에서 말씀도 못하실 줄 알았는데 HOME COMING DAY에서 보여주신 인사 말씀은 다른 면모를 보여 주셨습니다. 자리가 사람을 만든다더니 선생님의 말씀말씀 하나하나가 지금도 가슴에 남습니다.

엉아로서 사부님으로서 저희에게 기억될 영원한 총각선생님, 장환이 엉아! 아직도 눈가에 잔주름만 약간 늘었을 뿐 곱상한 옛 모습 그대로이시던데 언제 늙으시렵니까? 머리가 훌렁 배깨져분 진이나 광준이, 머리가 백두파가 되버린 승호나 도현이가 인사를 하믄 놈들이 껄쩍지근하게 생각흘 정도니. 선생님! 사모님과 영원한 소년과 소녀로 사십시오.

조각같이 서글서글한 외모에 가무잡잡한 피부가 요새 같으면 건강과 정력의 심벌로 한가닥 했을 정동석 선생님! '그랬서야, 어쨌어야' 함시로 우리 말을 가르치시면서도 뭣을 그렇게 많이 배깨 주셨던지. 선배로서의 자상함인지 욕심인지 국어시간에 배끼느라 어깨가 몹시 아팠지요. 그 후유증으로 지금 오십견이 올 정도니까요.

모든 전과, 수련장, 백과사전까지 섭렵해 깨알같이 적어서 갈쳐주시던 선생님! 인터넷도 없던 그 시절! 선생님의 노고를 이제야 쪼끔 알 것같습니다. 여름방학 보충수업 때! 조그만 교실에 학생들은 콩나물같이 많고 냉방은커녕 선풍기 하나 없던 시절! 가르치고자 하는 열정에 선생님은 웃도리를 벗어재끼고 소대나시 란닝구 바람으로 가르치셨지요. 글다가 땀이 흐르면 수건으로 닦으시다가 가끔은 겨드랑이도 한번 쓱 훔치시던데 그때 겨드랑이 털이 하도 무성하고 시커멓던디 지금도 빠지거나 히크게 변하지 않고 여전하신지요.

안광이 지면을 뚫어버릴 듯 날카로운 눈매에 시작종만 쳤다하면 출석부를 옆에 끼고 엄지와 중지를 추켜세우고 누구든지 앞길을 막는 자는 눈알을 뽑아 버릴 듯한 자세로 복도를 바삐 지나가시던 막둥이 김인걸 선생님! 저희들은 선생님을 '인게루' 라고 불렀지요. 서중을 졸업하시고 서울 물을 일찍 드신 탓인지 그 시대에는 파격적으로 열린 매너를 가지고 계셨지요. '어째갖고 설라무니~' 나 '김 선생 무섭다' 는 선생님께서 유행시킨 18번이었지요. 운동장 귀퉁이에서 테니스를 치시곤 했는데 폼을 얼마나 잡으셨던지 지금도 잘 치시나요. 선생님은 때리시는 데는 도사셨습니다. 터질 놈을 앞에 세워 놓고 교탁에 올라서시어 빰의 높이와 각도를 맞춰 가격을 재신 다음 양 팔꿈치를 옆구리에 붙이고 짧은 펀치를 무수히 날리셨지요.

그것도 왼손, 오른손 한 번씩 번갈아 치시는 게 아니라 어쩔 때는 세 번, 네 번, 다섯 번까지 마치 당구 500 치던 섭현이나 금성이가 다마를 똥통에 몰아 놓고 요리조리 묻히기만 하듯이 요새를 쳤지요. 하도 빠르고 불규칙적으로 펀치를 내뿜는 통에 미쳐 피하지도 못흐고 한 번 당하면 며칠간 빰 껍질이 얼얼했으니까요. 강도도 스냅을 이용하여 끊어지는 펀치라 손철한 선생님같이 휘두르는 펀치와는 비할 바가 아니었지요.

전번 HOME COMING DAY 때 선생님을 뵈온 게 33년 만입니다. 2000년 전 33세에 십자가에 못 박혀 죽은 청년 예수가 창시한 종교가 지금 세계를 지배하고 있는데 그 33년 동안 저는 선생님을 한 번도 뵙지 못했다니 죽어서도 용서받지 못할 놈입니다. 7월 모임은 남준이가 모신다는데 당연합니다. 남준이한테 그 이쁜 '넙덕 가오리' 라는 애칭을 하사하신 분이 바로 '인걸이 엉아' 니까요. 스승과 제자가 아니라면 그 누가 신부님한테 '서규야!' 할 것이며 그 누가 지체 높으신 부시장님한테 '가올아, 가올아, 넙덕 가올아!' 하고 부를 수 있겠습니까?

저의 담임이셨던 범생이 이정희 선생님, 2반 담임이셨던 불독 박길채 선생님, 6반 담임이셨던 피스톤 김희수 선생님, 7반 담임이셨던 토인 김세환 선생님! 삼가 선생님 영전에 때늦은 청개구리의 한을 담아 명복을 빌며 선생님들에 대한 추억은 후일 다시 올리겠습니다. 그리고 마카오 신사. 하얀 백바지와 구두가 트레이드 마크셨던 멋쟁이 김한규 선생님! 선생님은 이번 모임에 안 나오셨으니 다음에 나오시면 쓰겠습니다. 그래야 나오신 분과 안 나오신 분과의 차별화가 가능하니까요.

그리고 서중 동창들아! 성경을 연구하다 보면 교회라는 단어가 십자가를 세우고 신자들이 일요일에 모여 기도하는 구체적인 건축물이나 빌딩이 아니라 신앙을 가지고 있는 우리 인간 개체 하나 하나가 모두 존귀한 교회라는 의미를 알게 돼. 마찬가지로 서중이라는 학교는 우리 모두가 한데 모여 배웠던 유문동에 자리잡은 교사나 운동장이나 유도장이 아니라 거기서 함께 배우고 뛰놀고 사랑하며 앞날을 계획하고 꿈을 키웠던 우리 모두가, 그리고 가르치셨던 선생님 한 분 한 분이 서중이야.

그러기에 정부의 시책상 서중이라는 학교 건물은 사라져 버렸지만 함께 했던 우리들이 우리들 마음에 그때 그 시절, 그 마음을 가지고 있는 한 우리 모두는 하나하나 살아 있는 광주 서중인거야. 그래서 우리 서중은 우리가 살아있는 한 영원한 것이요 그때 그 정신을 잇는 후손이 있는 한 영원히 존재할 거야. 그러기 때문에 보고잡으면 언제든지 자연스럽게 만나면 되는 거야. 그것이 노자가 말한 무위(無爲)요, 상선(上善)이야.

서중학교 동창들아!

너희들을 너무 너무 사랑하기에 장맛비가 장대같이 내리는 오늘! 느그들 모습이 새삼 눈앞에 어른거리는구나. 각시 몰래 진짜 소주 한잔 흐고 싶다.

(2005. 6.)

창공(蒼空)의 Ace!
날아라! 영만아, 푸른 하늘을!

'비 내리는 여름날엔 내가 당신 우산이 되고,
눈 내리는 겨울날엔 내가 당신 불이 되리라.'

라훈아가 부른 〈사랑〉의 한 소절이다. 인자는 50대 후반이 돼버린 라훈아가 세월의 연륜인 양 튀어나온 똥배를 란닝구로 포도시 꼼침시롱 희컨 강냉이를 드러내고 간나구같은 눈웃음을 흘리며 이 노래를 불러불면 지까심 장시같이 촌시럽게 머리를 볶은 아줌마부터 좀 세련 되고 교양있는 척 장미희같이 생머리를 흐고 다니는 애펜네들까지 환장을 흠서 체면 불구하고 괴성과 박수를 보내불더라.

수염이나 겨드랑이에 희컨 털이 더 많고 민족주의자인 냥 뽕짝을 옹호흐는 모습이 같잖기도 흐고 추접 던적시럽더라마는 여자들이 지그 남편이나 새끼들이 옆에 앉아 있음에도 불구하고 야성적인 모습이 너무 멋있다고 폴딱폴딱 뛰시로 미쳐불라고 흥께 어째사 쓰것냐? 같이 살라믄 우리가 이해해야제. 한편으로는 쪼까 부럽기도 흐더라.

근디 머시 있어서 일 년에 한 번씩 라훈아쇼만 흐면 아줌마 부대들이 몰려들어 고 난리를 쳐불게 흐꺼나? 그것은 가사가 우리 생각에는 낯짝 간지럴 만큼 사삭스럽지만 애펜네들에게는 한번도 남편에게 들어본 적이 없는 구구절절 가심에 와 닿는 진리의 말씀이고 그의 타고난 끼와 최선을 다한 열창이 감동을 불러 일으켰기 때문일 것이다.

긍깨 느그들도 이제 노후에 버림받지 않고 살라면 좀 느끼흐고 닭살이 돋더라도 큰 코 녀석들처럼 “I love you. You love me?” 하고 그저 시도 때도 없이 사랑을 확인흐는 척도 흐고 아래 입이든 우에 입이든 샛바닥으로 핥아주고 입술로 조사 줘라. 첨에는 쪼까 어색시럽고 던적시런 것 같애도 익숙해지면 암시랑토 않응깨 해 봐. 틀림없이 효과가 있을탱깨.

라훈아의 ‘사랑의 대상’ 은 여인이지만 우리 이영만 장군 사랑의 대상은 친구들이다. 그는 세심한 배려와 끈끈한 우정으로 요번에 부대를 방문한 우리에게 ‘진정한 우산과 불’ 이 되었다. 우리 친군깨 글지 어디 장군이 보통 사람이냐? 특히 나 같은 방위 출신들에게는 언감생심 먼발치에서도 쳐다보기 어려운 존재다.

장군! 이는 말만 들어도 가슴이 벅찬 존재이다. 장군! 이는 쳐다만 보아도 눈이 부신 존재이다. 오죽흐면 계급장을 하늘의 별을 따서 만들고 STAR라 하겄냐? 이 땅의 머시매들은 누구나 군에 가서 빼기를 쳐야 흔다. 물론 신성한 의무를 땡땡이친 놈도 있고 숏 타임 잔 놈도 있지만 그것은 극히 예외다. 청춘 3년을 국가에 바쳐야 된다는 것이 너무나 가혹하지만 그것은 이 땅에 태어난 우리의 숙명이다. 근디 고것을 천직으로 생각흐고 국가와 국민을 위해 평생 직업으로 삼는 길을 선택한 친구들이 있다.

그 중에 세 명이 별을 달고 장군이 되었다. 모두 기뻐했지만 친구들 모두 보태도 별이 3개밖에 안 된다는 사실은 너무 부족흐다는 생각이다. 하루빨리 나머지 친구들도 별을 달고, 이왕 단 친구들은 한 서너 개씩 넉넉흐니 달았으면 좋겄다. 옛날 백선엽이 엄니가 경찰서에 끌려가 멋모르는 쫄따구 녀석들이 뭐라고 흥깨 “요놈들아! 내 밑구녁으로 쏟아낸 별이 몇 갠디 나를 몰라보냐?”고 호통을 쳤다는디 우리 친구들도 빨리 커서 백선엽이 엄니보다 더 많은 별을 쏟아불기 바란다.

묵고 사는 것이 얼마나 심들고 고달픈지 보고자픈 놈들 만나 한 번 속아지 없이 놀라고 혀도 직장이나 집에서 요눈치 조눈치 보느라 미루다 요번에는 만사 재깨 놓고 영만이 부대에 가서 칭구 만나 꼴프치고 한잔 뽈기로 했다. 요렇게 홀짝 떠나불면 간단한 초밥인디 얼마나 산다고 고 눈치 봄시로 뭘라고 고렇게 몽그작댔는지 몰르겄다.

원래는 지난 5월 27일 가기로 했다가 오이 밭에서는 갓끈을 고쳐 매지 말라고 지방선거 때문에 혹시 오해를 살까봐 6월 17일로 미룬 것인디 요것이 하늘의 도움인지 영만이가 잘 될라고 근 것인지 예정대로 했으면 고날 전국적으로 비가 쏟아져 비만 디지게 맞고 완존히 생쥐가 되야불 뻔했다. 토요일 아침 7시, 약속 장소인 잠실야구장으로 가보니 오랜만에 반가운 낯부닥들이 눈에 띈다.

회장 정찬형이가 온화한 미소로 맞아주고 근창이가 일정표를 나눠주며 버스에 타란다. 자리에 앉아 일정표를 보는 순간부터 해골이 흔들리고 모가지가 뻤뻤해진다. 친구들끼리 놀러 한 번 갈라고 해도 뭣이 고렇게 복잡흔지 모르겄다.

먼저 출발부터 다르다. 버스로 가는 놈, 승용차로 가기는 흔디 아침에 출발흐는 놈, 저녁에 합류흐는 놈, 광주, 원주, 익산에서 오는 놈, 하룻밤 자는 놈, 당일 저녁에 가는 놈 등 천차만별이다. 노는 것도 다르다. 가다가 내려서 자전거 타는 놈, 자치기하는 놈, 테니스 치는 놈, 부부간에 관광흐는 놈에다 고것도 혼자 와서 노는 놈, 각시나 아들이나 딸을 데꼬 오는 놈 등 하여튼 요것 한 장만 봐도 찬형이, 근창이, 영만이가 얼마나 쌨빠지게 고생했는지 알만 흐다. 글고 본께 차 뒷좌석에는 잔차들을 쟁여 놨고 테사모, 자진게라, 자치기, 관광팀 별로 의상이 다르다.

오랜만에 국양이 부부를 만나 인사를 하는데 옆에 웬 아가씨가 있어 물으니 딸이란다. 시카고에서 고등학교를 댕긴디 방학을 해서 왔단다. 요즘

새끼들은 지 일에 바빠 얼굴 보기도 힘든디 아빠 따라 놀러 온 것을 보니 기특한 생각이 든다. 요새는 새끼들 데리고 살라믄 힘들어. 옛날흐고 달라야. 요새 새끼들 이해하는 데 도움이 될 야그 하나 해주마. 어차피 우리한테도 얼마 안 가서 닥칠 일인디 아마 근창이가 맨 먼저 겪을 것이다. 근창이 부부가 지그 아들 인영이를 여우고 같이 데꼬 살다 일어난 일이다.

근창이야 허구한날 술퍼 마시고 늦게 들어온깨 기대도 안 흐고 산디 하룻밤에는 인영이까지 애비 타개(닮아)가는지 안 들어오더란다. 긍깨 근창이 각시 영희가 하도 심심해서 며느리하고 조깐 놀라고 며느리 방에 들어갔더니 아니 요것이 깨를 홀라당 벗고 화장대 거울 앞에 앉아 있드란다.

하도 얼척(어처구니)없는 광경에 놀라 영희는 민망하고 당황해서 어쩔지를 몰랐는디 정작 며느리는 너무 태연흐더란다. 근 20년 전에 갑상선 수술을 해서 침 샘키기도 힘든 영희가 춤을 한번 꿀꺽 샘키고 정신을 추스린 다음 포도시 물었단다. "오매 아가, 다 큰 여자가 놈들 우세시럽게 이게 도대체 뭔 난리다냐?"

긍깨 며느리가 피식 웃더니 뻔스럽게 서울말로 대답을 하더란다. "어머, 어머니 아직 모르셨어요? 요사이 밤에는 이것이 '정장'이에요." 하도 기가 맥해서 암말도 못 흐고 지 방에 돌아온 영희가 찬찬히 생각해 봉깨 고것도 그럴싸흐더란다. 은근히 호기심도 일고 근창이가 어찐가 보자 하는 맘이 생개서 저도 며느리같이 해 볼라고 작정을 흐고는 근창이가 들어올 때쯤 실오라기 하나 걸치지 않은 며느리 정장 차림으로 거울 앞에 앉아 있었더란다.

근창이가 술이 아리바리해서 기어들어 오다가 깨벗은 영희를 보더니 심봉사 놀래서 눈 뜨듯 눈깔이 똥그레지며 물었단다. "오매, 자네 도대체 이것이 뭔 일이당가?" 태연하게 영희 왈 "아니 영감은 요거도 몰르요? 요즘에는 요것이 밤 정장이라우." 근창이가 쎄를 끌끌 참시로 흔다는 말이 "아따, 이왕 정장을 입을라믄 좀 대레서 입제 그랬능가." 근창이의 시답잖은 반응에 열받은 영희가 꼬라지를 냄시로 악을 썼다. "아고, 무식한 영감탱이가 초를 쳐요, 초를 쳐. 고렇게 싸댕김시로도 요즘 유행하는 Natural도 몰르요."

버스는 뻥 뚫린 고속도로를 잘도 달린다. 차창으로 보이는 들녘에는 모내기를 마친 벼들이 그린같이 펼쳐지고 먼 산의 수풀은 진하다 못해 숫제 검은색이다. 가다가 진부에 들러 산채정식으로 아점을 했다. 근창이가 안 막혀서 빨리 온통에 시간이 남아도니 밥을 싸목싸목(천천히) 먹으란다. 큰 행사를 치르려면 준비흐는 사람들은 디지게 고생하고 뭔 일이라도 터질까 노심초사흐는데 행여 늦을까 일찍 모이게 한 것이 미안했던 모양이다. 하여간 찬형이와 근창이가 무쟈게 고생했다.

식사 후 잔차부대와 헤어졌다. 잔차부대는 진부에서 횡계를 지나 대관령 삼양목장을 일주한 다음 거기서부터 비행장까지 직활강으로 꽂아서 저녁 만찬에 합류흔단다. 복장도 특이해서 헬멧, 고글에 마스크까지 얼룩달룩흐니 써놓은깨 꼭 알 카에다 자살테러단 같다. 팬츠도 반바지에 꽉 달라붙는 스판으로 몸매가 그대로 드러나고 가운데에는 발레복같이 야하게 주머니같은 것이 달려 있다. 정우의 가운데 주머니가 잉깔라져분 것 같아서 한 번 만져 볼라고 했더니 쪼리 토깨분다. 하도 고추를 안장에 대고 뭉개불먼 암스트롱같이 고환암에 걸리는 것 아니냐고 했더니 도리어 암스트롱이 암을 잔차로 극복했다고 받아 친다.

전병식 회장의 인솔하에 차윤철, 이정우, 윤영복이가 따라가는데 웬 여자 대원이 끼여 있다. 영복이 각시 향파 여사다. 참 늙어서 벨 놈의 짓을 다한다는 생각이 듬시로도 부부가 같은 취미를 즐긴다는 것도 아름다운 일이 아닌가 흔다. 향파 여사는 얼마나 자빠지고 고생을 했는지 밤에 봉깨 물팍이 다 까지고 바지도 구멍이 나부렀던디 영복이가 잘 꼬매줬는지 몰르겄다.

잔차부대를 내려준 버스는 가벼워져서인지 더 씽씽 달려 대관령을 넘는다. 옛날 같으면 할딱이며 넘어갈 것인디 요새는 그냥 뚫린 굴을 끼여 간다. 빠르고 편해서 좋기는 하지만 그래도 구 도로는 대관령 꼭대기에 휴게소가 있어 쉼시로 구경흐는 낭만이 있었는디 아쉽기도 흐다. 지금은 세 시간이면 촐촐냄빈디 옛날에는 요길을 가는 데 한 달이 넘게 걸렸단다.

문득 오백년 전에 고개를 넘던 신사임당이 생각난다. 친정에서 율곡을 나서 키우다가 남편 있는 한양으로 가는 길에 6살배기 율곡의 손을 잡고 대관령 꼭대기에서 강릉을 바라보니 구름에 가려 살던 집과 동해 바다가 어슴푸레하게 잘 보이지 않는데 인제 가면 언제 다시 올지 모르는 길이다. 한번 고 장면을 상상해 봐라. 얼매나 가심이 에리고 미어졌겄는가. 율곡의 생가를 오죽허면 '오죽헌'이라고 했겄냐?

글고 보면 요새 여펜네들은 호강에 초친 것이다. 그저 서방들이 벌벌기며 눈치를 보고 버리지만 말아 주라고 애원을 흐니 쯧쯧쯧. 이날 소회를 사임당은 훗날 「어머님 그리워」라는 시로 읊었다.

산이 겹친 내 고향은 천리련마는
자나 깨나 꿈속에도 돌아가고파

한송정 가에는 외로이 뜬 달
경포대 앞에는 한줄기 바람

갈매기는 모래 위로 흩어졌다 모이고
고깃배는 바다 위를 오고 가리니

언젠가 강릉길 다시 밟아가
색동옷 입고 앉아 바느질할꼬.

내가 요 시를 돌아오는 버스 안에서 낭송함시로 좀 무드를 잡었더니 각시들이 난리 부루스를 떨어분다. 맨날 근창이랑 욕이나 ᄒᆞ고 댕기고 촌시런 전라도 쌍소리만 ᄒᆞ고 댕긴 줄 알았더니 완죤히 딴 사람 같단다. 영희는 근창이가 못된 것은 다 나한테 배우고 존 것은 다 저 혼자서 깨쳤다고 아예 한 술 더 뜬다.

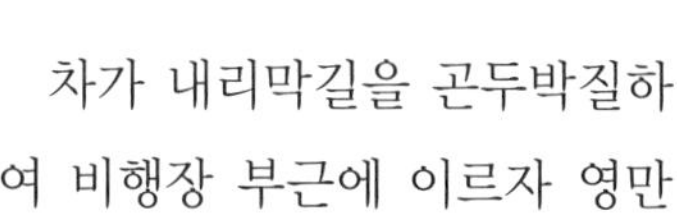

차가 내리막길을 곤두박질하여 비행장 부근에 이르자 영만이 부대 행정실장이 차를 몰고 와서 에스코트를 ᄒᆞᆫ다. 위병소를 통과하여 본부에 이르니 가무잡잡ᄒᆞ니 탄 건강한 얼굴의 영만이가 하얀 이를 드러내며 반가이 맞는다. 드디어 공사 27기를 수석 졸업ᄒᆞ고 탑건으로 명성을 날렸던 우리의 자랑! 창공(蒼空)의 ACE! 보라매 이영만 장군이 지휘ᄒᆞ는 공군 제18전투비행단에 도착ᄒᆞᆫ 것이다. 인사를 나눈 후 우리 모두는 국회의원들이 전방시찰을 하듯 역사기념관을 방문하여 나계수가 대표로 친필 휘호를 남기고 5분 대기조로부터 브리핑을 받었다.

강릉 18전비는 우리나라 최북단에 위치한 공군기지로 6·25 때는 한국 공군이 최초로 단독 작전을 수행한 유서 깊은 곳이란다. 그 외 전투기 시승도 ᄒᆞ고 많은 설명을 들었으나 군사 보안상 생략ᄒᆞᆫ다. 나중에 찬형이 말을 들어 보니 영만이는 18전비의 18대 단장이란다. 한번만 해도 좋은 18이 두 번이나 겹쳤으니 잘될 수밖에 없을 것이다. 부대를 순시ᄒᆞ는데 너무 좋다. 바로 앞에는 하얀 백사장이 펼쳐져 있고 파란 동해 바다가 출렁거리고 하늘은 구름 한 점 없이 맑은데 간간이 선선한 바람이 분다.

첫날 체력 단련이 시작되었다. 테사모 김석종, 김병도, 권태호, 최근창, 김병용, 국양이 각시는 테니스를 치고 나머지는 곡괭이 들고 농사 지러 갔다. 테사모나 쟌차부대의 무용담은 내가 현장에 없어 몰릉깨 각 회장의 주도하에 댓글을 달든지 별도 보고서를 작성토록 해라.

자치기 팀은 농사 짓기에 앞서 기념 촬영을 했다. 사진사가 각자 체를 들고 각시들은 앞에 앉고 서방들은 뒤에 서란다. 사진이 멋있게 나오려면 앞에 앉은 여자들은 도라이바를 부채살 같이 모으라는디 어쩐지 도라이바 하나가 빈약흐고 사이즈가 작다. 왜 고렇게 작냐고 물으니 벙용이 각시가 원래는 골프를 안치고 관광 흘려고 아무 준비도 안 해왔는데 옆에서 하도 치자고 해싼깨 문식이 각시와 체를 돌려쓰기로 해서 도라이바 대신 페어웨이 우드를 갖고 나온 때문이란다. 아무리 도라이바 대가리가 큰놈이라도 우리 각시 젖퉁보다는 작다. 아침에 자는 것을 보고 나왔음시로도 새삼 각시의 풍만한 젖가슴이 그리워지는 것을 보니 나는 역시 '각시의 남자' 다.

주최측의 배려로 맨 처음 티업을 했다. 멤바는 박국양, 김홍용, 유호상이다. 이름만 들어도 알겄지만 이른 바 황금의 조요, 죽음의 조로서 명사들만의 모임이다. 동창이나 된깨 요분들한테 감히 깝죽대고 촐싹거리지 안 글면 캐도 없는 소리다.

박국양 그는 누구인가? 비록 본인은 밥그릇, 국그릇, 양재기라지만 일찍이 S의대를 우수한 성적으로 졸업하고 미국에서 내공을 닦은 염통계 질환의 세계 최고 고수다. 현재 인천 길병원에서 이길례의 오른팔로서 진료부장을 맡고 있다. 평소 TV나 라디오로만 그 명성을 전해 듣다가 요렇게 같이 곡괭이질을 하게 되니 얼매나 쫄아부렀겄냐. 각시 조여사도 원래는 화백인디 요새는 붓을 꺾고 놈현이 대신 양극화를 해소흐기 위해 사회복지사로 봉사활동에 여념이 없단다.

김홍용! 그는 옛날 광주 역전통 광주여객 옆에서 파이뿌 장사를 흐던 재벌의 아들로 태어나 K대를 졸업흐고 전북의대 교수를 흐다가 지금은 양주 서정대학 학장으로 재직중이다. 고것도 눈치보는 가오마담 학장이 아니고 지그 각시가 이사장이니 실세 중의 실세요, 문무를 겸비한 고수다. 친구들이 연락만 흐고 양주에 오면 떡갈비를 푸짐흐니 사 준다니 한번 가 봐라.

유호상! 그는 일찍이 헝가리와 사우디에서 혁혁한 명성을 날린 코트라파의 장본인으로 지금은 세상에서 가장 큰 집인 일산 킨테스방을 운영흐는 방주다.

요런 거물들을 모시고 아홉 구녁짜리 논바닥을 두 바퀴나 돌아부렀으니 이제 한도 끝도 없다. 대가리 아픈 일 모다 잊어불고 훌륭한 친구들과 풀밭을 밟음시로 노가리를 쪼갠 것만으로도 만족이다. 더군다나 돈을 묻어놓고 빼묵는 스킨스 게임에서 돈까지 따불었으니 이제는 은퇴할 때가 된 것이다. 나는 역시 숏홀의 귀재다. 군대를 숏타임으로 댕개오고 각시도 SHORT해서인지 짧은 구멍이 가격에 맞는다. 숏구멍 두 개에서 파와 보기로 투자 금액의 세 배를 벌어들여 상금 랭킹 1위에 올랐다.

치고 가다가 밀려서 대기흐고 있는디 뒤쪽에서 친구 각시들이 몰려 온다. 병용이, 문식이, 종봉이, 우엽이 각시다. 놈들은 휴일에다 서방도 없응께 가랭이 벌리고 퍼져 자면서 푹 쉬고 있을 텐데 조 아줌마들은 서방 잘못 만나 머나먼 강릉까지 끌려와 뙤약볕 아래서 조 고생을 하는 것을 보니 팔짜가 기구흐기도 하다. 나도 9월 무안 대회 때는 각시 데리고 가서 머리도 얹어주고 디지게 고생 좀 시켜야 쓰겄다. 고래야 남편 귀하고 소중한지 알제.

요번 체력 단련 대회에는 금년도 LPGA 우승자요 신인왕을 굳혀 논 우리의 자랑스런 동문 유문식 각시 이선화 PRO가 참석해서 대회의 격조를 높여주었다. 이선화 PRO는 역시 명성에 걸맞게 남편보다 5개나 잘 쳐부렸다. 문식이가 쪽팔려서 챙피흥깨 스코아 카드를 찢어분다고 해서 얼릉 내것을 뺐었다. 각시가 골프 뒷바라지흠서 하루 빨리 Uncountable에서 Countable로 들어서기만을 손꼽아 기달리고 있는디 요번에는 고 기대를 뛰어넘어 109개를 쳐부렀다. 빨리 각시한테 가서 요 기쁜 소식을 전흐고 증거로 스코아 카드를 보여줘야 쓰겄다.

내가 파를 해서 돈을 묵었다고 했다니 느자구(싹수) 없는 남하 녀석이 "용운이, 너 양 PAR 했지야?" 하고 보가리를 챈다. 장군님의 명예에 행여 누가 될세라 가기 전에 부대 안에서는 바른 말, 고운 말, 서울말만 쓰기로 약조를 하였으나 도저히 참을 수 없어 욕을 흐고 말았다. "새끼야, 양 PAR가 아니라 진짜 조선파인 홀 PAR 했다." 왜 남하 새끼는 독실한 크리스천 입에서 욕나오게 성질을 도까싸꺼나. 속 상흐지만 또 고해성사 봐야겄다.

저녁에는 초청 만찬이 단장 관사 가든에서 열렸다. 밤이라 바다는 보이지 않지만 파란 잔디 위에 하얀 테이블이 질서정연흐게 놓여 있고 주위는 소나무가 울창하게 숲을 이뤄 환상적이었다. 만찬장 전면에 큰 보드가 설치되어 있고 커다란 흑백 사진 30장이 영정같이 붙어 있다. 처음에는 광주 민주화운동 추모 행사장인가 했더니 어디선가 본 듯한 낯익은 얼굴들이다. 우리들 중고등학교 댕길 때 앨범 사진을 실물보다 크게 확대해서 붙여놓은 것이다. 요번 행사중 최대의 히트 상품이었다.

30여 년 전의 애기들을 현재의 늙은이들과 일치흐게 줄을 끄슬라고 하니 첨에는 약간 헷갈렸으나 찬찬이 봉께 지금 우리 낯바닥에 옛날 모습이 남아 있었다. 나무 양판이 쇠양판이 될 리 없다. 지금은 예정 일을 두 달이나 넘겨 터져불라고 흐는 만삭의 배를 가진 성렬이도 얄쌉했고 박종봉이나 양정원이는 비린내 나는 애기들이고 근창이는 대가리가 크게 나와서인지 키가 나보다 큰 것 같았다. 나는 우수에 젖은 듯 슬픈 눈을 가진 얌전이 같았다.

남하는 애기 때 사진을 보니 눈이 삔적흐고 눈초리가 치겨 올라갔던디 요새는 서글서글흔 것을 보니 아마도 눈 수술을 한 모양이다. 영복아, 한 번 검증해서 진실을 밝혀 봐라. 진정 남하의 진면목을 알고 싶다.

영원한 총무 근창이의 사회로 성대한 예식이 거행되었다. 초청해 줘서 고맙다는 경인 동창회 정찬형 회장님의 인사에 이영만 18전투비행단장이 진정으로 환영흐고 찾아줘서 고맙다는 감사의 말씀을 흐고 우리의 영원한 본향 광주에서 꼭두새벽부터 천만리 머나먼 길을 허위허위 달려오신 날쌘 도리 양성열 회장님께서 격려사를 해 주시고 뒤늦게 전임 최승호 회장님이 참석하셨지만 아무 말도 시켜주지 않음으로써 권력의 비정함을 보여주었다.

역시 현직이 최고다. 긍깨 현직에 있을 때 잘해야 흔다. 놈현이 맹키로 했다가는 퇴임 후에 승호같이 국물도 없다. 모다들 학교를 존데 나와서 근지 말도 참 잘 흔다. 나는 소심해서 놈 앞에서 말을 못흔 죄로 글로 쓴다. 근창이는 말 좀 잘 흔다고 쓰는 것은 맨 나만 시킨다. 요번에는 일요일 밤 늦게 온데다 피곤해 일찍 자니라고 내 담당 업무인 다리미질을 못 해서 월요일 아침 일찍 일어나 비몽사몽간에 축구 봄시로 막내 교복 브라우스 데리다가 박지성이가 골을 넣는 통에 흥분해갖고 손구락을 디여부렀다. 자판을 칠 때마다 손구락이 아퍼서 한번에 많이 못 칭깨 싸묵싸묵 나슬 때까지 10편으로 나누서 올릴탱깨 이해해라. 각시는 지 할일이 너무 많응깨 내가 어디를 댕개와도 절대 내 일을 해 주는 법이 없다. 나한테는 본연의 업무인 화장실 청소, 다리미질 외에 술 마시고 들키면 디지게 깨고 벌로 지 설거지도 시킴서….

준비해온 이바지 전달식이 있었다. 지금도 LG전자인지 GS인지 모르겄다마는 부사장이신 안승권이가 근창이 말로는 첨에 60인치라고 했다가 난중에는 56인치라고 흐던디, 좌우간 크고 좋은 TV를 기증해서 장병들이 월드컵을 잘 보고 있단다. 글고 우리의 정성을 담은 금일봉을 전달했다.

세심한 영만이는 골프공, 황태포, 수건 등 기념품을 푸짐흐니 챙개주었다. 역시 정이란 좋은 것이여. 동해에서 갓 잡아 올린 푸짐하고 싱싱한 사시미는 죽여 줬고 미역국과 매운탕은 정말 개안했다. 자리를 준비흐니라고 영만이가 욕봤다. 근디 알고 봉깨 영만이 지가 흔 것이 아니고 지그 각시가 다 준비했는갑더라.

단장 사모님은 복시럽고 넉넉흐니 정말 좋게 생겼다. 성격도 용하디 용해서 영만이가 밖에서는 항상 근엄흐고 무게 잡다가 각시 앞에서는 오만 띵깡을 부려도 다 받아준단다. 최고의 안주에다 각종 술을 마심서 허물없는 대화를 나누느라 시간 간줄 모른다.

옆에는 한홍준이가 앉아 있었다. 홍준이는 익산에서 병원을 흐고 있는디 저녁 만찬만 참석흐고 일이 있어 내려가야 흔단다. 세상에 친구들 잠깐 볼라고 고 먼길을 왔다가 금방 간다니 고래도 고것이 세상사는 맛 아니겄냐? 쪼개다 보니 오늘이 남하 귀빠진 날이란다. 고것을 영만이가 듣고는 비행기로 긴급 생일 케이크를 공수해 와서 난데없는 생일 잔치를 벌렸다. 남하 녀석 돌잔치 이후로 요렇게 많은 성들이 축하해준 49회 생일을 잊지 못할 것이다.

분위기가 무르익자 오시열이가 자진해서 일어나더니 권주가를 부른다. 시열이는 팝송이든 창이든 가요든 못 부르는 노래가 없다. 목소리도 아주 좋다. 진짠지 염장을 질를라고 해 본 소린지 몰라도 저는 멍청해서 안 끗도 못흥깨 쉬운 공부만 했단다. S 법대를 졸업흐고 순천, 서울에서 변호사를 흐다가 인자는 처가가 있는 원주에서 데릴사위를 흐고 있다.

시열이는 항상 긍정적이고 쾌할흐고 소탈흐다. 금시로도 몰른 것이 없어 진짜 걸어다니는 백과사전이다. 얼마나 심이 장산지 드라이버를 가만히 대기만 해도 300야드나 나가분단다. 롱게스트는 항상 그의 몫이다. 지그 각시는 이근순 소렌스탐이다. 꽝꽝흐고 야물딱지게 생개서 간결흐게 휘둘르는디도 공이 반드시 멀리 날아간다. 식사 전에는 반주로 소주를 꼭 한잔씩 흐는 낭만적인 각시다. 아마 우리 동창 부부들이 조를 짜서 포썸 게임을 흔다면 오변 부부의 우승은 떼논 당상이다.

테이블을 돌다 보니 권태호가 얼굴에 붕대와 반창고로 범벅을 하고 있다. 올 때는 분명히 쌩쌩했는디 이상해서 이유를 물었더니 낮에 테니스를 치다가 갑자기 앞으로 꼬꾸라졌단다. 깜짝 놀라서 내가 누군가 물어봤더니 다행히 기억을 흔다. 태호가 학교 댕길 때 송정리서 댕기느라 고생흐고 그간 한전에서 KEDO 파견근무하느라 북한에서 헐벗고 굶주린데다 행여 전날 밤 일수 찍느라 그랬는 줄 알았더니 오기 전 며칠 동안 줄창 술 퍼마시느라 그랬단다. 그래도 심성 고운 각시는 자기가 건강관리를 잘못해줘서 근담서 자기는 너무 오빠를 사랑해서 학교 졸업흐자 마자 안 끗도 안 흐고 즉시 결혼했다고 사랑 고백을 흔다.

이유야 어쨌든 인자 우리 나이에는 건강에 신경을 써야 쓴다. 아무리 술 퍼마시고 바빠도 일년에 한 번은 꼭 시간을 내서 건강검진을 흐도록 해라. 산해진미에 모든 술을 마시며 쪼갠다 흔들 30년 넘는 세월이 끝이 있으리. 이밤사 귀또리도 지세우는 삼경에야 내일의 일정을 위해 만찬을 마치고 일일이 포옹을 한 뒤 버스에 올라 숙소로 갔다.

숙소는 경포해수욕장 근처에 있는 장병 휴양소인 콘도인데 모다들 송정 호텔이라 부른단다. 각자 쪽수를 감안해서 숙소를 배정했지만 지키는 놈은 한 놈도 없다. 요방 조방 댕김시로 술 마시고 노래 흐고 심지어 어떤 놈은 근창이를 사랑흔담시로 볼대가리를 문대며 올라타고 구르고 했던갑인디, 다음날 술 깨서는 지그 각시만 영원히 사랑하겠노라고 해분께 근창이가 저는 농락만 당했다고 노발대발 쌩 난리를 치더라.

조동호는 열두 시 넘어서 저 혼자 택시 타고 노래방에 다녀왔다는데 고것이 말인지 막걸린지 지금도 모르겄다. 그래도 늙어서 잠이 없어졌는지 아니면 날을 꼬박 세운 놈이 있는 탓인지 새벽부터 뽀시락대며 쏴댕기는 녀석과 일출을 보라는 나계수의 외침에 눈을 떴다. 눈 비비고 일어나 콘도 베란다에서 보는 동해의 일출은 장관이었다. 남하는 "보라! 동해에 떠 오르는 태양, 누구의 머리 위에 이글거리나"를 열창흐고 나는 지리산의 태양처럼 익어서 타불기 전에 빨리 참기름에 담가 샘켜불자고 했다.

잔차대장 병식이는 지도를 펴 놓고 작전계획을 짜느라 고심중이다. 이쁜 윤철이가 설거지 흐고 있길래 칭찬을 했더니 찬형이가 다해 논 것을 정리만 흔다고 흔다. 우리가 편흐고 기쁘게 살 수 있는 것은 다 요렇게 음지에서 희생을 아끼지 않는 친구들의 덕이다. 초당두부 집에서 아침을 먹은 뒤 부리나케 풀 뽑으러 논으로 갔더니 영만이 부부가 잘 잤냐며 기다리고 있다.

둘째 날은 양정원 부자, 호상이와 라운딩을 했다. 정원이는 일찍이 본정통에 있는 광명당 아들로 태어났는디 중학교 졸업 후 소식이 끊겼다. 3년 전 송사모 모임에서 본적이 있는데 요번에는 각시와 아들까지 일가족이 총동원됐다. 사연을 들어 보니 지그 큰 아들이 영만이 부대 방공포대에 근무하고 있어 아들 면회 겸 왔단다.

애기 때는 부자집 아들이라 진빵같이 하얗고 까까머리에 솜털이 보송보송흐더니 인자는 지그 아들들이 그때 우리 보다 훨씬 커부렀고 한두 달 전에 죽전에 효사랑병원을 개업 했다더니 중후한 병원장님이 되어 있었다. 몸이 많이 불고 통 운동도 안해서인지 첫 타석에 들어서서 드라이버를 휘두르다 해태 김봉연이 삼진 묵듯이 헛치고 자빠져부렀다.

그래도 아픈 다리를 쩔뚝대며 끝까지 동행흐고 후반전에는 왕년의 가락이 나오기 시작흔디 라운딩이 끝나고 말았다. 그 투혼과 끈기가 다음날 아침 우리 대표팀이 프랑스와 비기는 데 밑거름이 되었을 것이다. 부자가 라운딩을 함시로 봉께 저는 안 돼도 아들에게는 자상하게 가르침시로 저는 못쳐도 아들이 잘치면 더 좋아흐는 것을 봉께 영락없이 옛날 학교 댕길 때 우리 아부지들 모습이다.

골프도 친구들 흐고 치는 것이 젤로 재밌고 부담없는 것 같다. 신한카드 부사장으로 있는 심우엽이도 자리가 자리인 만큼 높은 놈이나 어려운 놈들 흐고 눈치 봄시로 접대 골프만 치다가 친구들 흐고 웃고 즐기며 칭께 너무 좋단다. 둘째 날은 개판쳤다. 간밤에 승호흐고 한 침대에서 코박고 자니라 보대낀 탓인지 아니면 전날 성적이 좋아서 100타를 깨불라고 욕심을 부려서인지 다시 Uncountable로 원대 복귀를 흐고 말았다.

원래 12시까지 각자 운동을 마치고 모타서 출발흐기로 했다가 골프팀이 밀리다 보니 1시가 넘어부렀다. 다른 팀들은 일찌거니 끝내고 클럽하우스에서 기다리다 맥주만 디지게 퍼마시고 지쳐 있었다. 일정이 늦어져 문막에서 먹기로 한 점심을 아예 클럽하우스에서 묵고 출발흐자는 의견이 대두됐으나 남하가 이미 예약을 해서 횡성 한우를 잡아 놨응께 안 된단다. 약간 배가 고프더라도 참고 가기로 했다.

우리의 장군 영만이는 몹시 아쉬운 모양이다. 그래도 각기 묵고 살아가는 길이 다르니 아쉬운 석별의 정을 나눠야 했다. 영만이는 지가 조국의 영공은 잘 지킬 테니 우리는 편히 잘 묵고 살라고 고별사를 했다. 다행히 남하가 실거운 데가 있어 이번 준비에 애쓴 군인 사모님들께 성의를 표하자고 해서 금일봉을 건네고 군인 가족들의 배웅을 받으며 서울로 향했다.

잘 있거라! 영만아! 덕분에 이틀 동안 잘 묵고 잘 놀다 간다. 너의 각별한 관심과 우정을 가슴 깊이 간직흐마. 어서 푸른 하늘에 네 꿈을 펼쳐 이 나라의 훌륭한 간성이 되어라. 아울러 이틀 동안 우리의 뒷바라지를 위해 희생과 노고를 아끼지 않은 행정실장님 이하 전 부대원들에게도 진심으로 감사드린다. 친구 부대원이어서 근지 모다들 동생같기도 흐고 이녁 아들 같았다.

간밤에 잠을 설치고 새복부터 빼기를 친 탓인지 모두들 잠자기에 바쁘다. 글다가 3시가 넘어강께 하나둘 깨는데 모다들 허기가 진 모양이다. 하기사 새복 6시에 순두부 한 그릇 달랑 묵고 뙤약볕에서 종일 사역을 했으니 얼마나 배가 고팠겠는가. 문막 IC에서 길이 맥힌데다 남하가 헷깔려서 식당이 나타나지 않자 배고픈 중생들이 웅성거리며 폭동이 일어날 조짐이 보인다.

모세가 이스라엘 백성들을 파라오로부터 해방시켜 끌고 나왔으나 광야에서 헤매다 배가 고프자 모두들 모세를 원망하는 것과 같이 비난의 화살이 서서히 남하에게로 향해 가자 웬만한 일에는 끄떡도 않던 남하 녀석도 식은땀이 나는 모양이다. 차를 길가에 세워 놓고 요리조리 뛰어 댕김서 식당을 찾는데 당황흐는 것이 일찍이 못 보던 모습이다. 천신만고 끝에 식당을 찾아 들어가니 모두들 걸신이 들어 환장흐기 일보 직전이다. 식당 주인도 음식을 다 차려 놓고 행여 우리가 오지 않을까 눈빠지게 기다리고 있었다. 삼겹살과 갈빗살을 구워먹는데 고 야들야들흐고 구수한 맛이 죽여준다. 막 잡은 횡성 한우 육회를 비벼주는데 맛이 끝내 준다. 청국장, 냉면, 비빔밥도 정말 맛있다.

남하가 돈 아낄라고 머시매들은 삼겹살, 엄니들은 소고기 갈빗살을 구분해서 시켜 놨지만 나는 다행히 여자들 틈바구니에 끼여서 갈빗살을 배터지게 묵었다. 비록 얻어 묵느라 엄니들 눈치보며 재롱도 떨고 잔심부름을 도맡았지만 그래도 좋았다. 배가 따땃해징께 남하에 대한 비난과 저주는 눈 녹듯 사라지고 모다들 남하의 현명한 선택을 칭송하기에 바빴다.

민심이란 원래 요렇게 변덕스러운 것이다. 예수가 지그들을 로마의 식민지로부터 해방시켜 잘 믹여줄지 알고 예루살렘 입성 때만 해도 입던 옷을 벗어 길바닥에 깔고 손에 종려나무 가지를 들고 '호산나! 호산나!' 흐고 목이 터져라 외치던 이스라엘 백성이 불과 3일 만에 예수를 십자가에 못 박으라고 외치는 것이나 놈현이 탄핵했다고 빗발치게 한나라당을 씹고 열

우당에 몰표를 던진 우리 국민이 놈현이가 미운 짓만 골라서 흥깨 요번 지방선거에서는 한나라당에 몰표를 던진 것을 보면 민심이란 동서고금을 막론흐고 똑같다. 그저 민초들은 맘 편흐게 해주고 배때기 따땃흐게 해주는 것이 최고다.

잠도 잘 만큼 잣고 배때기도 따땃흐고 길도 맥혀서 올라오는 버스에서는 놀고 왔다. 각시들한테 소감을 물어 보니 모다들 너무 좋아서 남편이 새삼 존경스럽고 사랑스럽단다. 서방 친구들도 모두 친정 오래비들처럼 너무 이무롭고 재밌었단다. 앞으로도 서방들하고 사이좋게 오래오래 삼시로 이런 기회가 있으면 꼭 참석흐기로 약속했다. 미모와 지성을 겸비한 각시들이 요렇게 맘씨도 좋고 말도 이정시럽게 잘흐는 것을 보면 우리들은 모두 참 복 받은 놈들이다.

우리도 나이가 든 탓인지 친구 각시들을 첨 봐도 친구 같고 몇 번 만나면 이녁 엄니 같아서 어린양도 피우고 싶다. 친구 새끼들도 착하고 공부 잘 흔 놈은 이녁 새끼같이 기특한 마음이 든다. 조금만 지나면 친구 각시들과 스와핑을 해도 괜찮은 때가 도래흔 것 같다.

아침에 동해에서 갓 태어날 때 보았던 태양이 점점 자라 곡괭이로 농사지을 때도 비추더니 어느덧 황혼 속에 사라져 갈 때쯤 서울에 도착했다. 모다들 아쉽지만 또 만날 때를 기약흐며 찢어지고 몇몇 친구들이 나의 알리바이를 만드는데 동참했다. 다음날 월드컵 프랑스와의 결전을 앞두고 붉은 악마들이 구름처럼 몰려드는 잠실 야구장 노천 까페에서 삼합 즉 돼지껍딱, 닭똥집, 홍합에 쏘맥 폭탄주로 뒤풀이를 했다.

〈에필로그〉

지금은 문화재청장이 된 유홍준은 『나의 문화유산 답사기』에 사람은 아는 만큼 보인다고 썼다. 친구도 아는 만큼, 즉 관심과 정을 주는 만큼 친해지는 것 같다. 기본적인 우정이나 잔잔한 정은 있어도 자꾸 만나 보대끼고 놀고 어울려야 지금 어디서 뭣을 흐고 지그 처자식은 어쩐지 알아야 같이 기뻐흐고 위로해 줌서 정이 깊어지는 것 같다.

그런 취지로 요번 행사에는 많은 친구들이 참석했지만 일일이 다 언급흐지 못하고 바빠서 자주 보기 어려운 친구들, 멀리 떨어져 사는 친구들, 평소 모임에서 잘 모르는 친구들의 근황을 알리고자 제한적이지만 내가 아는 범위 내에서 실명으로 써 보았다. 혹시 자기가 빠져 서운흐거나 소개가 잘못 되얏거나 언짢은 표현이 있었다면 너그런 마음으로 용서하기 바란다.

글고 봉께 요참에 계수가 보이길래 광주서 온지 알았드니 지역구를 서울로 옮겼다고 흐더라. 우리야 인자 근창이랑 투톱 체제로 운용흐면 훨씬 다양한 전술을 구사할 수 있겄지만 너계수가 광주에서 애를 많이 썼는디 우리 고향 광주는 어째사쓰거나. 성렬이가 곱절로 욕 좀 보겄구나. 아무튼 너계수의 총동창회 총무 취임을 축하흐고 목동 애기들은 모일 때마다 잊지 말고 계수 순구락 한 개 더 놔줘라.

나는 그 날 저녁 눈물겨운 친구들의 도움으로 각시의 삼엄한 감시망을 피할 수 있었다. 도움에 진정으로 감사흐고 자주 보자꾸나. 안녕.

(2006. 6.)

남기고 싶은 야그들

-제1화 '송강별곡'

노망들어 맨날 며느리 욕흐거나 머크락 끗고 얼척없는 누명 씌워 동네에 개망신 시키는가 흐면 벼랑빡에다 똥칠흐던 시애미가 죽었는디 며느리가 설리설리 울더란다. 이유를 물어봉께 죽은 시애미가 불쌍해서 우는 것이 아니라 조렇게 가불면 허망흐게 끝나불 것을 이제껏 가심 끓이고 보타짐시로 보냈던 지난날들이 웬통해서 운다고 흐드란다.

첫날 밤 첫코를 개안흐게 뛴 다음 신랑놈이 담배 한 대를 맛나게 뽈고 있는디 신부가 비개에다 마빡 박고 훌쩍훌쩍 울더란다. 왜 근가 했더니 요렇게 조불면 개안흐게 끝나불 것을 순결이 머시다고 고렇게 지킬라고 애썼던지 지나 온 날들이 아쉬워서 운다고 흐더란다.

술 담배를 끊고도 친구들을 만나서 기분 좋게 걸치고 쪼개고 놀면 얼마나 좋겄냐마는 권흐는 술잔을 거절흐다 보니 피차에 야속흠서 서먹흐다. 권흐는 놈도 멋쩍고 빈정이 상흐지만 거절흐는 놈도 안타깝고 피곤흐다. 콱 한 잔 샘캐 불면 그만이지만 고것이 머신디 끊을라고 불면증과 우울증, 각시와 싸우며 발싸심을 댔던 지난 2년이 아까워 쥔 술잔을 슬며시 놓는다.

글다 봉께 친구들도 꼭 만나야 흘 일이 아니면 피하게 되고 먼저 전화해서 저녁에 까페베네나 스타벅스에서 만나 라떼나 카푸치노에다 하니 버터브레드 한 쪽흐자고 하기도 뭣해서 점차 소극적이 된다.

어지깨는 남하, 덕겸, 봉광이 부부와 함께 이영만 장군 부대에 놀러갔다. 점심 때 T-bone 스테이크에 버드와이저를 한잔씩 뽀는디 해필이면 영만이 맞은편에 안거 논께 술잔을 비고 돌릴 때마다 눈이 마주친다. '육지의 섬이요, 창살 없는 감옥'에서 조국과 민족을 위해 묵묵히 십자가를 지고 가시는 장군님의 용안을 우러러 보면 얼른 받아서 마셔 불면 좋겄지만 고렇게 못흐는 현실이 서글프다. 영만이도 사정을 아는지라 배시시 웃으며 건너뛴다.

술도 안 마시고 칭구들도 안 만나다 보니 종봉이 말대로 애펜네 치마폭에 코 박고 개기는 때가 많다. 하루는 각시도 혼자 노는 내가 짠했던지 신부님의 강론 말씀이라며 전해 준다. 어떤 여자가 하도 성당일이다 봉사활동이다 하며 싸 댕기다 남편과 새끼들을 등한시 했더니 불만이 많은디 어찌 흐면 좋겄냐고 신부흔테 물었단다. 신부는 당연히 성당 일을 줄이고 집안에 충실흐라고 답해 줬단다. 단, 활동을 줄이더라도 신앙을 줄여서는 안 된다고 덧붙였단다. 지깐에는 가장 좋아흐는 짓을 못흐는 남편을 위로흐는 말이다. 긍깨 술자리는 피하드라도 칭구들과의 우정은 더욱 깊게 흐고 고이 간직하라는 기특한 말씀이다.

그동안 모임이나 홈피에 뜸하다 보니 몇 가지 달라져서 근황을 전한다. 작년 초 당뇨가 심해서 1년 동안 은행에 안 가고 놀다가 금년 4월부터 임금 피크로 일흐고 있다. 사무실은 흠모흐는 최근창 사무총장님이 재직 중인 상암고 맞은 편에 있는디 금년 봄 송파로 이사하는 통해 서울 대각선

끝에서 끝으로 출퇴근이 각각 2시간씩 걸린다. 각시도 작년에 나랑 놀라고 퇴직흐고 문정동 훼미리 아파트로 집을 옮겨 인자는 자리도 잡히고 적응도 되어 잘살고 있다.

江松(송파와 강동 사는 칭구들 모임) 멤버들이 정말 잘 해준다. 한 10명이 각시 동반으로 만나는디 영파여고 훈장이신 임윤섭이가 어찌나 야물게 기초를 다져 놨는지 비온 날 번팅을 혀도 각시 포함 거의 100% 참석이다. 수컷들도 수컷이지만 각시들이 더 좋아흔다. 덕분에 30년간 강남 삼시로 못 느끼던 훈훈한 정을 느끼고 산다.

요새는 남하의 제안에 의해 혹서기에는 각시들 심들고 음식을 해도 금방 쉬어분깨 당분간 더우가 어느 정도 가실 때까지는 집에서 밥 해 묵지 말고 동네에서 만나 서로 사묵고 놀기로 했다. 강남 친구들은 하도 똑똑흐고 돈도 많고 잘 나서 부부 모임만 댕개오믄 각시가 과거 나의 행실을 친구들과 비교, 분석흐며 씹는 소리에 돌아불 것더니 강송은 안 긍깨 좋다. 얼마나 좋고 부러우면 역삼동 사는 양원철이는 몇 년 이내에 송파로 이사오기를 다짐흐고 마이가리로 강송회에 가입을 했는가 하면 도곡 렉슬에 사는 김덕겸이나 광장동의 위봉엽, 주경국이도 사정사정해서 옵저버로 참석흘 정도다.

다시는 강남에 안 가고 친구들도 안 만난다 했더니 하루는 백원선이가 집에 놀러 와서 지는 강남은 강남이지만 다르단다. 강남도 다 강남이 아니라 테헤란로를 경계로 그 우쪽은 '테북, 밑에는 테남' 으로 나눈디, 거그 사는 사람들의 생활 양식이 아조 차이가 난단다. '테북' 사는 사람들은 자본가 계급인 블루 자지로 보수 귀족이요, 세습 부자란다. 압구정이나 청담동으로 대표되는 이 분들은 소비 패턴도 고가나 명품 위주고 애들 교육도 돈에 구애 받지 않고 개인 괴외를 시키다 정 안 되면 미국으로 유학 보냈다가 나중에 애비 회사 하나를 물려주면 된단다.

반면, '테남' 은 중산층 신진 엘리트로 조선시대 사대부와 비슷흐고 스스로 열심히 공부흐고 노력하여 성공한 자수성가가 주를 이룬단다. 여자들도 자기 삭신에는 거의 돈을 안 씀시로도 새끼 교육을 위해선 놈집살이라도 흔단다. '테북 여자' 들이 고급 미용실에서 머리흐고 호텔 레스토랑에서 우아흐게 칼질 흘 때 '테남 여자' 들은 몸빼 입고 지까심 장시 머리를 볶고 싸구려 밥집에서 양픈비빔밥 먹음시로도 서로 만나 정보를 교환흐고 쪼까라도 나슨 학원이나 강사가 있다고 흐면 목숨 걸고 새끼를 보낸단다.

고로 '테북 칭구' 들과는 관계를 끊더라도 지는 '테남' 잉께 계속 만나잔다. 나는 강남에서 쫓겨나 인자는 탄천 동쪽, '탄동' 에 산다고 했더니 남하가 옆에서 지는 오금동잉께 성내천 서쪽, '성서지역' 에 산단다. 남하와 내가 송파로 이사 온당께 유문식이가 시(諡號)를 하나씩 내릴라고 젤로 머리가 아팠단다. 지는 송파 회장이고, 지금은 압구정에 사는 박종봉이가 송파거사, 광주에 파견나가 있는 김병용이가 송파돌이, 이 세상 소풍을 끝내고 지금은 하늘로 돌아간 임희재가 송파대감인디 머시라고 붙여줄까 고민흐다 한남하는 송파제독, 나는 송파문장이라는 시호를 제수받았다.

문식이의 유지(遺志)(?)를 받들어 송강 정철(鄭澈)이가 '강호에 병이 깊어 죽림에 누웠더니 관동 팔백리에 방면을 맡디시니 어화 성은이야 망극흐다' 고 「관동별곡」을 읊었듯이 '강남에 병이 깊어 송파에 누웠더니 송파와 강동의 문장을 맡디시니 어화 우정이야 허벌나게 망극흐다' 로 시작되는 「송강별곡」이나 읊음시로 살란다.

우리도 벌써 꼬부라진 육십이구나. 물론 정남준이가 폭로했던 박종봉이 같은 개띠 애들 이후는 제외흐고. 칭구들아! 나이 묵어갈수록 좋게 생각흐고, 좋은 기억만 생각해야 해. 안 글면 자신이 더 비참해지고 어려워지기 때문이야. 앞으로 송파에 삼시로 서중, 일고를 댕김서 느그들흐고 지냈던 아름답고 좋았던 추억들을 시간나는 대로 「남기고 싶은 야그들」로 살려 볼란다.

한달 전쯤 각시가 〈써니〉라는 영화를 보는디 나하고 칭구들이 비디오같이 떠올라 한없이 울고 웃었담서 빨리 보란다. 여고 때 놀던 가시내 7명이 졸업 후 소식이 끊겼다가 40대 중반에야 옛 두목 하춘화의 죽음을 앞두고 서로 만나 자아를 찾고 우정을 되살리는 애틋흠시로도 재밌는 야근디 우리 학교 댕길 때도 진클럽, 에뜨랑제. 시내파, 하키파, 육상파, 덴뿌라집파, 당고집파 등이 많이 있었던 것 같은디 지금은 다 무엇이 되어 열심히 살고 있을 거야.

다들 한데 모여 그 시절 그 추억을 영화같이 나눴으면 좋겄다. 염병나게 덥고, 비까지 징흐게 내리는 더운 여름, 몸조심흐고 잘 지내거라. 태풍 서방판지 무이판지가 무서운 바람과 비를 뿌리며 지나가는 날, 상암동에서 쓴다. 안녕!

(2011. 8.)

남기고 싶은 야그들
-제2화 '각시와의 약속'

수컷들은 젊을 때는 온몸이 보드랍고 한 군데만 빳빳흐다가 낫살을 퍼묵을수록 온몸이 뻣뻣해짐시로 딱 한 군데만 보드라워진다. 고로 젊을 때는 몸이나 대가리가 유연해서 안 아프고 놈의 말도 잘 들을 뿐 아니라 빳빳흔 연장으로 배우자를 즐겁게 해주던 놈도 늙어감시로는 몸이 뻣뻣해진께 오십견이다 디스크다 흠시로 온 삭신이 아픈 데다 대가리까지 굳어 똥고집만 시어져서 각시나 새끼들과 소통이 안 된께 왕따가 된다.

반면, 정작 오래오래 빳빳해야 흘 것은 흐물흐물해져 되지도 않은 걸 가지고 각시흔테 찝적대다가 황혼 이혼을 당해분다. 긍께, '헨리 폰다'와 '캐더린 헵번'이 주연한 "황금 연못"처럼 아름답고 우아한 노년을 보낼라면 끊임없이 일흐고 운동을 해서 몸땡이를 부드럽게 유지흐고 너무 사소흔 것에 목숨을 걸지 말고 긍정적이고 적극적으로 좋게 생각해서 몰랑몰랑흔 대가리를 가져사 쓰고 거시기는 담금질과 무두질을 잘혀서 항상 빳빳이 세와야 쓴다.

빳빳해야 흘 것이 썰어 놓은 해삼같이 흐물흐물 해져서 좆되야분 사나이가 바로 '우리의 영원한 총무' '촬리 최'다. 촬리가 여름방학을 맞아 학생들을 데리고 아프리카 시골로 봉사활동을 갔다. 그곳은 아직도 귀한 손님이 오면 잠자리에 딸을 넣어주는 관습이 있었다. 촬리는 추장집에서 잤는디 대체 밤이 된께 섹시한 추장의 큰 딸이 야릇한 미소를 짐시로 들어와 촬리 옆에 누었다.

순간 촬리는 고국에서 남편의 무사 귀국만을 손꼽아 지둘리는 영희를 잊고 “로마에 가면 로마법에 따라야 흔다”를 수없이 외침서 추장의 딸 위로 올라가 최선을 다해 열정을 불태웠다. 클라이맥스에 이르자 추장의 딸이 촬리를 으시러지게 보듬음서 “몽트!! 몽트!!!” 흐고 외쳤다. 잉글리시 티쳐인 촬리는 “아, ‘몽트’ 라는 단어는 기분이 좋거나 남이 잘 할 때 외치며 내는 감탄사구나”라고 생각흐고 머릿속에 고이 간직했다.

다음날, 촬리는 추장과 접대 골프를 침시로 추장이 버디를 잡자 “몽트! 나이스 몽트!!”를 외쳤다. 그러자 추장이 촬리를 째레보고 인상을 씀서 다음 홀로 갔다. 담 홀은 숏홀인디 추장이 친 공이 깃대 쪽으로 높이 날아가더니 마치 긴자꾸에 거시기 들어가듯 구녁 속으로 쏙 빨려 들어갔다. 동반자들이 박수와 찬사를 보내자 촬리는 앞 홀에서 지가 너무 작게 소리를 내서 추장이 삐칠지 알고 이번에는 재작년 PGA 챰피언쉽에서 양용은이가 이글을 잡고 미친 듯이 양 주먹을 으쓱으쓱흠시로 그린 주위를 폴짝폴짝 맴돌며 타이거 우즈 염장을 지르듯이 “몽트! 몽트!!” 흠시로 쌩쑈를 했다.

그러자 갑자기 추장이 채를 내동댕이를 치고 손을 털더니 클럽하우스 쪽으로 가불었다. 뭔가 심상치 않음을 느낀 촬리가 뛰어가서 이유를 물어봉께 추장이 흐는 말. “야, 짜샤! 놈들은 다 들어갔다고 축하를 해 주는디 너만 왜 안 들어갔다고 생지랄을 떠는 거야, 지랄을” 촬리 said, “..........................”

오랜만에 홈피에 글을 올릴란께 전하고 많이 다르드라. 일단, 단어나 표현이 아물아물흠시로도 기억이 안 난께 가심이 답답흐고 뒷 모가지가 뻣뻣해짐서 혈압이 올라불더라. 글고 눈이 잘 안 보이고 어른어른 흥께 자꼬어만 자판이나 기능키를 쳐분 통에 아랍 글자같이 요상흔 것이 나타나는가 흐면 쌔빠지게 쳐논 것이 날라가 시간이 따블로 걸리드라.

하기사 요렇게 유통기한이 넘어 기능이 떨어진깨 은행에서도 폐기처분을 했겄지. 그래서인지 아직도 현역으로 잘 유통되고 계시는 사장님이나, 장군님, 경무관님, 의원님, 원장님, 임원님들을 보면 대단흐다는 생각과 함께 자랑시럽고 아름다워.

글고 요번에 느그들이 벌떼같이 몰려들어 클릭을 흐고 댓글 단 것을 본깨 요즘 징흐게 흘 일이 없고 겁나게 심심흐다는 것을 알겄드라고. 심심흔 칭구들을 위해 "나보다 골프를 잘 치는 선수는 많다. 그러나 나보다 더 열심히 연습을 하는 선수는 없다."라는 전성기 때 우드가 한 말처럼 "나보다 글 잘 쓰는 친구는 많다. 근디 나보다 더 홈피와 친구들을 사랑흐는 동창은 없다."라는 마음으로 추억이 있고, 기억이 나는 한 계속 쓸란다.

오랜만에 게시판을 본깨, 양석원이가 많이 아펐던 모양인디 인자는 괜찮다니까 정말 다행이다. 글고 임해철이가 심장 이식수술을 흐고 투병중인 모양인디 틀림없이 곧 일어나 '승리의 아리아'를 힘차게 불러줄 거야. 왜냐흐먼 해철이 옆에는 세계적인 심장 이식의 대가일 뿐 아니라 하나님의 가장 사랑흐는 아들 박국양이가 있기 때문이야.

은행 직원으로서 고객의 비밀을 유출흐는 것이 금융실명제법의 위반으로 어떤 처벌을 받을지 잘 모르겄지만 지금도 은행의 예금거래 신청서나 청구서에서 기독교 관련 사회봉사 의료법인의 재단이사장으로 재직흐는 국양이의 이름을 볼 때는 가슴 뿌듯한 보람과 긍지를 느껴.

석원아! 해철아! 그리고 모든 친구들아! 정말 건강에 힘쓰고 노력해야 쓴다. 건강을 잃으면 모든 것을 잃는다는 평범한 진리를 나같이 사무치게 경험한 놈도 드물 거야. 처자식 놓고 일찍 가분 놈이 세상에서 젤 무책임흐고 나쁜 놈이여. 내가 술 담배를 끊고, 친구들을 피해다님서 산다고 했더니 누가 언제까지 그럴 것인지 물어 보든디 죽을 때까지 요렇게 살지는 않을란다. 각시와의 약속만 지키고 나면, 덤으로 사는 인생 느그들 만나서 막걸리 한두 잔씩 나누며 재밌게 살란다.

5년 후면 환갑인디 각시흐고 유럽여행을 가기로 신혼 초부터 약속했어. 딴것은 몰라도 고 약속만은 꼭 지킬란다. 각시 말대로 여러 번 죽을 고비를 넘길 때나 각시가 날 버리지 않고 힘들고 지칠 때 이겨낼 수 있었던 것은 다 고 약속 때문이여.

각시흐고 유럽을 누비고 댕길 생각을 흐먼 벌써부터 가슴이 설랜다. 맨 처음 영국에 가서는 스코틀랜드 갈대숲을 거닐며 「폭풍의 언덕」 히드클리프처럼 각시를 으스러지게 껴안은 채 폭풍 키스도 해 보고 항아리 방카와 워타 해저드로 악명 높은 커누스티나 세인트 앤드류스에서 라운딩도 흘란다.

파리의 몽마르트 언덕도 올라보고 내려옴서 목마르면 물랭 루즈에 들려 각시 입술보다 빨건 와인으로 건배를 나눌란다. 비록 똥배가 뽈록흔 각시지만 마리 앙토와네트보다 더 화려한 드레스를 입혀 베르사이유 궁전의 정원을 마차로 달려 볼란다.

마드리드에서는 정열적인 캉캉춤을 춰 보고 알함브라 궁전 앞 광장에서는 로드리고의 Guitar 콘체르토를 들어볼란다. 체르맛으로 올라가는 관광열차를 탈 때는 각시에게 빨건 뿌라야 치마를 입히고 머리에 에델바이스를 허천나게 꽂아줄란다.

20여 년 전 홀로 걸었던 해가 지는 레만호를 바바리 입은 각시 어깨를 감싸안고 거닐어 볼란다. 호수가 내려다보이는 루체른의 고성 베란다에서는 베토벤의 피아노 소나타 14번 〈월광〉을 들음서 각시를 잠재워 줄란다.

물결 잔잔한 도나우를 항해하는 크루즈 뱃머리에서 타이타닉의 케이트 윈슬렛처럼 긴 머리 휘날리며 양팔을 벌리고 브라암스의 〈헝가리 춤곡〉을 노래흐는 각시를 레오나르도 디카프리오처럼 뒤에서 껴안으며 곱게 늙은 각시의 향긋한 쉰 냄시를 가슴 깊이 들이켜 볼란다.

마지막으로는 당연히 각시가 가장 사랑흐는 모차르트의 생가가 있는 짤즈부르크와 그의 혼인 미사와 장례미사가 거행된 비엔나로 갈란다. 짤츠부르크에서는 '사운드 오브 뮤직' 투어도 흘란다. 나는 폰 트랍 대령의 해군 제복을 입으면 되지만 각시에게는 마리아가 커튼으로 만든 연두색 무늬의 원피스를 입힐까 아님 몸매를 감추기 위해 펑퍼짐한 예비 수녀복을 입힐까 고민중이다. 비엔나에서는 며칠이 걸리드라도 돈이 다 떨어져 노숙을 흐더라도 모차르트의 모든 연주회는 다 댕길란다.

글고 봉께 각시가 사랑흐는 또 하나의 남자, '로큰롤의 황제, 엘비스 프레슬리'의 고향 멤피스도 가기로 혔는디 약속을 지킨다는 것이 너무 힘들구나. 남하가 쏴댕기다 봉께 토요일 약속이 너무 많아 토요일이 너무 부족흐다 해서 달력을 '월,화,수,토,토,토,일'로 맨들어 주3일제 근무만 흐자고 했는디 환갑을 한 3년으로 늘려야 쓰겄다.

있는 돈 다 털어봤자 몇 푼 되겄냐마는 시간에 구애 받지 않고 각시 가고 싶은 곳은 다 가고 보고잡은 곳은 다 보고 입고 싶은 것은 다 입어보고 먹고 싶은 것은 다 먹어 보고 최대한 화려하게 한도 끝도 없는 여행을 해볼란다. 고것이 바로 전라도에서 기어 올라와 지 말대로 먼 인연인지는 모르겄지만 기피대상 1호인 지방대생에다 조실부모흔 고아를 남편으로 맞아 쌔빠지게 돈 벌고 새끼 키우고 병수발흐느라 온몸이 녹아불고 가슴에 피멍이 들어분 각시에 대한 의무요, 도리가 아닌가 한다.

얼마 전, 최인호가 새 소설 『낯익은 타인들의 도시』 시사회에서 '내 오늘 같은 날이 올 줄 알았다'는 버나드 쇼의 묘비명을 보면 암은 신의 축복이라고 흐던디 동감이야. 한없이 살 것같이 건강해서 꼭 해야 흘 가장 중요한 일인디 흠시로도 그때그때 바쁘다는 핑계로 미루다가 어느 날 갑자기

딱 죽게 된깨 회한을 남기는 것보다는 나같이 병원 댕김서 빌빌대며 사는 것이 죽음을 준비하고 미리미리 약속을 지킬 수 있어 더 축복인 줄 몰라.

요새는 각시도 가끔 "당신이 요렇게 애펜네만 따라 다니고 각시만 챙기는 방안 퉁수가 될 줄 누가 알았으까? 당신도 술 담배 원없이 하면서 은행에서 승승장구했으면 지집질도 하고 잘난 체 싸돌아 다닐 텐데 아픈 통에 이렇게 내 차지가 되었네" 하면서 스스로 위안을 삼더라. 정말 세상은 뭣이 좋고 행복인지 모르는 요지경 속이지만 사는 동안 재밌게 살고 가장 가까운 각시에게 날마다 사랑을 고백흠시로 사는 것이 정답인 것 같다.

송파는 각시들의 천국이다. 오늘은 비가 온깨 동네 친구들 만나서 저녁을 묵잔다. 더우도 문제지만 습해도 여자들 컨디션이 저하되고 음식이 잘 쉰단다. 거기까지는 존디 덧붙이는 각시의 말 한 마디가 더 얄밉고 가심에 못을 박는다. 솔직히 여자들만 모태는 것이 훨씬 재미있고 부담도 없지만 남편들 밥 굶기고 논다고 욕먹을까 봐 인사치레로 부부 모임이라 했은깨 저녁 먹을 데 있는 유능한 남자는 안 올수록 멋있고 좋단다.

나는 9월 7일을 제외하고는 연말까지 저녁 약속이 없다. 내일부터 휴가다. 주말까지 신나게 놀다 와서 다음 주에 보자.

(2011. 8.)

남기고 싶은 야그들

-제3화 '빠삐따 삼계명'

추석들 잘 쇘냐? 나는 그저께사 광주에 댕겨 왔다. 고아가 되야분 데다 광주 떠나분 지가 30년이 넘어분께 인자는 긴가민가 흐다. 근다고 서울에다 끌텅을 내린 것도 아닌디.

요새도 처자식과 소통이 안 될 때가 있어. 큰딸흔테 "느그 엄마 아픈께 대신 기영 좀 치워라"고 했더니 안 치우고, 막내흔테 "식탁에 아부지가 아이스크림 묵은 자국이 있승께 훔쳐라"고 해도 안 치우고, 각시흔테 "더운께 입맛 돋구게 해우 냉국 좀 타소" 해도 안 타길래 혼구녁을 내 줄라고 했더니 모두들 듣보잡이란다. 나만 혼자 알아묵는 전라도 홍어스키들 말은 지그들은 못 알아묵는단다. 말흐자면 한 없승께 각설흐고….

늙어갈수록 친구가 더 절실해진단다. 우세시라서 놈들흔테 못흘 말을 참다보면 가심앓이 속병이나 우울증이 되야분께 새끼들이나 부모나 형제간 흔테도 못흘 말을 개안흐게 쏟아불 친구가 필요흐단다.

길어 봤자 5년이면 성대 문헌정보학과 고영만 교수님 빼고는 모두 현직에서 물러나 남아도는 것이 시간일 텐디 함께 할 친구가 없다면 말년이 얼마나 서글프고 썰렁흐겄냐? 이런 전차로 어린 백성이 어떻게 흐면 친구들흐고 남은 인생을 활기차고 풍요롭고 윤택흐게 보낼까 고민흐는 것을 보시고 존경하는 부부 싱글-말이 좀 모순되는 듯흐지만 부부가 골프 싱글이다는 말- 신경외과 백원선 원장님의 경애하올 영부인 이혜재 여사님께서 이스라엘 백성을 구원한 모세의 十戒命을 능가ᄒᆞ는 새로운 三戒命을 하사하셨으니 칭구마다 수비 녀겨 날로 쑤메 행복ᄒᆞ게 하고자 할 따람이다.

긍께 우리는 고민ᄒᆞᆯ 필요도 없이 멍청ᄒᆞ게 요 3계명만 잘 지키면 하늘나라가 곧 도래ᄒᆞ고 그 나라의 주인이 된단다. 아멘.

나이 묵어 친구를 잃지 않으려면 꼭 지켜야 ᄒᆞᆯ 세 가지 계명은 이니셜만 따면 "빠, 삐, 따"로 첫째, "빠지지 말라!" 둘째, "삐치지 말라!" 셋째, "따지지 말라!"란다. 기억력이 희미해져 외우기가 심들면 스티브 맥퀸과 더스틴 호프만이 열연ᄒᆞᆫ '빠삐용'이라는 영화를 생각해라. 공자께서 一日三省이라 했듯이 매일 잠자리에 들기 전에 '혜재의 삼 계명' 준수 여부를 꼭 점검해야 ᄒᆞᆫ다. 각 계명을 하나하나 설명ᄒᆞ자믄

첫 계명, "빠지지 말라"

동창회의 모든 행사, 가까운 친구들과의 소모임이나 애경사의 참석뿐 아니라 참석하지 못한 행사에 대한 심정적인 동참도 포함하고 있다. 게시에 보니 10월 8일, 영암 아크로 모임과 10월 16일 박선우 장군 2군단 방문 일정이 있던데 요런 일이 있을 때 웬만ᄒᆞᆫ 개인적인 약속이나 ᄒᆞᆯ일은 뒤로 미루고 빠지지 말고 꼭 참석ᄒᆞ라는 거다.

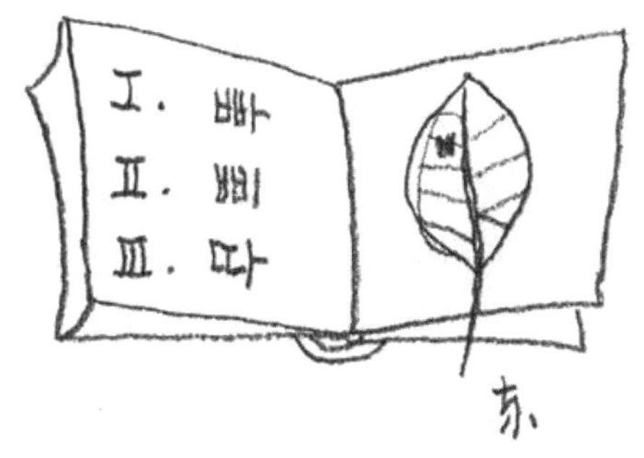

특히 박선우 장군의 '호반의 벤치, 춘천으로의 초대'는 다시는 오지 못할 역사적 의미가 있는만큼 그간 보지 못했던 친구들도 많이 참석하면 좋겠다는 군단장님의 지상 명령이다. 말이 별 3개, 중장이지 고것이 쉬운 일이냐? 정말 우리의 가심 뿌듯ᄒᆞᆫ 자랑이제.

선우는 고등학교 졸업 후 지 말대로 흐자먼 대학도 못 가고 겨우 학교에 불과한 육군 사관학교 졸업 후 묵묵히 군인의 길을 걷다 보니 친구들과의 교류가 적었던 것이 몹시 아쉬웠던 모양이다. 그래서 심청이가 지그 아부지 찾을라고 전국에 방을 붙여 봉사 초청 대찬치를 벌렸듯이 오늘이 있기까지 음으로 양으로 도와주고 성원해준 친구들을 찾을라고 벌린 잔치인 만큼 각시 손 꼭 잡고 모다들 가 보자. 혼기가 닥친 이쁜 새끼들도 데꼬오니라. 눈 맞으면 현장에서 선우 주례로 짝 맺어 주고 축포도 쏘고 군악대 빵빠레도 울려불게.

경춘 고속도로와 중앙고속도로가 뚫려서 요새는 춘천이 사통팔달이다. 그간 멀리 떨어져 못 본 부산, 거제, 대구, 대전, 전주에 사는 친구들도 다 오니라. 타향에서 돈 벌라고 묵을 것도 못 묵고 흘말도 참음서 눈치 보던 설움과 분노를 늠름흔 우리 친구 부대 잔치에 모여 개안흐게 풀어 불자.

선우도 요번 모임을 지가 흘 수 있는 첨이자 마지막이라 생각흐고 지가 흘 수 있는 능력을 최대한 발휘하여 청사에 길이 남는 모임을 구상 중이란다. 요번에 참석 못 흐면 영원히 콧물도 없단다. 요런 잔치는 군단장이나 된께 흐제 참모총장이나 국방부 장관 되야 불면 캐도 없단다.

선우가 과대망상증이 있는지 아님 동해안 망상 해수욕장이 지 관할이어선지 한 500명을 예상흐고 아예 막국수집과 삼겹살집 직원들이 파견나와 현장에서 국수를 삶고 괴기를 지진단다. 강원도의 별미인 감자와 고구마, 옥수수도 100푸대를 삶거나 구운단다. 부대에다 묻어둔 개안흔 싱건지 국물도 원없이 퍼 준단다. 요새 선우는 발표회를 앞둔 소년처럼 칭구들 맞을 준비에 들떠 있단다.

잘 익은 태백의 단풍과 소양호의 푸른 물결과 우리 친구들의 우정과 부부 사랑이 앙상블을 이루어 우리 '서중 일고 50회' 백년사에 영원히 기억될 '그리움과 설렘의 한마당' 이 될 것이다. 요렇게 뭔 일을 한번 벌릴라먼 몇몇 칭구들이 지 돈, 시간, 정열을 쏟아가며 준비흐는 데 맨몸으로도 참석해 주는 것이 도와주는 것이다. 참석흐라고 조르는 사람 있을 때가 존 것이지 한두 번 빠지면 난중에는 불러주지도 않을 것이다. 설사 참석흐드라도 친구도 공감대가 있어야 통하는 뱁인디 오랜만에 보면 재미도 없고 어색해서 실실 피하다가 저만 왕따 되는 법이다.

아울러 제1계명 "빠지지 말라"는 소극적으로 놈이 마련흔 행사에 참석만 흘 것이 아니라 직접 가까이 사는 친구들 몇 명씩 불러서 대접도 해 보란 뜻이다. 친구도 자주 보고 오고 가는 정이 있어야 더 가차와 지는 법이다.

둘째, 삐치지 말라.

나이 묵을수록 연륜이나 지혜가 쌓여 놈의 말을 잘 듣고 이해흘지 알았드니 도리어 아집과 독선, 오만과 편견만 심해지고 자기가 걸어온 길만이 최선이고 정의인양 독불장군이 되어 가는 것 같다. 안 끗도 아닌 일에 삐치고 무심코 던진 말을 서운흐게 생각흐고 지 욕심만 챙기고 지 주장만 흐다 남들이 알아주지 않으면 버럭 홍준표같이 화를 내는 친구가 있다.

한두 번은 사과도 해 보고 달래 보지만 자꾸 만나다 보면 피곤흐기 그지없다. 지금 이 나이에 좋은 친구들 만나 놀기도 바쁜디 마냥 달래고 얼를 수도 없다. 젊고 어릴 때야 밤새 술 마심서 얘기도 흐고 글다가 격해지면 후다닥 부닥치다 보면 이해도 하게 되고 고칠라고 노력도 흐지만 인자 우리 나이에는 고쳐지지도 않응께 그저 좋은 게 좋은 거다 흠시로 피하게 된다. 낙엽 지듯 주위 친구들이 하나둘 떨어져 나가 어느 날 문득 혼자 외롭게 댕그라니 남아 있는 자신을 발견흐고는 노년이 서글퍼진다. 긍깨 그렇게 되기 전에 화해하고 항상 여유를 가지고 남들을 이해흐고 베품서 살아야 쓴다.

인자는 '눈에는 눈, 이에는 이'라는 탈리아 법칙이 아니라 '눈에는 안약, 이에는 치약'이라는 사랑과 베품의 법칙을 지켜야 써. 알겄냐?

셋째, 따지지 말라.

인자는 뭔 일을 흐든지 따지지 말어. '그저 근갑다, 그런갑다' 흠시로 여유를 가져라. 금전적으로 손해보는 것 같더라도 있으면 좀 더 내고 칭구들이 애경사에 왔는지 안 왔는지 따지지 말고 한번이라도 더 가보는 것이 남는 것이여.

서로 따지다가 부부 싸움흘 때는 웬수 같아서 이번 기회에 영감, 할멈 싸가지를 뿌리 뽑든지 안 글면 이혼도 불사해야 쓰것다 다짐흐고 며칠을 냉전 상태로 지내며 분노를 태워보지만 한 달만 지나먼 고때 뭔 일로 고렇게 불같이 성질부림서 붙었는지 기억도 안 날 때가 대부분이여. 긍께 오찌고 보먼 죽도 아닌 일로 쌈을 한 것이여. 쌈도 몰래 해야지 새끼들흔테 들켜 봐. 난중에 먼 낯짝으로 새끼들을 보겄냐.

모임에 나가 보먼 가끔 친구들 간에 안 끗도 아닌 사소흔 일로 낯부닥을 붉히면서 피를 토흐던디 어디서 지금도 고런 힘이 나오는지 몰라. 가끔은 집행부에 서운흔 맘이나 심지어 비난흐는 일도 있는 것 같던디 글지 말어. 회장, 총무가 뭔 죄 있다고.

지난 7월, 영만이 부대서 골프 행사가 있던 날, 촬리가 너무너무 힘들었던 모양, 담 날 본께 입술이 부릅터 부렀드라. 친구 부대에 방문흔다는 것이 가는 사람이야 시간에 모타서 하루 놀다 오는 것이지만 준비흐는 입장에서는 신경 쓸 일이 한두 가지가 아니란다. 어느 정도 인사치레를 해야 초대흐는 측이나 방문흐는 측이나 체면이 서는 디 글다 보먼 돈이 따르고 그걸 이해 못하는 친구들은 따지고 고걸 이해시키자니 멋흐고 혀서 마음 고생이 아조 심했단다.

겨우 조정해서 명단을 확정해 놨더니 피치 못할 일로 날짜가 갑자기 변경되는 바람에 부킹 숫자 채우기에 급급해 회비를 챙기지 못해 적자가 났는디 적자야 오찌고 메우기는 메꿨지만 그 과정에서 일부 서운흐거나 오해했던 친구가 있었던 모양이여. 나중에 알아보니 전부 그런 의도가 아닌디 오랜만에 전화로 짧게 통화흐다 보니 소통에 문제가 있었던 거여. 살다 보면 남모르는 애환이나 사정이 있겠지만 우리 모두 총무가 도움을 청흐면 대세에 지장이 없는 한 최대한 협조흐자. 저 잘 묵고 살라고 그런 것도 아니고 우릴 위해 희생흐는 것인디.

글고 촬리가 놀고 묵는지 알았드니 지난번, 촬리 학교에 동창 몇 명이 초빙되어 강사를 한 적이 있는디 요새 새끼들 꼴 본다는 것이 보통 일이 아니드라. 게다가 저도 나이가 나이인만큼 (총무 나이가 종봉이나 영만이 큰 성뻘임) 인자는 친구들흔테 돈 얘기도 쪽 팔린다 흐더라고.

"동창회가 느그들을 위해서 무엇을 해줄지를 묻기 전에 느그들이 동창회를 위해서 무엇을 흘 것인가를 먼저 물어 보라"는 촬리의 말은 미국의 역대 대통령 중 누구도 흐지 못한 명언 중의 명언이여. 일교차가 심한 날씨에 우리 훈기 말대로 건강 잘 보지(保持)흐고 영암 아크로에서 보든지 그때는 못 보드라도 선우 부대에서는 꼭 보자.

(2011. 9.)

아, 아부지!

어제 밤 영복이 아부지 빈소를 찾았다. 선약이 있어 시내에 들러 가느라 늦어서인지 병원 입구에서 일찍 문상을 왔다가 이미 거나해서 돌아가는 친구들을 만나고 영안실로 가니 전국 각지에서 많은 친구들이 와 있었다. 영복이가 평소 덕을 많이 베풀고 친구들을 위해서 많은 것을 희생하고 봉사한 까닭이리라.

혼자 빈소에 들어가 영정을 보는 순간 부자가 너무 닮은 탓인지 아니면 아부지 안에서 우리의 앞날을 보았음인지 영복이 사진이 아닌가 하는 착각이 들었다. 놀라 상주석을 힐끗 보니 내 친구 영복이가 서 있어 재배를 드리고 나왔다. 친구들 중에는 그간 송년모임이나 야유회, 그 밖에 동호회 등을 통해서 간간히 보고 근황을 아는 친구들도 있었지만 졸업 후 4반세기가 훌쩍 넘는 동안 얼굴 한번 못 본 반가운 친구들도 많았다.

솜털 보송보송한 까까머리 시절이 엊그제 같은데 귀섶에 하얗게 서리가 내리고 이마와 눈가의 주름을 감출 수 없는 것이 세월이 한참 흐르기는 흐른 모양이다. 다들 어디서 무엇이 되어 무엇을 하는지 각양각색이지만 딱 하나 공통점이 있다면 현재, 우리 모두 아부지라는 사실이었다.

신부가 된 서규나 총각인 상영이나 종주가 보이지 않았고 아직 우리 동창 중에 비구승이 되었다는 소식을 접한 바 없으니 어제 만난 친구는 모두

한 가정의 가장인 아부지들이었다. 12시가 넘었건만 모두들 침을 튀기는 내용이나 모습들이 영락없이 옛날 어렸을 때 보았던 아부지 모습이다.

자식 타령하는 듯하지만 들어 보면 지 새끼 자랑이고 마눌 씹은 듯하지만 결론은 마눌흔테 잘 해야 쓴다고 하는 것이나 어쩜 옛날 울 아부지들과 똑 같은지. 울 아부지들은 겉으로 내색은 않고 무뚝뚝하고 근엄한 척하셨지만 속으로는 잔정도 많고 우리들 공부 잘 하는 것이 가장 오진 보람이요 자랑이셨던 것 같다. 글고 봉께 지금이야 어찌되었든 어릴 적 우리는 다 효자들이었던 것 같다. 서중 일고 댕김시로 우리 모두 아부지의 자랑스런 아들이 아니었더냐?

지난 설날 어찌다 봉께 만리타국에서 국상표 아부지께 세배를 드리게 되었는디 고 양반이 거나해지시자 우리를 흐뭇한 눈길로 보시더니 상표가 서중 시험 치르고 발표하던 날, 해질녘에 가슴 졸이며 발표를 보러 갔다가 벽에 붙은 상표 이름을 확인하고는 세상을 다 얻은 듯 기뻐 십릿길을 뛰어 그 기쁜 소식을 전하는데 하나도 심든 줄 몰랐다는 말씀을 듣고는 콧날이 시큰해지더라.

새끼들 키워 봉께 세상 맘대로 안 되고 젤 어려운 것이 자식농사 아닌가 한다. 각시가 새끼 일로 속이 상해 “아이고 나는 안 그랬는디 조것은 누굴

닮아 저러는지 모르겠다."며 꺼이꺼이 울 때면 괜히 내가 제 발 저려 쫄아든다. 저하고 나하고 낳았는디 저 안 닮았으면 누구여? 뻔할 뻔이지. 하기사 잡종 강세라고 돌연변이가 없는 것은 아니지만.

나도 고2 때 공부 때려치우고 어만간 데로 빠져분 것을 들킨 뒤, 하루는 밤중에 오줌 마려워 화장실을 가다 큰 방 앞을 지나는디 "아이고 고놈 하나 믿고 살았는디 인자 자랑단지 깨져부렀네"하고 엄니가 꺼이꺼이 우시자 아부지가 무뚝뚝한 목소리로 "아따! 인자 고 자식 포기해 불고 잠이나 자세." 하고 달래는 말을 듣고는 그래도 일말의 양심이 있어 통회와 반성을 하며 베갯잎을 적신 기억이 있다.

밤이 깊어 문상객이 끊기자 이제 상주 영복이도 빈소에서 나와 함께 어울린다. 물론 돌아가신 아부지에 대한 애틋함과 서러움은 있지만 그래도 사실만큼 사시며 새끼들 훌륭히 다 키우시고 좋은 세상 보고 가시게 되어 다행이란다. 향파 여사도 시아버지가 영복이보다 훨씬 미남이셨다고 거든다.

고것을 보니 『탈무드』가 생각난다. 탈무드에 의하면 유태인들의 사고나 생활 방식은 우리와 다르다. 그들은 아기가 태어났을 때나 백일잔치에 가서는 축하를 하거나 기쁨을 나타내지 않는단다. 아기가 살아가며 그 앞에 무슨 일이 닥칠지 아기가 장차 어떻게 무엇이 되어 무슨 일을 할지 모르기 때문에 오히려 엄숙하고 경건한 자세로 아이가 무사히 자라 세상에 해를 끼치지 않고 필요한 사람이 되기를 기도한다고 한다.

반면 초상집에 가서는 매우 기뻐하는데 그 심정을 어촌의 아낙에 비유한다. 어부들은 묵고 살기 위해서 항상 고기를 잡아야 한다. 바람이 불고 풍랑이 일어 위험이 닥치더라도 그들은 처자식을 위해 바다로 나갈 수밖에 없다.

생존을 위해 사랑하는 지아비나 연인이 떠나는 모습을 지켜보는 아낙들의 심정은 어떠할까? 그들의 무사 귀환만을 손꼽아 기다리며 헤일 수 없이 수많은 밤을 근심으로 보낼 것이다. 가슴 졸이며 기다리던 배가 깃발을 휘날리며 만선의 기쁨을 안고 돌아 오는 날, 그들은 지아비와 연인의 손을 잡고 얼싸 안고 볼을 비비며 재회의 기쁨을 나눈다.

마찬가지로 한 사람이 인생의 항로를 항해하며 모진 풍파와 추위와 주림과 싸우다가 무사히 소임을 마치고 귀향하는 날 -천상병이는 이를 「귀천」에서 '소풍을 마치고 돌아가는 날'이라 읊었지만- 고인을 기리며 축복한다고 한다. 그렇기 때문에 그들은 문상을 가서 고인이 살아계실 제 함께하던 기쁘고 소중한 추억. 그분이 남기고 간 업적을 회상하며 위로와 축복을 나눈다고 한다.

내가 죽을 때도 내 후손이나 친구들이 모여 앉아 또렷한 족적은 없지만 그래도 남 못할 짓 하지 않고 주위 사람들에게 상처 주지 않고 한 가정의 아버지로서의 소임을 책임지고 성실하게 이루었으며 주위에 조그마한 추억과 웃음을 남기고 갔노라고 기억할 수 있었으면 하는 바람이다.

(2006. 5.)

태호야! 정말 잘 가, 안녕!

태호야, 뭣 흐냐? 말이 시안(겨울)이지 이 화창흐고 포근흔 주말에 왜 음침흔 지하에 답답흐게 누워 있어? 빨리 일어나서 각시 손 잡고 남산이나 청계천이나 양재천을 거닐어야지.

태호야, 너 시방 장난치고 있지야? 니가 장난친 통에 친구들이 깜짝 놀래 다 모탰잖아. 얼마나 놀래부렀으면 서울 뿐 아니라 멀리 사는 송정리, 완도, 광주 애기들까지 다 와부렷다. 인자 됐어. 새해를 맞아 친구들 한번 모타 낯부닥이나 보자는 니 속셈이 다 이루어졌으니 그만 일어나서 요리 나와라.

고래도 안 일어날래? 글먼 새끼들 생각해서라도 일어나. 니가 시상에서 젤 사랑흐는 새끼들이 깜짝 놀라 찾아오고 고것도 모잘라서 친구들까지 다 데꼬 와부렀잖아. 새끼들도 너 닮아서 키도 훤칠흐고 징흐게 이삐고 착하게 잘 키웠등만. 우리흔테 새끼들 자랑할라고 그랬으면 인자 일어나. 우리 모두 다 니 새끼들 잘 난걸 인정해 줄깨.

정 못 일어나겄으면 니 딸년 둘 여울 때 누가 데꼬 나가겄냐. 고 생각해서라도 어서 힘내서 나오니라. 글고 며느리 사랑은 시아부지 사랑이라고 아들 여울 땐 어찔래? 어서 일어나서 손지들도 보구 며느리 칭찬도 흐고 자랑도 해야지.

그도 저도 안 되면 니 각시 생각해서라도 일어나. 작년 영만이 부대 댕개 옴시로 버스 안에서 했던 니 각시 말이 아직도 너무 생생해. 니가 테니스 치다 꼬꾸라져서 낯바닥 다 기스내 불고 붕대에다 삐꾸 붙인 것을 보고도 다 자기가 오빠를 잘못 돌봐서 그랬담시로 자기는 오빠를 너무나 사랑한 나머지 학교 졸업흐자마자 결혼해서 암껏도 몰른다고. 고 세상 물정 몰르고 너 하나만을 믿고 의지흐며 살아온 각시를 위해서라도 빨리 씩씩흐게 일어나서 나오니라.

고것도 안 되면 조국과 민족을 위해서라도 일어나. 니가 캐도 때문에 북한에 가서 디지게 고생했는디 요새 봉께 6자 회담이 뭔가 풀려가는 것 같더라. 고것이 잘 되믄 니가 또 가서 경수로 발전소를 맨들어 줘야 우리 동포들이 좀 더 잘살고 통일도 될텐디 고런 중요한 일을 흘라믄 인자 띵깡 고만 부리고 빨리 일어나서 나와.

응, 고래도 안 일어날래? 아직도 니가 해야 흘 일이 태산같이 쌓였고 너를 기다리고 보고잡어 하는 사람이 모래알보다도 더 많은디 뭣이 고렇게 못 마땅해? 이 모든 인연 다 떼 놓고 갈 만큼 말 못한 사연이 뭣이여?

글지만 태호야! 정 힘들고 못 일어나겄으면 니 맘대로 해. 너같이 착흐고 순박흐고 신중흐고 책임감 강한 녀석이 모든 걸 떨치고 갈 정도면 무슨 사연이 있겠지. 그만큼 깊은 뜻이 있겠지. 우리가 아무리 슬퍼흐고 못 잊어버린들 니 마음만 흐겄냐?

그래 이왕 갈 거면 홀가분흐게 맘 푹 놓고 잘 가. 잘 가서 편한 세상 잘 살아. 하늘나라 그곳은 어떤 슬픔도 고통도 이별도 없겄지. 이승에서의 일은 다 잊어. 죽이 되던 밥이 되던 우리끼리 어떻게 해볼게. 물론 너만 흐겄냐마는 나름대로 최선을 다 흘깨.

태호야, 기억나냐? 너와 처음 만난 1969년 3월! 아마 열서너 살 때였지. 푸른 꿈에 가슴 부풀던 까까머리 서중 1학년 시절, 우리는 4반이었어. 임오봉 선생님이 담임이셨고. 출석 번호는 내가 46번, 니가 47번. 키 순서대로 했기에 항상 줄을 설 때 내 뒤에는 너였지.

근디 니가 검어서 그랬는지 아님 송정리서 통학흐느라 심들어 수업시간에 졸아서 그랬는지 지리 시간에 아프리카 쩨쩨파리가 수면병을 옮긴다는 것을 배운 뒤 너를 항상 쩨쩨파리라고 골려 묵었지.

약간 말을 더듬었던 너는 말씸으로는 나를 못 이겼지. 놀리는 나를 눈을 부릅뜨고 씩씩거리며 때리려 하다가도 종내는 피씩 웃으며 제발 놀리지 말라고 사정했지. 내가 못 됐나봐. 왜 니가 싫어흐는 짓을 고렇게 기를 쓰고 했던지. 항상 너는 참었지. 작년이 결국 너를 마지막 본 게 되었다만 고때도 쩨쩨파리라고 골리고 너는 웃었지.

독어반이면서도 전라도를 너무나 사랑했기에 불어를 사랑했던 너. “냅둬 불어.” “알아서 해 불어.” “그래 불었냐?” 이제 불어를 누구흔테 배울까.

목소리가 고운 너는 노래를 잘했지. 〈고향의 푸른 잔디〉, 〈험한 세상의 다리가 되어〉, 〈어느 소녀에게 바친 사랑〉 등 우리 중 · 고등학교 때 히트쳤던 팝송을 아주 잘했어. 특히 후랑크 시나트라의 〈마이웨이〉는 백미였지. 〈마이웨이〉를 카리스마 넘치게 열창흐던 모습이 선한데 이제 그 노래를 누구한테 들을까.

넉넉한 체구에 수줍은 미소. 사랑하는 친구 태호야 잘 가. 글고 친구들아, 태호는 갔지만 또 다시 이런 슬픔이 없었으면 해. 우리보다 윗세대의 빈소에 조문을 갈 때는 물론 슬프기야 흐지만 그것은 자연스런 일이야. 먼저 왔다 먼저 가는 것이 순리 아니냐? 그렇지만 이제 우리 주위에서도 떠난 친구들이 점점 늘어. 얼마 전 근창이가 홈피에 33명의 명단을 띄웠던데 점차 그 숫자가 하나둘 늘어가겠지.

이런 동 세대의 죽음은 이제 우리도 떠날 때를 준비해야 된다는 것을 알려주고 있어. 그날 그 시간은 아무도 모르기에 우리도 항상 죽음을 맞을 채비를 갖추고 있어야 해. 그래서 태호는 커다란 메시지를 남기고 먼저 떠난 거야. 우리 인자 똥고집을 버리고 박국양이와 정진상이의 말을 잘 따르자. 담배도 끊고 술도 적당히 마시고 꼭 건강검진을 받아서 죽더라도 허망하고 황당한 죽음 만은 피하자.

또 하나는 요즘 활발히 전개되는 동기들 유자녀 돕기에 보다 적극적으로 나서자. 슬픔은 나누면 반으로 줄고 기쁨은 나누면 배가 된다는 말대로 비록 그들과 항상 함께 하지는 못할지라도 기쁨과 슬픔을 나누도록 흐자. 고것이 오늘 갑자기 떠난 태호를 위하는 길이기도 하고 태호의 바람이기도 흘 거야.

태호야, 비록 떠나갔지만 우리는 당분간 너를 보낼 수 없을 거야. 니가 남긴 모든 추억은 우리 모두의 맘 속 깊이 남아 있을 거야. 너도 하늘나라에 가서 이 세상에서 우리와 함께 갔던 소풍이 진정 아름다웠노라고 전하기를 바래.

떠나간 친구 태호의 명복을 빌고 그의 자녀들이 주님의 가호 아래 아빠의 유지를 받들어 꿋꿋하게 살아가고 졸지에 남편을 잃은 미망인이 남편을 자랑스럽게 생각하고 세 자녀와 함께 행복한 가정을 이루기를 간절히 기도

하며.

"태호야, 정말 잘 가. 안녕."

방금 태호의 발인을 보고 왔다. 오늘 벽제로 가서 화장한 뒤 그동안 이승에서 처자식흐고 행복흐게 살던 보금자리인 서울 지그 집에서 하룻밤을 자고 낼 아침에 고향 광주 효천에 있는 선산으로 가서 수목장을 흔단다. 교회 식구들이 무자게 많이 와서 리무진에 오르는 태호에게 찬송가로 이별을 고했다.

아빠의 영정을 들고 선탑한 외아들 율삼이도 의젓해 보였다. 큰딸 호영이는 이대를 졸업흐고 사법고시보다 어렵다는 교사 임용고시에 합격해서 근창이보다 위대한 페스탈로치가 될 것이다. 이란성 쌍둥이로 태어난 둘째 딸 빈이는 정신 나간 엄마를 위로해 주는 성숙함을 보였다.

지금은 실감도 나지 않고 망연자실해서 뭣이 뭣인지 모르는 미망인 김연숙씨도 꿋꿋흐게 살아갈 것을 다짐흐면서 그간 보여준 친구들의 온정과 은혜에 감사를 표했다. 송정리 동네 친구들과 부부 모임을 함께 했던 친구들이 벽제까지 동승했다. 태호는 부검 결과 관상 동맥 5개가 전부 꽉 막혔더란다. 징흐게 아펐을 것인디 잘도 참었단다. 이제는 그러한 아픔도 없이 좋은 데 가서 잘살리라 확신흔다.

영철이가 차로 나를 데려다 줌시로 흔 말인디 태호는 떡대는 징흐게 큰 놈이 맘은 겁나게 좋았단다. 당시는 젤 잘살아서 집도 크고 방도 많응께 맨날 태호 집에 놀러 가서 개겼단다. 버스를 타도 메밀을 묵어도 한 번도 안 빼고 생색 한번 안 내고 돈은 전부 태호가 냈단다. 고 말을 함시로 영철이가 울먹이는 통에 나도 콧등이 시큰해졌다.

(2007. 1.)

잃었던 아들, 돌아온 탕자

성경에서 가장 아름다운 장면을 꼽으라면 「잃었던 아들-돌아온 탕자의 비유」를 들고 싶다. 모다들 한 번은 들은 야그고, 한 번은 보았을 그림이다.

아들 둘이 있다. 어느 날 갑자기 작은 놈이 지 몫으로 줄 재산을 미리 달라고 조른다. 어차피 언젠가는 줄 것인깨 이왕 줄 것, 지가 필요흘 때 주란다. 달래봐야 뻔할 뻔, 자식 이기는 부모 없다고 아비는 두 자식에게 재산을 나누어 준다. 며칠 뒤 작은 놈은 지 돈을 다 챙겨서 히히덕거리며 멀리 떠난다.

애비 눈치 볼 것 없것다, 돈은 있것다, 날마다 주색잡기에 환장흐다 보니 돈인들 배겨날 재주가 없어 바닥이 나분다. 돈 없응깨 용빼는 재주 있냐? 좋다고 간이라도 빼줄 것 같던 기집들 다 떨어져 나가고 노숙자가 된다. 마침 경제 위기까지 겹쳐 얻어묵고 살기도 너무 심이 든다. 하도 배가 고파 잠도 오지 않는디 간혹 개꿈에 왕년 집에 넘쳐나던 먹거리들이 떠 오른다. 집으로 갈라고 흥깨 낯짝이 없지만 굶어 죽는 것보다는 나을 것 같애 아버지흔테 머슴으로라도 써 달라고 사정흐기로 맘먹고 집으로 돌아간다.

막내 놈이 떠난 뒤 애비는 하루도 맘 편할 날이 없다. 항상 대문을 열어 놓고 마을 어귀에 서서 행여 고 놈이 돌아올까 기다리는 것이 일과가 되야

부렀다. 기약 없이 떠난 놈이 기어올 리 만무하지만 그래도 나와 서 있는 것이 집에서 좌불안석 흐는 것보다 차라리 맘이 편흐다.

어느 날. 황혼을 배경으로 시커먼 거지가 터덜터덜 걸어온다. 헛것인가 눈을 비벼 보지만 본능적으로 아들임을 안다. 애비를 본 녀석도 흠칫흐더니 돌아 선다. 지켜보던 아비는 짠흔 생각이 들어 달려가 추접 던적시런 아들을 껴안고 입을 맞춘다. 글고는 죽었던 아들이 살아 돌아 왔다고 온 동네에 광고를 흐고 잔치를 벌린다.

종일 밭에서 찡꼴나게 일흐고 돌아오던 큰놈은 때 아닌 잔치 소리에 영문을 몰라 의아해 한다. 글다가 사연을 전해 듣고는 꼬라지가 나서 삐친다. "아니, 나는 아버지 말씀대로 흐고, 옆에서 모심서 일은 다 했는디도 병아리 한 마리 안 잡어 주더니 지 돈 갖고 나가 다 탕진해 불고 돌아온 놈은 송아지까지 잡어주요? 해도 해도 너무 흐요." 아비가 말한다. "아가, 너는 항상 함께 있어 내 것이 모두 니 것인디, 니 동생은 죽은지 알았는디 살아왔으니 얼마나 기쁘냐?"

아들을 품에 꽉 껴안고 볼을 비비고 꼭 감은 눈에 눈물을 흘리며 용서는커녕, 와준 것이 고마운 애비의 표정! 훌렁 베껴진 이마에는 애간장 태우며 기다린 세월만큼 새겨진 깊은 주름과 몇 올 남지 않은 헝클어진 백발. 아들 자격은 고사흐고 머슴으로라도 받아주면 고맙다고 생각했는디 아비의 하염없는 사랑과 자비에 흘리는 막내 놈의 통한의 눈물! 옛날 울 엄마도 집 나갔다 돌아온 나를 고렇게 보듬고 울었는디. 고때는 엄마 맘을 몰랐는디 이제 와서 새끼 키워봉깨 알겄드라.

어느 종교나 궁극적인 목표는 죽어서 존 데 가는 것이고 그 수단은 모다들 사랑흐는 것이드라고. 근디 신의 사랑은 보이지 않응께 모다들 주장흐는 바가 조금씩 다르고 고것을 논리나 과학으로 증명하려다 보믄 박 터지게 싸우던디 그럴 필요가 없어. 그저 가장 가깝고 이해흐기 쉬운 길은 우리가 부모로부터 사랑받고 새끼들 내리사랑흐는 것이드라고. 긍깨 예수 믿는 친구 중 누가 나한테 돌을 던질지 사이비라고 손구락질 흘지 모르지만 나는 성경이나 경전이나 교리에 얽매이지 않고 놈 못흘 일 안 시킴서 편하게 믿어.

일요일, 스키장에 댕개 오다가 처자식들이 성당에 못 갔다고 걱정흐먼 우리 엄마를 생각해. 돌아가신 울 엄마가 제삿날, 새끼들이 제사 지낸답시고 오기도 싫은디 억지로 끌려 와서 꿀꿀흐게 보내는 것보다는 지그들끼리 존 데 가서 재미있게 놈시로 엄마, 아부지를 생각흐고 애들한테 할머니, 할아부지 애기를 전해줌서 찬양흐는 것을 더 좋아 하시리라 믿어.

얼마 전 신경숙이의 『엄마를 부탁해!』를 은행에서 읽음서 어찌나 눈물이 나던지 쫄다구들 눈치 보여 다 못 보고 집에서 원 없이 울고 눈물, 콧물 흘리며 읽었더니 각시가 흐는 말이 "고렇게 감정이 풍부흐고 인정이 많으면 아픈 각시 도와 설거지나 한 번 해주지." 흐더라만 고 말이 맞을지 몰라. 부처님이나 예수 백 번 믿고, 밤새워 기도흐는 것보다 처자식 좋아흐는 일 한 번 해 주는 것이 나을지 몰라.

원래는 이번 일요일 오후 2시, 과천성당에서 이 시대의 마지막 자유인이요, 한량인 한남하가 세례를 받는다기에 축하해 주려고 했는디 요즘 홈피에 친구들 의견이 하도 살벌흥깨 어먼 데로 빠져분 모양이다. 어디를 가나 정치와 종교는 금기사항이라고 흐지만 지천명(知天命)을 지나 이순(耳順)을 향하는 우리는 인자 좀더 여유를 갖고 다양성도 인정흐고 넓고 관대흔 마음으로 모다들 보듬고 살자.

하여튼 남하가 천주교에 입교해서 영세를 받는다니 유아 때부터 쌔빠지게 성당 다녔던 나로서는 큰 아들처럼 좀 꼬라지는 나지만 그래도 기뻐. 남하야 항상 널널흐고 친구들 보살피는 맘이 세심흐니 열린 마음으로 주

예수의 사랑을 널리 전파할 거야. 게다가 기독교를 만방에 전한 사도 바오로를 능가흐는 그 화려한 노가리는 우리에게도 기쁜 소식을 전해줄 거야.

남하 세례명이 스테파노라고 흐던디, 원래 스테파노흐고 바오로가 웬수지간이라는 것도 아이러니야. 예수 승천 이후 스테파노는 하느님의 은총과 성령을 가득히 받아 놀랍고 굉장한 기적을 행하면서 전교를 했어. 하도 잘 흥깨 위기의식을 느낀 유대교의 대사제들과 의회 회원들에게 끌려가 돌로 디지게 맞음서도 하느님을 찬양흐다 죽어 교회의 첫 순교자가 된거야.

그때 스테파노를 때려죽일 때 앞장 선 사람이 사울, 즉 바오로 사도였는디 나중에 개종한 바오로는 그 사실을 두고두고 후회하면서 더욱 열심히 목숨을 걸고 전교를 했어. 돌 맞아 죽은 스테파노가 일치와 화해를 가져왔듯이 성령으로 거듭 난 풍운아 한남하 스테파노가 전국을 누비며 친구들에게 기쁨과 위로를 주기를 바라.

남하야! 영세를 축하흔다. 참석흘 수 있는 친구들은 누구든지 오너라. 남하의 주(主)님을 찬양흐는 핑계로 모타서 원없이 우리들의 주(酒)님을 모셔 보자.

아울러 아들의 개심을 위해 평생 피눈물 흘리며 기도했던 성 아오스딩의 어머니 모니카와 같이 남편의 입교를 간구해 온 김정옥 여사와 그의 딸, 혜준-로사리아에게도 주님의 은총과 평화가 함께 하고 스테파노의 가정이 나자렛의 성가정이 되기를 빈다.

(2009. 1.)

암사슴이 시냇물을 그리워흐듯

–반창회 참관기

해변 백사장을 걷는디 뭔가 발부리에 채어 내려다 본께 알라딘의 요술 램프처럼 생긴 항아리 주전자다. 뻔히 아닌 줄 암시로도 행여흐는 생각에 쪼그려 앉아 뚜껑을 열었다. “펑” 소리와 함께 연기가 남시로 디즈니의 동화책에서 보았던 ‘지니’가 나타난다. “주인님! 부르셨습니까?” “오매, 설마혔는디 진짜로 나와분다이. 이왕 나왔응께 물어 본디 너도 아라비안나이트 지니처럼 내 소원을 들어줄 수 있냐?“

“글기는 흔디요이, 저는 지니같이 여러 번은 못 들어 주고 딱 한번만 들어줄 수 있어라우” “자식이 필요흘 때마다 들어주면 존디, 고래도 딱 한 번이지만 고것도 어디여!” 짧은 시간에 쥐나게 대가리를 돌린디 새끼가 재촉을 흔다. “얼릉 말씀흐시요이. 지가 바뻐서요, 딴 디서도 찾고 난리가 났는디요.” “응, 응, 글먼 꼭 일 년 뒤, 주식 시세가 나오는 경제 신문 한 부만 부탁혀!”

새끼가 사라진가 했더니 ‘펑’ 하고 다시 나타나 “여기 있어라우. 글먼 재미보시요이.” 흠서 1년 후 즉, 2014년 11월 19일 매일경제신문 한 부를 주고 간다. 재빨리 주식시세표를 펼쳐 최근 1년간 수익률 1위부터 10위 종목을 뽑았다. 얼릉 가서 오늘 첨 만나는 일고 20회, 3학년 2반 친구들흔테 허천나게 돈 벌라고 알려 줘야 쓰것다. 인자는 우리 2반 전원이 달마다 만나도 밥값 걱정할 필요도 없고 달마다 골프쳐도 그린피 걱정흘 필요도 없다.

오늘 모임을 추진흐니라고 빼기친 박상배 반장흐고 이정우 총무가 젤 좋아흘 것이다. 흥분을 겨우 달래며 신문을 접는디 뭔가 쎄흐다. 눈을 비비고 들여다 본깨 주식 시세표 밑에 부음란 중간쯤 눈에 익은 이름이 있다. 박용운 59세, 직업 우리은행 임금피크, 미망인에 각시가 자녀 란에 두 딸 이름이 박혀있다. '뭣이다냐? 1년 후 오늘이 내가 죽는 날이여? 한치 앞을 못 내다보고 별 방정맞은 생각을 다 흐고 자빠졌었구나!' 흠서 눈을 뜬깨 아직 왕십리역이다.

맘은 급흔디 전철은 늦다. 한 달 전쯤 상배한테 2반 반창회를 흔다는 문자를 받았다. 시간 있으면 가려니 했는데 정우흔테 전화가 와 약속을 했다. 또 다시 상배의 확인 문자가 오고. 무슨 일을 흘려면 요렇게 시간과 돈 들여감서 열정적으로 희생하는 친구들이 있다. 참 고마운 친구들이다.

학교 댕길 때 땡땡이와 농땡이를 많이 쳐서 좋게 변모된 모습을 보여 줄라고 일찍 가려고 했는디 시간을 잘못 계산해 40분이나 늦은 꼴등이다. 날씨가 추워서 으레 몇 명 안 왔겄지 했는디 누가 2반 아니라고 흐깨미 딱 22명, 스물 두 명이 딱 시간에 맞춰 와 있다.

반가운 얼굴들이다. 그간 동문회나 경조사에서 가끔 봤지만 2반이라 더욱 반갑다. 이봉근이와 윤형의는 졸업흐고 첨인깨 근 40년 만이다. 첨에 봉근이를 몰라봤는디 찬찬히 본께 머리에 서리가 내렸을 뿐 옛날 까까머리 때 모습이다. 형의는 고대로다. 형의야! 내가 "학교 때 공신(工夫의 神)이 사신(社會의 神)이 아니구나." 했다고 삐치지 마러라이. 하도 반갑고 부러워 한 소린깨.

이곤수가 1번이었다고 그때나 지금이나 반원들 귀여움을 독차지흔깨 김한준이가 저도 째깐흐고 귀여웠었다고 힘차게 주장하며 우체국 달력과 지가 만든 달력을 뇌물로 쏜다.

조용현이는 (株)하얀 손 대표이사 회장으로 있단다. 즈그 직원이 420만 명인디 지금도 날마다 폭발적으로 늘어나고 있다고 너스레를 떤다. '하얀 손' 즉 '히컨 손' 인디 한자로 쓰면 '白手' 다. 용현이 재롱을 연수가 젤로 좋아흐던디 댓글로 달아라.

임윤섭이는 30년 간 여고 교사로 있는디 원래 지가 흐고 싶은 일은 여행 기획과 컬럼니스트란다. 기회가 되면 2반 여행을 갔으면 한단다. 몇 년 전, 인터넷에 일본 애들 수학여행이란 동영상이 돌아댕기던디 윤섭아, 한 번 추진해 봐! 가시내들 흐고 만수산 드렁칡이 엉키듯 엉켜서 따땃한 온천 한 번 즐겨 보게.

이해하기 어려운 일이 있었다. '정남준 vs 이영헌'

중국을 무대로 맹활약을 흐던 영헌이가 영구 귀국을 했단다. 원래 영헌이 흐면 수호지의 노지심을 연상케 흐는 천하장사다. 반 대항 기마전을 했다 흐면 조자룡 헌 창 쓰듯 적들을 일합에 제압해분 탱크였다. 근디 날씬해졌길래 왜 야윘냐고 했더니 저를 뚱뚱이로 기억흐는 것은 편견이란다. 체중이 항상 80kg로에서 90kg을 오갔지만 한 번도 90kg을 오바흔 적은 없단다.

옆에 앉은 남준이가 뽈딱 일어스더니 글먼 지가 여기서는 젤 무겁단다.

저는 자스트 100kg, 즉 0.1톤이란다. 세상에 가오리가 탱크보다 무겁다니 믿기지 않지만 괜히 이인제같이 미국에 있는 이회창이 아들 델다가 몸무게 재디끼 흘 수도 없고 믿어주기로 했다. 그래도 가오리는 머리가 무거워서 글까? 지금도 의문이 가시지 않는다.

옛날 교사 때는 산신령같이 눈썹이 희캤는디 교감이 되서 회춘했는지 머리도 꺼매지고 볼따구니도 볼그작작한 고영석. 아직도 해맑은 미소를 띤 소년같이 생긴 왕년의 부산통계청장 김경태. 합리적이면서도 따뜻한 투자의 귀재. '한국의 워런 버핏' 장하석이와 박래신. 은행을 퇴직하고 별내면에서 유유자적하고 있는 박상규. 이맹바기를 사시나무 떨 듯 혼내주고도 친구들만 만나면 소리없이 뒷바라지만 하는 박철준.

태산같이 모든 것을 품어주게 넉넉흔 총동문회 산악대장 사영진. 2년 전, 박선우 2군단장 부대 방문시 딱 한 번 봤는디 아직 나를 잊지 못한다는 낭만적인 각시와 사는 장연수. 안경점을 정리흐고 재충전을 위해 잠시 쉬고 있는디 반창회 흔다고 흔깨 가양동 지그집서 마포 강진수산까지 걸어 왔다는 정병수. 범사에 감사(感謝)흐는 맘으로 감사원(監査院)에서 조국과 민족을 위해 감사(監査)하고 있는 정상복. 어니 엘스보다 더 부드러운 스윙을 가진 스몰 이지 2반 대표 골퍼 김희정

로버트 프로스트의 「가지 않은 길」이란 시에서처럼 숲속에 난 각자의 길을 따라 열심히 살던 친구들이 인자 나이가 묵어 지나 온 길을 되돌아보고 추억을 나누기 위해 암사슴이 시냇물을 그리워하듯 40년 전의 '일고 3학년 2반' 이라는 기치하에 다시 모였다.

가슴 아픈 일은 함께 공부했던 친구들 중 6명이 아무리 연락해도 소식이 없다는 것이다. 김태중, 백창석, 배환중, 한영철, 임희재, 한승훈!!

"3학년 2반 모든 친구들의 이름으로 명하노니, 응답하라! 1975!! 친구들아!!!"

내년부터는 5월과 11월, 1년에 두 번씩 정례 모임을 갖기로 했다. 광주 애기들과도 모을 수 있는 방법도 회장단에 일임했다. 마지막으로 우리들의 영원한 반장! 박상배의 건배 제의에 "싸우디! 싸우디! 싸^우^디^"로 화답했는디 의미는 "싸나이 우정은 디질 때까지"다.

다른 반은 반창회 대가리 수 채우느라 합반을 흐던디 우리는 너무 많아 사진이 한 번에 안 나온깨 A, B반으로 분반을 했다. 역시 2반은 모범반이다. 정우와 용현이가 왜 고렇게 집에만 가려고 흐냐며 2차 바람을 잡았으나 처자식 보러 빨리 귀가흐자는 것이 대세였다.

아쉬운 밤!
흐뭇한 밤이었다.

(2013. 11.)

무남독녀 혜준이 여우는 한남하에게

남하야 요새 어찌냐? 혜준이 여울 날이 하루하루 다가온께 심봉사 공양미 삼백 석에 딸 팔아 놓고 안절부절 흐듯 심란흐냐? 무남독녀 혜준이 금이야 옥이야 이삐게 잘 키워 듬직흔 사우 형진이 얻어 짬매 보낸께 흘 일 다흔 것같이 오짐서 시원흐냐? 계수가 올린 사진에 혜준이 드레스 입혀 논께 느그 각시-데레사가 좋아흐는 영락없는 그레이스 켈리다이. 한송이 백합화여. 요렇게 이쁠 줄 알았으면 몇 년 전 망막박리 수술흘 때 아예 눈에 너어 봉해 불 것인디.

막상 여울라고 흥께 지난 일이 주마등처럼 스쳐감서 벨 생각이 다 나지야. 혜준이 방문만 봐도 콧날이 시큰해지고 눈시울이 뜨거워지냐? 엄마가 딱 3년 만 더 사셔서 혜준이 결혼식 보고 느그 사우 큰절도 받았으면 얼마나 좋았을까 흐는 생각에 설움이 복바치지야.

혜준이 나서 키울 때 얼마나 이뻤냐? 엘리자베스 테일러고 오드리 헵번이었제. 또 얼마나 영리했냐? 길동이는 한 개를 갈쳐 주면 10개밖에 몰랐지만 혜준이는 한 개를 갈채 주면 10개 반을 깨쳤응께. 젊을 땐 너도 한 푼이라도 더 벌고 출세흐겄다고 눈코 뜰 새 없이 바쁜 데다 데레사도 그 어려운 의사 공부흐니라고 제대로 못 믹이고 옆에서 못 봐줘서 괜스레 미안흐지야.

성제간이라도 있었으면 좀 나을 것인디 혼자 외롭게 크는 혜준이가 뭔가 애싹했을 것이다. 새끼 키워본께 재미는 5살 때까지가 전부인 거 같드라. 막 나서부터 하루하루 한계 효용이 거의 수직으로 급증흐다가 다섯 살에 정점을 이루고 이후엔 점점 체감흐다 30이 넘으면 효용이 아니라 한계 비효용이여.

어미와 싸우고 신경질 내다 보먼 새끼가 아니라 웬수여! 긍깨 그 전에 조금이라도 좋고 아쉴 때 보내야 써! 혜준이가 타이밍 하나는 기맥히게 잡은 거여. 우리 혜준이는 참 이쁘고 바르게 잘 컸어. 이제 듬직한 형진이 만나 잘살 거야. 니가 아무리 이뻐해도 '오빠만 한 아빠' 없단다.

혜준이는 부모 밑에서 비정규직을 끝내고 영원한 짝을 만나 정규직으로 전환흔 거여. 혜준이와 형진이는 하느님의 축복과 영광 안에 행복한 가정을 꾸미리라 믿어. 아무리 서운해도 새끼 돌보는 것은 어릴 때 이쁜 짓 한 데 대한 보답이고 AS흔다 생각해. 윌리암 워즈워스가 무지개에서 읊었듯이 '어린이는 어른의 아버지' 여. 새끼들 여워놓고 고것들이 사랑흐고 알콩달콩 열심히 살아가는 것 보면서 잊었던 우리의 추억을 생각흠서 살아가자꾸나.

요새 애기들이 얼마나 영악흔지 아냐? 암 껏도 모르는 부모들만 노파심에 요것저것 간섭하고 준비흐고 걱정하지 애들은 이미 다 알고 있어. 나름대로 견적서 다 나와 있어. 걱정 말어. 니 걱정이나 해! 마누라 신경 쓰고.

데레사에게 혜준이는 딸이자 친구여. 너보다 열배는 더 허전할거여. 요럴 때 잘 해줘야 점수를 딴단다. 기회는 찬스여.

마눌을 잡을라면 어디를 잡는지 아냐? 토끼를 잡을 땐 귀때기를 잡아야 흐고 닭을 잡을 땐 날개 죽지를 잡고 고양이를 잡을 땐 목덜미를 잡으면 되지만 마눌을 잡을라면 손 잡으면 뿌리친깨 마음을 잡아야 흔단다. 마음을 잡으면 평생 떠나지 않는단다. 마눌에게 마음을 활짝 열고 맞이해 봐! 데레사가 성경 말씀에 "부부 사이는 화목해야 쓴다."고 쓰였응깨 화욜과 목욜은 꼭 해야 흔다고 흐던디 그렇게 하도록 해.

부부 관계란 게 별것 아니여. 어깨 한 번 주물러 줌시로 마눌 말에 귀 기울여주고 등거리 한 번 긁어 줌서 따뜻흔 위로의 말 한 마디 해 주고 추억은 살리고 상처는 어루만져 주먼 돼. 특히 이쁜 말을 잘 써야 해. 첨에는 다소 닭살이 돋고 비우가 상흐드라도 일단 내 말 믿고 한 번 해 봐. 놀랄만한 효과를 확인할 수 있을 거여. 수컷들 가장 어리석은 것이 마눌 위한답시고 좆나게 돈 쓰고 새빠지게 고생흔 다음 막판에 느자구없는 말 한마디로 다 까묵는 것이여.

다행히 우리 모다 마눌 복은 있는개비여. 여자를 '껌 같은 여자' vs '칡 같은 여자'로 나눈단다. '껌 같은 여자'는 첨에는 단물이 난디 씹으면 씹을수록 단물이 빠지고 질겨져서 맛이 없어지는 여자고 반면 '칡 같은 여자'는 첨에는 쪼까 거칠고 팍팍해도 씹을수록 보드라와지고 달짝지근흔 물이 나옴시로 갈수록 맛있는 조은 여자란다. 우리 모두 '칡 같은 마눌' 만났으니 질겅질겅 오래오래 씹음서 재밌게 살자.

글라믄 건강이 최고여! 건강흐지 않는 장수는 정말 무의미흐고 심지어 재앙이여. 근디 부부가 다 건강해야지 '최소 원소의 법칙'에 따라 둘 중 하나만 아프면 글로 끝이어. '배려가 없는 부부는 베레분 부부'라고 인자 우리도 절제흐고 조심흐고 건강에 신경쓰는 것이 마눌에 대한 진정한 배려란다.

남하야!

다시 한번 혜준이와 형진이의 결혼을 축하하고 너와 데레사의 화려한 인생 2막을 기대한다. 그런 의미에서 신부 입장흘 때 혜준이 끼고 스텝 한 번 밟아부러! 얼릉 민훈기흔테 배우든지 안 되면 에릴 때 배운 알리 스텝이나 다이아몬드 스텝으로. 식장에서 행복흔 느그 부부 모습 보자.

(2014. 3.)

제2부
백두산 뻗어내려 반도 삼천리

아아! 천왕봉, 기연치 다시 오마!

삼가 이 산행기를 고향의 푸근함과 넉넉한 우정과 소중한 꿈을 안고 돌아올 수 있도록 속없는 재앙통이들을 뒷바라지해서 보내 준 남하, 근창이, 진근이, 영진이, 복순이, 광주의 문수와 영남이 그리고 나의 각시에게 바친다.

"니 소원이 뭐시냐? 묻는다면 그 첫째도, 둘째도, 셋째도 친구들과 함께 지리산 천왕봉에 가는 것"이라고 목 놓아 외칠 것이다. 비록 3박 3일의 일정이었지만 거기에는 좌절과 분노, 회한과 한숨, 증오 그리고 희망과 자신감, 기쁨과 믿음, 흐뭇함이 한데 버무려져 있었고 봄, 여름, 가을, 겨울 사계절이 있었는가 하면 저 미치게 푸른 하늘과 검게 우거진 녹음과 휘몰아치는 광풍과 폭우가 있었다.

'지리산 종주를 무사히 마칠 수 있을까' 흐는 걱정 반, 친구들과 산에 간다는 설렘 반으로 8월 14일 밤 11시 30분, 영등포역에서 여수행 무궁화호에 몸을 실었다. 앉자마자 잠자기 위한 명분을 내세운 근창이 주장에 만장일치로 동의하고 쐐주와 맥주를 돌림빵, 천안을 지날 때는 이미 반절은 지 정신이 아니었다. 영진이 각시가 아들을 위해 챙겨준(남편을 위한 것이 아님) 갖은 안주와 남하가 갖고 온 이틀 말린 오징어, 용우니의 파래 무침은 정말 죽여 주고도 남음이 있었다.

돌리는 술잔을 에수친 근창이와 남하는 당연히 비난을 받았고 얼척없는 머시매들의 모습을 지켜보는 영진이 아들과 근창이 각시의 표정은 수심에 가득차기 시작했다. 조치원에서 교원대학교 윤리교수인 진근이와 합세한 일행은 비몽사몽간에 구례구에 도착했다. 시각은 새벽 4시 30분, 여관과 음식점 등으로 20년 전과 너무 다른 구례구는 겉모습보다도 인간들의 마음이 더욱 변해 있었다.

백반이라야 밀건 된장국에 시래기 두어 가닥 넣고 반찬이라곤 달랑 김치 하나에 오천 원을 뻔뻔하게 챙기는 야박한 인심이 오랫만에 고향 땅을 밟은 우리를 슬프게 했다. 그러나 성삼재에 오르는 택시에서 광복의 기쁨을 흠뻑 느낄 수 있었으니 그것은 국경일에는 국립공원 입장료를 받지 않는다는 역사적인 사실이었다.

반팔과 반바지 차림으로 성삼재에 내리자 세찬 바람과 호호입김이 나도록 낮은 온도는 한여름인디도 이가 득득 갈리고 닭살이 돋게 하였다. 애기들과 여자들이 그냥 가는 것을 보고 자존심상 참고 참으려고 했지만 도저히 견딜 수 없어 겨울 바지와 잠바를 꺼내 입고야 말았다.

문수와 영남이와 접선했는디 그들은 클래스가 달랐다. 우리 배낭을 지리산 종주용이냐고 비아냥댄 그들은 정부미 푸대보다 더 큰 배낭을 짊어지고 이미 성큼성큼 앞서 가고 있었다. 한 시간에 걸쳐 노고단 산장에 도착한 우리는 전열을 재정비하고 첫날 목적지인 연하천을 향해 힘찬 진군을 시작하였다.

계절도 바뀌어 여름이 오고 있었다. 이름 모를 들꽃의 아름다움, 뽀얀 연두색부터 검정에 가까운 초록이 어울린 푸른 숲의 오묘함을 오찌고 표현흐 까? “오메 존 것. 정말 조오타 잉, 워미 환장흐것다”를 연발하는 남하의 표현 외에는 어떤 다른 언어도 무색하리라. 삼도봉에 올라 30초 만에 건다꿀로 전남북, 경남을 한바꾸 돌고는 사진을 몇 장 박았다. 포즈를 취하는 영진이 부자의 모습은 부자유친을 실감나게 연출한 반면 아들 없는 남하의 염장을 지지고야 말았다.

일행은 순항을 거듭하였으나 뱀사골 산장을 목전에 두고 쌔빠지게 올라간 길을 곤두박질쳐 내려가기 시작했다. 다시 올라갈 걱정을 하는 진근이의 우려는 다음 문제고 뱀사골에서의 점심은 행복의 진수를 안겨 주었다. 영진이 각시가 왜간장에 쪼려준 찐달걀에 마시는 쏘맥 폭탄주는 사나이 가슴에 불을 질렀고 남하의 식당 누나가 싸줬다는 전어와 갈치 창시 젓의 꼬린내와 쌉쌀한 맛은 맛 고장 전라도의 진수를 보여 주었다.

점심 후의 산행은 순조로웠다. 날씨도 너무 좋았고 시간적인 여유가 있었기 때문이었다. 별놈의 노가리를 다 까고 어영구영 헤찰흐면서 실실 기어가는데 근창이 부부가 계속 보이지 않았다. 분명히 앞서간 것 같은디 기다리지도 않고 가버린 것이었다. 부부만의 뽀닷흔 시간을 가지려는 것이거니 하며 이해하려고 했지만 약간은 괘씸하고 야속한 생각이 들었다. 근디 연하천에서 부부의 진실을 듣고는 나의 짧고 얕은 생각을 질책하지 않을 수 없었다.

사연인즉, 우리가 대피소에 확실히 예약되지 않고 웨이팅에 들어 있어 쪼끔이라도 빨리 와서 잠자리를 확보흘라고 지친 몸으로도 쉬지 않고 달려왔다는 것이었다. 아아! 그 고매한 희생정신, 그 우정. 근창이 부부는 부부유별의 삼강오륜을 일깨워 주었다.

고난이 시작되었다. 산장지기 말이 산장이 좁고 등산객이 너무 많아 그 1/30도 수용할 수 없다는 것이었다. 이때부터 남하의 진가가 발휘되었다. 어려서 함평을 떠났다는 산장지기를 구워삶아 삽시간에 고향 후배로 만든 친화력과 돌려치는 잔머리는 국회의원 김상현이를 무색케 하였다. 남하의 노력에도 불구하고 산장에 들어갈 수 없었다. 대신 남하 후배(?) 덕으로 근창이 각시와 영진이 아들만 입실시키고 우리는 타이타닉의 신사들처럼 노약자와 아녀자를 보호한다는 명분으로 하늘을 이불 삼고 땅을 베개 삼아 소주잔을 기울이는데 엄습해 오는 한파를 감당하기가 힘들었다.

회의가 시작되었다. 이대로는 지낼 수 없다. 후일을 기약하고 날이 밝는 대로 하산하자는 것이 지배적이었다. 글다가 남하가 다시 산장지기와 재접촉하여 꼬시고 심지어는 함평 경찰서장 석종이의 이름을 팔아서까지 노력한 결과, 산장 입구 통로에서 쪼그리고 앉을 수 있는 특권을 부여 받었다. 근창이는 다행히 오리털 침낭을 가져왔고 나는 산장지기 몰래 쌔배친 침낭으로 비박을 했다. 하늘에는 달과 그 주위를 몇 백 년 만에 한번씩 둘러싼다는 화성이 손에 잡힐 듯 가까이 떠 있었고 구름이 흐르고 별 몇 개가 빛나고 있었다.

저 별은 근창이 별. 그리고 근창이 각시 별!

저 별은 용우니 별. 그리고 용우니 각시 별!

별을 헤아리다 보니 천근 같은 눈꺼풀이 조용히 내리누르며 지리산의 첫날 밤이 지나고 있었다.

둘째 날은 새벽 4시 30분, 남하가 뽀스락거리며 가스등을 켜는 소리에 깨어났다. 남하 녀석은 정말 좆같은 새끼다. 자다가도 깨우면 언제 그랬냐는 듯이 벌떡 일어나고 지쳐서 흐물거리다가도 잠깐만 쉬면 금방 빳빳해진다. 항상 생기발랄하고 넉넉하며 전국이 지 고향이고 온 국민이 가족이라고 할 수 있을 만큼 넉살 좋은 놈이다. 하얀 강냉이를 드러내며 활짝 웃는 녀석의 모습을 사랑한다.

통로에서 옹삭흐게 쪼그리고 앉아 잠이나 좀 잤냐는 물음에 안에서 자는 지그들은 괜찮았지만 바깥에서 자는 우리들이 찬이슬 맞으며 자다가 주댕이나 삐틀어지면 어찌까 디지게 걱정했다고 한다. 고말을 들으니 맬갑시 콧날이 시큰해진다. 친구란 이런 것인가! 요렇게 포근한 것이 우정인가. 붕우유신을 체득하는 순간이었다.

아침밥을 먹었다. 밥이라고 해봤자 전날 근창이 각시(이하 '영희' 라 부른다)가 코펠에 욕심껏 쌀을 부어 넘치는 팅팅 불은 쌀을 퍼놓았다 재탕하여 끓인 것이다. 끓인 밥에 전어 창시젓을 고봉으로 한 숟가락 떠서 비빈 다음 결혼 이후 첨으로 각시가 놀러 간다고 싸준 깻잎을 한 장 얹어서 퍼먹는 맛은 미치고 환장할 정도였다. 진근이가 옆에서 요렇게 창시젓을 좋아하는 놈은 첨 본다며 구시렁댔지만 아랑곳하지 않았다. 하도 젓갈을 허천나게 처먹은 탓에 종일 트림을 할 때마다 입맛이 짭조름했다.

아침을 먹은 뒤 한 잔의 커피를 마시며 일정에 대해 회의를 했다. 몇 시간의 휴식과 잠이 일행에게 활기와 자신감을 주었는지 전날 밤과는 다르게 요 정도면 하루 더 빼기치더라도 천왕봉을 오르자는 의견이 대세였다. 배낭과 등산화 끈을 다시 한번 졸라매고 산행을 시작했다. 모세가 홍해를 지나가듯 새벽 숲을 가르며 진군하는 기분은 정말 째졌다. 길옆에 수줍고 소박하게 피어 있는 들꽃은 솔로몬의 영화를 능가하였고 새소리마저 가세하자 어디선가 베토벤의 〈전원 교향곡〉이 들려오는 듯했다. 간간이 쉬면서 운무 사이로 아스라이 천왕봉이 보일 때마다 전의를 다졌다.

한 시간 넘게 오리락내리락하는 데 빗방울이 떨어지기 시작했다. 지나가는 구름이거나 일시적인 소나기려니 하며 진군을 계속했는디 빗발이 점차 세차게 변했다. 〈전원 교향곡〉이 〈운명 교향곡〉으로 바뀌는 순간이었다. 판초와 우의를 꺼내 입고 배낭을 비닐로 감싸는 우리에게 막연한 불안감이 엄습해왔다. 빗속을 뚫고 9시 30분경 1차 목적지인 벽소령 대피소에 도착했다. 거기서 우리는 슬픈 소식을 접해야만 했다. 이 비가 일시적인 것이 아니라 2, 3일 계속될 것이며 이미 일부 지역에는 호우주의보가 내렸다는 것이다. 우리는 다시 회의를 개최했고 분위기는 침통했다.

다소 무리를 하더라도 강행하느냐? 웬통흐지만 후일을 기약하고 하산하느냐? 그러나 모든 조건이 불리하게 돌아가고 있었다. 비는 계속 내리고 춥기는 하지, 장비는 빈약하지, 길이 미끄러워 시간은 당초 계획보다 더 걸리지, 체력은 더욱 많이 소진되어 피곤하지, 구름은 갈수록 짙게 끼여 주위는 어두워지지, 결국 우리는 고뇌에 찬 하산이라는 결단을 내려야 했다.

오호! 통재라. 분하고 웬통하다. 그러나 천왕봉아! 우리 오늘은 비록 너를 눈앞에 두고 돌아가지만 언젠가는 기연치 다시오마. 그때는 부디 우리 서로 시카리 보듬고 볼때기를 비벼보자꾸나.

의신리로의 하산길은 처음에는 급경사 바윗길이었으나 이후에는 순탄했다. 빨치산 소탕을 위해 토벌군의 짚차가 다니던 길이었다. 우리는 50년 전 남부군 최후의 사령관 이현상의 아지트로 난 길을 걸었다. 바로 이곳이 조정래의 '태백산맥'에서 막판에 몰린 빨치산들이 장렬한 죽음을 택한 곳이리라. 어리석은 우리는 반세기가 지난 지금에도 이념 대립으로 잘했니 못했니 성조기와 인공기가 같네 다르네 박터지게 싸우고 있으니 진짜 한심한 것들이다.

의신리 초입 계곡에서 점심을 먹었다. 동네에서 백숙을 먹을까 했으나 남하가 20년 만에 산에서 밥해 먹으니까 어릴 때 빠끔살이 하듯이 너무 재밌다고 해서 소원을 풀어주기로 했다. 얼큰한 라면 국물에 계곡물로 시야시한 쐐주를 한입에 털어 넣는 맛은 닐러 무삼하리오.

비는 장대비로 변해 있었고 버스를 놓칠까 서둘러 가는데 누군가 달려서 앞질러 간다. 복순이가 행여 버스를 놓칠까 아픈 다리로 뛰어가는 것이었다. 아! 회장님의 그 투철한 사명감과 살신성인의 희생정신! 그 하해와 같은 은혜는 만고에 빛나리. 정말 복순이는 '산사랑'의 영원한 회장님이다. 회장님과 쫄다구 사이에는 믿음이 있어야 한다. '군신유의'를 몸으로 배웠다. 유난히 왜소해 보이고 종아리가 하얀 복순이의 뒷모습이 너무도 아름다웠다.

복순이의 눈물겨운 투혼에도 불구하고 버스는 이미 떠나고 없었다. 진근이가 물어본 사람이 13시 버스를 13시 30분으로 잘못 가르쳐 준 때문이다. 근디 요것 때문에 이번 산행의 최대 사기 사건과 최대의 격투 사건이 벌어질 줄은 그때까지는 아무도 모르고 있었다. 버스를 놓친 우리는 등산로 입구 매표소에 있는 관리인에게로 가서 다음 버스가 몇 시에 있는지 물었다. 한 60은 돼 보이는 괜찮게 생긴 아저씨였다. 막차는 17시 30분에 있다기에 돌아서는데 괜히 말을 건다. 그 전이라도 국립공원관리공단 버스가 오면 자기가 말해서 태워줄 수 있단다.

늦어도 17시까지는 틀림없다는 것이다. 그 시간까지 술이나 한 잔 하고 있으라는 것이었다. 어디가 좋으냐고 물었더니 건너편 집을 추천한다. 그 집에서 먹고 있으면 연락해 준다는 것이다. 우리는 맞은편 집으로 들어갔다. 입구에서 전을 지지고 있는 아줌마를 보니 쥔장인 것 같은디 과히 인상이 좋지 않다. 방으로 들어가 앉아 있는디 주문을 받으러 오지도 않고 물 한잔 주지 않는다.

꾹 참다 주문을 한 뒤 한참을 기다리니 도토리묵이라고 가져오는데 두 상으로 나누어 앉은 우리를 조금도 고려하지 않고 뭉태기로 놓고 간다. 빈 접시 하나 달라고 했더니 한참 후에야 설거지를 하다 만 듯한 물이 뚝뚝

떨어지는 접시를 내동댕이치고 간다. 어이가 없어 부르면 도통 대답이 없다. 목마른 놈이 새암 판다고 할 수 없이 종이로 닦아 나누어 먹었다. 청계산 입구에서 먹던 피자같이 풍성한 파전을 생각해서 주문했더니 부추 몇 가닥 넣은 손바닥만 한 빈약흔 전이 나온다. 성질은 났지만 산골이라 그러려니 하며 대강 먹었다.

오줌이 마려워 먼저 나와 화장실에 다녀오는디 전혀 뜻밖의 사건이 일어나 있었다. 주인 여자가 고매하신 임회장님과 20여년을 교직에 종사한 경기고 영어교사 최근창 선생님과 사람 좋은 한남하 사장님과 자상한 윤석이 아버지 사영진이와 엉켜 삿대질을 하며 고래고래 악을 쓰고 있고 그 틈바구니에서 우리의 동양 철학자이신 김진근 윤리 교수님과 주인 여자의 딸과 남편인 듯한 남자가 뜯어 말리고 있었다.

나는 경악을 금할 수 없었다. "우째 요런 일이." 그 물짜게 생긴 년은 "이놈! 저놈!" 하며 악을 쓰고 "돈 많으면 때려 보라"며 가슴을 내밀고 점입가경이었다. 그 순간 나는 근창이의 낯바닥이 히캐지고 눈까풀이 파르르 떨며 경련을 일으키는 것을 보고 "오매 올 것이 왔구나!" 하는 생각이 들었다. 근창이가 성을 내면 조년은 끝장이다. 글지만 그 이후가 두려웠다. 조 물짠 년 하나 때문에 우리가 신세를 조질 수 없는 것 아닌가! 그러나 옛날의 근창이가 아니었다. 전대 상대 뒷산을 거침없이 휘달리며 스칼라무슈 쇼를 하거나 사레지오 고등학교 앞을 피바다로 만들어 공포에 떨게 하고 무등중학교, 상주사건을 일으킬 때의 근창이가 아니었다. 그는 놀란 만한 절제력을 갖춘 진정한 페스탈로찌의 후예였다. "워메, 우미!" 하며 지분을 삭히는 포효를 몇 번 하더니 참는다. 복순이가 얼굴이 창백해지며 눈깔이 뒤집히는 것을 본 것도 처음이었다.

사연을 들어보니 이렇다. 복순이가 계산서를 들고 훑어보니 분명히 동동주 두되 반과 소주 세 병을 마셨는데 거기에는 동동주 네 되 반, 소주 한

병으로 적혀 있더란다. 멍청한 년이 바꿔 적은 것이다. 그것을 지적했더니 그 물짠 년이 대번에 눈을 뒤비져 까더니 계산서를 팍팍 긁고는 내동댕이를 치더라는 것이다. 하도 어이가 없어 손님에게 무슨 무례한 행동이냐며 나무랐더니 저렇게 개지랄을 떤다는 것이다.

"그래! 미친 년은 몽댕이가 제격"이지만 한번 참자 하며 겨우 애들을 달래 끌고 오는데 이번에는 영진이가 갑자기 "이런 조옷같은 동네가 어디 있어!" 하며 대갈일성을 했다. 이 발언이 지역감정을 유발하여 주위에서 구경하던 동네 남정네들의 안색이 변했다. 재빨리 적군들의 전력을 파악해 보니 마사지를 붙더라도 우리가 결코 꿀릴 패는 아니어서 적이 마음은 놓였다.

적들도 우리가 만만치 않음을 파악했음인지 경계 태세만 늦추지 않을 뿐 선뜻 덤벼들지는 않았다. 긴장을 늦추지 않고 전열을 정비하여 빠져 나오는데 고년은 더욱 기고만장하여 악을 쓴다. 꼴사를 보니 어디 시골 장터에서 작부질이나 하다 이 산골에 흘러들어와 어벙하고 나이 먹은 놈을 잡아 빌붙어 먹고 사는 듯했다. 남편과 나이도 스물 가차이 차이가 나고 남편이 말라 삐틀어져 양기라곤 하나도 없어 보였다. 간밤에 남편이 용쓰다 실패하여 성적 불만이 쌓인 걸까. 에라이 몹쓸 년!

반면 우리는 각시들을 얼마나 잘 만났는가. 모임에서 친구 각시들을 만나면 어찌 그리 다들 낯바닥도 빤빤허니 좋게 생겼고 고매한 인격과 품위와 우아함과 고상함을 갖추고 귀티가 나는지. 우리가 무엇을 잘해서 요런 좋은 각시들을 만났는지. 새삼 각시들에 대한 사랑이 밀려왔다. 근창이를 빼고는 우리 모두 북향재배하고 서울 있는 각시들에게 존경과 믿음과 신의와 감사의 묵념을 올렸다.

잡친 기분을 각시들에 대한 그리움으로 달래며 다시 매표소 관리인에게 가서 차가 언제 오냐 물었다. 그랬더니 요 영감탱이가 인자는 올지 안 올지 잘 모르겠다고 한다. 남하가 성질나서 맴매를 하려고 했으나 나이든 영감이라 참았다. 내막을 알고 보니 뻔할 뻔이었다. 요것들이 짜고 치는 고스톱이었던 것이다. 에라이 쌍것들.

성질나서 택시를 대절하여 쌍계사로 향했다. 남하는 역시 재주꾼이다. 내리자마자 언제 냄새를 맡았는지 제일 좋은 민박집을 잡아 사랑채에 있는 방 세 개를 아도쳤다. 한 개는 근창이 부부 신방 차려주고 한 개는 영진이 부자 주고 나머지는 홀애비들 용도였다.

여장을 풀고 남하와 진근이, 나는 고스톱을 때리고 나머지는 그동안 못 시쳐서 쉰 냄새 나는 몸을 칼칼이 시치러 온천 사우나에 갔다. 1라운드 고스톱이 한참 끝발이 오르며 나의 일방적 승리로 치닫고 있는데 목간통에 간 애들과 노고단에서 헤어졌던 문수와 영남이가 들이 닥쳤다. 세상에 문수 각시는 출발하던 날 새벽에, 남편을 노고단에 실어다 주고 하산하는 날 남편을 산골로 픽업하러 나온 것이다. 문수 자식 아마도 우리 동창 중에서 젤로 각시 복이 있는 놈인 것 같다.

시골 토방에다 평상을 붙여 놓고 뼁 둘러앉았다. 광주팀이 사온 삼겹살과 상치, 고추, 마늘에 쐬주를 곁들이며 밸노므 이야기를 다했다. 중 고등학교 때 갈쳤던 꼰대들 이야기, 친구들 이야기, 사고 치던 이야기. 문수 각시가 중앙여고를 나와 소싯적에 땡땡이치고 중앙여고 앞 덴뿌라 집에 가서 죽치며 놀던 얘기. 옆에서 듣고 있던 영진이 아들 놈은 애비 친구들이 저만할 때 하고 댕겼던 이야기를 듣고는 하도 얼척이 없어 기가 막힌지 웃지도 못한다.

민박집에서 1차를 끝내고 입가심으로 2차를 갔다. 쌍계사 입구에 있는 은어 튀김, 사시미집이었다. 아무리 쪼개도 30년 세월이 어디 끝이 있으리. 밤이 깊어 못다 한 얘기는 그만 접고 아쉬운 작별을 고했다. 떠나는 영남이와 문수를 꼭 보듬어 봤다. 볼딱지를 비비는데 문수의 수염이 색깔만 하얗게 쉰 것이 아니라 그렇게 뺏신 줄은 몰랐다. 솜털이 보송보송할 때 만나 뛰놀던 때가 엊그제 같은디 모진 세월이 훌짝 흘러분 탓이다.

아디오스 아미고! 아듀 라미!

잘 가라 친구야! 글고 무지무지 행복하게 살아 부러라.

둘째 날은 요 깔고 이불 다리로 감고 베개에다 코박고 편히 잤다.

마지막 날은 아침으로 누룽지 끓여 먹고 전날 고스톱 패자 부활전을 치렀다. 역시 결과는 마찬가지. 진근이가 마이가 바닥나서 판이 끝났다. 나는 첫판부터 연달아 세 판 설사를 하는 쾌거를 이루었다. 좀 누워서 쉬려니 진근이가 복순이한테 자금을 조달했는지 한 판만 더 붙자고 한다. 또 뎀뱃지만 진근이가 흥분해서 9 쌍피를 친다는 것이 사꾸라 광으로 잘못 찍는 바람에 낙장불입. 남하한테 쓰리고를 당하고는 싱겁게 막을 내리고야 말았다.

진근이 고 자식은 좀 복잡한 녀석이다. 도무지 코드를 맞추기가 심들다. 어쩔 때는 좀 맹하고 감이 늦어 느닷없이 봉창을 뚫는가 하면 어쩔 때는 모든 것을 도통한 듯 다 감싸고 안아준다. 아직 세파에 물들지 않은 듯한 녀석의 맑은 영혼을 나는 사랑한다.

요번 산행에는 뭐니 뭐니 해도 근창이와 영희가 젤로 욕봤다. 하기사 그 둘 아니었으면 감히 엄두도 못 냈을 것이다. 그들은 우리 모두의 공통 장비를 다 챙겼고 산행 내내 사삭 한번 떨지 않고 부피와 무게가 우리 2배 이상 나가는 짐을 매고 다녔다. 끼니 때마다 바나, 코펠 꺼내서 멕이고 닦고 챙기고 궂은 일은 다했다.

영희는 짐이 얼마나 무거운지 자빠져서 그 고운 물팍이 까졌음에도 불평 한마디 없었다. 한 20년 넘게 겪어 봤지만 한결같이 좋은 시악시다. 친구 각시 중에 그런 여자가 있다는 것은 우리 모두의 자랑이다. 문수도 장가를 잘 갔지만 근창이가 한 수 위다.

쌍계사를 구경하고 진주행 버스에 몸을 실었다. 오랜만에 타 보는 시골 완행버스도 재미있었다. 왼쪽으로는 지리산이 구름에 가려 끝없이 신비스럽게 이어져 있고 오른 쪽에는 섬진강 백사장과 푸른 물이 한없이 흐르고 있다. 섬진강 너머로는 광양 매실 마을이 눈에 들어오고, 서희가 살던 최참판 댁 집을 복원해 놓은 평사리 들녘은 벼들이 그린같이 펼쳐져 있다. 또 다시 우리 모두는 "오메 조은 거어엇."을 연발했다. 진근이는 처자식 데리고 내년에 다시 오겠다며 우리한테는 세석 철쭉제 때 다시 한번 뭉치자고 신신당부를 한다.

진주에 들러 촉석루 옆에 있는 장어 집에서 석별의 오찬을 나눈 뒤 진근이를 청주로 떠나보냈다. 우리는 사천에서 비행기 타고 김포로 향했다. 6시에 도착하여 남하가 대기해 놓은 봉고를 타고 '또순이 집' 으로 갔다. 남하 덕에 고기에다 된장찌개를 배터지게 처먹고 영진이 큰아들 소감 발표도 들었다. 힘은 들었지만 아저씨들이 너무 좋고 재미있어 영원히 잊지 못할 추억이 될 거란다. 녀석은 정신 연령이 나와 비슷하여 우리는 친구 하기로 했다.

헤어지기가 아쉬운 양 영진이가 간단히 호프로 뒤풀이를 하자고 해서 논현동 알펜 호프에서 대단원의 막을 내렸다. 영진이가 겉보기와는 달리 속이 깊고 세심한 데가 있어 각기 한 박스씩 사준 경주빵을 선물로 들고 귀가했더니 처자식이 반겨준다.

아! 나는 얼마나 행복한가. 맘 편히 어울려 돌아댕길 좋은 친구들이 있고 집에 오면 요렇게 반겨 주는 가족이 있으니.

〈에필로그〉

아따! 정말 좋고 재밌었다. 거기에는 아무 챙피한 일도 없었고 아무리 얼척없는 짓거리를 해도 숭볼 놈도 없었다. 지난 1년 동안 쌓인 스트레스를 확 풀고 앞으로 1년 동안 살아갈 힘을 얻었다. 지금도 그때 일이 생각나면 혼자 킬킬 웃는다. 각시가 물어 무담시 웃었다고 했더니 실성했냐고 헌다. 그래. 나 미쳤다. 또라이다.

친구들아! 지금은 어디서 무엇이 되어 괜히 쫓기고 바쁘지만 30년 전에는 우리 모두 같았고 하나였다. 광주 서중, 일고 학생이었다. 흔히들 과거는 아름답고, 현실은 힘이 들고, 미래는 불안하다고 하드라 마는 이제 우리 만나 회포나 풀자! 우리가 앞으로 살면 얼마나 살겄냐? 살아 갈 날들이 살아 온 날들보다 짧지 않겄냐? 인자 와서 이 나이에 어디 가서 새 친구를 사귀겄냐? 알았던 놈들끼리 서로 연락하고 관심을 가지고 한번이라도 더 만나보는 것이 훨씬 더 미꼬미(가망) 있지 않겄냐? 앞으로 이런 기회가 있으면 꼭 낄란다. 좀더 많은 친구들이 참석하기를 바란다.

(2003. 8.)

백두산 뻗어내려 반도 삼천리

백두산에 댕개온 뒤 오늘까지 열병을 앓고 있다. 큰일을 치르느라 피곤이 겹치고 긴장이 풀린 탓이리라. 겨우 몸을 추슬러 산행기를 쓰려흐니 아직도 희헌 백두와 푸른 천지가 아른거리며 나를 부르는 듯흐다.

여행을 하면서 꼼꼼히 메모를 흐거나 챙기는 성격이 아니고 그저 일정표 한 장 달랑 놓고 기억에 의존해서 쓰다시피 흐는 데 요번 산행은 많은 친구들이 오랜 기간 동안 하도 광활한 지역을 누벼서인지 내 용량에도 한계가 있는 것 같아 포기흘려고 하다가 다음 세 가지 이유 때문에 갈 데까지 가보기로 했다.

첫째는 녹수 각시 김은성 여사의 헌신과 공덕을 기리기 위함이다. 한마디로 요번 산행은 '김은성의, 김은성에 의한, 김은성을 위한 산행' 이었다. 산행 내내 열한 마리의 일벌을 거느린 유일한 여왕벌로서 그녀는 수펄들에게 로열 젤리를 한 볼때기라도 더 믹일려고 노심초사 하였으며 수펄들이 지쳐 나자빠질 때는 격려흐고 손수 "나를 따르라"흐고 앞장섬으로써 잔다르크와 같은 영도자가 되었으며 대자연의 섭리에 가장 예민흐게 순응흐고 감동흠으로써『SOUND OF MUSIC』의 마리아가 되었다.

둘째로는 우리 모교 일고의 체육선생으로 재직중이신 송상현 후배님의 헌신과 공덕을 기리기 위함이다. 그는 쌍것들이 10년 위아래는 맞먹는다는 요새 시상에 우리와 3년 차이밖에 안 남에도 불구흐고 또 그 외모에 체육 선생님이면 꽤나 놀았을 것임에도 불구흐고 산행 내내 깍듯이 우리를 성님으로 모시며 비행기 짐 싣기, 도시락 까묵은 자리 청소흐기, 무거운 녹수 짐 메기, 각종 심부름 등 궂은일을 시키기도 전에 기꺼이 수행흠으로써 후배들의 본보기가 되었다.

백두산 공정의 굴레를 끊기 위해

마지막으로는 해필 우리가 백두산에 댕겨온 뒤로 연일 언론에 보도되는 중국의 행태 때문이다. 중국은 동북공정도 모자라서 인자는 백두산공정을 흔다고 흔다. 백두산을 지그들이 가져 불라고 이번에 우리가 현지에서도 확인한 바 있듯이 백두산 관할권을 엔벤 자치주에서 길림성 직할로 이양흐고 우리가 첫밤을 잔 무송에 장백산 공항을 건설흐고 백두산에 고속도로 3개를 착공할 예정이며 유네스코 문화유산에 지정코자 신청을 했다고 흔다.

우리가 옛날 청나라와 국경조약을 맺을 때 분명히 동쪽은 토문강이 경계라고 했는디 일본놈들이 고 말뚝을 뽑아분 통에 반절을 뺏긴 것도 웬통흔디 인자 와서는 숫제 도리다시를 해불라고 흐니 혹시 먼 훗날 후손들이 회담을 흘 때 내 기록이 보탬이 될까 하여 쓴다.

백두산 뻗어내려 반도 삼천리
무궁화 이 강산에 역사 반만년
대대로 이에 사는 우리 삼천만
복되도다 그 이름 대한이로세

미도솔 도레미도 파미레도 솔

라도미 레도시라 도미레도 레
미파솔솔 레미파파 미레도미 솔
라라솔미 파미레도 레파미레 도

–이은상 작사, 현제명 작곡, 〈대한의 노래〉
*4/4박자, 바장조, 두 도막 형식

시방도 요 노래가 있는지 없어져 부렀는지 모르겄다마는 한 40년 전에 광주 서중을 들어갈라고 공부흔 놈들은 웬만흐면 다 기억흘 것이다. 국민핵교 6학년 음악 교과서 맨 처음 제1과로 나오는 노래다. 그때는 시험을 위해서 동아전과나 표준학력고사를 보면 대개 요정도로 요점정리를 해 놨는디 새삼스레 요 노래를 들먹이는 것은 그때는 그저 공부라고 멋모르고 디지게 외우기만 했던 꼬맹이들이 인자는 50이 넘은 중년이 되어 우리의 뿌리를 찾아 대장정을 나서기로 했으니 그 기상과 용기가 가상흐기도 흐다.

그때는 모두 못 묵어서 빼빼 야우고 입가에는 침을 흘린 것같이 희크게 버짐이 피어 있고 대가리는 이발소에서 바리캉으로 밀다 기계독이 올랐는지 진물이 질질 흘러 된장이나 다이아찐 가루를 뿌리고 댕기고 물팍은 곰발이 생겼든지 자빠져서 까지면 아까쟁끼나 포도시 보르고 댕기던 것들이 인자 커서 머리는 희캐져불고 버짐이나 부스럼 대신 개기름이 자크르흐니 흐르고 등짝에 붙어 있던 배가죽이 임산부보다 더 부커부렀으니 실로 반세기 세월이 흘러부렀구나.

백두산을 사회나 과학 시간에 배운 대로 읊자면 우리나라에서 젤 높은 산으로 높이가 2,744m나 되고 천지는 여러 차례 화산 폭발과 함락으로 이루어진 칼데라호로서 수면 높이가 2,200m로 세계 화산호 중 젤로 높고 크기는 동서로 3.5㎞ 남북으로 4.5㎞가 넘으며 평균 깊이는 200m고 젤로 깊은 데는 400m가 다 된다.

기후는 징흐게 추워서 9월부터 이듬해 6월까지가 겨울이고 식물이 자랄 수 있는 것도 일 년에 겨우 7,8월 두 달뿐이며 해발 고도가 높고 안개가 많아 7월에도 방한복을 준비해야 흔다. 봉우리는 2,500m가 넘는 것이 16개고 그 중에 젤 높은 것이 장군봉이라는 정도일 것이다.

근디 요런 것은 기본 상식이나 시험 볼라고 외울 때 흐는 짓이고 내가 진정 말흐고자픈 것은 우리의 영원한 고향이요 뿌리인 우리 민족의 영산을 학교 댕길 때 부잡 떨던 재앙퉁이들이 함께 올라 대자연과 하나가 되어 갈등과 미움을 치유하고 어릴 적으로 돌아가 그 속에서 함께 놀고 웃으며 그리움과 순수함, 참사랑을 나누는 것이다.

그러기에 백두산을 연구흐거나 그의 특색을 논흐고자 하는 마음이 별로 없다. 글고 그럴 자격도 없다. 원래 머리 '두(頭)' 자는 항상 근엄흐고 높은 것이기에 이름이나 지명에 함부로 쓰지 않는 법이다. 때문에 우리가 아는 최고의 고승인 서산대사도 산을 평함에 있어 지리산은 장엄하되 아름답지 못 흐고 금강산은 아름답되 장엄흐지 못 흐고 묘향산은 장엄흐기도 희고 아름다워 우리나라 최고의 산이라면서도 감히 백두산은 평하거나 비교의 대상으로 삼지도 못한 것이리라.

우리 산사랑의 영원한 회장이신 뽁순이가 봄부터 백두산 종주를 기획흐고 추진흐면서 수많은 사람 중에서 사전 서류심사와 능력, 인격과 체력 등 감안하여 엄선한 최종 엔트리는 예수의 사도처럼 12명이었다. 뽁순이 회장님은 12사도의 대표 베드로가 예수로부터 '천국의 열쇄'를 받았듯이 '천지의 열쇄'을 부여받었다. 엔트리의 면면을 보면 각 지역의 명망가와 고수들을 총망라하였으며 지역과 직업의 안배를 위해 고심한 흔적이 역력히 보인다.

부산에서 항만공사 본부장으로 있는 동그라미 2개 양원이와 목포에서 산부인과를 하고 있는 나무포 김하봉 원장 선생님, 우리의 고향 광주에서

'두리번 산악회' 회장이신 박길우 선생님, 실업계를 대표하여 최녹수 나라건설 사장님을 영입흐고, 중원을 대표하여 대덕단지에서 근무하는 오내열 한국선급팀장님, 수도권에서는 과천 회장으로 근무흐는 한남하 마샬무역 사장님을 영입흐고 한양에서는 산사랑 회장님이신 임복순, 업계를 대표하여 파인C&C 사장이신 곽희동 사장님, 금년에 처음으로 재계에 혜성같이 나타난 사영진 사사키 사장님, 글고 나는 돈줄을 쥐고 있는 금융계 몫으로 끼여들 수 있었다. 후배 대표는 가장 인격과 체력이 뛰어난 53회 송상현 광주일고 체육선생님, 동창 부인 중에서 가장 미모와 지성을 겸비흐고 체력과 성깔이 좋은 최녹수 사장의 보호자이신 김은성 사모님이 선발되었다.

7월 26일 11시. 부슬부슬 비가 내림에도 불구흐고 전국에서 선발된 강호 고수 12명이 인천국제공항 3층 G Line에 모여 수속을 밟은 후 13시 20분 인천을 출발했다. 장마 전선이 북상하여 막바지 장대비를 쏟는다고 해서 걱정했는데 기우에 불과했다. 비행기가 구름 위로 날아오르자 강렬한 태양빛에 구름 가상다리의 실버 라인이 빛난다.

만주 상공을 나르며 내려다보니 광활한 벌판에 실핏줄같이 펼쳐진 도로 위로 차들이 개미 새끼들같이 달린다. 어디선가 1,600년 전에 저 벌판을 거침없이 달리며 천군만마를 호령하던 광개토대왕과 고구려 병사들의 함성이 들려오는 듯흐다.

현지 시각 14시 20분, 길림성의 성도 장춘 공항에 도착했다. 스마일 관광에서 나온 가이드 강철이라며 인사흔 뒤 버스로 안내한다. 그는 본인 이름처럼 대가리를 쓰는 일은 잘 못흐지만 몸으로 때우는 일은 자신 있다는데 4일간 겪어보니 지 말과 영락없이 똑같다. 우리를 맞으러 연길에서 새벽 3시에 출발하여 바삐 오느라 잠도 못 자고 밥도 못 먹었단다. 워낙 넓은 땅이라 달렸다 하면 기본이 10시간이고 300㎞ 정도는 옆 동네에 다녀온 것이란다.

"저 뭐입니까?" "~습네다." 하는 전형적인 연변 말투를 사용흐는 조선족인데 도무지 아는 것이 없다. 할 수 없이 5년 전 1차로 다녀간 기억을 살려 내가 가이드를 해야 할 정도였다. 강철이의 말에 의하면 장춘은 인구가 한 800만 명이 되는데 중국에서 30번째나 갈 것이라고 흔다.

버스는 고속도로랍시고 달리는데 그냥 포장도로 수준이다. 길을 달리는데 어쩐지 우리와 달리 옴팍지거나 아늑함이 없이 뭔가 뻥 뚫린 듯 허전흐다. 알고 보니 산이 없다. 우리나라는 눈만 뜨면 지천에 산이고 맨 마지막 시선이 닫는 곳에는 항상 산이 있어 울타리같이 감싸안고 있는데 이곳은 나지막한 야산 하나 없이 사방이 툭 트인 벌판이다. 끊임없이 펼쳐지는 벌판의 끝은 지평선이다. 우리야 해가 산에서 떠서 산으로 지지만 이곳은 땅에서 솟아올라 맨땅으로 떨어진다. 말 그대로 맨땅에 헤딩이다.

차창 밖으로는 한없이 옥수수 밭이 계속된다. 옥수숫대가 술이 피어날 만큼 꽤나 컸건만 하도 넓은 밭에 허천나게 심어져 있다 보니 오히려 작게 보여 모내기를 끝낸 우리네 논같기도 흐고 소피아 로렌이 열연한 우크라이나 지방의 '해바라기 밭' 같기도 흐다.

도중에 가이드가 원래는 호텔에 도착하여 저녁을 먹으려 했으나 길과

차가 좋지 않아 너무 늦으면 호텔에서 밥을 먹을 수 없으니 중간에서 먹고 가자고 한다. 아침 일찍 준비를 서두른데다 부실한 기내식에 그러자고 동의를 했는데 한참 가다가 기사가 갑자기 차를 멎더니 가이드와 삿대질을 하며 뭣이라고 함시로 막 싸운다.

영문을 몰라 어리둥절흐는디 우리의 호프 내열이가 설명을 해준다. 가이드 녀석이 지가 아는 식당을 가려고 하는데 그러자면 차가 좀 돌아가야 한단다. 근디 기사 녀석이 종일 잠도 못자고 운전을 한 통에 저는 빨리 가서 자야 된께 안 간다고 해서 분쟁이 발생했단다. 요것들이 아직 고객 중요한 줄 모르고 서비스 마인드가 개판이다.

하여튼 요번 여행에는 오변이 욕봤다. 친구 중에 오시열이도 오변이고 오내열이도 오변이라 약간 혼동이 되지만 한자로 쓰면 다르다. 내열이는 吳變이고 시열이는 吳辯이다. 왜 근지 그 사연은 남하한테 물어 봐라. 내열이는 해양대학교를 수석으로 졸업흐고 배를 탔는디 아마 세계를 거의 돌아보며 각국의 여자와 인사(?)를 흔 모양이다. 최근에는 홍콩에서 한 3년 근무흐다 10달 전에 귀국했다. 그래서 우리 중 유일흐게 중국어를 구사흐기 때문에 모든 통역은 물론, 하다 못해 냉수 한 잔 얻어 묵을라고 해도 오변에게 부탁해야 했다.

밤늦게 서파의 관문인 무송에 도착하여 식당을 찾는데 거의 영업이 끝나 없고 한 군데는 밥이 떨어졌단다. 뼁뼁 돌다 겨우 식당 한 군데를 찾아 거의 구걸흐다시피 밥을 얻어 묵었다. 취권에서 소화자가 묵던 술집같이 어딘가 음산흐면서 중국 특유의 퀴퀴한 냄시를 풍기는 약간은 던적시런 식당이었지만 어찌것이냐 궁즉통이라고 목마른 놈이 시암 파야제. 허기져서 사기로 만든 주댕이를 깨서 마시는 중국술을 디지게 마셨더니 다음날 기억이 희미흐다.

나중에 룸메이트인 희동이에 의하면 무송빈관에 도착하여 방에 들오자마자 씻고 자더란다. 그동안 술 묵고 안 씻고 그냥 자다가 각시흔테 얼마나 깨졌는지 인자는 각시가 없는 중국에서도 각시가 무서워 무의식적으로 씻고 자는 모양이다.

7월 27일 일정에 여유가 있어 늦게 모이라 했음에도 1시간 시차가 늦어서인지 늙어서 새벽잠이 없는 탓인지 모다들 일찍 일어나 뽀시락 댄다. 호텔 뷔페에서 간단히 아침식사를 마치고 천지와의 만남에 가슴 설레이며 버스에 올랐다. 백두산 마지막 관문이라 할 수 있는 송강하에서 휴식을 가졌다. 송강하는 인구 4만 명 되는 마을인데 우리의 6, 70년대의 모습을 보는 것같다. 마을 중심가에도 손님을 기다리며 말 구루마에 올라앉아 담배를 뽀는 주름살이 가득찬 마부들이 군데군데 보인다. 옛날 우리 핵교 댕길 때 구루마가 지나가면 몰래 뒤에 올라탔다가 녹수 같은 놈들이 "임제, 꼰대, 말 탄다요."하고 일러 마부가 휙 돌아보면 토끼곤 했던 그 시절 그 추억이 떠 오른다.

내열이, 남하, 뻑순이는 가장 중요한 천지에서의 정상주를 구하러 갔다. 내열이는 산골 마을에서 52도짜리 수정방을 싸게 샀다며 의기양양해서 돌아왔다. 지금까지 중국에 와서 젤 오진 장 봤단다. 내열이는 조울증 환자였다. 수정방만 마시면 조증으로 얼굴에 화색이 돌고 신이 나서 게거품을 품다가도 수정방이 없거나 떨어지면 기가 죽어 암말도 안흐고 고개를 떨군다.

백두산문 서파에 도착하여 여유산장에서 점심으로 먹을 도시락과 물을 배급받아 챙긴 뒤 환경보호셔틀 버스를 타고 천지로 향했다. 백두산의 중국지역은 크게 북파와 서파로 나뉜다. 천지를 중심으로 북쪽에 위치한 북파는 험준한 산세를 자랑하나 서파는 완만한 고원지대를 이루고 있다. 1500m 고지에 위치한 산장에서 고산화원을 지나 2300m 높이의 주차장까지 30㎞에 걸쳐 펼쳐지는 대평원은 정말 신세계다. 첨에는 고산목과 침엽수가 군락을 이루다 고도가 수목 한계선을 넘어선 탓인지 나무들은 보이지 않고 광활한 초원지대와 지천에 흐드러진 야생화가 정말 미치게 흔다.

근디 자식들 정말 몰상식흐게 길도 잘 냈다. 우리나라에서 산을 요렇게 짤라불면 환경 단체에서 우르르 몰려와 드러누워 불고 여승이 도롱뇽 댕길 길이 없어져분다고 굶어 불면 적어도 10년 이상은 걸릴 텐디 5년 전에 왔을 때만 해도 비포장도로 숲길이 인자는 고속도로 수준이다. 차창으로 가끔 아스라이 신령스런 백두가 보인다. 감히 쳐다보는 것조차 두려워 하얀 머리가 보일 때는 경건하게 고개를 숙였다. 요즘은 미시령도 굴을 뚫어부렀다고 흐드라마는 옛날 미시령길 넘듯이 꼬불꼬불 한참을 오르니 천지 주차장이다.

이제 여기서 1,236계단만 기어 오르면 천지다. 모두들 계단을 오르면서도 설렘에 힘드는 줄 모르지만 나는 약간 달랐다. 애기도 첨 날 때는 몰릉께 지가 아프면 얼마나 아프고 설마 디지기야 흐겄냐 흐고 막무가내로 힘을 줘서 나분디 둘째 애는 경험이 있어농께 더 겁난다고 흐니끼 천지가 가까워질수록 5년 전의 환희와 감동이 생각나 오히려 전율이 엄습흔다. 드디어 계단이 끝나고 카운트다운이 시작된다. 열, 아홉, 야달, 일곱 … 셋, 둘, 하나, 빵!!!

와! 천지다. 천지야!! 내가 왔다. 너를 보러 수만 리 길을 돌아서 내 여기 섰다. 반세기를 참으며 기다리다 내 오늘 여기 섰다. 대한민국 만세다. 우리 산사랑 만세다. 뽁순이도, 남하도, 은성이도, 상현이도, 지루박도, 오변도, 나무포도, 녹수도, 희동이도, 영진이도, 동그라미 두 개도 만세다. 나도 만만세다.

모다들 천지와의 첫 만남에 눈깔 뒤집혀 어쩔 줄을 모른다. 말도 안 나오는지 눈온 날 강아지 새끼 요리저리 뛰며 캥캥거리듯 오매, 우메, 옴메만을 연발흔다. 눈이 시리게 푸른 천지도 우리를 반겨준다. 오십년 동안 헤어졌다 찾아온 새끼들을 시카리 시카리 보듬으려는 듯 기를 쓴 통에 물결이 출렁인다. 엄니의 모든 모습을 보여주어 새끼들에게 영원히 엄니를 심어주려는 듯 실오라기하나 걸치지 않는 찬란한 나신을 보여 준다.

민족의 발원지 천지에서 통일을 발원하다

아! 우리 민족의 발원지요, 엄니인 천지! 태초에 옥황상제가 풍백우 삼사를 거느리고 나라를 세우고자 임하신 곳! 이곳이 뻗어내려 반도 삼천리가 시작되는 곳! 대대로 이에 살고 살아가야 할 우리 칠 천만! 어디선가 베토벤의 합창교향곡 테마송인 환희의 송가와 팡파르가 울려 퍼진다. 하늘도 축복코자 찬란한 햇살을 뿌려 준다. 하늘과 땅이 만나는 곳! 우리 모두 껴안고 발을 동동 구르며 하나라도 더 보려는 듯 숨을 멈췄다. 한참 후에사 정신을 차리고 원없이 기념촬영을 했다. 박고 또 박고, 보고 또 보고 그래도 또 더 보고잡다.

그러나 회자정리, 만나면 헤어지는 법! 그래도 우리는 얼마나 행복흔가. 내일을 기약흘 수 있으니. 모다들 내일을 기약흐며 돌아섰다. 흥분이 가시자 마치 한 코 뛰고 나면 허기지듯 배가 고프다. 천지 계단이 끝나는 곳에 국경이라고 5호 경계비가 서 있다. 조그만 희고 초라한 비석인데 중국 쪽에는 중화인민공화국이 반대쪽은 조선이라고 새겨져 있다. 군인들이 지키며 조선 쪽으로 넘어가면 뭐라고 흔다. 그래도 우리는 조선 쪽에 밥상을 차렸다.

배급 받은 도시락을 까고 여기저기서 준비해온 반찬과 안주를 꺼내 놓는다. My dearest friend인 은성이는 행여 터질까 우리 각시 젖퉁보다 소중히 간직해온 김장 김치를 펴놓아 우리를 감격케 했다. 오변이 준비한 수정방을 정상주로 원샷을 했다. 천지에서 먹은 점심은 영원히 잊지 못흘 것이다. 밥을 먹는디 중국 공안요원들이 와서 뭐라고 씨부렁댄다. 오변흔테 물으니 그 쪽은 북조선 땅이니 빨리 중국 쪽으로 오라고 엠뱅을 떤단다.

그래 알았다 짜샤! 우리가 못나서 갈라져 느그들 눈치보고 구박을 당한다마는 다시 올 때는 절대로 이리 오지 않을란다. 내 조국 미시령에서 금강산, 칠보산, 개마고원에서 삼지연을 걸쳐 장군봉에 오르리.

다시 주차장으로 내려와 속이 안 좋아 화장실에 들렀다. 옛날에는 우리의 푸세식 화장실이었는디 요새는 많이 좋아져서 푸세식과 수세식 중간쯤 된다. 근디 화장실 칸막이가 허리쯤으로 낮고 문짝이 없다. 긍깨 오줌 싸는 놈이 돌아다보면 쪼구려 앉아 똥싸는 놈들이 훤히 들여다보인다. 과민성이어서인지 화장실에 한번 들어가면 난산이라 문고리를 거머잡고 한참을 있어야 흔디 사방이 트여 있어 불안흐고 정신집중이 안 되는데다 쪼그려 앉아 조금만 있어도 다리가 제리고 아퍼서 힘쓰기가 어렵다. 겨우 응급처치만 끝내고 나왔는디 하체 단련의 필요성을 절감했다.

내려옴서 쌍제자하와 금강대협곡을 들렸다. 쌍제자하는 거대한 용암이 지하로 흘러 생겨난 지형으로 '콰이강의 다리' 같이 생긴 데서 내려다보는디 별 볼일이 없다. 허기사 이미 천지를 봐버린 눈이 뭣을 본들 마음에 차겄냐마는 천지가 용암을 분출하여 만들어낸 금강대협곡은 좀 달랐다. 우선 규모가 보통을 넘는다. 협곡의 넓이가 200m나 되고 깊이가 100m에 길이가 70㎞에 달흔단다. 시커먼 용암이 수백만 년의 풍상과 금강폭포에서 흘러내린 물로 침식되어 만든 협곡이 아메리카의 그랜드 캐년보다 스케일 면에서는 뒤질지 몰라도 그 형형색색이나 기암절벽은 오히려 더 신비흐다.

17시쯤 관광을 마치고 여유산장으로 돌아와 여장을 풀었다. 산장은 5년 전에 왔을 때는 씻을 때도 없고 화장실도 들어가지 못흐게 더럽고 한 방에 몇 십 명이 겨우 등짝 붙이고 뒹글었는데 지금은 완존히 호텔급이다. 변모흐는 중국의 저력을 실감케 했다.

저녁을 먹는데 죠니워커를 입에 대자 속에서 뭣인가 콱 받히면서 덜덜 덜 한기가 든다. 견딜 수 없어 방에 돌아와 쉬고 있는데 남하가 지그 각시가 조제해준 약과 지가 묵을라고 꼬불쳐 놨다는 우황청심환을 갖다 준다. 약을 묵고 희동이 이불까지 덮고 땀을 한번 쪽 뺐더니 한결 가볍다. 천지와 다시 만난 환희와 흥분에 홍역을 치른 게 아닌가 흔다.

다음날 들어 보니 다른 녀석들은 술을 종류 별로 다 마시고 고것도 모자라 요것 조것 남은 술을 다 모튼 모듬술까지 들이켜 모다들 해또가 픽 갔다고 흔다. 뽁순 회장님은 기쁨에 넘쳐 댄스와 가무 공연을 펼치고 오변은 피를 토하듯 불개미 강좌를 했다는디 내가 현장에 없었응께 지루가 대신 댓글을 달든지 보고서를 작성키로 했다.

3일째는 이번 트레킹의 하이라이트인 천지 외륜을 종주흐는 날로 맨 첨으로 오르자고 약속한만큼 서둘렀다. 6시 반에 아침, 점심 도시락 2개씩을 배급 받아 백두산문 입구에 대기흐고 있는데 가이드가 입산 허가를 받아야 흔다고 조금 기다리란다. 한참을 기다려도 가이드가 오지를 않아 참다 못한 뽁순이가 가서 알아 보니 높고 쎈 놈이 나와야 된다는디 지금 오고 있단다. 곧 오겠지흐고 또 기달려도 함흥차사다. 뽁순이가 또 쫓아가 봤으나 오고 있다는 녀석이 인자 세수를 흐고 있단다. 뽁순이 회장님만 애간장이 달아 새벽부터 왕복 달리기를 흐다 지쳐부렀다.

새끼들 많이 변했다고는 흐나 아직 관료주의의 비효율성과 권위의식은 떨치지 못한 듯흐다. 기다림에 지쳐 입구 계단에 모여 천지에서 묵기로 한 도시락을 까묵고 난 다음에야 입산허가가 떨어졌다고 가이드 녀석이 온다. 세상에 우리 몇 명 산에 올라갈라고 해도 9놈의 결재를 받아야 흔다고 흐니 사반세기 전 은행에 처음 들어왔을 때 본 사다리 결재방이 떠올랐다.

셔틀을 타고 9시 넘어 천지 주차장에 도착, 드디어 2006년 7월 28일 금요일 오전 9시 20분! 역사적인 천지 외륜 종주가 시작되었다. 흔히 외륜이라면 무슨 외륜봉이 있는가 허는데 고것이 아니다. 둥그런 천지를 중심으로 톱니바꾸처럼 생긴 수많은 봉우리들이 병풍처럼 외곽을 감싸고 있어 천지물 가상다리를 안쪽 바퀴 즉 내륜이라 흐고 바깥쪽을 삥 둘러 싼 봉다리들을 바깥 바퀴 외륜이라 흔다.

천지 지름이 3.5에서 4.5㎞인깨 거기다 원주율 파이값 3.141592를 곱하면 내륜은 둘레가 한 15㎞가 되고 외륜은 30㎞가 넘는디 우리는 북한 쪽은 못가고 중국 쪽 반 바퀴만 돈깨 한 15㎞ 정도를 걸어야 흔다. 천지로 올라가는 계단을 오르다 왼쪽으로 빠져 마천우를 오르는데 급경사인 탓인지 몹시 힘이 든다. 쌕쌕 씩쌕 숨소리가 거칠어지고 땀방울이 송알 송알 맺히기 시작흔다. 나는 어제 밤 아퍼서 쉰 탓인지 몸이 비교적 가벼웠지만 녹수는 낑낑대며 쳐진다. 은성씨는 지그 남편 녹수 좀 챙기라고 성화다. 육수를 비 오듯 한빤치 쏟은 뒤 능선에 도착흐니 발아래 천지가 펼쳐진다.

천지는 한 순간도 같은 모습을 보이지 않는다. 보는 각도나 시간, 햇빛이나 구름의 농도에 따라 형형색색으로 천의 얼굴을 보여 준다. 백번 와봤자 겨우 두 번 본다고 해서 백두산이라는데 우리에게는 천지도 특별대우를 해준다. 난생 처음 찾아와 다음날이면 떠나야만 흐는 숙명을 지닌 새끼들에게 쪼끔이라도 더 애미의 정을 전해줄려는 양 안 나오는 젖을 짜서 먹이는 엄니의 한없는 희생정신이요 모성애다.

첫날은 그저 흥분해 갖고 뭔지 모르다가 두 번째 보니 좀 침착흐고 차분해지며 주위도 살피게 된다. 저 멀리 북한 쪽에 있는 최고봉인 장군봉도 보이고 천문봉 위에 올라가 있는 관광객들도 보이고 희헌 구름에 덮여 있는 백운봉도 보인다. 글고 봉깨 녹수 녀석이 또 다시 괘씸해진다. 전날 처음 올랐을 때 물어보기에 저기는 장군봉, 쪼기는 천문봉, 조기가 달문이라고 친절히 갈캐줬더니 쫌 있다 와서 아니라고 개지랄을 떤다. 가이드흔테 물어봤더니 내 설명이 틀렸단다. 그럴 리가 없다며 난중에 확인을 했더니 가이드 녀석 지가 헤깔렸다나?

고건 글고 고렇게 친구 말을 안 믿으니 녹수흐고는 초등학교 6년, 중 고등학교 6년, 거기다 산수동 5거리 부산집 5년까지 도합 17년을 붙어 댕겼음시로도 깊은 정이 없다. 단지, 지그 각시가 쪼끔 괜찮고 남하, 영진이, 우성이 등 지그 친구들이 괜찮응께 만나는 정도다. 녹수한테 들려주고 싶은 시조가 있다. 무명씨가 지은 사설시존디,

> 대천 바다 한 가온데 중침, 세침 풍덩 빠지거다.
> 여남은 사공놈이 긋무딘 사앗대를 긋긋치 드러 매고
> 귀 꿰어 내단 말이 이셔이다.
> 아소, 님하! 온 놈이 온 말을 혀도 님이 짐작하소서.

오른쪽으로는 천지를 내려다보고 왼쪽으로는 끝없이 펼쳐지는 백두고원의 초원을 바라보며 걷는 길은 영락없이 쥬리 앤듀루스와 크리스토 파르머가 주연한 〈SOUND OF MUSIC〉이다. 저 멀리 푸른 언덕 위에서는 수녀원 성당의 종소리가 울려 퍼지며 애기 수녀 마리아가 노래를 부르며 튀쳐 나올 것 같기도 하고 오른쪽 천지의 기암절벽을 보면 자유를 찾아 알프스를 넘어가는 트랍가의 마지막 탈출 장면을 보는 듯하다.

야생화 군락지를 지나면서는 녹수의 각시요, 우석이의 엄니이며 이번 산행에서 기꺼이 우리 모두의 마리아가 되어 주신 뼈대있는 가문 광산 김씨 은성여사는 감동을 억제하지 못하고 〈Edelweis〉를 불렀다. 고 옆에 서 있는 나는 당연히 트랍 대령이 되었다. 글다가 친구들이 이미 장군이 되었기 때문에 트랍 장군이 되었다.

초원에 핀 소박한 들꽃이 요렇게 아름다운지 몰랐다. 조그맣고 앙증맞은 꽃잎, 너무나 청초하고 선명한 보랏빛, 진분홍, 하얀색, 노란색 꽃들은 무딘 내 마음을 뭉클케 했다. 은성씨는 너무너무 좋다고 난중에 내 산행기

를 읽으면 눈앞에 선할 것이라고 했는디 도저히 그때의 감동과 아름다움을 표현흘 수 없어 감히 쓰기가 무섭고 두려움마저 엄습흔다. 같잖은 인간들이 지아무리 애써도 솔로몬의 영화가 들꽃 하나보다 못흐다는 성경 말씀이 맞는 듯흐다. 구름 위에 떠 있는 꽃대궐 자리인 동네를 걸어 천지가 한눈에 내려다보이는 청석봉 능선까지 초원에 지천으로 피어난 들꽃을 보며 걷던 추억을 영원히 간직코자 눈을 부릅떴다.

청석봉을 넘어 백운봉을 오르고자 그동안 올랐던 길을 쌔빠지게 내려가는데 남하 녀석은 흥이 나서인지 계속 흥얼거리며 노래를 부른다. 발아래 구름이 피워오르거나 흘러가면 즉시 "흘러가는 저 구름아! ~~~" 푸른 초원이 펼쳐지면 "저 푸른 초원 우에, 짠짜라 짠짠~~~" 하는가 하면 하다 못해 선크림 바른 하봉이를 보고도 "선크림 짙게 바르고~~"를 "립스틱 짙게 바르고"에 맞춰 부르며 인생이나 세상사 모든 일이 다 유행가 가사에 있다고 너스레를 떤다. 그래 니 말이 맞다. "어차피 인생이란 연극이 아니더냐~~~"

1막이 끝나면 막이 내리고 다시 2막이 내리듯 백운봉에 이르니 짙은 구름이 몰려와 주위를 분간하기 어렵게 하더니 언제 그랬냐는 듯 활짝 개며 제 2막 백운봉 산행이 시작된다. 백운봉은 해발 2691m로 중국 동북지방에서 가장 높은 산이다. 막켄나의 황금을 연상케 하는데 앞쪽은 산세가 험준하고 바위로 되어 있는데 거의 직벽에 가깝다.

해맑은 날씨에 뭇봉우리들이 자태를 들어낼 때도 요 봉만은 종일토록 흰 구름이 감돌아서 백운봉이라 부른단다. 뒤쪽으로 돌아가서 오르는데도 가팔라서 겁나게 심이 든다. 심이 들어 잠시 멈춰 쉴라치면 눈앞에 야생화가 펼쳐진다. 은성씨는 깔쿠막(비탈)이 하도 심해서 눈높이에서 들꽃을 보니 더욱 선명해서 환장해 불겄단다.

한 걸음 한 걸음 너무 심들지만 천국의 계단으로 올라가는 길이라 생각하고 한 조각 심장만이라도 달랑 움켜 쥐고 가는 우리 겨레의 숙명인양 올랐다. 백운봉은 이름값을 하려고 그러는지 정말 구름이 많았다. 저 아래 속세에 사는 것들이 감히 요 구름 위에 우리가 있다는 것을 상상이나 할 수 있을까? 허위허위 기다시피 백운봉 정상에 올랐으나 구름이 너무 진하게 끼여 캄캄해서 암것도 안 보인다.

어디가 천지인가는 말흘 것도 없고 옆에 있는 친구들도 안 보인다. 아쉽지만 지금까지 본 것만 해도 어디냐 하면서 돌아서는 순간, 정말 찰나의 일이었다. 창세기 1장의 천지창조가 시작되었다. "빛이 있으라"는 조물주의 한마디에 먹구름이 갈라지며 빛이 생기더니 주위를 가르며 퍼져나가 천지를 비춘다.

칠흙 같은 어두움, 혼돈의 카오스에서 갓 깨어난 천지가 자태를 드러낸다. 그런데 지금까지의 천지와는 다르다. 그간 엄마 천지로서 우리에게 모든 것을 아낌없이 보여주었지만 이제는 성숙한 여인으로서 우리를 유혹흐는 요염한 천지다. 간간이 요소요소를 살짝살짝 꼼치며 신비스런 교태를 부리는 천지는 우리를 환장흐게 맹글어 부렀다. 한마디로 POP SONG 〈NIGHT IN WHITE SATIN〉이다. 우리는 감동에 몸을 떨며 환호성을 질렀다. 아니 그것은 차라리 비명에 가까운 절규였다.

백운봉에서 점심을 묵었다. 산에서 먹는 음식이지만 어느 한정식집 못지않다. 김장 김치에 마늘쫑, 창란젓, 석화젓, 고추장, 장조림, 김에다 각종 포무침 술은 중국에서 최고급 술인 52도짜리 수정방, 디저트로는 복숭아 황도 통조림에다 커피까지 한 잔 흐니 어느 황제 식탁 못지않다.

오후 산행은 오르막은 거의 없는 하산 길이었다. 고산지대에 끝없이 펼쳐지는 초원, 억 만 년이 넘은 이끼류로 쌓인 초원을 밟는 느낌은 호텔 웬만한 카펫은 저리 가라다. 후제 백두산에 갈 놈 있으면 도라이바흐고 티흐고 공 20개를 꼭 가지고 가라. 가서 부챗살 타법으로 백운봉 보고 날리고, 청석봉, 차일봉, 용문봉, 천문봉 보고 갈기도록 해라. 워터 해저드인 천지에 빠져 불면 그래도 좋고.

워낙 큰 산이라 완만하지만 하산길이 만만치만은 않다 대우호텔의 빨간 지붕이 뻔히 보이기 시작한 후로도 서너 시간이다. 중간에 웬 굉음이 울려 퍼진다. 고개를 들어 쳐다보니 흰물보라가 휘날리며 칠색무지개가 피어오르고 백룡이 날아내리는 듯한 장관을 이루는데 바로 장백폭포다. 용문봉에서 멀리 바라다 보이는 장백폭포는 한 폭의 동양화 같다. 물론 내일 다시 가서 보겠지만 68m 높이에서 수직으로 암벽을 때리며 쏟아지는 폭포를 감상하기는 어느 정도 떨어진 여기가 최고다. 장백폭포는 천지물이 유일하게 흘러내리는 입구이며 이 물이 흘러 송하강을 이룬다.

캔버스 전체를 불투명한 유성물감을 바르고 또 덧칠하는 유화에 익숙한 서양인에게는 폭포의 높이나 쏟아지는 유량이 나이아가라나 이과수에는 비할 바가 되지 않는다 할지 모르지만 항상 여백의 여유를 중시흐는 동양화적 시각으로는 추사의 세한도나 남농의 외솔처럼 장백이 훨씬 단아하고 품위가 있어 보인다.

계속되는 하산길에 여기저기서 곡소리가 나온다. 이미 내가 정신이 혼미해져야 목적지인 소천지가 나온다 예고해 두었는데 드디어 한두 명씩 얼마나 남았냐며 정신이 혼미해진다고들 흔다. 18시가 넘어가니 쌀쌀해지며 바람도 거세진다. 얼마나 바람이 쌨으면 앉아 쉬고 있던 녹수의 그 무거운 배낭과 모자가 날라가부렀다.

원시 밀림지대를 지나 목적지인 소천지에 도착하였다. 한 명의 낙오자도 없이 근 10 시간을 걸어 천지 외륜 종주를 성공적으로 마친 감격을 캔맥주로 나누고 숙소인 국제호텔에 투숙했다. 국제호텔은 1983년 등샤오핑이 머물 정도로 유서 깊은 호텔로 중일 합작으로 조총련 자본이 들어와 대부분 종업원들이 북한 동포들이었다.

호텔 사우나에서 온천욕을 하는데 손님은 우리뿐이었다. 노천탕과 실내를 드나들며 신나게 놀고 있는디 카메라 후라쉬가 터진다. 놀래서 본능적으로 부끄러운 데만 손구락으로 개리고 돌아 보니 지루 박이다. 노천탕이나 온천탕을 자랑흘려면 찍어야 된단다. 고래도 행여 내 물건이 인터넷 떠돌아댕기면 어째사 쓸 거냐고 흥깨 다 기술적으로 고기는 안 나오게 찍었단다.

언제부턴지 몰라도 요번에 봉깨 지루박은 예술가적 사명에 투철한 사진사였다. 그 힘든 바위길이나 위험한 절벽에서도 목숨 걸고 사진을 찍었으며 백두산으로 달리는 버스에서도 상반신을 차창으로 내놓고 사진을 찍는 통에 괜히 조러다 떨어져불거나 가로수에 대가리나 부닥쳐불면 어찌까 조매조매했다. 아마 지루박 사진이 뜨면 많은 작품이 나올 것이다.

저녁을 호텔에서 북한식으로 때우고 내열이 소원을 풀어 줄 겸 수정방으로 떡칠을 하여 고주망태가 되었다. 다음날 새벽 2시에 천지 일출을 보려면 내열이 눈길을 피해 토낄 수밖에 없었다. TV에 한국방송이 나온디 사방이 빵꾸가 나서 물벼락이 터졌다고 흔다. 우리 집은 괜찮해야 쓴디 걱정은 함시로도 엄습해 오는 잠은 어쩔 수 없었다.

잠결에 전화벨이 울린다. 엉겁결에 받아 보니 가이드다. 지금 시각 1시 30분인디 하늘을 보니 별이 총총하단다. 날씨가 좋아 일출을 볼 수 있을 것 같은 예감이 드니 빨리 나오란다. 술에 취해 잠에 취해 비몽사몽간에 나가 보니 불과 2시간의 휴식에도 한 명 예외 없이 다 모였다. 정말 무궁화의 아들이요, 딸이다. 하늘을 보니 소금을 뿌려 놓은 듯 무수한 별이 손에 잡힐 듯 반짝인다. 남하는 '유행가 가사 철학'에 심취하여 노래를 흔다. "저 별은 나의 별, 저 별은 장녹수 별, 그렇지만 최녹수 별은 없네."

짚차 2대로 천문봉에 올랐다. 아무도 오르지 않는 새벽길을 자동차 전조등으로 가르며 천문봉 주차장에 도착하였다. 밑에서는 별이 총총거렸는데 안개가 자욱흐다. 아직은 빨라 기다리는데 너무 춥다. 차 속에서 히타를 최대로 올리고 앉아 있어도 덜덜 떨린다. 때 아닌 복 더위에 요런 추위를 맛보다니.

3시에 천문봉으로 걸어 올랐다. 아직 일출 전이고 구름이 끼여 칠흙같이 어둡다. 헤드 랜턴과 손전등 불빛만 반딧불같이 반짝인다. '까마득한 날에 하늘이 처음 열리고 어디 닭 우는 소리 들렸으랴.' 이육사의 음성이 들리는 듯흐다. 고요하게 흐르는 밤의 정막이 계속되고 희컨 입김만 펄펄 날리는데 좀처럼 구름이 걷힐 기미가 없다. 가이드가 암만해도 포기해야 될 것 같다고 흔다. 이미 해는 떠올랐을 것이라고 흔다. 그래도 아쉬움에 좀만 더흐고 기다렸으나 결국은 돌아 설 수밖에 없었다.

그래 모든 것을 다 주지는 않는구나. 짚차를 타고 내려오는데 저 아래 하늘 구름 사이에서 붉은 기운이 새어 나오더니 먼지 하나 묻지 않은 선홍색 태양이 서서히 자태를 드러낸다. 꿩 대신 닭이라고 갓 태어나는 해는 보지 못했지만 '영계 해'를 봄으로써 아쉬움을 달랠 수 있었다.

백두산에서의 마지막 날이라 모든 짐을 챙겨 버스에 싣고 6시 30분에 아침을 먹었다. 원래는 용정을 거쳐 연길로 가는 일정이었으나 이왕 요렇게 된 것, 아예 천지의 끌텅을 파불기 위해 장백폭포를 거쳐 달문으로 올라 천지물에 손 담그는 일정을 가이드와 협의하여 추가키로 했다. 어차피 돈이야 우리가 더 내는 것인데도 가이드 녀석이 되게 생색을 낸다.

7시, 호텔을 나서 장백폭포 주차장으로 해서 걸어가는데 장뇌삼이나 기념품을 사라고 삐끼들이 법석을 떤다. 폭포 입구에 이르니 조그만 옹달샘 같은데다 삶은 달걀과 옥수수를 담가 놓고는 85도의 유황 온천에 삶은 것으로 몸에 좋으니 사먹으라고 흔다.

장백폭포에 이르렀다. 어제는 먼발치에서 보니 절벽에서 두 줄기 폭포가 단아하게 흘러내리던디 가까이서 보니 그 굉음과 스케일이 보통이 아니다. 내리쳐 쏟아 붇는 물줄기에서 물보라가 날리고 높은 데서 떨어져 부수어진 하얀 기포 탓인지 백룡이 꿈틀대며 아가리를 벌리고 쫓아오는 것 같다. 폭포 옆을 따라 폭포 위로 장성 같은 것이 펼쳐져 있다. 달문으로 통하는 1,500m의 계단과 회랑이다. 폭포 입장시 표를 끊었지만 달문에 오르기 위해서는 또 표를 끊으란다. 하여튼 짜식들 불친절 흠시로도 챙길 것은 잘도 챙긴다.

새벽에 이가 득득 갈리게 춥던 날씨는 어느덧 한여름이 되어 있었다. 뜨거운 햇살을 거슬러 또 다시 '고난의 계단' 을 올랐다. 숨이 가빠 목이 타오르는데 캑캑거리던 녹수가 또 다시 구시렁대며 보가리(고삐)를 챈다. 어제 하산 길에 달문으로 해서 욜로 내려 왔으면 된디 나땜시 괜히 헛고생을 흔단다. 가이드가 그 방법을 나하고도 협의를 했는디 내가 고것을 거절흐고 오늘 다시 오름으로써 맬갑시 죽겄다는 소리다. 한 마디로 내 탓잉께 모든 것을 물어내라는 소리다. 딴은 고 말도 일리는 있다. 근디 고것은 김종필이가 5.16혁명 얘기만 나오면 하는 말로써 오늘의 상황 논리로 그때를 평가해서는 안 된다.

어지깨 상황은 좀 달랐다. 첫째는 하산 길에 달문을 들리기에는 우리가 너무 지쳐있었다. 산악 가이든지 토깽인지 흐는 놈은 저 혼자 핑 가다 우리가 안 보이면 쪼그려 앉아 담배 한대 뽈다 우리가 다가 가면 또 혼자 핑 가분데다가 말도 안 통해 전혀 보탬이 안 되지 둘째는 우리의 정신적인 지주요, 화려한 노가리와 유행가 철학의 대가며 독땡이같이 짱짱한 남하마저 다리에 쥐가 난다고 백두산.COM 팀에 따라온 아줌마흔테 수지침을 맞고 쩔뚝대며 겨우 따라 오는 모습을 보니 손 우게 처남으로서 가심이 미어지는데다 셋째는 내가 유일한 경험이 있다고는 흐나 5년 전에는 고 길이 없었는디 최근에 뚫린지는 몰랐으며 마지막으로 가이드 녀석이 나한테 협의를 했다고는 흐나 고 녀석 말투나 행동이 저 혼자 시부렁댄 것에 불과흐지 나에게는 전현 의사 전달이 되지 않았기 때문이다.

반면 어제 일로 녹수만 나를 씹지 지그 각시만 해도 어저께 같으면 지쳐서 제대로 보지도 못했을 텐디 오늘같이 맑고 싱싱한 정신에 요렇게 좋은 경치를 구경할 수 있게 해줘서 고맙다고 흐고 어제께 가이드흐고 얘기 흘 때 고 새끼 말이 고 말이 아니었다고 증언하는 동그라미 2개 본부장님 같은 친구들도 있다. 당시는 녹수가 씹어도 좋은 게 좋다고 될 수 있으면 쌈을 안 흐고 넘어갈라고 참은 것인디 정 그렇게 웬통흐다면 지금이라도 김근태같이 계급장 떼고 '맞장 뜰' 용의가 있다. 단, 놈현이 말대로 괜히 글 쓰는 놈 건드려서 잘된 놈 못 봤다.

시원스레 쏟아지는 폭포를 쳐다봄시로 계단을 20분 오르니 이제 회랑이다. 토치카처럼 만든 콘크리트 터널이다. 폭포를 따라서 길을 내 놨기 때문에 계단이 급경사다. 요것도 5년 전에는 없고 밑에 계단만 기초 공사 중이드니 어느 새 만들어분 것을 봉께 중국놈들이 몰쌍식흐기는 흐지만 일사분란한 추진력은 있다. 근디 새끼들 한번 더 생각해서 좀 친환경적으로 만들 것이지 요렇게 무대뽀로 흉물을 만들어 놨으니 먼 훗날 청계천 다시 뜯고 복원시킬라고 빼기치듯이 홍역을 한번 치러야 할 것 같다.

회랑을 빠져 나오니 신천지가 전개되었다. 마치 브라보 요새처럼 기암절벽이 깜싸고 있고 대평원이 펼쳐지며 한쪽으로는 달문에서 흘러나온 천지 물이 장백폭포로 감싸 돌아간다. 따사로운 햇살에 간간히 불어오는 실바람이 초가을 같다. 맑고 투명한 물 속에는 우리 관광객이 조약돌로 써 놓은 이름이나 '사랑해' 등의 돌 낙서가 있다.

마지막 나지막한 둔덕을 넘어서니 시야가 팍 트이며 천지가 반긴다. 이틀간 위에서만 내려다보다가 눈높이에서 바라보는 천지는 광활한 바다다.

풍랑이 일며 물결이 출렁대는데 감격에 겨워 모세가 홍해 바다를 가르듯이 양손을 치켜들고 만세를 불렀다. 천지에 손을 담근 뒤 두 손으로 가만히 천지물을 떠서 얼굴에 적셔 보았다. 오! 이 냄새! 이 감촉!! 푸르다 못해 검게 보이던 천지 물은 맑다 못해 너무나 투명흐다.

예수가 요르단 강에서 세례를 베풀듯 천지물로 이마를 적셔 보았다. 머리가 쌔해지며 정신이 맑아 온다. 괜스레 설움이 복받쳐 눈물이 난다. 손바닥에 있는 천지물을 혀로 핥아 보았다. 그래! 바로 이 맛이다. 어머니! 엄니! 아! 우리 엄마!! 천지는 우리의 엄마였다. 천지에 살포시 발을 담가 보았다. 금방 초록빛 물이 든다.

또 다시 초등학교 6학년 때 외운 여린내기로 시작되며 6/8박자에서 3/4박자로 바뀌는 '초록바다' 가 흘러나온다.

> 읏(8분 쉼표), 초록빛 천지 물에 천지 물에 두 손을 담그면
> 읏, 초록빛 천지 물에 두손을 담그면
> 파아란 하늘빛 물이 들지요, 어여쁜 초록빛 손이 되지요,
> 초록빛 천지 물에 두 손을 담그면 (담그면)
> 물결이 살랑 어루만져요. 물결이 살랑 어루만져요.

옛날 어떤 광고에 소설가 김주영이 천지 물을 두 손으로 퍼올리며 중얼거리는 "아! 하늘인가? 땅인가?" 라는 카피가 떠오른다. 근디 고것은 흐나마나흔 소리다. 천지를 몰라도 한참 모르는 소리다. 천지는 하늘 OR 땅이 아니다. 천지는 하늘 AND 땅이다. 천지는 하늘 AND 땅 itself다. 천지는 만물의 시작이요 근원이다. 원래 하늘과 땅은 하나였다. 그러기에 천지에서 올려다보는 하늘과 바라다보는 천지의 크기나 색깔은 똑같다. 그것은 요번에 나의 4박 5일 동안 룸메이트였던 곽희동 박사의 이론이 증명해 준다. 곽박사의 학설에 따르면 원래 백두산은 봉긋한 젖가슴같이 매끄러운

봉우리였다고 흔다. 근디 그것이 화산 폭발로 뚜껑이 열려서 복지깨 뚜껑은 올라가 하늘이 되고 빵꾸난 자리는 천지가 되었다고 흔다.

희동이는 한전에 댕기다 6,7년 전에 그만뒀단다. 가슴 아픈 사연이야 오죽했겄냐마는 옛날 학교 댕길 때 기마전 대표 선수와 같은 불굴의 정신으로 지금은 모든 것을 극복흐고 사업도 제 궤도에 들어선 모양이다. 예나 지금이나 변함없이 양기 냄새가 풀풀 넘쳐 흐르고 강직흐면서도 소탈한 친구다.

어머니 같은 천지! 재회를 기약하며

천지는 바라만 보고 있어도 벅차오르고 시원흐다. 간간이 구름이 뒤덮혀 조화를 부린다. 오! 천지여! 오늘이 마지막이구나! 내 이제 가면 언제 다시 올꼬? 3일 동안 우리를 반겨 주고 안아 주던 어머니. 돌아가면 눈앞에 한없이 어른거릴 텐데 보고싶으면 어이할꼬? 잘 있거라 천지야! 우리는 간다. 이제 떠나지만 기연치 다시 오마. 잃어버린 반 바퀴를 찾기 위해서. 다음에는 삼지연을 통해 장군봉에 올라 북한쪽 반 바퀴를 돌아야 미완성 종주가 비로소 완성될테니까. 그때까지 안녕….

근디 무엇보다도 걱정은 중국놈들이 천지를 오염시키는데 있다. 천지 주변에 포차를 차려 놓고 돼지고기, 오징어 꼬치구이를 판다. 하도 사람이 많이 몰려와 휘젓고 댕기다 보니 그 맑은 천지물에 거품같은 것이 둥둥 떠댕긴다. 하루빨리 유네스코에 일러서라도 천지를 정화해야 쓰것다.

10시가 다 되어서 떨어지지 않는 발길을 돌려 내려오는데 토요일 휴일이어서인지 수많은 인파가 끊임없이 올라온다. 좁은 회랑에서 오르내리는 사람끼리 비껴가기도 뽀땃흔디 공사판 인부까지 겹쳐 숨이 막힌다. 문득 꿈틀대며 올라오는 수많은 인파가 정자같다는 생각이 든다. 한번 사정에 2~3억 마리의 정자가 쏟아져 요새끼들이 질 속에서 헤엄치며 생존 경쟁을 벌리다 그 중에 1등 난 놈만이 난자와 결합하여 새 생명이 잉태된다고 흐던데 저렇게 기를 쓰고 오르는 놈 중에서 어떤 놈이 시커먼 올챙이같이 최후의 승자가 될까?

그러고 보니 천지는 우리 민족의 자궁이라는 생각이 든다. 생명의 원천인 천지가 우리 민족을 품어 탄생시킨 것이다. 장백폭포는 천지와 우리 민족을 잇는 탯줄이요 생명줄이다. 저 탯줄로 엄마의 양분과 숨소리가 전해져 우리가 자라는 것이다.

10시 반에 내려오니 그동안 무뚝뚝흐고 답답하던 가이드 녀석이 상냥하게 웃으며 삶은 계란을 사왔노라고 내민다. 정들면 곰보도 보조개로 보인다더니 4일간 함께 흐다 헤어질 때가 되니 그간 정이 든 모양이다. '정이란 무엇일까?' 남하야, 시몬가, 니몬가, 주는 것인지 받는 것인지 얼릉 유행가로 불러 봐라.

이제 천지와의 3일간의 '꿈같은 동거'는 끝났다. 정말 행복한 시간이었다. 천지와의 이별을 정리흐기 위해 마지막으로 온천으로 향했다. 장백폭포 아래 자리잡은 온천인데 입장료가 만 원 정도니 꽤나 략셔리한 온천이다. 근디 들어가 보니 완존히 개판이다. 먼저 물짠 수건을 하나 배급해 주면서 나올 때 반드시 반납해야 한다는 것이다. 들어가 보니 퀘퀘흐고 음침흔 것이 께름직흐다.

백두산 온천은 83도가 넘는 유황 온천이면서도 유황 냄새가 전혀 나지 않는 유일한 온천이란다. 글지만 탕 속에 들어가서도 행여 수건이 없어질까 신경쓰며 몸을 담그고 있는데 정말 가관이다. 탕 속에서 담배를 뽈고 재를 털어부는 놈, 헤엄치고 댕기는 놈, 심지어 어떤 놈은 내 옆에 걸터앉아 눈 앞에서 발바닥을 문대고 있다. 뭣흔가 봤더니 발뒤꿈치를 팅팅 불려

갖고는 돌을 하나 갖고 와서 씩씩 문대다 때가 송충이같이 우수수 떨어지면 탕속에다 씻어 분다. 갑자기 구토 증세와 현기증이 나서 노천탕으로 나가보았지만 오십보백보다.

하기사 언제부터 우리가 날마다 사우나나 샤워를 흐고 아웃도어 웨어니 등산복이니 기능복이니 흐고 챙겨 입고 댕겠냐? 다 세월이 약이고 요만큼 잘살게 된 것만도 조상님께 감지덕지다.

북파산문을 통과하여 이도백하에 위치한 고려 식당에서 백숙, 버섯, 순두부로 점심을 먹었다. 물론, 내열이를 위한 수정방이 빠질 리 없다. 이도백하에서 엔벤조선족자치주 주도인 연길까지는 250㎞로 네다섯 시간이 소요된단다. 가는 길은 2차선 콘크리트 포장 도론디 길이 개판인지 버스쇼바가 개판인지 하도 출렁거리는 통에 새벽 1시 30분에 눈을 떠 피곤흠에도 도통 잠을 이룰 수가 없다. 길 양쪽은 우리의 농촌과 대동소이흐다. 벼논과 옥수수밭이 나지막한 야산과 시냇물과 평행을 이루며 한없이 달린다.

용정을 생략흐고 6시경 연길에 도착했다. 원래 코스에 들어 있던 용정관광을 빼고 달문과 장백폭포로 대체흔데 대해서는 언제든지 역사의 심판을 받을 각오가 되어있다. 용정은 정말 볼 것이 없다. 사람이 해보지 않거나 못 본 것에 대해서는 미련과 아쉬움이 남겠지만 해란강과 일송정, 윤동주의 모교 대성중학교는 가서 보면 실망 정도가 아니라 오히려 성질이 나분다. 천 년 두고 흐른다는 해란강은 우리 시골 개울만도 못 흐고 개천은 거의 말랐으며 말 달리던 선구자가 바라봤던 일송정은 늙어늙어 노리끼리흐니 죽어가고, 대성중학교를 보느니 차라리 우리가 숨어서 담배 피던 서중의 유도장이 더 낫다.

피곤을 달래려고 발 마사지를 했다. 근디 발 마사지를 받으며 코 골고

자는 놈들을 이해흘 수가 없다. 나는 마사지를 받을 때마다 정신을 똑바로 차리고 열심히 배워서 집에 돌아와 각시에게 한 단계 더 발전시켜 전신 마사지를 해준다. 각시는 내가 해주는 마사지가 세계 최고고 깨벗고 마사지 받는 그 순간이 생애 최고의 시간이란다. 선진 기술을 배우면 반드시 각시흔테 전파토록 흐자.

북한이 경영흐는 유경식당에서 깔끔한 정식으로 저녁을 때우고 중국의 마지막 밤을 뼈와 살이 타는 밤으로 만들기 위해 밤 9시에 연길공항에서 비행기를 타고 요녕성의 성도요 만주의 황제 우성이가 눈빠지게 기달리는 심양으로 향했다.

22시가 넘어 심양국제공항에 도착하여 짐도 찾기 전인디 밖에서 부르는 소리가 들린다. 얼마나 기다렸는지 친구들 이름을 하나하나 큰소리로 부르고 손을 흔들며 흥분해서 폴딱폴딱 뛰며 웃는 우성이를 보니 근엄하신 대그룹 임원과는 거리가 멀다. 친구가 고렇게도 조을까? 우성이와 반가운 해후를 흐고 스마일 관광 가이드 원일청이를 만나 숙소인 5성급 호텔인 쉐라톤 호텔로 갔다. 원일청이는 '심양의 원일청' 이라 '심청' 이라 기억해주라는데 이전 가이드 강철이와는 달리 똘망똘망흐게 생긴 아가씨였다.

밤이 깊은데다 우성이와의 일정도 있고 해서 내일 관광은 웬만흔 것은 취소흐고 늦게 집합흐기로 흐고 헤어졌다.

아침 느지막이 10시 반에 모이기로 해놓은께 한굿져서 좋았다. 간밤에 술을 많이 마셨으나 친구들과 각시들 얘기만 흐면서 기분 좋게 마신 탓인지 대가리도 개안흐고 정신도 총총했다. 뷔페에서 만난 은성씨도 컨디션이 최고인 듯 아침놀이 퍼지는 듯 달처럼 아름답고 해처럼 빛났다.

쌀죽을 먹으니 속도 확 풀리고 심도 생겼다 인자 도우미 없이도 거뜬흐다. 기분 좋게 나가는데 카운터에서 뻑순이가 물 값을 계산흐란다. 촌놈이 첨으로 호텔에 잔 탓에 서비스로 준 물을 마셔야 흔디 술김에 객실에 있는 생수를 마셔부렀다. 생수 2통에 우리 돈 16,000원이다. 고것도 각 병당 한 두 모금밖에 안 마셨는디. 아무리 에비앙이지만 속이 쓰리다. 우리 LPGA 낭자들이 에비앙 마스터즈라도 묵어야지 안 글면 완존히 날리는 것이다.

로비에서는 만주의 황제 우리 정우성 분공사장님 부부께서 일찍 납시어 친히 친구들을 일일이 알현을 하고 계셨다. 병조호란 때 인조가 남한산성으로 도망갔다가 지금 송파구 삼전동으로 내려야 황태극 앞에서 이마를 땅바닥에 아홉 번 찧고 항복하듯이 사모님께 머리를 조아렸더니 인터넷에서 많이 봤다며 어서 일어나라고 흐신다.

사모님은 후덕흐시고 겁나게 귣있게 생기셨습시로도 항상 온화한 미소를 띠시는 훌륭한 분이셨다. 우성이보다도 훨씬 실겁게 생기셔서 젊은 누나 같았다. 가방에는 도사라서 녹수 각시 짝퉁 시장에 가서 가방 사는 것을 안내하러 나오셨단다.

오늘 관광은 고궁 답사와 짝퉁 시장 쇼핑이다. 반 년 전만 해도 석촌동 지점에 근무흠시로 청과 결사항전을 주장흐다 끌려간 삼학사 윤집, 오달제, 김상헌을 기리는 길을 걸어 양평해장국을 먹으러 댕긴 내가 후금의 도읍지 심양에 와서 고궁을 답사하다니 역사적인 아이러니다. 고궁은 누르하치가 죽은 다음 2대 황제인 청태종 황태극이 1636년 국호를 금에서 청으로 바꾸고 여진족을 만주족이라 칭하며 황제로 등극한 곳이다. 그 당시는 건국 초고 돈이 없어 뻬이징 자금성의 1/12 규모로 지었다는디 북경으로 이사 가분 뒤에는 관리가 안 돼서 사람들이 궁궐 귀퉁이 빈 땅에다 집을 짓고 살아분 통에 훨씬 더 쫄아들어 초라흐다.

우성이는 녹수흐고 사전답사흐면서 연구를 했는디 다 별 볼일 없고 알아야 될 것이라고는 황태극이 다섯 여자를 데리고 삼시로 얼마나 욕봤을까 하는 것뿐이란다. 요새 마누라 1명 데꼬 삼시로도 눈치 보고 깨지고 보대낀디 5명이면 오죽했겄냐는 것이다. 근디 고것도 건다꿀로 들어서 글제 우리가 자세히 탐방한 결과 황태극에게는 두 명의 여인이 더 있었다.

황태극의 사후 3대 세조 순치가 요기서 힘을 비축한 다음 명을 멸망시키고 북경으로 진입해서 오늘의 자금성에 자리 잡았다고 흔다. 순치는 강희제에게 양위한 뒤 출가를 해 불고 그 뒤 옹정제, 건륭제로 이어짐시로 청의 전성기가 시작되었다.

고궁 뒷마당에 굴뚝이 하나 있는디 11층으로 되어있고 맨 꼭대기 층은 벽돌이 3개밖에 없다. 가이드 설명에 의하면 고 굴뚝이 청 왕조의 숙명을 나타낸다고 흔다. 누르하치는 황제로 등극을 안 했기 때문에 청왕조는 11대 황제까지 지속되다 마지막 황제 푸이는 딱 3년밖에 황제를 못 함으로써 굴뚝의 예언이 실현되었단다. 굴뚝이 더 높았더라면 지금까지 전제 정치가 계속돼서 큰일날 뻔했단다.

부슬비가 내리는 가운데 고궁 관람을 흐는데 우리 친구들의 역사의식이나 지식이 놀라운 수준이다. 가이드가 문제만 내면 즉시 다 맞춰 분다. 하다 못해 출입문이 뚫린 위치까지 맞춰불 때는 가이드도 질릴 정도였다. 정말 자랑스런 친구들이다.

심양은 성경 봉천으로 불리다가 중국이 건국된 다음 어쩐지 일본 천황을 받드는 냄시가 난다고 해서 다시 심양으로 바꿨단다. 중국 최대의 중공업 도시로 인구가 720만이 넘고 북경, 상해, 중경, 천진, 심천, 광주와 더불어 8대 도시 안에 든단다. 생각보다 깨끗흐고 우성이 때문인지 정이 가는 곳이었다. 시내 곳곳에는 2008년 북경 올림픽을 위해 도시 정비와 건설이 한창이다. 잠에서 깨어난 거인이 올림픽을 성공적으로 치르고 나면 고것이 우리에게는 득일까? 실일까?

고런 것은 대가리 좋고 말 잘흐는 놈현이가 알아서 흘 일이고 우성이 말에 의하면 중국에 LG 현지법인과 지사가 여러 개 있지만 지가 담당흐는 심양에서 LG의 MS가 최고란다. 하여튼 어디 가서 먼 일을 흐든지 우리 친구들은 똑소리가 나는 것 같다.

고궁을 나와 짝퉁시장으로 가는디 심양 가운데를 관통하여 흐르는 혼하(강)이 보인다. 말 그대로 혼탁한 강, 더러운 강이란 뜻이란다. 해필 이름을 붙여도 고롷게 붙였을까 했더니 다 이유가 있단다. 원래 누르하치는 명나라 군졸이었는디 모반의 낌새를 들켜 심양으로 토껴 혼하를 건너게 되었단다. 뒤쫓아 오던 명군이 추격을 흐는데 강이 혼탁흐고 바닥이 울퉁불퉁해서 매복이 있는 줄 지레 겁을 묵고 돌아섬으로써 목숨을 건졌단다. 우리 용비어천가에서 "해동 육룡이 나라샤 일마다 천복이시니" 어쩌니 흐며 이성계의 가문을 신격화 시키듯이 예나 지금이나 역사는 승자의 기록이니만큼 오야 지그 맘대로 쓴 것 같다.

짝퉁시장에 도착하여 가방 쇼핑이 시작되었다. 좌우간 자식들 땅덩이가 넓고 사람이 많은 탓인지 건물하나는 무쟈게 크다. 길우와 상현이는 각시들 가방을 샀다. 은성이도 오진참 봤다고 흔다. 남하와 하봉이도 알마니 짝퉁 손지갑을 샀다. 가방하나 사는데도 독자적으로 작통권을 행사흐는 놈이 없다. 모다들 각시흔테 전화해서 사전 재가를 받는다. 나는 전화해봤자 그런 씨잘 데 없는 짓거리는 하들들 말라고 흘 것이 뻔흔깨 아예 전화도 안 했다. 좌우간 우리 친구들은 각시 애끼고 각시 눈치 보는 데는 도통흔 듯하다.

마지막 오찬을 나누기 위해 동묘향산이라는 북한 식당으로 갔다. 만주의 황제 우성이는 키도 크지만 발도 넓었다. 북한 처자들도 다 지그 동생이란다. 모다들 오빠 친군깨 잘 해주란다. 중복을 맞아 단고기 파티를 했다. 추운 양강도에서 키운 오리지널 조선산 똥개라지만 독특한 향이 우리 입맛에는 밸로 맞지 않는다. 글고 가장 중요흔 것은 단고기 흐면 꺼만 껍딱에 희컨 비개가 자크르르흐게 붙어 있는 배받이가 최곤디 고것이 없다. 앙꼬가 빠져분 것이다. 어디 갔냐고 물었더니 "남조선 동무들은 비계도 먹습네까?" 하고 오히려 반문을 흔다.

이뻐게 생긴 북한 처자들은 파랑색 치마에 하얀 저고리를 단정흐니 입고 나긋나긋흐게 서빙도 잘 흔다. 거기서 평양 상업대학에 다닌다는 일생일대의 최대 강적을 만나 좆되야부렀다. 학교에 댕기다 현장실습을 나왔다는디 말대답이나 유머 초식이 보통이 아니었다. 웬만흔 정도가 아니라 상상을 초월흐는 초범입성의 경지였다.

처음 일합을 겨루고 나니 등꼴에 땀이 오싹 났다. 천지에서 나오는 천년 하수오를 묵고 최고수 사부를 만나 기경 팔맥이 뚫린 듯 어린 나이에도 공력이 300년을 넘었다. 그간 무수한 사람과 만나 산전수전을 다 겪었음에도 그 애에게는 상대가 되지 않았다. 옆에서 배시시 웃으며 서 있는데도 고 내공에 가슴이 울렁일 정도였다. 선천적으로 타고난 머리에 얼마나 사상논쟁을 펼쳤으면 고런 경지에 이르렀을까? 남조선 아새끼들 정말 정신 차려야 쓰겄다.

일방적인 패배의 아픔을 도루매기, 가재미 식혜로 나누다가 박수 설거지를 안 했다고 또 깨졌다. 3일간 북한 식당에서 밥을 먹으며 공연을 관람했는디 최고였다. 아니 차원이 달랐다. 우리의 정성을 담아 꽃다발 8개를 바쳤다. 애들도 우리의 정성에 감읍했는지 마지막 앵콜 송으로 '다시 만나요' 를 간드러지게 불러주었다.

자! 인자 헤어질 시간이다. 심양 공항에서 우성이 부부의 환송을 받음서 비행기에 올랐다. 우성이는 너무 기쁘고 흐뭇했다가 막상 헤어지려고 흐니 서운한 모양이다. 한 명 한 명 친구들을 모두 안아 주었다. 그래 우성아! 건강히 각시흐고 사이좋게 잘살아라! 살아 있으면 우리 이렇게 다시 보잖니?

귀국흐는 비행기 안에서는 피곤흠에도 이야기꽃을 피운다. 그래, 정말 좋았다. 진짜 재밌었다. 우리 자꾸 뭉쳐서 또 댕기자. 근디 우리가 요렇게 맘 놓고 놀러 댕기는 것도 다 각시들 덕분이다. 다 각시들이 떡흐니 중심을 잡아준께 우리가 다 요렇게 행복흔 것이다. 우리 각시들흔테 잘 흐자. 글고 후제 올 때는 모두 녹수같이 함께 오자! 불과 4박 5일인디 요렇게 각시에 대한 그리움이 사무칠지 몰랐다. 글고 봉께 우리 모두는 놈들이 뭣이라고 해도 모다들 영원한 '각시의 남자' 다. 각시는 천지다. 천지는 우리 모든 것의 원천이다. 요것이 백두산 산행의 결론이다.

저녁 7시 40분 내 조국 인천국제공항에 도착했다. 훗날 다시 만날 것을 기약흐며 원이는 10시발 KTX 타고 부산으로 하봉이, 녹수 부부, 지루박, 상현이는 9시 20분 고속으로 광주로 가고 나머지는 서울 집으로 갔다.

(2006. 8.)

아아! 설악산, 끌텅을 파불란다!

남하가 홈 캄잉 데이 마무리도 할 겸 기연치 지리산에도 갈 겸 한번 한데 모타 회의하자고 해서 오동도 언니집에서 뱅치 사시미에다 쏘주 한잔 걸친 날, 근창이로부터 녹수부부와 함께 현충일 전후해서 내설악에 간다는 말을 들었다. 언제부터 마음속에 갈려고 품었지만 선뜻 엄두가 나지 않아 미뤄 뒀던 일인데. 꼽사리 끼여 볼라고 눈치를 살피니 괜찮단다.

하지만 지그들이 끼여준다고 해도 내 능력이 모자라면 못가는 것 아닌가. 근디 녹수가 옛날에는 갈거시였지만 요새는 배가 임신 8개월 되는 임산부만큼 나불고 산에도 벨로 안 댕긴깨 녹수가 가면 나라고 못 갈 리 없다고 해서 끼기로 했다.

각시한테 말흐고 살며시 눈치를 보니 달갑지 않은 눈치다. 글다가 사단이 발생흐고 말았으니 가기 사흘 전에 술묵고 들어갔다가 강화된 음주 도핑테스트에 걸리고 말았다. 옳다 잘됐다 싶었던지 각시는 행여 설악산에 갈 생각은 하들들 말란다. 아무리 안마셨다고 우기고 어르고 되쳐 봐도 도통 통하지가 않는다.

표도 끊어 놓고 간다고 말까지 해불었는디 안 갈 수도 없고 이틀간 각시 눈치만 보며 이쁜 짓만 골라서 했다. 심지어는 토요일 각시 출근한 틈을 타서 각시 담당인 화장실 청소까지 칼칼이 해 놓고 집안을 개안하게 치워 놓고 각시가 퇴근하고 들어오자마자 밥차려 주고 온몸 마사지를 해 줬더니 보기 싫다고 저리 가라고 말은 흠시로도 싫지는 않은 표정이다. 금시로도 행여 설악산 갈라고 꼬시는 거라면 어림 반푼도 없다는 단서를 단다.

아무리 대가리를 굴려도 뾰족한 수가 없다가 지성이면 감천이라고 갑자기 장성에 사시는 장모가 각시한테 애기들 데리고 놀러 오란다. 기회는 찬스다 싶어 각시한테 잘 다녀오라고 돈도 푸짐흐게 주고 백화점 슈퍼에 가서 먹을 것을 허천나게 사줬더니 다시는 술마시고 들키면 콧물도 없다고 함시로 반 승낙을 한다.

일요일 새벽에 행여 각시 깰까 조심조심 챙겨 갖고 문을 나서니 야호! 엑서더스, '영광의 탈출'이다. 놈들은 뭘라고 고렇게 사냐고 놀려대지만 냅둬! 요것도 '이 남자가 사는 법' 중의 하낭깨. 동서울터미널에서 버스에 오르니 근창이, 녹수는 각시랑 나란히 맨 앞에 떡 버티고 앉고 나만 표를 나중에 끊허 농깨 혼자 달랑 앉아 있으려니 완죤히 개밥에 도토리다.

병든 병아리마냥 자올자올흐다 봉깨 용대리다. 하차하여 순두부 집에서 내 낯부닥같이 희컨 순두부에 근창이 낯부닥 색깔 같은 나물과 고추 조림으로 배를 채우고 백담사 매표소로 향했다. 백담사의 개찰구에서 기도와 약간의 실랑이가 있었다. 이유인 즉슨 김여사 (광산 김씨로 현재 녹수의 각시이자 우석이 엄니임)가 불교 신자로서 신도증을 가지고 댕기면 사찰 입장시 약간 할인을 해 주고 혹시 잘 데 없으면 절에서 재워줄지도 몰라 연회비를 만원이나 내고 신도증을 발급 받었는디 고것이 뭐 조계종과 국립공원 관리공단 사이에 알력이 있어 인정을 하느니 못 흐느니 티격태격흔다. 글다가 열받은 김여사가 신경질적인 전라도 말투로 뭐라고 한소리를 툭 쏘아부쳐 분께 찍소리도 못 흔다. 짜식 애초에 말이나 꺼내지 않았으면 쪽이나 안 팔리지.

매표소에서 백담사까지는 셔틀이 운행되고 있었다. 차 한 대도 간신히 댕길똥 말똥한 낭떠러지 길을 얼마나 우악스럽게 몰아 불던지 그 공포와 스릴은 바이킹이나 청룡열차는 저리가라다. 한 20대가 운행을 하다 보니 가다 보면 만난디 고것을 피해가는 기술, 타이밍은 경탄을 금치 못할 정도다. 뒤로도 얼마나 시카리 해분지 우리가 앞으로 몰고간 것보다 빠르다. 손에 땀을 쥐는 공포의 20분이 지난 뒤 11시에 백담사에 도착했다.

날씨는 구름 한 점 없이 끝내 줬다. 셔틀에서 오금을 저려 단체로 해우소를 향하는디 웬 대머리 흉상이 하나 서있다. 전두환이가 댕개 가서 기념으로 세워논지 알고 드라이버로 대가리를 까불라고 다가가니 오매 큰일 날 뻔했다. 평소 존경하고 나하고 이름이 같은 만해 한용운이다. 한용운이가 출가흐고 난중에 큰 스님이 되어 불교유신론을 집필하고 "날카로운 첫키스에 눈이 멀어분다"는 '님의 침묵'을 쓴 곳이 여기란다. 옆에는 한용운 기념관이 새로 단장 중이었다. 절 뒤켠으로 전두환이가 귀양와서 살았다는 별채를 보고 그동안 순자가 어디서 뒷물을 했을까 생각흐니 고소흐다.

개울을 건너는데 물이 너무 투명흐고 시원하다. 후제 각시 데리고 와서 바지가랭이 물팍까지 걷어 부치고 소나기 소년마냥 업고 건너야 쓰겄다. 수렴동 계곡에 접어들었다. 오른쪽으로는 계곡 물이 흐르고 숲 사이로 난 길을 따라 오른디 만발한 아카시아 꽃잎이 바람에 날리고 그 향기가 코를 찌르니 황홀이 넘쳐 무아지경이다.

솔차니 걷다 봉깨 뻗쳐서 좀 쉬자고 했더니 근창이가 수렴동 대피소가 다 왔으니 기왕이면 좀더 가서 막걸리 한 잔 함시로 쉬자고 한다. 대피소에 도착해 보니 막걸리 맥주는 없고 소주만 있단다, 도토리묵에 쐬주 한잔으로 모가지를 씻어내리는디 김여사는 남편 몸보신 흘라면 곡기를 해야 쓴담서 약식과 인절미, 육포 등 요것 저것을 꺼내 챙겨 믹인다. 녹수는 먼 복이 있어 늦게 장개갔음시로도 저런 좋은 각시를 만났는지.

한빤치 쉬고 힘을 내어 구곡담 계곡을 따라 오르니 각종 폭포와 소가 끝내준다. 어디선가 이름 모를 새소리까지 들려오니 극락이 따로 없다. 녹수 각시는 남편 심들다고 배낭을 지고 올라가고 녹수는 소 몰고 장에 가듯 각시 뒤를 뒷짐지고 침착하게 따라 걷는다.

고걸 보니 괜히 성질이 남시로 부럽기도 해서 인자 부인들하고 살만큼 살아서 조끔 권태도 생기는 울 친구들도 스와핑을 한번 해보믄 어쩔까 하는 우멍한 생각을 하는데 갑자기 바람이 불며 천지가 진동하는 듯하더니 눈앞이 흔들려 올려다보니 깎아지른듯한 절벽 위에서 한 마리 용이 나를 잡어 묵을라고 아가리를 쩍 벌리고 곤두박질쳐 내려오는 것 아닌가. 깜짝 놀라 근창이한테 물어 보니 용아장성이란다. 각시 바꿔치기 흘려는 속셈을 품어 용이 성질 낸 것이려니 하고 얼른 잘못을 뉘우치고 회개를 했더니 조용해진다. 다시 쳐다보니 정말 용의 이빨같다.

한 4시간 동안을 완만한 계곡길을 오르다보니 갑자기 비탈이 앞을 가로막는다. 분명히 표지판에는 봉정암 500m라고 써졌고 화살표가 고리 나있는디 조 길을 인간이 오찌고 오른단 말인가. 글고 뽕깨 각시가 봉정암을 앞두고 깔딱고개가 있다고 하더니 아이고 조 길을 필히 올라야 한갑다. 오르는 사람이나 내려오는 사람이나 서로 포도시 비껴가면서 기다시피 오르는데 육수가 빗물처럼 흐르고 지친 다리가 달달 떨림시로 염통이 쭈신다.

하도 하늘이 노래져서 쉼시로 뒤를 돌아보니 걸어온 길이 계곡을 따라 아스라이 펼쳐져 있다. 요 길이 가을에 단풍들 때 오면 미쳐분다고 하던디 가을 단풍은 후제 일이고 당장 숨넘어 가겠다. 후랑크 시나트라처럼 〈MY WAY〉를 한번 부르고 아무 미련 없이 콱 내 인생의 커튼을 내려불까 했으나 모진 것이 목숨이라 차마 떨치지 못하고 망신창이가 된 몸으로 비몽사몽간에 봉정암에 올랐다.

휴일을 맞아 등산객에다 전국의 불자들이 순례차 다 모였는지 궁둥이 붙이고 앉을 데도 없다. 그 와중에도 녹수 각시는 5대 적멸보궁 중의 하나로 석가의 진신사리를 봉안한 사리탑을 기연치 혼자 참배하고 내려온다. 녹수각시는 남편 사랑하고 아들 생각하는 것이 문수보살이 환생한 것이 아닌가 하는 생각이 든다

쉬고 있는디 근창이 각시 영희가 산장 방 잡을라고 먼저 올라갔다가 이미 자리가 없다는 슬픈 소식을 전해왔다. 비보를 접하니 마지막 남은 정신력마저 사라져 생을 포기하고 있는디 녹수부부마저 죽어도 소청에 오르다 죽자고 하더니 나만 홀로 냄겨 놓고 사라져 간다. 포기하고 내려가자니 내려갈 길이 훨씬 멀다. 진퇴유곡이라고 젖 먹던 힘을 다하여 공력을 팔성으로 끌어올린 뒤 사력을 다해 소청산장에 올랐다. 두 부부가 반기며 감자전에 막걸리를 권한다. 막걸리 한 잔 흥깨 어디서 기력이 나는지 지나간 일은 잊혀지고 발아래 펼쳐진 설악에 넋을 잃었다. 요 재미에 아낙들이 새끼나면서 힘쓸 때는 “죽겄네 어쨌네, 남펜이 웬수네” “내가 다시 그 짓 하나봐라” 함시로도 또 하는 모양이다.

저 아래 용아장성에는 봉정암이 진짜 용 이빨 사이에 찌꺼기가 낀 것같이 아슬아슬하게 자리잡고 있다. 오른쪽에는 거대한 티라노사우루스가 저물어 가는 황혼 아래 밤안개를 이불 삼아 아직 잠을 자고 있는 듯한 공룡능선이 어슴푸레 펼쳐져 있다. 멀리 왼쪽으로는 서북 능선, 오른쪽으로는 화채능선이 만리장성처럼 이들을 둘러싸고 있고 뒤쪽으로는 동해바다 오징어잡이 배들의 불빛이 별처럼 반짝이고 있다. 오매! 정말 표현력이 모자

라 미쳐 불것다. 정철이 「사미인곡」에서 묘사한 '조물주의 조화가 현사토 현사할사' 다.

잠자리 걱정은 저리가고 이태백의 장진주사처럼 "한 잔 묵세 그려, 또 한 잔 묵세 그려, 소청과 한 잔, 용아장성 한번 쳐다보고 또 한 잔, 공룡능선 보고 또 한 잔!" 요기서 생을 마친들 그 무엇이 부러우리. 편상이나 하나 차지해서 쪼그리고 잘려는 생각에 원없이 술이나 푸고 있는디 오줌 싸고 오던 근창이가 낭보를 전한다. 산장에 자리잡은 팀이 창원에서 왔다고 하여 최익수를 물어보니 오찌고 고런 훌륭한 의사 선생님을 아냐고 되묻더란다. 재빨리 기지를 발휘하여 친군디 일행이 산장 자리가 없어 각시들만이라도 좀 끼여 주기를 부탁했더니 좋다고 했단다.

글고 또 2차로 오줌를 싸고 오다가는 상계동에서 늘푸른소아과를 하고 있는 윤영래를 만났단다. 물어 보니 오늘 산장은 창원과 서울 의사협회에서 아도를 쳤다나. 이번에는 우리 잠자리까지 부탁을 해놓은께 이제는 고민 끝 행복 시작이다. 근창이 오줌보가 작아 성가시더니 고것도 유용할 때가 있다.

맘 놓고 2차를 마시다 보니 영래와 지그 성도 끼고 3년 선배까지 합세하여 술판은 무르익어 간다. 치밀한 근창이는 익수한테 컨펌을 하려고 영복이한테 전화흐니 영복이는 제주도에서 한판 벌리고 있고, 남하와 사영진이는 홍도에서 전지 훈련차 퍼마시고 잔차 타고 속초 투어를 성공한 뱅식이는 속초에서 한 잔 퍼마시고 있으니 전국에 걸쳐 친구들이 퍼마시는 실황을 실시간으로 중계했다.

대피소 술을 바닥을 봐 불라고 했더니 산장지기가 한 사람에게 너무 많이는 안 판단다. 할 수 없이 돌아감시로 한 병씩 사 왔더니 주인이 눈치를 채고는 숫제 술집을 닫아 분다. 서운한 마음에 빈병을 다시 핥아 묵고 있는디 밤 10시 소등이란다. 잠자리 관련한 작전에 약간 차질이 있어 밤에 몰래 남의 방에 기어들어가 잠시로도 용우니 '몽유병환자 사건', 우석어멈 '별헤는 밤 사건', '녹수 각시들 지키기 사건' 등이 발생한 뼈와 살이 타는 밤이었으나 지면 관계상 생략한다.

새벽 일찍 라면에 전날 남은 식은 밥을 말아 묵었다. 나는 내가 갖고 간 신라면을 묵자고 주장했으나 녹수는 지가 갖고 온 감자라면이 더 비싸고 훨씬 맛있단다. 악골에는 이골난 녹수에다 지그 각시까지 가세하니 혼자인 내가 꼴랑지를 내릴 수밖에. 그래서인지 애쓰고 묵은 것을 소청에 올라 토해 부렀다. 속이 안 좋아 나는 소청에서 짐을 지키고 근창이네는 영희가 소청 산장 화장실이 더러워 일을 못 봐서 중청 화장실까지만 갔으나 녹수만 지그 각시가 어찌나 생활력이 강흔지 언제 대청에 다시 오르겠냐고 우기는 통에 대청에 올랐단다.

다시 소청에서 합류한 일행은 희운각을 향해 하산을 시작했다. 내려 옴시로 가끔 쉬면서 감상하는 설악은 또 나를 죽여준다. 멀리 동해 바다를 배경으로 솟아 있는 기암절벽과 형형색색의 신록은 차라리 나를 잠들게 하라. 지금은 퇴행성 관절염에 걸려 생각도 못흐지만 왕년에 내설악을 누비고 다닌 각시가 작년에 금강산을 다녀오더니만 설악이 금강보다 훨썩 낫단다.

산이 험한 탓인지 실베스터 스텔론이 영화에서 하듯이 가끔 119소방대의 헬기가 나타나 부상자를 후송하는데 고것 구경하다 프로펠러 바람에 모자를 날릴 뻔 했다. 희운각에 앉아 맥주 한 캔 하는데 주위에 핀 야생화가 어디 정원에 와있는 것 같다. 하얀 목련같은 꽃이 피어 있어 산목년인가 했더니 건너 앉은 도인이 저것이 바로 나무에서 피는 연꽃이라 목련(木蓮)이라고 하는데 우리말로는 함박꽃이라 하며 북한의 국화란다. 간간히 피어 있는 야생화는 그 청초함과 아름다움, 고고함이 이미 솔로몬의 영화를 능가하고 있었다. 영희가 야생화에 조예가 깊어 개불알꽃, 애기똥풀, 패랭이꽃, 며느리 밑씻개 등에 대해서도 한 수 배웠다.

희운각에서 양폭을 거쳐, 귀면암, 이호담, 문수담을 걸쳐 비선대에 이르는 천불동계곡은 차마 눈을 들어 쳐다 볼 수도 발을 떨칠 수도 없었다. 물보라를 일으키며 용솟음쳐 내리는 폭포, 그 밑에 마치 소주에 맥소롱을 탄 듯 진한 옥색물은 태고의 신비를 간직하고 있었고 하얀 바위 위로 흐르는 투명한 물은 여인의 허벅지 속살을 보는 듯 눈이 부시고 현란하여 차라리 눈을 감았다.

그곳은 이미 속세가 아니었다. 하늘과 땅이 맞닿은 무릉도원이었다. 바위를 감싸 안고 용트림하는 물줄기는 하늘과 땅을 잇는 길이었다. 쳐다보면 볼수록 후회막급이었다. 내가 왜 오늘 여기 와서 저 수려하고 웅장한 비경과 진경을 보고야 말았는가.

앞으로는 어이 살꼬. 괜히 박찬호 본다고 MLB만 보다가 눈맛 배려서 국내 야구는 시시하더니 고쪼가 나지 않을까. 산에 취해 정신없이 걷다가 비선대가 가까워지니 긴장이 풀리며 발이 천근같다. 다시 한번 아낙의 가랑이 사이에서 콸콸 솟아나오는 생명수를 한 모금 들이키고 비선대에 이르니 두 부부가 앉아 있지만 그들은 이미 친구가 아니요, 부부도 아니요, 신선이 되어 있었다. 박신선이 둘, 최신선도 둘, 광산 김신선이었으니 그들은 하늘나라에서 옥황상제를 모시다 넘지 않아야 될 선을 넘어 설악으로 날아온 신선이었다. 소공원에 도착하여 꿈에서 깨어난 신선들은 다시 인간이 되었다. 속초 시내 사우나에서 인간으로의 탄생을 위해 쉰내를 칼칼이 시쳤다.

인간이 된 신선들은 배고픔을 느껴 사시미집을 찾았다. 느그들도 후제 속초 가서 사시미를 먹을라면 딴데 가지 말고 택시 타고 옛날 제일극장 뒤에 있는 팔도강산으로 가자고 해라. 요집은 한 50년 회집을 해서 대포항이나 장사동 등 딴 데서는 중국산이나 양식을 섞어 판디 100% 자연산만 판다. 좀 작고 허술해도 아줌마한테 말만 잘 흐면 다리를 살살 흔드는 오징어나 꼬들꼬들한 해삼을 한 접시씩 그냥 준다. 묵고 나면 기름이 노리끼리하게 스며 나오는 지리를 끓여준디 어찌나 싱싱흐고 달착지근흔지 뼈따구 속까지 쪽쪽 빨아 묵었다.

저녁 7시 20분발 동부고속을 타자 조폭같이 생긴 검표원이 올라와 로마 장군같이 정중한 모습으로 인사를 흔다. 기사도 잘 흐겄다고 정중하게 인사를 흔다. 하도 정중한 모습에 웃음이 나왔으나 두 각시들이 저렇게 친절한 사람은 꼭 세상에 알려야 한다고 해서 칭찬흐는 의미로 쓴다.

배까지 따땃하게 채우고 좌석에 자지바지 누우니 바랄 게 없다. 버스는 7번 국도를 달리는데 불에 타버린 낙산사의 상흔이 가슴을 아프게 흔다. 그렇게 잘난 체하는 인간들이 백주 대낮에 난 불을 끄도 못 흐고 천년 사찰이 불타는 것을 보고만 있었다니 행여 죽어 의상대사를 만나면 뭐라고 변명할까. 차창 오른쪽으로는 이틀간 행복을 만끽했던 설악산이 아스라이 펼쳐져 있고 왼쪽으로는 밤기운에 동해가 시커멓게 울렁댄다. 이틀간 저 봉우리 사이사이를 누비던 일이 파노라마처럼 펼쳐지고 우리가 그 일을 해냈다는 것이 뿌뜻흐다.

특히 뒷바라지흐고 앞장서서 이끌어준 두 명의 각시가 고맙다. 이 기회에 한 가지 정정코자 한다. 내가 홈 캄잉 데이 참관기에서 녹수 각시가 땟국물을 벗었다고 했는디 이번에 봉께 그것이 아니드라. 녹수 각시는 화장을 안 한 본 바닥이 훨씬 싱싱하고 탄력 있고 이쁘더라. 내가 옛날에 헛것을 보았든지 아니면 남의 각시를 녹수 각시로 헤깔린 모양이다. 요것은 이번에 녹수 각시가 전국적으로 우세를 시켰다고 항의해서 쓴 말이 아니고 녹수 각시는 지금도 진짜 이쁘다는 것이 나의 신념이다.

근창이가 흥에 겨워 김상헌의 시조를 생각해서 '가노라, 설악산아!' 하고 대가리는 뽑았는디 다음을 모르겄다고 대신 읊으란다.

가노라 설악산아! 다시 보자 동해 물아!
내 어찌 너를 두고 떠나고자 하랴마는
시절이 하수상하니 올똥말똥하여라.

잠결에 녹수가 "맞어! 끄트머리에 똥이 두 개여." 하고 맞장구 치는 소리까지는 들었는디 그 다음이 기억나지 않는 게 잠이 들었나 보다.

(2005. 6.)

내장산 산행기

-탈락자의 고백

사실 이번 산행기를 쓸까 말까 많은 갈등을 겪어야 했다. 글다가 성당에 가서 졸면서 들은 신부의 강론이 계기가 되어 그래도 써야 것다는 고뇌에 찬 결단을 내릴 수밖에 없었다.

두 친구가 사막으로 여행을 떠났드란다. 여행 도중 큰 의견 충돌이 있어 화가 난 친구가 다른 친구의 싸대기를 한 대 올려 부쳐부렀단다. 뺨을 맞은 친구는 그 사실을 모래 위에 썼단다. 한참을 더 가다 둘은 오아시스에 도착했다. 몹시도 목이 말랐던 터라 뺨을 맞은 친구가 정신없이 물 속으로 뛰어들다 잘못하여 늪에 빠졌다. 뺨을 때린 친구가 목숨을 걸고 기를 써서 친구를 구해냈다. 가까스로 빠져 나온 친구는 그 사실을 바위에다 새기드란다. 아까는 모래 위에 쓰더니 이제는 바위에 새기는 것을 요상히 여긴 친구가 왜 그러냐고 물었단다. "뺨을 맞은 것같이 서운하고 나쁜 기억은 모래 위에 써야 용서와 화해의 바람이 불면 쉽게 지워지지만 고맙고 좋은 기억은 바위에 새겨 영원히 기억하기 위함."이라고 답하드란다.

요말을 듣고 마음이 바뀌었다. 그래, 나의 쪽팔림과 우세스런 얘기는 내장산 길바닥에 써서 비가 오거나 산들바람이 불거나 사람들이 밟고 지나가면 얼릉 지워지게 해불고 재훈이, 남하, 영진이, 복순이의 성공과 영광은 서래봉 바위에 깊이 새겨 영원히 안 닳아지게 해야겠다는 생각이 들었다. 다른 한편으로는 30년 만에 만나 소중한 꿈과 아름다운 추억을 안고 돌아오게 해준 재훈이 한테 삼가 이 등정기를 헌정코자 하는 심정도 들었다.

금년 설 연휴에 느그들하고 징하게 추운 날 북한산에 댕겨 와서는 허리 디스크가 도져서 통 산에도 못 갔다. 한번쯤 따라가 볼까 마음먹었다가도 괜히 시원찮은 몸으로 갔다가 짐만 될까 포기하다가 우연히 복순이와 통화하다가 5월 1일 내장산 말을 듣고는 가기로 했다. 막상 약속을 해놓고 보니 아직 침 맞고 물리치료를 받고 있는데다 애펜네도 말리니 심봉사 공양미 삼백 석 고민하듯 은근히 걱정이 되는 것은 어쩔 수 없었다.

흔히들 데뷔전보다 재기전이 더 어렵다고 하던데 재기전 상대는 좀 만만흔 놈을 골라 디지게 패서 통쾌한 승리를 거둬야 자신감도 생기고 인기도 올라가는 법인디 괜히 짱짱흔 놈 잘못 골라 코피라도 쏟아 불면 몰다이브에 비긴 한국추구 맹키로 개망신 당흐고 그것이야말로 나를 두 번 죽이는 것 아니겠냐?

취소해불까 하다가 그래도 내장산이 큰 산도 아니고 험하지도 않을 뿐더러 왕년에 한두 번 가본 적도 있고 정 심들면 친구들인데 쪽 팔려도 내려와 불면 되겠지 하고 강행키로 했다

전날 늦게 자는 바람에 아침 5시에 무거운 몸을 포도시 추슬러 일어나서 요것저것 후다닥 챙개 들고 나중에 각시한테 안 깨지게 식탁 위에다 애기들하고 까묵을 돈 5만원 올려놓고는 각시 잠 안깨게 까치발로 조용히 집을 나섰다. 용산역에 도착하니 남하가 변함없이 그 보름달같이 넉넉한 얼굴에 함박웃음을 짓고는 반겨준다. 요새는 우리도 나이가 들어 새벽 잠이 없는 탓인지 아니면 모두 흘 일 없어 놀러가기만을 기다리는 탓인지 약속 시간은 칼이다.

복순이한테 고속철 차표를 한 장씩 배급받고 개찰구를 통과하는데 삑 소리가 나더니 탁 걸리면서 철도원이 달려온다. 내 표를 보더니 날짜가 지나서 안 된단다. 복순이에게 확인하니 나중에 내 것만 추가로 끊다가 날짜

를 잘못 찍은 모양이라고 한다. 후다닥 다시 표를 끊었지만 잠깐 일행과 헤어져 딴 칸을 타야 했다. 인자 봉께 요것이 이미 오후의 이별을 암시하는 조짐이었던 것 같다. 세상이 좋기는 좋아 8시 50분에 정읍에 도착하니 내리자마자 입구에 재훈이가 떡허니 받치고 서 있었다. 근 30년 만에 만나지만 귀섶에 약간의 흰머리와 눈가에 잔주름 몇 개만 늘었을 뿐 하얀 이를 드러내며 씩 웃는 모습이나 등산복을 갱꼬지게 차려입은 모습이나 옛 모습 그대로다.

반가운 해후를 하고 재훈이 차에 올랐다. 기사를 대동한지라 6명이 찡겨 타야 했지만 차가 커서 괜찮았다. 단풍철이면 정읍IC부터 차가 막히건만 오늘따라 너무 한적하고 평화롭다. 창밖으로 펼쳐지는 아름다운 시골풍경에 감탄하고 창문을 열어젖히고 좋은 공기 마시며 쪼개다가 매표소에 도착하니 몇 명이냐고 묻는다. 남하가 갑자기 큰소리로 너무도 당당하게 '어른 넷' 이라고 답한다. 설사 기사를 제하더라도 분명히 다섯인데 왜 넷일까 의아한 생각이 들었으나 남하가 하도 자신 있게 답한지라 그냥 사태의 추이를 관망키로 했다.

아니야 다를까 좀 어리바리하게 생긴 공익요원이 안을 들여다보더니 지 눈에는 분명 어른 여섯인데 넷이라고 우기니 무슨 애나 초등학생이 있느냐고 물었다. 남하 녀석은 무슨 말이 그리 많냐는 식으로 "아, 어른 넷이라니까?" 하고 더 크게 쏘아붙인다.

뭔가 미씸쩍은 부분이 있건만 남하가 하도 자신 있고 똑 부러지게 답을 하니까 녀석은 행여 지가 헛것을 본 것인 양 고개를 갸우뚱하더니 네 명분만 계산해서 받는다. 이상해서 나중에 왜 악꼴을 부렸냐고 남하에게 물었더니 한 차니까 습관적으로 저도 착각을 해서 그랬다는 것이다. 아무튼 조금 이익은 봤다.

산행코스는 서래봉에서 올라 불출봉, 망해봉, 연지봉, 까치봉, 연자봉을 삥돌아 정상인 신선봉에서 내려오는 것으로 정했다고 남하가 입간판 앞에서 브리핑을 했다. 다소 벅차 보였지만 옛날 생각으로 재훈이가 술 담배에 찌든데다가 또 전날 술을 허천나게 마셨다고 하니 퍼져도 재훈이와 함께 중간에서 내려오면 되겠지 하고 속으로 생각했다.

처음 오르는 서래봉은 한 마디로 실미도 유격 코스는 저리 가라였다. 깔쿠막 정도가 아니라 이건 숫제 직벽이다. 한발 한발 내딛을 때마다 육수가 빗물처럼 흐르고 심장이 터져불라고 함시로 눈앞이 노랗다. 이건 완죤히 The Passion of Ignatius(필자의 세례명)이다. 함께 오르던 5명이 2강 3약으로 나뉘었다. 재훈이와 남하는 꼴랑지도 안 보이고 힘들어하는 복순이와 영진이만 보인다. 다행히 영진이가 감기약을 묵고 병든 달구새끼처럼 비리비리하는 통에 보조를 맞출 수 있었다.

예수가 십자가를 메고 골고타 언덕을 오르듯 보대끼고 미끄러지고 자빠지면서 기다시피 하여 한 시간 만에 겨우 정상에 올랐다. 오매! 그 순간 신천지가 안전에 전개된다. 주위가 탁 트이면서 모든 전경이 한 눈에 들어오는디 멀리 산 너머로는 정읍시가 보이고 내장저수지가 그림같이 펼쳐져 있다.

앞으로 등정할 봉우리와 능선을 살펴보니 말 발굽처럼 U자로 펼쳐져 있고 그 U자 안쪽의 계곡은 빽빽한 나무들의 숲이 바다를 이루고 있다. 바람이라도 불라치면 흔들리는 나뭇잎이 물결치듯 살랑거리고 햇빛에 반사되어 반짝이는 모습이 멸치 떼가 폴딱폴딱 튀어 오르는 것 같다.

누가 내장산은 가을 단풍이 아름답다고 했던가? 그런 사람은 5월에 내장산을 한번 올라보면 신록의 아름다움에 젖어 다시는 고따우 소리는 못할 것이다. 초록색이 요렇게 다양하고 아름다운 줄은 예전엔 미처 몰랐었다. 이제 막 돋아난 새순의 노리끼리한 연두색에서 물이 오른 숲의 거의 검은 듯한 진초록에까지 형형색색은 색깔의 다양함을 표현하는 데 있어 세상에서 가장 뛰어나다는 우리말로도 감히 표현할 염두조차 낼 수가 없었다. 게다가 거기에는 가을 단풍에서 맛볼 수 없는 생명의 생동감과 미래에 대한 무한한 꿈과 야망이 깃들여 있었다.

재훈이는 한 마디로 고수였다. 그것도 웬만한 고수가 아니라 절정의 고수였다. 보통 강호의 피라미나 양아치들은 조금 무공을 익혔다 하면 외모가 우락부락해지거나 태양혈이 불끈 솟아오르거나 안광이 빛나는 법이다.

그러나 내공이 노화순청이나 초범입성의 경지에 이르면 공력이 전혀 안광으로 드러나지 않아 외모가 여릿여릿한 서생과 같다. 산을 오르면서도 그는 숨이 가빠지거나 땀을 흘리거나 헐떡거리지 않았다. 신선이 구름을 타고 가듯 나비가 날아가듯 유유자적이었다. 이른바 눈 위를 걸어도 흔적을 남기지 않는다는 답설무흔의 신법이다.

그는 진정한 호남무림의 맹주였다. 현존하는 고수 중에 그와 필적할 만한 고수는 백두대간 맹주인 천식검이나 짜리파의 맹주 근창검객의 각시인 영희선사 정도일 것이다. 뿐만 아니라 그는 진정한 산 사나이였다. 산길 옆에 조그맣게 피어난 이름 모를 들꽃 하나에도 관심을 가지고 심지어는 집 뜰에 옮겨 심었을 정도이니 그것은 남하 말대로 관찰력이 좋은 것이 아니라 자연에 대한 무한한 애정을 가지고 있기 때문이리라. 그런 재훈이 앞에서 담배꽁초를 버렸으니 나는 욕먹어도 싸다.

매도 빨리 맞는 것이 속이 편흐다고 초반에 서래봉을 오르느라 쌔빠지게 빼기를 쳤더니 다음부터는 탄탄대로다. 능선을 따라 펼쳐진 길을 주위를 관망하며 오르고 내리면 된다. 날씨도 등산하기에 딱 맞아 더없이 좋았다. 구름이 끼여 적당히 햇빛을 가려주고 사람 만나기가 힘들 만큼 한적하고 나무터널을 지나노라 땀이 흐르면 금방 바람목이 나와 시원하게 식혀준다.

지리산이나 소백산같이 철쭉이 군락을 이루고 있지는 않지만 숲속에 간간이 홀로 피어 있는 투명에 가까운 연분홍빛 철쭉은 독야청청해서인지 더욱더 기품이 돋보인다. 심 좋고 입심 좋은 남하는 계속 구라를 치면서 신이나지만 따라가기에 바쁜 나는 제지할 힘도 없다.

12시! 기다리던 점심시간! 막걸리 두 통으로 갈증과 허기진 배를 채우고 나니 남하가 간밤에 손수 올리브유에 지졌다며 일인분씩 유니랩으로 포장한 찰떡을 나눠준다. 지그 엄니가 막둥이 좋아한다고 보낸 떡이란다. 지금도 가끔 목포에 내려가면 엄니 옆에 앉아 주물러 주고 말상대라도 했으면 좋으련만 친구 만나고 산에 댕긴다고 코빼기 보기도 어려운 아들놈한테 서운한 내색 한번 않고 그저 한번 와준 것만도 고마워서 행여 산에서 배고프면 묵으라고 만난 것은 다 싸주신단다.

요것이 바로 우리들의 엄마 아니 엄니 아니겠냐? 오찌고 울 엄니들은 배우지 못했으면서도 그렇게 현명하고 수영장이나 헬스 한번 안 댕겼어도 고렇게 악착스럽고 강한지. 자식 위한 희생정신이나 이해심은 아무리 학벌 좋고 맘씨 좋은 우리 각시들이드라도 백분지 일도 못 따라 갈 것이다.

애기들아! 엄니한테 잘해 드려라. 살아 계실 때 자주 찾아뵙고 주물러 드리고 도란도란 이야기도 해드려라. "반중 조홍감이 아무리 고와도 품어가 반길 이 없으니 글로 설워한다."고 한 박인로의 시조를 명심들 흐거라. 떡을 먹고 나니 디저트로 참외를 깎아서 반쪽씩 나눠준다. 남하는 떡대는 호랭이도 잡아 묵게 생긴 녀석이 마음 씀씀이는 곱살스러운 데가 있다.

점심 후의 산행은 2강 2중 1약으로 나뉘었다. 감기약-남하의 유식한 말로는 항스타민제-을 묵고 빌빌대던 영진이가 막걸리 묵고 땀을 한 빤치 흘리고는 원기를 회복했는지 잘도 따라간다. 반면 나는 오랜만에 많이 걸은 탓인지 왼쪽 발목이 시큰거리고 양쪽 장딴지에 알이 백혀 걸을 때마다 땡긴다.

산은 정말 좋았다. 오후 2시 까치봉에 도착했다. 그간 땀 흘리며 지나온 능선들을 흐뭇한 마음으로 바라보니 서래봉이 아스라이 멀리 보인다. 앞에는 내장산 정상인 신선봉이 우람하게 자태를 뽐내고 있다. 이 좋고 감격적인 곳에서 나는 눈물을 머금고 중도 하차 선언을 할 수밖에 없었다. 신선봉과 내장사의 갈림길에서 내장사로의 하산 길을 택했다.

모두들 함께 가자고 조르지만 정상의 문턱에서 돌아설 수밖에 없는 본인 마음이야 오죽하리? 속으로는 피눈물이 쏟아졌으나 괜히 무리흐다가 '그간 치료해 놓은 허리가 도지지 않을까? 애들한테 짐이 되지 않을까?'를 판단할 때 바로 여기가 하산 시점인 것 같았다. 자기의 소임을 마치고 때를 알고 떠나가는 자의 뒷모습이 아름답다고 했지만 자기의 꼬락서니를 알고 주위에 피해를 끼칠까 염려하여 중도에 돌아서는 자의 옆모습도 비록 아름답지는 못할지언정 결코 추하지는 않으리!

갑자기 혼자가 되니 외롭고 약간은 두려움이 생긴다. 녀석들은 잘 가고 있는지 벌써 보고 싶어져서 녀석들이 가고 있을 능선을 바라보며 한 명 한 명 이름도 불러본다. 대답은커녕 메아리도 없다. 반면 혼자가 되니 여유가 있고 호젓하다. 아등바등 따라가느라 애쓸 필요도 없이 지치면 앉아서 쉬고 시간 여유가 있어 경치도 감상하고 들꽃향기도 맡아보고 이름 모를 산새와 대화도 나누었다.

한참을 내려오니 금선계곡이다. 계곡을 흐르는 맑은 물은 우리 산만의 자랑일 것이다. 스위스 산들을 돌아다니면서도 단순히 그 고도와 빙하의 규모만이 놀라울 뿐 아름다움을 느끼지 못한 이유는 그들 산의 계곡에 흐르는 물이 빙하에서 흘러나오는 석회석 물이기 때문이리라.

막바지에 내장사에 들렀다. 사찰 자체로는 역사나 종단에서 차지하는 비중이 크지는 않지만 나름대로 아름다운 절이다. 대웅전에 들러 친구들과 나의 건강과 행운을 빌었다. 아울러 늙어서도 요렇게 속아지 없이 함께 놔 댕길 수 있도록 해달라고도 했다.

내장사 일주문에서 주차장까지 펼쳐져 있는 단풍나무 숲은 너무 좋았다. 숲이 아니라 캄캄한 동굴이다. 진한 초록색으로 물들은 애기 단풍잎이 마치 어린 아이들의 손바닥같이 앙증맞다. 접선 장소에서 4시 30분에 개선장군마냥 의기양양하게 내려오는 놈들과 조우했다. 심들었지만 보람찬 산행을 마쳤으니 다음은 당연히 뒤풀이다.

재훈이의 인도로 정읍에서 제일 맛있다는 중앙 횟집으로 향했다. 자연산 놀래미와 우럭 생선회를 시켜 놓으니 스키다시가 '왔다' 다. 쐬주 잔을 권커니잣거니 하며 나누는 대화는 돌아가는 잔과 함께 자연스레 타임머신을 타고 과거로 흘러간다.

때는 thirty or forty years ago. 장소는 누구나 그리운 유문동 교정, 우체국, 밀알 당구장, 국제다방, 태극당, 명성제과 등이다. 등장인물은 누구나 이름을 대면 알만한 한 시대를 풍미했던 강호의 영웅호걸들이다.

친구들뿐 아니라 전여고, 중앙여고의 흑의녀, 홍의녀, 백의녀 등이 무수히 등장하고 현재 새끼들의 교육문제를 성토하다가 우리들의 중고등학교 사부님들까지 등장하여 할거하던 그 활약상을 게거품 품으며 쏟아내다 보니 그 시대 강호에 무슨 피바람이 그리 세차게 불고 사랑과 갈등, 애증, 배신이 난무했는지 조금은 이해가 갔지만 일일이 열거하자면 와룡생 무협지 10권 분량은 넘어갈 것이다.

단막극으로는 아쉬워 시내 단란주점으로 옮겨 2막을 공연했다. 재훈이는 폭탄주를 쉴 새 없이 제조하여 천강지법으로 날리고 우리는 오귀수혼의 초식으로 잔을 받아 마시다 보니 모두 뽕 갔다. 그것도 모자라 역 앞에서 마지막 총정리로 숏타임 3차를 했다. 정신은 혼미했지만 마지막 공력을 모아 사문과 문파의 처자식을 지키고자 재훈이는 광주로 남하와 영진이 나는 다음 무림대회가 개최되는 한양으로 향했다. 복순이는 지그 시제를 지낸다고 한양 대신 장성으로 갔다.

〈프롤로그〉

그동안 나와 함께 등산을 가고 산행기를 읽어 준 독자 여러분께 깊이 감사드린다. 까치봉에서 신선봉까지의 무용담은 남하나 재훈이들이 보충하거나 리플을 달아주기 바란다. 이번 산행과 산행기가 아마 나의 마지막 작품이 될 것이다. 금번 내장무림대회에서 너무나 강력한 쐐주, 폭탄주, 맥주 공격을 막아내느라 심한 내상을 입은 나는 마눌로부터 탄핵을 받았다.

향후 친구들과는 물론이고 직장에서의 산행도 금지되며 퇴근 시간 이후의 모든 사회 활동도 권한이 정지되었다. 한마디로 '식물인간 박무현' 이가 된 것이다. 훗날 강호에 혈겁이 사라지고 진정한 평화가 찾아오는 날! 우리 다시 만날 것을 기약하자꾸나. 안녕!

(2004. 5.)

사랑과 소망이 이루어지는 곳
–연인산

고지가 바로 저긴디 예서 말 수는 없다는 절박한 심정으로 한 조각 남은 심장을 부여 안고 2005년 2월 6일 가평군에 있는 연인산 꼭대기에 오르니 감자같이 생긴 바위 위에 돌모자를 씌워 놓은 듯한 정상 탑에 새겨진 글귀가 바로 '사랑과 소망이 이루어지는 곳' 이다.

모세가 지그 민족을 파라오로부터 해방시켜 끌고 나오다 시나이 산에 올라 지그 하느님으로부터 십계판을 받았듯 홍어, 도야지, 묵은지, 라면에다 막걸리, 소주, 홍주를 배터지게 묵고, 마신 다음 포도시 기어 올라가 하사 받은 글귀가 '사랑과 소망이 이루어지는 곳' 이니 설달 스무여드렛날 함께 오른 친구들뿐 아니라 마음으로 성원한 전국 강호제현들의 사랑과 소망이 금년에는 넘쳐 불 것이다.

설날 고향길 조심해서 댕개 오고 살아 계신 부모 성제간에 보듬고 볼딱지 비비고 모든 기쁨을 맛보기를 바란다. 느그들하고 속아지 없이 쏴댕기며 놀던 일을 홈피에 올리며 재앙퉁이들을 곱게 키워주시고 보살펴 맛난 도시락까지 싸서 산에 보내 주신 각시들한테 지리산 산행기를 바친 적은 있다만 그 외에는 누구한테도 글을 바쳐 본 적은 없다. 글지만 오늘은 삼가 이 산행기를 우리의 우정과 사랑을 확인하게 해준 중학교 2학년 때 짝꿍이요 3학년 때 한반이다가 헤어져 30년이 훨씬 넘은 작년에사 다시 만난 윤철이한테 헌정코자 한다.

연인산 무협대회는 한마디로 윤철이라는 백도 기린아의 출현을 알리는 대회였다. 백면서생인 윤철이는 이쁘고 착하게 생긴 외모와는 달리 공력이 이미 노화순청의 경지에 이른 고수였다. 그는 고기장시인 경복회관의 관장으로 있음시로도 군살 하나 없는 몸매를 유지하고 있는데다 200년이 넘는 심후한 공력의 소유자였다. 인간의 능력으로 불가능한 그 공력은 아마 청와궁의 고수로부터 전수 받았거나 아니면 모든 무림인이 꿈에서 그리던 천년하수오를 구해 먹었거나 무림의 비급인 정통종합시리즈나 정석 시리즈를 마스터베이션했음이 틀림없다.

그는 미나리를 아조 정교하게 다듬어서 먹기 좋게 지럭시를 6㎝ 정도로 짤른 다음 플라스틱 박스에 3열 횡대로 가지런히 정리해서 가져 오고 맛난 김치를 웬만한 4인 가족 김장만큼 가져 왔다. 뿐만 아니라 히컨 비계가 적당히 붙은 도야지 괴기를 쫀득쫀득하게 잘도 삶아서 산에 올라가면 식을까봐 온장고와 베스킨라빈스에서 받은 보온통에 넣어가지고 왔다. 또 갖은 양념과 초장에다 심지어는 미나리 소스까지 준비한 데다 친구들 편히 태우고 갈라고 스타렉스까지 몰고 왔으니 그의 우정이야말로 화랑 사다함을 능가하고 치밀한 전략과 준비성은 십만 양병설을 주장한 율곡이나 복순이가 꼭 보는 드라마 〈불멸의 이순신〉을 넘었다.

김치통을 메고 올라가다 국물이 생깨 내려올 때 묵을 만한 자리에 감춰 놓았다가 갑자기 일정이 변경되서 정상 바로 밑에서 홍어 잔치를 벌이게 되자 오던 길을 되돌아 가서 그 무거운 것을 친구들 믹이겠다는 일념으로 허위허위 다시 지고 올라왔으니 오! 강재구 소령을 빰치는 그 고매한 희생정신은 우리의 영원한 사표가 되고 남을 것이다. 우리 모두는 윤철이를 영원히 기리고 기억하고자 우리가 오른 능선을 '우정능선' 이라 명명키로 했다. 이 아름다운 전설은 강호에 퍼져 연인산 지도에는 '우정능선'이 분명 존재할 테니 한번씩 확인토록 해라.

그가 정상에서 올라온 길을 되돌아가 김치박스를 메고 다시 올라 온 산길은 웬만한 고수라도 반나절은 충분히 걸릴텐디 15분에 그 멀고 가파른 산길을 왕복한 것을 보면 그는 이미 답설무흔의 신법이나 섭공도허의 경공술을 마스터베이션을 넘어 올가니즘 경지까지 끌어 올렸음이 틀림없다.

남하는 홍어를 푸짐하니 공수해 와서 넉넉히 베풀었다. 놈들 묵을 때 배곯아 가면서 모트고 놈들 치장하고 댕길 때 헐벗으며 한푼 두푼 적금들어 모튼 애싹한 돈을 친구들 믹이는 데 쾌척하고 흐뭇해서 싱긋 웃는다. 인자 그동안 적금 들어 모튼 돈도 친구들 홍어, 민어 먹이는 데 다 깨부러서 한 개도 없다고 흐니 앞으로 홍어 생각이 나믄 어째사 쓸지 모르겄다. 홍어도 웬만흐면 그냥 칠레산으로 흐자고 했으나 고것이 몇 푼이나 흔다고 쫀쫀하게 놀았다고 재훈이 한테 쫑코 묵을까 봐 흑산도 예리항 앞 바다에서 중국 쪽으로 토끼는 홍어를 겨우 쫓아가 금을 넘어가기 막 10미터 전에 포도시 잡아 끌어올렸다고 한다.

오매 고것이 쪼끔만 더 토꼈으면 정통 흑산 홍어가 아니어서 값이 10만 원 이상 쭐어불 것인디…. 아침 일찍 나오느라 부실하게 먹은 데다 산을 오른답시고 세 시간 넘게 용쓰고 나서 허기가 져서인지 홍어를 내놓고 펼치자 그 냄새에 애기들이 환장을 흐고 덤벼든 통에 아무리 질서와 침착을 외쳐도 소용이 없다.

뱅용이 요것이 여시같이 맛은 알아 갖고 홍어 코빼기 젤리를 찾는다. 아는 것이 힘이라고 뱅용이가 겨우 찾아 한 점 집어 묵고 나는 고 옆에 있는 사이비 코빼기를 한 점 했다. 분명 코다리 물렁뼈가 어디 더 있을 것인디 하고 찾아보니 도깨비는 고 좋은 것을 지 앞에 쌓아 놓고도 몰른다.

한참 묵다 보니 홍어 애를 담은 박스가 안 보인다. 아침에 뱅용이가 젤 중요하다고 테이프로 몇 번 밀봉을 한 스치로플 박스를 분명히 챙기는 것을 보았는디…. 고것도 찾다가 봉께 세상에 덕개미는 고 맛나고 좋은 것을 밑바닥에 깔고 상으로 쓰고 있다. 아이고 역시 돼지 모가지에 진주 목걸이는 아무 쓰잘 데가 없다.

조것을 오찌고 한 볼때기라도 더 묵을까 짱구를 돌리고 있는데 다행히 애기들이 비우가 약하고 홍어애 먹을지를 몰라 고소하고 느끼함시로도 달짝찌근한 애를 뱅용이가 준비해 온 꼬치까리 탄 양념 소금에 찍어 씹으니 "온 놈이 온 말을 혀도 님이 짐작하소서."다. 기름끼가 많아 많이 묵으면 설사할지 암시로도 그건 나중 일이고 우선 원없이 쑤셔 박고 보았다. 뱅용이가 지그 각시 줄라고 몇 점 쌔배쳐서 짱 박는 걸 봤는디 효험이 있었는지 모르겠다.

연인산은 이름 그대로 험하지 않고 완만하고 넉넉하며 부드러운 산이었다. 초입에 흐르던 계곡물이 얼어서 빙판을 이룬 탓에 행여 꼭대기에는 눈이 많이 쌓여 있지 않을까 걱정했으나 기우에 불과했다. 애초에 이 산을 추천한 택준이는 행여 잘못되어 후세에 욕이나 먹지 않을까 오르는 친구들한테 편하고 좋은 산이라고 어찌나 세뇌 교육을 시키는지 요게 우리 친군지 가평 군수인지 헷갈리게 했다.

우정능선에 오르니 양쪽이 훤하게 트이며 멀리 운악산이 보인다. 음지에는 약간의 눈이 쌓여 있으나 양지를 걸을 때는 찰리 표현대로 나물 캐러 나온 것 같았다. 방화선으로 잘 관리된 순탄한 흙길을 걸을 때는 날씨까지 끝내 줘서 화사한 봄을 연상케 했다. 비발디의 사계 중 봄과 겨울이 교대로 연주되는 것 같다. 연인산은 밋밋한 듯하면서도 가끔은 젖무덤같은 봉우리가 솟아 숨을 헐떡이게 하는 것이 쉽게 허락하지 않는 시골 아낙의 마지막 자존심과 정절을 보여 준다. 총 산행 시간이 8시간 정도니 중간에 어영부영한 시간을 제하더라도 꽤나 긴 시간이다. 상경한 뒤 처음 강호에 모습을 드러낸 뱅귀는 역시 썩어도 준치였다. 그동안 다리가 아파 산에 안 갔단디 운동화에 버버리 목도리까지 두르고도 가볍게 끝내 줬다.

하산 길은 택준이가 그토록 강조하고 자랑하던 100년 묵은 잣나무 숲이다. 곧게 뻗은 잣나무들이 미끈한 몸매를 자랑하며 솟아 있는 사잇길을 솔잎이 아닌 잣잎을 밟으며 사브작사브작 걷는 촉감이 무궁화 다섯 개짜리 호텔 카펫은 저리 가라다. 떨어져 있는 잣방울(어째 발음이 좀 야시시하다)을 간간히 걷어 차며 깊은 숨을 들이 쉴 때마다 신선한 산소가 허파꽈리까지 들어가 찐덕찐덕흐게 들러 붙어 있는 니코친을 훑어내는 것 같다. 그 맑고 좋은 공기에서 한 대 뽀는 맛이란 뽈아 본 놈만이 느끼는 특권이리라. 형철아! 안 그냐?

난데없는 비명과 탄성에 놀라 쳐다보니 노루 세 마리가 축하 공연을 한다. 시 놈이 우리 주위를 저공비행하며 질주하는 데 그 광경은 이미 속세를 벗어났고 우리는 신선이 되어 있었다. 숲길을 걸어 올라오는데 잣나무 기둥에 딱따구리가 쪼아서 내놓은 구멍 2개가 방금 뚫어 놓은 듯 선명하게 보인다. 고것을 보던 영복이가 푸념 아닌 타령을 늘어 놓는다. "연인산 딱따구리는 없는 구녁도 뚫는디, 부천의 윤원장은 있는 구녁도 못 뚫는다네." 뱅오는 그 잣나무 숲을 요새미티보다 낫다고 했다는디 내가 보기에는 요새미티보다는 쫌 못 흐고 '옛날미티' 정도는 되지 않을까 흔다.

삼림욕을 마치고 하산흐니 어느 덧 17시 30분이다. 해는 서산에 뉘엿뉘엿 넘어가 우리는 설날맞이 복깐을 위해 명덕온천으로 향했다. 흘린 땀을 온천물로 칼칼이 씻고 노천탕에서 삭신을 푹 담그고 있으니 대가리는 시원흐고 다리가 노곤해지며 피곤이 가시고 정신이 맑아 온다. 목간을 마치고 나와 보니 모두들 세숫대야가 훤흐다. 특히 종환이와 향파 여사가 볼그족족흐니 빛났다. 근창이 각시는 땀에 쩔고 쉬어 청국장 냄시가 난디도 안 씻고 버텼다. 고걸 지적했드니 챨리 부부는 삐쳐서 뒤풀이도 참석 않고 가부렀다.

택준이가 마지막으로 안내한 쌈밥집도 싸고 정결하고 맛있었다. 의심 많은 택준이는 검증되지 않은 집은 가지 않는단다. 귀엽고 탱탱흐니 삶은 보리밥에 채지와 고사리, 냉이를 송두리째 넣고 꼬치장을 한 숟가락 고봉으로 버무린 뒤 청국장에 먹는 맛은 일품이었다.

일이 잘되려니 돌아오는 길도 뻥 뚫려 밤 9시에 다시 경기고에 도착, 건너편에 있는 호프집에서 마무리 쫑파티를 했다. 물론 근창이는 빠졌고. 종일 허물없는 친구들 흐고 좋은 공기 마시고 맛난 것 원없이 펴묵고 칼칼이 씻기까지 했으니 수컷 본래의 모습으로 돌아가 뼈와 살이 타는 밤을 만들기 위해 돌격! 마눌 앞으로!!

(2005. 2.)

제3부

푸른 초원 우에
그림 같은 샷 날리며

아! 하이난, 기연치 다시 오마!

저 푸른 초원 우에
그림같은 샷 날리며
사랑흐는 칭구들과
한 백년 살고 싶네.

– 남진 박

성렬이와 같은 이유로 오랜만에 홈피에 들려 댓글이 많이 달린 글을 보고는 sad movie 가사처럼 '나는 깜짝 놀라 미칠 것만 같았다.'

굳이 황우석 교수 난자 채취의 윤리성을 취재한 MBC PD에 대한 네티즌들의 비판성 댓글에 할일 없어 청와대 홈피만 들여다보는 심심한 대통령의 언급을 차치하고라도 우리 동창들의 성향을 파악흐는 글을 게재한다는 것이 두려워졌다. 잠깐 대가리 식히고 한번 웃어 보자는 애교 섞인 게시물을 "자식과 마누라에게 낯 뜨겁다"고 동창이 맞네 어찌네 하고 매도하고 요렇게 조사불면 성한 놈이 누구이며 요즘같은 세상에 무슨 책을 읽고 가족끼리 TV 연속극이나 영화를 볼 것이며 중학교 댕길 때 빨간책을 돌려 보던 우리의 추억을 오찌고 정당화할 것인가?

지금 우리 나이 知天命이여. 새끼들도 클 만큼 컸어. 밤중에 거실에서 몰래 야한 프로 보다가 딸애가 방에서 나오면 혼비백산해서 채널 돌린다는 것이 볼륨을 키워 민망할 때 도리어 딸년이 배시시 웃으며 "아빠, 괜찮아, 나도 다 알아. 맘 놓고 보세요."라고 하더라고.

인자는 좀 너그럽게 세상도 바라보고 여유도 가지고, 놈도 이해흐고 좀 머시기흔 놈이 있어도 근갑다흐고 도리어 고렇게 생각흔 것도 재밌다 흠시로 덮어 줘감시로 살아야지 사사건건 따지고 비난흐고 흐자면 한정이 없어. 나는 누가 왜 홈피를 보냐하고 물으면 '왜 사느냐고 물으면 그냥 웃지요' 라고 말한 시인 김상용이의 마음이야. 그저 좋고 잊어불고 있던 놈들 이름을 보고 얼굴도 한번 떠 올려 보고 옛날 중 고등학교 때 까까머리 녀석들이 지금 요렇게 살고 있구나 하면 나도 모르게 흐뭇한 웃음이 나와.

글고 익명이냐 실명이냐도 무의미해. 우리가 놈을 음해흐고 씹을라고 쓴 것도 아니고 그저 한번 웃고 또 고것을 올린 놈이 누굴까 흐고 한번 더 생각해 보는 것이 재미 아니겄냐? 지난번 백만이한테 편지 쓴 것도 '청와대 낙엽' 이라고 필명을 달았지만 알만흔 놈들은 다 난지 알아. 글고 처음으로 해봉께 필명에다 내 이름이 나오는 E-MAIL 주소를 버젓이 붙여 놨더라구. 고것이 얼마나 어리석게 보였는지 종봉이가 전화해 준께 그걸 핑계로 오랜만에 노가리도 풀고, 다 그런 거야.

인자 우리 이 나이에 누가 뭐라든 따지지 말고, 내버려둬. 그렇잖아도 묵고 살라믄 복잡흐고 대가리 아프게 짱구 돌리고 눈치보고 체면 차리고 해야 흔디 여기서 만은 좋은 얘기흐고 좀 편한흐게 말도 흐고 놀고 해야제 애초에 우리가 만든 이유가 뭔디?

긍께 청와야! 더 재밌고 쇼킹흔 것을 찾아서 계속 올려. 에덴동산에서 금단의 사과를 따 묵고 신세 조져븐 인류 선조 아담이나 돌아보지 말라고 했는디 호기심에 돌아보다 소금 기둥이 되어 버린 '소돔과 고모라' 같이 어차피 선택은 본인이 흐는 것이여. 글고 전적으로 지 책임이여. 볼놈 보고 말 놈 말어. 그래도 안 되면 새끼나 마눌흔테 청와 것은 보지 말라고 해.

나는 직장 직원들에게 청와 것만 재밌다고 보라고 흔다. 지난 번 지리산 산행기 후기에 앞으로는 산행기를 접고 라운딩기를 쓰기로 했는디 막상 쓸려고 하다 요런 일을 당한께 왠지 망설여진다.

산이야 있응께 그냥 올라 가불면 되지만 골프치러 댕긴다고 흐면 새끼들 배때기 따땃흥께 별지랄 다흔다고 생각흘 수도 있을 것이고 반면 인찌까 뭣흐다가 인자 와서 다 늙어서 골프치러 댕긴다고 사삭떠냐고도 할 수 있기 때문이다. 글지만 이제와 이 나이에 친구들흐고 어울리려면 뭔가 건덕지를 만들어 갖고 고것을 핑계로 낯바닥 한번 더 보고 속아지 없이 시시닥거리며 놀자는 것이지 그 이상 아무 의도도 없는데다 성렬이가 디지게 고생했는디 남하까지 부추겨서 보깨 그냥 쓸란다. 그래도 정 배알이 꼴리면 댓글을 달아. 즉시 그만 둬 불랑깨.

야그가 어만간 데로 빠져부렀다마는 각설흐고 인자부터 본격적으로 란딩기를 쓸란다. 골프의 이론이나 기술이나 경험은 시로또(초심자)가 뭣을 알겄냐? 다만 벌거숭이 임금님이 깨벗었다는 사실이 애기들 눈에만 보이듯 순진한 시각으로 쓸란다. 이미 친 놈들은 지그들 올챙이 시절 생각흠시로 한번 웃고 아직 안 치는 분들은 그저 칭구들이 고렇게 놀고 댕김갑다 흠시로 심심풀이로 한번씩 읽어 봐라.

내가 골프에 입문흐게 된 동기는 완전히 각시 탓이다. 애펜네들이 모이면 서방 씹는 것이 일인디 요런저런 야그를 흐다 보면 남편 골프 못치는 것도 핸디캡이란다. 남들이 흐는 짓은 다할 줄 알아야 흔다는 것이다. 고래서 애펜네 기 안 죽일라고 시작한 것이다. 긍깨 나는 남과 달리 각시 눈치보며 골프 치는 것이 아니라 오히려 골프 쳐 주는 것이 벼슬이다. 여차흐면 안쳐 분다고 띵깡을 부려불면 애펜네가 얼뚱애기 달래듯 요것조것 사줌시로 계속 치라고 달랜다.

처음 연습장에 가자고 흘 때도 지하는 답답해서 싫다고 했더니 동네서 제일 좋은 올림픽 콜로세움으로 끌고 가서 강습비도 내주고 선생도 프론트에서 붙여주는 대로 아무나 정해 부렀는디 어디서 정보를 입수했는지 고놈은 시로또라서 안 된다며 지가 가서 수석프로로 바꿔분 통에 타석에서 어린놈하고 한번씩 마주치면 미안해서 혼났다.

요번에 하이난으로 머리 얹으러 가는 것만 해도 지난 번 지리산에서 남하한테 전해 듣고는 아직 실력이 안 되서 개망신 당흔다고 몽그작거렸더니 각시가 좋은 기회다며 무조건 가란다. 일단 가서 부딪혀 봐야 죽이 되든 밥이 되든 쇼브(승부)가 난단다. 그래서 지가 학부형 자격으로 남하한테 직접 전화해서 요것저것 당부하고는 회비도 개안흐게 부쳐줬단다.

골프채도 10년 전 큰성한테 얻어서 여태껏 연습흐던 것을 가져가려니까 놈 보기에 우세스럽고 지그 남편 기죽는다고 아이언도 반짝반짝 빛나서 거울같이 비치고 드라이버도 지 젖통같이 넉넉흐게 큰놈으로 싹 개비해 줬다. 각시가 좋은 학교 보내주고 좋은 채까지 사줬응깨 인자 나머지는 나흐기에 달렸단다. 지가 내 학부형이고 맹모란다. 글고 남편은 얻는 것이 아니라 각시가 만들어 가는 것이란다.

싸가지는 좀 없는 것 같지만 지 일 다 알아서 하고 남편과 새끼들까지 야무지게 챙긴깨 편해서 좋기는 흐다. 느그들은 어쩔지 몰라도 나는 그렇게 산다. 요새 밤마다 밥묵고 골프 열심히 치러 댕깅깨 징흐게 이쁨 받는다. 오찌고 보면 각시 타박흐는게 호강에 초친 소린지 모르지만 신혼 초부터 술 퍼마시고 20년 동안 병원을 안방 드나들 듯 하던 남편을 쫌이라도 술을 덜 마시게 흘려고 애쓰는 것을 보면 미안흐기도 흐고 고맙기도 흐다. 하여튼 예펜네는 악착스럽고 잘 얻은 것 같다.

일단 목표가 설정된 이상 쌔빠지게 연습해서 날을 갈아 세워갖고 라만차의 돈키호테처럼 풍차하고 일전불사를 외치며 하이난으로 달려갈란다.

글고 봉께 나야말로 영락없이 돈키호테다.

돈, 돈 있고

키, 키 크고

호, 호탕흐고

테, 테크닉 좋으니 딱 맞지야? ㅎㅎㅎ

내가 반바지 차림에 7번 아이언 하나 달랑 들고 각시 손에 이끌려 골프에 입문흔 것이 9월 초하룬께 오늘로 딱 석 달이 되야부렀다. 글고 봉께 내일이 또 레슨비 내야 될 날이구나. 승호와 용탁이가 월급쟁이 흘 때는 월급날이 징흐게 안 오던디 쨰간한 중소기업이지만 사장이 돼야분께 맨날 월급 줄 날만 온다고 푸념을 늘어놓더니 나도 실력은 그대론디 맨날 월사금 갖다 바친 날만 오는 것 같다. 석 달 동안 똑딱 볼 치러 댕김서 느낀 골프 속설에 대한 나름대로의 소회를 풀어 볼란다.

흔히들 골프를 야구와 비교하면서 야구는 살아 있는 볼을 치고 골프는 정지된 볼을 치기 때문에 골프가 더 쉽다고 흔다. 근디 고것은 뭣을 몰라도 한참 모르는 소리다. 친구들 모임에 가보면 가장 무서운 놈은 놈들은 게거품을 품는데 이건희맹키로 조용히 앉아 눈깔만 꿈벅꿈벅거리며 야릇한 미소만 짓는 놈이다. 고런 놈이 가만있다가 행여 입을 열면 뭔 말을 흘지 모르기 때문이다. 짖는 개는 물지 않는 법이다.

개구리도 가만히 있는 놈이 잡기가 더 어렵다. 이미 뛰기 시작흔 놈은 그 방향을 알기 때문에 고 앞에서 콱 대가리를 밟아불면 된디 멈춰서 눈깔만 돌리며 눈치를 살피는 놈은 언제 얼로 뛸지 모르기 때문이다. 태풍전야라고 흐지 않더냐. 폭풍이 몰려오기 직전의 고요가 무서운 법이다. 막상 닥쳐 온 태풍은 극복의 대상일 뿐 더 이상 공포의 대상이 아니다.

마찬가지로 이미 움직이는 볼은 무섭지 않다. 고것이 얼로 가는지 직군지, 커븐지 파악이 가능하기 때문에 아웃코스면 밀어치고 인코스면 땡겨

치고 결대로 치면 된다. 근디 골프공은 쨰깐 것이 가만히 있응께 무섭다. 파란 잔디 위에 얄밉게 놓인 공을 탁 조사부렀을 때 얼로 튈지 모르고 잘못 조사서 헛방을 날리거나 뒤땅을 쳐불지도 모르기 때문이다. 정지된 볼을 치는 것이 움직이는 볼을 치는 것보다 결코 쉽지 않다.

글고 야구는 투 스트라익 쓰리 볼 묵을 때까지는 얼마든지 선택의 기회가 있다. 때려도 되고 헛방을 질러도 되고 기다려도 아무 불이익이 없다. 글고 5개가 넘더라도 파울을 치면 괜찮다. 계속 파울을 날리며 10구가 넘더라도 고담에 홈런을 날릴 수도 있고 안타를 쳐서 타점을 올릴 수도 있다. 근디 골프는 기회가 한번 뿐이다. 물론 또 칠 수도 있지만 벌타를 묵어야 한다.

요번 하이난에 가서도 생전 처음 벙커에 빠져 모래밭에 들어가서 가격을 잡느라 채를 공 뒤 모래바닥에 놓고 꼬누고(겨누고) 있었더니 녹수가 똥통에서는 모래에 채가 닿으면 벌타란다. 요래도 벌타, 조래도 벌타, 어쩌면 또 벌타니 어쩌니 하도 뭐라고 해분께 주눅이 들어서 완존히 무너지고 말았다. 그래서 한층 더 집중력이 요구된다.

야구에서는 3할 타자면 우수한 선수다. 10번 타석에 들어서 3번 안타를 치기가 고만큼 어렵단다. 근디 골프에서는 웬만한 사람이면 10번에 10번을 다 치기 때문에 별로 타율이라는 의미가 없지 않나 하는 생각이 들기도 할 것이다. 근디 안 그렇다. 지그 아들 코 위에다 공을 얹어 놓고 200km가 넘는 스피드로 드라이버를 휘두르던 골프 황제 잭 니콜라우스도 훗날 고백하기를 자기도 겨우 3할 대를 쳤다고 흔다. 놈 보기에는 똑같이 날라가기야 흐지만 지가 진정으로 원하는 방향과 거리로 날아간 샷은 10번에 3번을 넘기가 어렵다는 것이다. 고만큼 정교해야 한다는 것이다.

또 골프는 정직한 게임이라고 흔다. 모든 구기 종목은 사기를 잘 치는 놈이 이긴다. 야구를 봐라. 서로 속이기 위한 대가리 싸움이다. 유능한 투수는 스피드보다도 수 싸움에 능해야 한다. 타자가 인코스를 노리고 있으면 아웃코스로 너 불고 커브를 노리는 것 같으면 직구를 던지고 스트라익 같이 가다가 톡 떨어져부는 체인지압을 구사해서 타자를 속일 줄 알아야 흔다.

축구나 농구도 마찬가지다. 수비를 교묘히 속여서 골을 넣는 것이 기술이고 고것을 잘 흐는 놈이 훌륭한 선수다. 탁구나 테니스도 오른쪽으로 줄 것같이 해놓고 왼쪽으로 살짝 넘겨분 놈이 잘 치는 놈이다. 유일하게 골프만이 상대가 있는 디도 안 근다. 오직 자신과의 싸움이다. 저 혼자 정신을 집중해서 끝까지 최선을 다 흔 놈이 이긴다. 고점에 있어 골프는 정직한 게임이다.

골프를 침시로 똑같이 볼을 때려서 날려 보내는 데 무슨 놈의 클럽이 고리 많은지 하는 의아한 생각이 들었다. 아이언만 해도 3번부터 고만고만흔 것이 6개나 되고 PW, SW, AW등이 있는가 흐면 우드랍시고 1,3,4,5,7번 등이 있어

고것을 다 돌려가면서 연습을 해야흔다고 흐니 그냥 한두 개 갖고 시카리(세게) 치든지 쌀쌀 치면 될 것을 괜히 사람 헷갈리게 해서 돈 벌려는 얄팍한 상술이 아닌가 생각했다.

글다가 요번에 존경하올 신승무 회장님을 모시고 첫 라운딩을 하고는 무식이 얼마나 용감한지를 깨달았다. 아이언이나 모든 채는 나름대로 용도와 한계가 있다. 길이가 길수록, 즉 번호가 하나씩 작아질수록 거리가 10야드 정도 더 나아간다고 한다. 근다고 해서 멀리 나가는 놈이 반드시 좋다는 법은 없다. 멀리 가는 놈은 정확도가 떨어지고 덜 나가는 놈은 정확흐다. 각각이 장, 단점과 용도가 있다.

글고 같은 채라도 쓰는 사람에 따라 천차만별이다. 내가 드라이버로 아무리 시카리 쌔려도 픽흐니 코앞에 떨어진깨 녹수가 옆에서 '나이스 어프

로치' 하고 장단을 맞추더라만 승무나 효석이가 때래 불면 허천나게 떠올라 코브라같이 쉭 소리를 내며 아스라이 날아가 종적을 감춰 분다. 사람이나 골프채나 임자를 잘 만나야 흔다. 그러고 훌륭한 임자는 골퍼가 주어진 환경과 조건에서 자기에게 가장 잘 맞는 채를 선택흐듯 적재적소에 맞는 사람을 써야 흔다. 그리고 그 결과에 대해서는 불쌍한 깃털흔테 덮어씌우지 말고 전적으로 본인이 책임져야 흔다. YS의 '인사가 만사' 라는 말이 쓸데 없이 떠 오른다.

골프에 대한 야그는 앞으로도 계속흐기로 흐고 하여간 골프 기술이나 폼에는 정답이 없는 것 같다. 그래서 골프 얘기만 나오면 모두가 선생이고 침을 튀긴다. 고렇게 헤드 업흐지 마라, 스웨이(상반신이 상하 좌우로 움직이는 것)흐지 마라 흠시로도 어떤 놈은 대가리를 자연스럽게 움직여도 잘 치고 PGA 선수의 50% 이상이 임펙트 순간 볼을 눈깔로 보는 놈이 없다고도 흔다.

고것이 골프를 어렵고 더 미치게 흔갑다. 글지만 내가 골프를 배우는 가장 큰 이유는 남녀노소를 막론흐고, 또 세대차를 뛰어 넘어 모두 함께 즐길 수 있다는 점이다. 잘 치면 잘 치는 대로 나같이 운동 신경이 없는 놈은 못 치면 못 치는 대로 아들, 손자, 며느리 다같이 히히덕 거리며 즐길 수 있기 때문이다.

2005년 11월 25일 새벽 5시! 결전의 날을 위해 전국에서 칼을 갈던 15명의 돈키호테가 인천 국제공항 K-line에 집결했다.

우리말로야 똑같은 '돈키호테' 지만 한자로 쓰면 달라. 같은 '키' 자라도 정현이와 근창이는 키 작을 '키' 자를 쓰고 녹수, 성렬이, 효석이는 배부를 '키' 자를 쓴다. 남하같이 그저 무대뽀로 밀어붙이는 놈은 테크닉 나쁠 '테' 자를 쓰고, 녹수같이 아예 안 서고 꼬불아져븐 놈은 테크닉 없을 '테'

자를 쓴단다. (우석 어멈이 따지러 오면 오쩌??) 하기사 나도 술, 담배 끊고는 호탕 못할 '호' 자를 쓴다. 내가 돈 있을 '돈' 자를 쓴다고 했더니 몇 놈이 씹어서 아무리 지면이 부족흐고 성렬이가 비행기 언제 타냐고 재촉흐더라도 돈에 얽힌 야그 하나 해야겄다.

어떤 놈이 살기가 워낙 폭폭해서 지리산 천왕봉에 올라 100일 기도를 지성으로 드렸단다. 정성이 갸륵하여 마지막 날 산신령이 나타나서 딱 한 가지 소원을 들어줄 테니 무엇이냐 하고 물었다. 놀라 자빠지게 기뻤지만 갑작스런 물음에 당황하기도 했다. 요것 조것 중 짱구를 돌리다가 머리를 좋게 해 달라고 할까 했는디 그러고 보니 돈이 울고 글다가 봉깨 또 여자가 생각나드란다.

그래서 머리, 돈, 여자 중 뭣을 택할까 멍그작거리고 있는디 산신령이 "원하는 것이 없는 모양이구나. 그럼 나는 바빠 이만 가겠다."흐고 돌아서더란다. 황급한 마음에 "Just moment, 신령님! '머리 돈 여자'"하고 외쳤는디 즉시 그 소원이 이루어져서 지금도 지리산 자락에서 미친년 뒤치다꺼리 흐느라 빼기 치고 있단다. 돈이란 도는 것, 그래서 버는 법이다.

탑승수속을 밟은 뒤 비행기에 올랐다. 중국 남방항공인디 싼 게 비지떡이라고 시설이나 서비스, 기내식이 형편없다. 자리에 앉으니 물팍이 꽉 끼여 이코노미 증후군이 나타난다. 옆에 앉은 승무는 눈가리개를 흐더니 명상에 들어간다. 새벽 3시에 일어나 눈을 붙이려 해도 처음 머리를 올린다는 흥분과 긴장에 도통 잠이 오지 않는다.

수능을 앞둔 수험생처럼 그간 배운 것을 총정리하여 이미지 스윙을 무수히 반복했다. 심호흡을 한 뒤 긴장과 힘을 빼고 볼을 중심으로 다리를 어깨 폭으로 벌리고 왼발은 한 20도 오픈시키고 히프에 약간의 힘을 주며 등을 곧게 편 채 허리를 숙이고 물팍을 높은 의자에 걸터앉듯 약간 굽힌

채 양팔을 자연스레 떨어뜨려 셋업 자세를 취한 뒤 클럽은 각시 젖통이나 새를 쥐듯 가볍게 잡고 서서히 왼쪽 어깨를 오른쪽으로 돌리며 오른 다리는 힘을 주어 밀리거나 펴지지 않도록 흐고 클럽이 9시 방향에 이르면 서서히 왼쪽 엄지 손가락의 코킹이 시작되고 그럼시로도 대가리는 고정시킨 채 눈깔은 볼을 응시흐고 귀때기까지 올라오면 백스윙이 끝나는데….

그때 오른 팔꿈치는 닭 날개가 되서는 안 되고 전철 손잡이 잡듯 아래로 향하며 ㄴ자를 이루어야 흔다. 글고는 다운스윙이 이루어지는디 양팔은 최대한 몸통에 가까이 붙이면서 끌어 내리고 임펙트 순간 손목의 롤링이 이루어지며 오른 손이 왼손을 올라타야 하고 그 순간부터 클럽이 손보다 먼저 나감시로 충분히 팔로스윙을 해 주고 피니시로 들어가는데 피니시 순간에도 왼팔 팔꿈치는 땅을 향하고 ㄴ자를 이루어야 하며 턱 밑으로는 오른쪽 어깨가 들어오는 것을 느껴야 하고 배꼽은 공이 날아가는 방향을 향하고 백스윙과 반대로 요때는 왼 다리가 벽이 되어 지탱해줘야 하고 오른쪽 다리는 체중 이동에 따라 자연스럽게 발바닥이 들리며 허벅지가 왼 허벅지에 나란히 붙어 평행을 이룬다.

눈을 감고 요 사이클을 머리로 그리며 손과 팔도 까딱까딱 해보고 다리에도 힘을 주다 보니 곧 하이코우에 도착한다는 안내방송이 나온다. '하이난다우' – 중국통인 희창이 말에 의하면 우리는 해남도라고 부른디 고것이 무식흐고 큰 잘못이란다. 모든 고유명사는 고 나라 사람들이 부르는 대로 불러줘야지 우리식으로 발음흐면 중국에서는 암도 못 알아묵는단다. 글고 우리나라 한자 교육이 개판이란다.

지금 중국에서는 모든 사람들이 간자체를 쓰는디 우리는 옛날 그대로 갈쳐서 중국 사람들은 못 읽는단다. 저도 중국에 와서 간자체 1,800자를 다시 배웠단다. 우리나라에서 간자체를 안 쓰는 이유가 기득권층의 반발 때문이라고 하는디 고놈의 기득권층이란 놈들이 한자교사, 신문기자, 학자 놈들이라며 열을 올린다.

좌우간 하이난다우는 생각보다 컸다. 중국에서 대만 다음 2번째 큰 섬으로 (중국은 대만을 지그 나라의 섬으로 생각함) 남한 면적의 1/3쯤 되고 인구도 8백만에 육박흔단다. 위치가 홍콩보다 밑이고 베트남 옆에 있다 보니 묘족, 이족 외 34개 소수 민족이 모여 복잡흐고 치안도 조금 불안흐다고 한다.

하이코우는 하이난성의 성도로 섬의 북쪽 끝에 위치하고 있는디 요기서 제2의 도시 산샤로 갈려면 300Km가 넘는단다. 제주도의 제주에서 서귀포까지의 거리를 생각해 보면 이해가 쉬울 것이다. 북위 18도에 위치흐다 보니 1년 내내 따뜻해서 겨울철에는 한국인들이 대거 골프 관광을 오기 때문에 12월부터 2월까지는 몹시 붐빈다고 흔다. 다행히 우리는 쪼끔 빨라 한긋지게 골프를 즐길 수 있다고 흐니 남하가 총무로서 제법 짱구 좀 돌린 것 같다. 시내로 들어와 허기진 배를 한식으로 채우고 드디어 일합을 겨루러 인근에 있는 미시(美視) 골프장으로 향했다.

재훈이 말대로 클럽하우스에서 옷도 갈아입을 줄 모르는 놈이 골프 의관을 정제하고 문을 나서니 저 푸른 초원이 펼쳐지며 수많은 카트 뒤에 골프백 두개를 매달고 캐디가 올라서 도열해 있는 모습이 로마시대의 전차부대 개선 축제같다. 벤허의 찰톤 헤스톤이 마차 경기를 위해 출정하듯 카트에 오르니 우쭐해지면서 흥분과 전율이 온몸을 감쌌다.

아! 드디어 올 것이 왔구나! 그동안 아다라시로 굳게 정절을 지켜오던 내가 드디어 오늘, 이 순간 머리를 얹는구나!! 조 편성이 1조 인데다 모두 첫 티업을 양보흐니 맨 먼저 티잉 그라운드에 올랐다. 친구들과 캐디까지 20여명의 갤러리가 지켜보고 성수가 사진 촬영을 한다고 설치는 통에 평소에도 내성적이고 수줍을 많이 타는 새가슴이 얼마나 쫄았겠는가?

티잉 그라운드가 바다보다 넓어 보이고 갤러리가 몇 만 명이 넘는 것 같아 등골이 오싹흐며 식은 땀이 흐른다. 긴장이 극도에 달해 토깨불라고 해도 토낄 때도 없고 이 순간을 위해 모든 뒷바라지를 했던 각시의 얼굴이 떠올라 휘청거리는 몸을 곧추 세우고 혼미해진 정신을 바로 잡으며 캐디가 건네주는 드라이버를 들고 타석에 섰다.

비행기 안에서 그토록 이미지 스윙을 했건만 아무 생각도 나지 않았다. 드라이버를 휘둘렀는지 오찌고 했는지 모르지만 뭔가 쨍하는 소리가 들리며 볼이 날라가고 칭구들의 함성이 울려 퍼진다. "야! 폼 죽인다. 프로 아녀?" "어! 볼이 떴네. 나는 처음 나가서 포도시 굴렸는디 대단흐다." "타이거 박, 만세!" 칭찬인지 욕인지 벨 놈의 소리가 다 나오지만 처음 나온 친구를 축하해 주고 격려해 주는 마음이 고맙다.

다음으로 녹수, 정렬이, 승무가 쳤는디 볼이 보이지도 않는다. 넋을 놓고 있는디 녹수가 빨리 카트에 타라고 재촉흔다. 허겁지겁 오르자마자 씽 몰고 가더니 중간에서 볼이 저기 있으니 내려서 치고 오란다. 지그들은 공이 멀리 있으니 빨리 쫓아오란다. 못 배운 게 죄라서 기가 죽어 대꾸도 못흐고 볼이 있는 곳으로 걸어가는디 너 때문에 막히면 안 되니 뛰란다.

뛰어가서 친디 연습장에서는 고렇게 잘 맞던 볼이 전혀 맞지 않는다. 헛방을 날리거나 뒤 땅을 치다 보니 손목과 팔꿈치가 울리고 심지어 대가리마저 멍흐다. 마음이 급해 평정심을 잃고 폼이 무너지니 겨우 맞더라도 방향이 어만간 데로 날라 간다. 남들은 카트타고 다니며 서너 번이면 가는 길을 게거품 물고 뛰어다니며 여남은 번을 쳐야 흐니 그리 덥지 않은 날씨에도 땀 범벅이 된다.

TV 중계를 보면 한번 치고 난 뒤 여유 있게 걸으며 담소를 나누던디 그건 완존히 다른 세계다. 사역도 이런 사역이 없다. 차라리 지리산 종주가 더 낫다. 정신없이 따라다니다 보니 목이 타고 다리가 풀려 기진맥진해서 물어 보니 이제 겨우 전반 9홀을 마쳤단다. 정말 눈에 뵈는 것도 없고 몇 홀을 돈지도 모르겠다. 내가 서 있는 곳이 어딘지도 모르겠고 깃대가 보이지도 않는다. 프로들이 치는 것을 보면 홀의 지도를 보고 위치와 거리와 공략 방법을 캐디와 숙의도 흐고 바람이나 장애물 등 주위 여건을 확인흐고 치던디 홀이 어디냐고 물어 보면 처음 나온 놈이 별것을 다 묻는다며 무조건 눈앞에 보이는 페어 웨이로 내 지르란다.

애쓰고 드리볼 흐다시피 해서 그린 가까이 가면 어프로치를 하란다. 볼만 가볍게 탁 찍으라는디 찍으면 그린을 넘어 더 멀리 날아가 분다. 찡꼴나게 반대쪽으로 가서 인자는 진짜 가볍게 탁 찍으면 떼루루 굴러 코앞에 멈춘다. 냉탕과 온탕을 무수히 드나들며 그린에 올리면 퍼터가 기다리고 있다. 뭐 방향을 잡고 내리막, 오르막 라이를 읽고 자시고 할 겨를도 없다. 쳤다 흐면 녹수 말대로 이자가 원금보다 더 붙어 분다. 또 퍼팅을 흐면 그린 에지를 넘어가분다.

퍼팅을 할 때는 PLC(Putting Like a Child)라 해서 어린 아이와 같이 순수하고 자연스럽게 하라는 말을 들어 왔고 홀인은 눈으로 보는 것이 아니라 귀로 확인하라 했건만 어깨는 힘이 들어가 굳어불고 눈깔과 손목이 나도 모르게 홱 돌고 만다. “Yes, I can. I can do it.”을 되새기며 그토록 마인드 컨트롤을 했건만 현장에 와보니 다 공허한 짓이다. 몸과 마음이 지쳐 탈진 상태에서도 첫 라운딩을 마칠 수 있었던 것은 같은 조의 승무, 정렬이, 녹수의 격려 덕분이다.

처음 조 편성을 보고는 얌전한 승무와 정렬이가 공부만 흐고 골프를 못쳐서 나하고 수준이 비슷하여 같은 조로 짜준 줄 알았는디 나중에 알고 보니 승무가 싱글로 프로 수준이라 제대로 배우라는 주최 측의 배려였단다. 정렬이는 지 이름같이 정렬흐는 법, 즉 얼라이언먼트를 자상흐고 친절흐게 알려 준다. 승무는 처음 나와 고 정도 치는 것을 보니 천재적 재능을 가졌다고 용기를 북돋우며 마음 놓고 차분하게 천천히 치라고 가르친다. 녹수는 '왼쪽, 오른쪽, 쌀쌀' 을 외치며 나의 부채살 타법을 교정해 준다.

조원들의 희생과 격려에 힘입어 한 타 한 타 치고 돌다 보니 저기 깃대 뒤로 클럽하우스가 보인다. 드디어 라스트 홀, 18홀이란다. 희망찬 꿈을 안고 뛰어들었던 첫 라운딩은 비참흐고 초라흐게 끝났다. 수확이라고는 난생 처음 필드에 나서서 완주했다는 것과 숏홀 하나에서 티샷을 드라이버로 날려 온 그린 시킨 다음 쓰리 빠따로 보기를 하나 기록한 것이었다. 고것마저 남하한테 자랑했더니 "세상에 숏 홀에서 티샷을 드라이버로 한 놈이 어디 있다냐" 라는 말 한 마디에 퇴색되고 말았다.

그러나 첫 끗발이 개끗발이라 하지 않던가. 이제사 조금 골프가 뭔지 알 것 같고 내 꼬라지가 어쩐지 깨달았다. 오만과 방자함이 사라지고 자연과 골프에 대한 경외심과 겸허가 싹텄다. 나 같은 무지랭이를 신경질 한 번 안 내고 돌보아 주고 나의 머리를 얹어준 골프 서방님들… 신승무 원장님, 이정렬 사장님, 최녹수 사장님께 이 자리를 빌려 머리 숙여 감사드린다.

개안흐게 샤워를 마치고 고국에서 나의 성공을 손꼽아 기다리던 각시에게 기쁜 소식을 알렸다. "동상! 나 오늘 한바퀴 다 돌았어. 드디어 머리를

얻었다고." "와! 멋쟁이 우리 오빠 만세!" 우리 부부가 왜 오빠, 동상인지는 후제 갈캐 주마.

저녁 식사차 들린 식당 테이블이 두 개라서 두 팀으로 나눠야 했는데 다행히 냉갈팀, 노 냉갈팀으로 양분되었던지라 큰 혼선은 없었다. 피곤이 극도에 달한 삭신을 황제 마사지로 풀고 오성급 호텔이라는 Golden Coast Hotel로 가서 깨벗은 녹수와 한방에서 코 박고 잤다.

이튿날은 눈을 떠보니 5시다. 피곤하여 늦잠을 잘 줄 알았는데 걱정이 앞서서인지 6시 모닝콜도 울리기 전에 깨부렀다. 어제도 고렇게 빼기쳤는데 오늘은 36홀이라니. 과연 내가 오늘을 무사히 넘길 수 있을까. 공수 장교 출신인 계수도 머리 얹은 다음날 녹초가 되었다고 흘 정돈디 신체 허약, 무학, 극빈으로 방위의 3대 요소를 완벽히 갖춘 나는 오죽했겄냐. 세상에 맘편흔 녹수는 코를 골며 쌔근쌔근 잘도 잔다.

7시 허리끈을 조여 매고 각오를 다진 뒤 호텔 뷔페로 내려갔다. 밥맛이 있겠냐마는 열사의 땅에서 구멍을 파려면 뱃심이 있어야겠기에 요것저것 있는 대로 쑤셔 박었다. 용탁이, 이성수, 김성수, 성렬이가 밤새 훌라를 흐고 겨우 40분 잤다며 충혈된 눈으로 들어온다. 식사 후 조를 다시 짜는디 오늘은 오변호사가 몹시 피곤흐다고 호텔서 쉰단다. 정현이 녀석은 '접이불루(接而不漏)' 라고 흐던디 고것이 '그대 안의 불륜지' 뭔지 도대체 모르겠다.

마음 한편으로는 정현이와 개기고도 싶었으나 아침 일찍 학교 댕김서 몸팔아 번 애싹한 돈으로 비싼 사친회비 내서 서방을 만리타국에 보내 놓고 성공해서 돌아 오기만을 학수고대흐는 각시가 생각나 참았다. 그래 비록 디지더라도 오전만은 뛰고 죽자 하고 각오를 새로이 했다. 정현이가 빠져서 한 팀은 2명이 쳐야 흔단다. 내가 그 조에 치면 좋은디 누가 나같은 시로또(풋내기)만 달랑 하나 차고 치겄냐. 근디 곤란흘 때 친구가 진짜 친구라고 녹수가 흔쾌히 나선다. 지가 나랑 같이 한 조를 이뤄 치겠단다.

서해안 골프장으로 이동하여 막상 이른 아침에 카트를 타고 그린 필드를 질주흐니 기분도 상큼해졌다. 원백 원 캐디에 둘이 치는 것은 한국에서는 캐도 없어 요런 것을 대통령 아니 황제 골프라고 흔단다. 티업을 흐는데 그래도 두 번째라고 훨씬 여유가 있다. 제법 홀도 보이고 개다리홀이 뭣인지도 깨쳤다.

담배를 꼬나물고 타석에 들어서니 캐디가 두 손을 들고 쫓아온다. 담배를 못피게 흘려고 지레 짐작흐고 비벼 끌려고 흐는데 그게 아니다. 지가 들고 있다가 샷을 흐고 나니 두 손으로 공손히 돌려준다. 하여간 중국의 담배 문화 하나는 최고요, 마음에 쏙 들었다. 호텔 로비에서도 한 대 뽈다가 비벼 끄고 꽁초를 들고 있으니 가이드가 그냥 바닥에 던져 부란다. 글면 청소흐는 놈들이 총알같이 집어간다고 흔다.

최소한 담배 선진국이면 요 정도는 돼야지 끈떡흐면 금연이니 어쩌니 흐며 자리를 옮기라 하거나 아예 건물 밖으로 나가서 피라고 흐는 한국은 중국 따라가려면 한참 멀었다. 좋은 것은 금방 배워야 흐는데, 왜 상표나 남하는 그 존 것을 머시라고 하는지 이해가 안 된다. 심지어 승호는 한 대 뽈다가 남하한테 디지게 깨지고 쌈까지 할 정도니.

둘째 날은 훨씬 가벼웠다. 몇 홀 돌다 보니 벌써 전반 나인 홀이 끝나고 10번 홀이란다. 우리 뒤쫓아 오는 팀들도 보이고 간간이 옆 홀로 스쳐 지나가는 다른 조 놈들도 보인다. 여유가 있으니 녹수가 다른 놈들 치는 것을 보고가자고 흔다. 조것들이 스트로크로 돈 따묵기를 하는 모양인디 녹수 말에 의하면 홀 아웃을 흔 뒤 쓱 무게 잡고 먼저 나가는 놈이 먹은 놈이란다. 푼 놈들은 고개 숙이고 뒤에서 씨발 씨발 흐면서 돈 세어서 갔다 바친단다. 대체 멀리서 봐도 네 놈 중 어떤 놈이 따고 푼지 알겠더라.

나는 물귀신이 씐 것 같다. 워터해저드가 있으면 고것을 의식흐고 피해서 반대쪽으로 친다고 흔디도 쳤다 흐면 오찌고 그 쪽으로 날라가서 퐁당 흐는지 이해흘 수가 없다. 도저히 각도상 빠질 수 없는디도 굴러가서라도 기연치 퐁당흐고 만다. 귀신이 곡할 노릇이라 녹수흔테 물어 보니 내가 꼭 글로 가게 친단다. 요놈조놈 포니 폼은 근창이가 젤 얍잔흐고 이쁘게 친다. 녹수는 나같이 오소독스 스타일이 아니고 쓰리쿼타같이 조끔 올리다가 싸대기를 올려붙이듯이 때래 분디도 반드시 멀리 간다. 남하는 짐 퓨릭한테 배웠는지 도리깨질 흐듯이 친디도 돈만 딴다.

쪼끔 쳐본깨 골프는 숏게임이 중요흐다는 것을 깨쳤다. 티샷이나 세컨샷은 놈 두 번 칠 때 세 번 쳐서 따라가믄 되것는디 고놈의 어프로치에서 냉온탕을 드나들면 금방 대여섯 타를 까묵어 분다. 용탁이가 승호나 남하같이 승냥이나 하이에나 같은 놈들흐고 스트로크를 침시로도 살아남은 비결이 바로 어프로치란다. 오죽흐면 용탁이를 오프로치라고 흐겄냐.

코치가 갈침서 아마는 홀에서 멀수록 무서워흐고 프로는 홀이 가까워질수록 무서워 흔담서 박세리나 김미현이가 숏게임 6 빠따 2 롱게임 2의 비율로 연습흔다길래 말 같지 않은 소린지 알았는디 고것을 이제사 절감했다.

오전 18홀을 끝내고 장갑을 벗고 클럽하우스로 들어가려고 흐는데 캐디가 쫓아와서 막 뭐시라고 흔다. 도무지 알아묵을 수가 없어 녹수흔테 통역을 부탁흐니 한참 손가락을 피고 쥐고 뭐라고 흐더니 이제사 알았단다. 아침에 우리가 첫 티압을 4번 홀에서 시작해서 아직 세 홀을 더 쳐야흔단다. 어쩐지 빠르더라 흐면서도 끝난 줄 알았는디 이런 개 같은 경우가 어디 있냐고 했지만 저녁 묵음서 이성수가 가르쳐 줬다. 샷건 방식이라고 권총 쏘대끼 각 팀이 다른 홀에서 동시에 시작흐는 방식이라나. 하여튼 배우는 것도 많다.

끝난 줄 알았다가 다시 친깨 힘이 배로 든다. 모른 놈들을 뒤따라가는디 앞 팀중 한 놈이 나를 보고 치려고 해서 놀라 뭐라고 했더니 고것이 아니고 왼손잽이란다. 멀리 잘 안 보잉깨 왼손잽이가 치는 것이 꼭 뒤로 치는 것 같더라.

겨우 오전 1라운드를 마치고 점심을 먹으러 가서는 어제 올린 머리를 오늘 내리고 골프계 은퇴를 선언했다. 다시는 골프를 치지 않겠노라 다짐흐고 소파에 앉아 졸고 있는디 캐디가 와서 녹수가 기다리고 있단다. 고국에 있는 각시를 들먹이며 나의 아킬레스건을 건드리고 본전 생각흐라는 통에 할 수 없이 골프채를 들고 또 나가는데 여름날 곡괭이 들고 농사지러 가는 것보다 심이 든다.

녹수는 3일 동안 나랑 여든 한 구멍을 같이 팠다. 단 기간에 구멍동서도 그런 동서는 드물 것이다. 3일 동안 녹수는 나의 필드코치, 기사, 통역으로서 임무를 훌륭히 완수했다. 유창한 중국어 실력 아니 단지 '왼쪽, 오른쪽, 퐁당, 노퐁당' 네 마디로 캐디들과 막힘없이 의사소통을 하고 카트를 시카리 몰고 가는 녀석의 넉살과 실력이 부러웠다.

넷이 치다가 둘이 치면 훨씬 느긋흐단다. 잘못 치면 다시 한번 칠 수도 있고 천천히 돌면 된깨 걱정말라고 오히려 나를 격려흔다. 까치를 살려준깨 후제 대가리로 종을 울려 은혜를 갚았다더니 30년 전 산수동 5거리 부산집에서 뱅치나 숭어 생선회에 막걸리 사발 나누며 쌓은 우정을 충분히 갚었다.

오후에는 그저 흐느적거리듯이 쳤다. 힘이 빠져분깨 그마저 무너진 폼이 더욱 무너진다. 아무리 오른쪽 다리에 힘을 줘서 버티려고 해도 안 된다. 팔로스로를 해도 몸통이 먼저 돌아 분다. 어찌나 땅을 많이 팠던지 손목이 시큰거린다. 오직 오기 하나로 견뎠다.

첫날 머리 얹으며 18홀에 이튿날 36홀을 돌고 나니 온몸이 성흔 데라곤 없이 만신창이다. 그래도 정신만은 맑아지며 스스로 자존심이 생겼다. 이

기쁜 소식을 또 다시 각시에게 전했다. “동상, 나 오늘 서른여섯 구녁을 또 파부렀는디 놈들이 요것은 오빠만 할 수 있는 짓이라네!” “오메, 우리 오빠 진짜 구멍 도사네! 내일은 아예 구멍 끌텡을 파불소.” 저녁을 해산물 요리에 효석이가 하사하신 공산당 최고위급 간부들만 마시는 술을 곁들여 맛나게 묵었다.

발 마사지를 마친 뒤 오랜만에 뭉쳤으니 함께 놀자파와 뻗친깨 그냥 쉬자파로 갈려 놀자파를 술집에 내래주고 쉬자파는 호텔로 돌아와 잤다. 각자 방 1개씩 쓰기로 했으나 짐을 옮길 힘도 없어 또다시 깨벗은 녹수 옆에서 코 박고 잤다.

셋째 날은 새벽 4시에 눈을 떴다. 갈수록 몸은 피곤흐지만 밤새 이빨이 에려서 진통제를 묵고 자다가 약효가 풀린 모양이다. 참다가 빈속에 해장담배를 한대 뽈았드니 녹수가 약한 폐에 치명적인 해를 끼쳤다고 구시렁댄다. 귀국흐는 날이라 짐을 다 챙겨 싣고 뷔페로 아침을 때운 다음 차에 올랐다.

이틀간은 하이코우 근처 골프장에서 라운딩을 했지만 이날은 버스를 타고 좀 떨어진 보아 골프장으로 간단다. 차는 하이코우를 관통해서 달리는데 중국의 잠재력을 느끼기에 충분했다. 달리는 차속에서 희창이의 중국 강의가 시작되었다. 그들의 문화와 사회주의면서도 너무나 자본주의적인 면목을 산 경험으로 실감나게 설명해주었다. 이미 세계 에너지와 자원의 블랙홀이 되어버린 이 거대한 땅과 엄청난 인구를 가진 나라가 2008년 올림픽을 치르고 난 뒤 포효하고 일어서면 세계 힘의 균형은 어떻게 바뀔까? 싸가지 없는 독불장군 미국의 싸대기를 올려붙일 수 있을까?

언젠가 중국 전문가로부터 들은 말이 기억났다. 어차피 국제관계는 힘의 논리이고 강대국들 틈에 낀 우리는 직간접적으로 어느 나라에 예속될 수밖에 없고 그러러면 차라리 중국이 낫다는 것이다. 일단 낯부닥 색깔에서 이질감이 덜흐고 타국을 지배해본 경험이 3,000년이 넘기 때문에 그들만의 넉넉하고 관대한 노하우가 있다는 것이다. 미국이나 일본은 쥐뿔도 없는 것들이 세계를 지배흔다고 깝죽댄 것이 불과 100년에 불과하기 때문에 총칼을 사용하는 방법 외에는 모른단다.

괜히 먼 훗날을 걱정하는 것이 기우에 불과흘지 모르나 벌기만 흐고 안 쓰는 그들의 상술이나 흑묘백묘론을 주창하며 실질을 숭상흐는 철학을 볼 때 결코 허황된 것만도 아니다. 북경이나 상해를 다녀 보아도 일단 이놈들은 무쟈게 크다. 자금성이나 천단공원, 포동지구를 봐라. 비록 지금이야 관료주의적인 전시행정으로 지은 지 1년 남짓한 빌딩이 썩는 병폐도 있지만 그들이 갖은 시행착오를 끝내고 그들의 날이 올 때는 엄청난 변화가 오리라는 것은 부인흘 수 없을 것이다.

두 시간 가까이 달리니 보아 골프장에 당도했다. 커다란 컨벤션센터가 있는데 아시아 정상들 회의를 개최하는 우리 같으면 벡스코 같은 곳이란다. 이곳에서 정상회의가 열리기 하루 전에 정상들이 친목도 도모하고 긴장도 풀 겸 한 따까리하는 골프장이 보아골프장이란다. 그래서 다른 골프장보다 좀 쉽단다. 스코아가 잘 나야 기분이 좋아서 회의 진행이 원활하기 때문에 그렇게 설계했단다. 클럽하우스 곳곳에 라모스 대통령이나 리첸퉁 총리가 시가를 물고 퍼팅흐는 사진이 걸려 있다.

드디어 파이널 라운드 27홀이 시작되었다. 마지막 날은 최근창, 최녹수 양 최프로를 모시고 라운딩했다. 하루아침에 뭐 뾰족흐니 실력이 늘겄냐마는 모든 것을 포기흐고 그저 즐겁게 한수 배우겠다는 겸허한 자세로 임하기로 작정을 했더니 마음이 편흐다. 요렇게 마음을 비우면 평화가 찾아오는데 뭘 얼마나 잘 해보겠다고 아등바등했는지 모르겄다. 카트를 타고 이동흐면서 야자나무 그늘 아래서 야자를 파는 아낙흔테 야자도 사묵고 칭구들과 야그도 나누는 여유도 누렸다.

높은 놈들이 자주 찾는 골프장이라서인지 그린 주위를 제외하고는 페어웨이든 어디든 카트를 몰고 다닐 수 있어 편했다. 노련한 기사 녹수는 내 볼이 있는 곳을 잘도 찾아 고 앞에 정확히 멈춰 주고 치고 나면 태워주었다. 페어웨이가 넓어 웬만히 내질러도 OB가 나지 않고 인건비가 싼 탓인지 몇 명이 잔디를 다듬다 우리가 가면 그 핑계로 쉬고 지나고 나면 또 풀을 뽑는다. 요정도 잔디 관리가 잘된 곳이 우리나라에는 없단다. 강으로 둘러싸인 골프장이라 경치도 좋고 가끔은 통 대나무로 만든 다리를 휘청거리며 건너는 스릴도 있었다.

흔히들 골프를 인생에 비유하곤 흐는데 고것이 뭣을 의미흐는지 어렴프시나마 깨달았다. 개다리(DOG LEG) 홀을 도는데 볼이 어중간한 자리에 놓여 있다. 개울을 넘겨야 된디 잘흐면 될 것 같기도 흐고 못 넘길 것 같기도 흐다. 근창이가 시궁창 앞까지만 일단치고 고 다음에 한번 더 쳐 넘기라고 코치를 한디 괜히 오기가 발동한다. "냅둬, 어차피 조진 인생, 한번 내질러불고 끝낼랑께." 아뿔싸 지르는 순간 어쩜 그리 긴자꾸가 빠라도시흐듯이 정확히 퐁당해부는지 도리어 신기흐다.

코스마다 야시꾸레흐니 유혹이 있다. 그린에 올리려면 꼭 그 주위에 똥통들이 피조개 뭍에 오르듯 아가리를 벌리고 있고 어찌고 되겄지 하고 대강 치면 틀림없이 퐁당이다. 아마 살다보면 수없이 닥쳐오는 유혹을 감내하고 뿌리칠 줄 알아야 흔다는 것을 가르쳐주는 것 같다. 한두 번 잘 맞으면 우쭐한 심정에 또 잘 되것지 하고 대강 지르면 틀림없이 쪼로다. 매사에 최선을 다흐고 만사 불여튼튼이라고 조심 또 조심혀야 흔다는 것을 갈쳐 준다. 자기의 능력과 꼬락서니를 정확히 파악한 후 겸허한 마음으로 절제해야 흔다는 교훈이다.

겸손흐게 맘을 편히 묵으면 또 잘 된다. 숏홀에서 이왕 조진 거 만날 7

번 아이언과 드라이버만 쓰다가 5번도 한번 휘둘러나 보자 흐는 마음으로 티샷을 날렸더니 어째 요것이 깃털을 맞추듯 가볍다. 고개를 들어 보니 하늘 높이 유유히 한참을 나르다 깃대 옆에 사뿐히 앉는다. 근창이와 녹수가 감탄사를 연발흐고 행여 홀인원이 아닌지 가봉깨 홀 1야드 옆에 붙어 있다. 근디 옆에서 버디 찬스라 외치고 캐디들이 나이스 샷을 외친 통에 나도 모르게 욕심이 생겼는지 퍼터질을 했더니 오매 요것이 한 10센티 앞에서 멈춰 분다. 쫄아갖고 심이 부족했다. 유일한 par를 기록흐는 순간이었다. 아울러 욕심을 버려야 흔다는 것도 배웠다.

18홀을 끝내고 점심을 먹은 뒤 도저히 바울 수가 없어 화장실로 피난가서 숨어 있는디 근창이가 악을 쓰고 이름을 부르며 찾는다. 근창이한테 개같이 끌려가 오후 9홀을 더 쳐야 했다. 처음 올 때 나름대로 목표가 있었다. 매일 한 라운드씩은 뛰어 보자. 그 이상은 내 힘으로 무리겠지. 근디 그것을 뛰어 넘어분 것이다. 첫날 밤 머리 엎으러온 놈이 사흘 동안 줄곧 여든 한 구녁을 더터부렀으니 얼마나 선혈이 낭자흐고 곤자꾸가 되었겠는가. 녹수는 한번 뒤땅 치고도 이두박근이 파열됐네 어쨌네 파스를 붙이고 호들갑을 떠는데 그 무수한 뒤땅질과 담박질을 침시로도 그것을 극복흐고 오늘 이 자리에 우뚝 설 수 있다니 새삼 내 몸땡이가 사랑스럽고 존경스러웠다. 행여 희열이 새어 나갈까 걸레같이 찢겨진 삭신을 감싸안으며 고국에 계신 각시한테 전화를 했다. "동상! 정말 한 구멍도 안 빼묵고 여든 한 구멍 전부 끌텅을 파불었네!" "오매! 장흐다 울 오빠! 얼릉 오소. 집에 한 구녁 더 있응께 아예 바닥을 봐불소."

모두들 흘일을 무사히 완수했으니 이제는 뒤풀이만 남았다. 돌아오는 버스에서 시작한 쐐주 돌림빵은 최후의 만찬 자리까지 계속되었다. 첨으로 냉갈팀, 노냉갈팀이 이념의 장벽을 뛰어 넘어 합석했다. 한식집에서 노리끼리한 삼겹살 안주에 정현이가 하사한 시원한 맥주를 쐐주로 간을 맞춰 마셨다.

공자가 '삼인행(三人行)이면 필유아사(必有我師)' 라고 했는디 3인도 아니고 15인이요, 보통 사람도 아니고 모두 박사님, 원장님, 교수님, 사장님, 변호사님, 선상님 등 훌륭하신 분들만 다 모탔으니 어찌 나의 스승이 없으리요. 모두가 스승이다. 같이 앉아만 있어도 절로 배우는 것이 쌔부렀다.

용탁이의 가운데 손구락 맞추기와 닭똥꾸녁에서 긴자꾸에 이르기까지의 생식기 진화론에 대한 명쾌한 설명은 사이언스지에 실린 황우석 교수의 논문을 능가했다. 이성수 부학장님의 카지노와 카드 등 모든 도박에 관한 해박한 지식과 풍부한 경험은 노벨 카지노상 후보로 손색이 없었다.

페스탈로찌의 후예 최선생님은 처음으로 경험해 본 것이 많단다. 볼때기찜을 하여 씹던 삼겹살을 튀기며 해외 골프여행도 처음이요, 36홀 돈 것도 처음이요, 스트로크 게임도 첨이고, 또 하나 첨 해본 것 중에 젤 중요한 것이 하나 있다고 말했는디 잘 기억이 나지 않는다고 해야것다.

그 자리에서 결정된 것이 나는 말을 잘 못흐니 대신 머리 얹으며 느낀 점을 글로 한번 써보란다. 왜 나는 성격이 내성적으로 태어나 놈들 앞에서 남하나 근창이 승호같이 말을 잘하지 못하는지 모르것다. 요럴 줄 알았으면 일찌거니 동네 웅변학원이나 한번 댕개 볼 것을. 하여튼 그런 사유로 이번 라운딩기를 쓰게 됐응께 오히려 화가 복이 됐는지 모르것다.

식사 후 마지막 마사지를 흐고 사흘 동안 미친 듯이 구멍을 팠던 하이난다우를 새벽 1시 비행기에 몸을 싣고 떠났다. 이륙을 흐자 저 아래로 몇 개의 불빛이 반짝인다. 하이난다우야! 잘 있거라 나는 간다! 비록 떠나지만 내 어찌 너를 잊으리. 태어난지 반세기만에 처음 머리를 얹은 너를 결코 잊지 못하리라. 내 너를 사랑하면서도 테크닉이 없어 무수한 뒤땅으로 생채기만 내고 떠난다만 나 기연치 다시 오마. 그때는 열심히 칼을 갈고 닦아 니 볼때기를 가봅게 어루만져주마. 막무가내로 심으로만 밀어붙이지 않고 너의 가렵고 예민한 부분만 부드러운 스윙으로 간지러주마. "아! 하이난! 기연치 다시 오마."

골프의 삼 요소를 돈, 시간, 친구라고 흔다. 돈이야 돌고 도는 것인께 언젠가는 돌아올 것이고 시간은 사오정이니 오륙도니 흐는 세상잉께 곧 짤리면 남는 것이 시간일 것이고 제일 얻기 심들고 중요흔 것이 함께 어울릴 좋은 친군디 요번에 너무나 좋은 친구들을 무더기로 얻었으니 나야말로 진짜 행복흔 사람이다. 한 해를 보내며 금년에 맘묵고 기연치 흘 일이 지리산 종주와 골프 머리 얹기였는디 두 가지 다 이루었으니 여기서 만족흘란다. 풋내기를 데리고 가서 소중한 꿈과 아름다운 추억을 안고 돌아오게 해준 순수하리만치 속아지 없는 넉넉흔 친구들에게 삼가 이 라운딩기를 바친다. 본지 얼마 안 됐어도 또 보고자픈 그리운 그 이름을 조용히 한명 한명 불러 본다.

아담흔 체구에 얌전흐니 정렬흐는 법을 갈채준 정렬이, 겸손흐고 조용한 매너로 속삭이듯 격려해준 승무, 3일 동안 나를 위해 희생흐며 뒷바라지를 아끼지 않은 녹수, 소탈한 외모에 정렬과 열정을 갖고 멀리 광주에서 허위허위 달려 온 성렬이, 나를 골프로 인도흐고 머리를 얹게 해준 넉넉한 남하, 인천공항까지 데리고 가더니 올 때도 집까지 태워준 승호, 양기 넘치는 얼굴에 로션을 챙개 준 희창이, 항상 궂은 일을 도맡아 흐고 너무나 인간적인 근창이, 수줍은 웃음에 비상약을 챙개 주던 자상한 상표, 먼 데까지 디카를 갖고 와서 풋내기의 데뷔 장면을 촬영하여 올려준 김성수, 이정길이 닮은 얼굴에 해맑은 웃음으로 반겨준 이성수, 넉넉흔 몸매에 부드러운 스윙으로 딴 돈에다 지 돈까지 보태서 비싼 술을 하사해준 효석이, 사교계의 매너와 최신 정보를 호탕하게 전해준 용탁이, 모짜르트 헤어스타일에 아직도 정력이 남아도는 정현이, 나 느그들 모두 정말 좋아흐고 사랑흔다.

(2005. 12.)

무안의 금잔디 동산에서

1) 훈기의 추억

무안의 금잔디 동산에
훈기같이 공침서 돌던 곳
갈대 바람 소리 들린다.
훈기 내 사랑하는 친구야.

라프 잡초는 우거지고
뭉게구름 피어 만발하였다.
무안의 노래를 부르자.
훈기 내 사랑흐는 친구야.

'아듀 라미!' 불어반 놈들은 알것지만 "잘 가라! 친구여!"라는 불어로 미남 배우 아랑 드롱과 터프가이 찰스 브론슨이 열연한 영화제목이다. 친구를 위해 혼자 모든 죄목을 뒤집어쓰고 체포당해 감옥으로 끌려가는 찰스 브론슨과 공범이면서도 풀려 나가는 아랑 드롱이 스쳐 지나가며 담배 불을 붙여주는 엔딩이 사나이의 의리와 고뇌를 표현하는 명장면으로 영화사에 길이 남을 명화다. 고등학교 때 요 영화를 본 다음날 쉬는 시간에 교련실 옆 화장실에서 훈기를 만나 담뱃불을 붙여 주며 아랑 드롱과 찰스 브론슨의 숭내를 냈던 일이 지금도 생생한 '훈기와의 추억' 이다. 물론, 아랑 드롱 역은 내가 맡았다.

민훈기 그는 누구인가. 그만큼 서중 일고 동문이나 당시 같이 학교 다니며 낯바닥 쪼끔 빤빤흐게 생개서 유일한 사교계라 할 수 있는 충장로 드나들던 년에게 유명 인사가 또 있을까? 오죽흐먼 광주 시민치고 그를 모르면 간첩이라 했을까? 한 때 "민삿갓 황금동 방랑기"로 혁혁한 명성을 날리던 그가 지금은 '민사부' 로 불리며 남도 골프계의 전설이라고 흔다.

훈기는 정말 고수다. 드라이버를 장난침시로 까딱까딱 흐다가 쌔레부러도 공이 반드시 아스라이 날라가분다. 그린 주변에서는 톡 치면 구멍이 긴자꾸라 뽈아들이는지 고 옆에 가서 찰싹 붙어 분다. 근디도 내가 치면 어만 데로 가분다.

그는 우리 학교가 낳은 불세출의 영웅이다. 영웅호색이라고 그가 가시내들을 좋아했는지 아니면 가시내들이 영웅을 먼저 알아 보고 꼴랑지를 쳤는지는 분명치 않으나 항상 그의 주위에는 여인들이 많았다.

그는 천재다. 못흐는 짓이 없고 모르는 것이 없다. 겉으로는 어눌흔 말투에 어눌해 보이지만 눈깔 한번 돌리면 사태의 본질을 파악흐고 두 번 돌리면 가시내들의 심리 파악을 끝내부는 진정한 천재다. 심지어는 더듬고 알아먹기 힘들게 옹알대는 발음까지도 세계 각국을 돌아 댕기고 아메리카 생활을 오래흐다 보니 고렇게 됐노라고 돌려 쳐서 '쟈니 민' 이라 행동흐는 그의 사기치는 능력은 거의 신기에 가깝다.

민사부 말씀 중 골프 얘기를 빼고는 모두 사기라는 사실은 이제 전라도민이면 모두 아는 역사적 진실이다. 고런 골프계의 지존 부부를 모시고 하룻 강아지 범 무선지 몰른다고 나같은 꼴초(꼴프 초자) 부부가 맞짱을 떴으니 정말 언감생심, 가문의 영광이다. 꼴찌에게 격려를 해주기 위해 요런 기회를 마련해 주신 양돌쇠 총무님과 주최측께 진정 감사드린다.

글고 고렇게 천방지축으로 뛰놀던 훈기를 내뿔지 않고 얼래고 달래서 오늘이 있기까지 뒷바라지흐느라 가심이 타서 숯댕이가 되야 부린 그의 각시이며 나의 사랑하는 교대부속 1년 후배이고 이성하 짝꿍이었으며 박희만, 전석종, 신승무의 동창인 윤혜옥님과 매년 한번씩 우르르 몰려와 생난리를 침시로도 영양가가 없어 그 뒷수발에 수많은 가산을 탕진흠시로도 요것이 세상사는 재미라고 너털웃음을 짓는 졸업반 때 같은 2반이었던 빛나리 배광준 사장님과 그의 각시이며 나의 30년 지기인 김미래님께 삼가 이 참관기를 바치고자 흔다.

어찌 보면 요번 무안대회 참관기를 쓴다는 것이 자칫 "그들만의 리그"를 너무 확대 재생산하야 보편적인 사실인양 과장했다는 비판이 몰아칠 위험이 있음에도 불구하고 어차피 요것도 누군가는 남겨야할 우리 친구들의 한 단편이기에 나름대로의 소회를 피력흐고자 흔다.

2) 세계적인 가을 축제

'역사란 무엇인가?' 라는 물음에 E.H.카는 '현재와 과거와의 끊임없는 대화' 라고 답했다. 고 말대로라면 먼 훗날 오늘을 기억하고 지금과의 대화를 나누기 위해서 누군가는 기록을 남겨야 한다. 그래서 인간은 태생적으로 무엇인가 족적을 남기고 싶은 본능을 가지고 있는가 보다. 새끼 까서 기르고 자서전을 쓰고 뫼똥 앞에 비석을 남기고 인간이 오르기 불가능할 것 같은 설악산 바위 꼭대기에다도 모월 모시 누가 댕개 갔다고 써 놓거나 하다 못해 담벼락이나 화장실에다 낙서를 흐는 것도 다 그런 연유가 아닌가 흔다.

낙서라고 흥깨 생각이 난다만 경춘선 중간에 강촌역이 있는디 지금은 명물이 되어 버린 역사 내의 사각 콘크리트 기둥에는 세계 최장신 농구선수 야오밍이 점프해도 닿기 어려운 높은 데서부터 겨우 개미나 기어다닐 수 있는 땅바닥까지 빈틈없이 낙서가 되어 있다. 거기에는 앞날을 약속한 사랑하는 연인들이 남긴 맹세, 그렇게 맹세한 애인의 변심에 분노한 젊은이가 술에 취해 남긴 한 맺힌 절규, 사랑하는 연인을 떠나 보낼 수밖에 없었던 가련한 여인의 통곡이 있다. 무슨 사연들이 그리 많은지….

근디 거기에 소변금지라고 뻴그게 써놓은 낙서가 유난히 눈에 띈다. 소변금지 밑에 가세를 그려 놓은 것은 고기다 오줌을 깔기면 머시매 거시기를 짤라분다는 뜻일 텐디 그 옆에 재봉틀을 그려 놓은 이유는 뭣일 거나. 아마 고기다 쪼그리고 앉아 오줌을 싸는 가시내들은 머시기를 재봉틀로 박어서 봉해 분다는 뜻일까? 고것은 감침질일까, 박음질일까? 이왕 박어 불라면 아플리케스티치나 새틴스티치로 이쁘게 박어 줬으면 좋것다.

4년마다 전 세계 모든 국가들이 참가하여 여러 종목에서 기량을 겨루는 올림픽보다 그 사이에 개최되는 월드컵이 축구라는 단일 종목임에도 더 많은 사람이 미쳐 날뛰고 환장해불 듯이 요번 무안 대회에 동창회 그 어떤 모임보다도 많은 친구들과 각시들이 서울에서, 부산, 거제, 창원, 익산, 목포, 광주, 대전, 영암 등 전국 방방곡곡에서 열정적으로 참석하는 것을 보고 놀라 부렀다.

심지어는 골프의 골자도 가까이 하지 않는 김석현이도 골프치러 오는 부윤경이 공항으로 마중나가 태워 오고 벨 이상흔 놈들 1년에 한번씩 모타서 모든 신경을 쓰게 흐고 귀찮게 함에도 얼굴 보는 재미로 뒷바라지를 아끼지 않는 기와짱 집의 빛나리 사장님 부부를 보니 요것을 쉬쉬흐고 꼼치거나 눈치만 힐끗힐끗 볼 것이 아니라 차제에 만방에 알려서 9월의 이날을 우리 모두의 가을 축제로 승화시켜 보는 것이 어찌까 하는 생각도 해본다.

여수 사는 안용수는 집나간 며느리도 굽는 냄새 맡고 돌아온다는 가을 전어를 가져오고 부산의 정영섭이와 최영이는 자갈치 아줌마흔테 특별히 부탁해서 자연산 광어, 도다리 생선회를 갖고 오고 목포의 하봉이는 묵으면 폭깍질이 나옴서 입천장이 뱃개져부는 흑산 홍어를 재훈이흔테 진짠가 아닌가 감수를 받아 갖고 오고 거제도의 신찬종이는 영삼이 아버지가 잡은 은빛 찬란한 멸치를 갖고 와서 각시들 품에 한 푸대씩 안겨 주고 영암 사는 김여주는 구림에서 잘 키운 똥개를 잡기 이틀 전부터 굶개서 기름기를 쪽 뺀 다음 적당히 삶아서 바구니에 바쳐 물기를 빼서 쫀독쫀독 흐게 갖고 오고 원주 시열이는 요번에 지그 개새끼땜시 참석 못했다고 흔디 조그만 애완견들은 푹 삶아 불먼 녹아분께 살짝 디치거나 아예 생선회로 씹어 불게 갖고 오고. 아고 내가 요런 소리흐면 시열아, 느그 각시가 평생 나 안 본다고 흘 것 같응께 냅 둬라. 행여 프랑스 젖퉁이 큰 부르지도 바르도까지 야만인이라고 몽댕이 들고 쫓아 올런가 모르것다. 대신 시열아 니 개하고 잘 놀아 줄탱께 자연산 송이나 한 소쿠리 갖고 와라.

요 모든 것을 광준이 식당 앞에 공터가 있던디 거기다 옛날 우리 운동회 흐면 동네 잔치 되불듯이 천막 치고 멍석 깔아서 그 우에 산더미같이 싸놓고 무안 밤고구마와 양파를 곁들여 된장 몽땅 찍어서 원없이 씹어 불자. 한쪽에는 큰 무쇠 솥단지 걸어 놓고 보성에 산 놈이 녹차 믹인 도야지 한 마리 갖고 오믄 방택이가 장작 때서 삶아 우리 서중 일고 동문 900여 명이 한데 모타 세계적인 잔치를 해 불자. 각시나 새끼들도 데꼬 오고 살아계신 부모님도 모시고 와서 효도 잔치를 열어 불자.

2006년 9월 9일 쌍구절을 맞아 전국의 고수들이 그간 연마한 실력으로 일합을 겨루기 위해 제4차 무술대회가 개최되는 무안으로 모여들었다. 최대 계파인 한양파는 새벽 일찍 가끔 가랑비가 뿌리는 데도 과천거사의 본거지인 관문방에 집결했다. 한대협의 제안으로 각자의 달구지는 관문방에 주차해 놓고 우등고속을 대절해서 타고 가기로 했기 때문이다.

정말 요새 우리 친구들 약속 시간 하나는 칼이다. 고 넓고 복잡흔 서울에서 6시 40분에 모이라는 문자 메시지 하나에 한 놈도 늦은 놈이 없다. 근창이 말대로 공부흘 때는 꼴보기 어렵던 연일이까지도 놀러 간다고 흥께 더 먼저 나와불 정도다. 7시도 못 돼서 전원 도착 완료하여 일찌거니 출발했다. 남하가 다른 팀들은 클럽하우스에서 점심을 묵기로 했으나 우리는 광준이 집에다 점심을 차려 놓으라고 예약을 해 놨응께 맛나게 묵고 가자고 침을 돋운다. 클럽하우스에 일찍 가봤자 맛난 것도 없고 커피 한 잔 시켜먹을라고 혀도 배보 성렬이 눈치 봐야 된께 기와짱이 훨씬 좋단다.

근디 얼마 안가서 희망이 깨져불기 시작했다. 서해안 고속도로에 접어들자마자 차가 꼼짝을 안 해 분다. 난중에 발안 근처에서 사고가 나서 막힌다는 것을 알고 챨리가 사고 낸 놈은 대가리를 깨불자고 게거품을 물었으나 이미 사고 낸 놈은 깨불 대가리도 없어져부렀을 것이다. 다행히 발안을 지나자 차도 제 속도로 달리고 우리가 놀라고만 흐면 내리던 비도 어느 정도 멈춘다.

처음 모임에 참석흐면서 고것도 이 세상에서 젤로 사랑흐는 각시흐고 함께 흐니 행복이 절로 온몸에 엄습해 온다. 각시는 첨 머리를 올린다는 흥분에 간밤에 한 숨도 못잔 탓인지 버스가 출발흐자 잠이 든다. 새근새근 자는 모습을 옆에서 지켜만 봐도 오지기 그지없다. 근디 문제가 발생했다. 각시가 잠만 못 잔 것이 아니라 너무 긴장해서 오줌소태에 걸렸는지 분명히 서산 휴게소에서 쌌는디도 20분이 못 가서 또 오줌이 매렵다고 흔다.

쪽 팔려서 참을 때까지 참아 보라고 했으나 어째사 쓰것이냐? 그래도 내가 타이틀이 오빠 겸 아빤디 고민을 해결해 줘야제. 차를 잠깐 멈추고 각시 오줌 뉘려고 데꼬 가는디 딴 놈들도 고구마 덩굴처럼 줄줄이 따라 나와 화장을 고친다. 성질 급흔 놈이 술값, 밥값 다 낸다더니 괜히 먼저 말해서 손해 봤다.

버스가 순항을 계속하여 무안IC에 접어들자 남하가 광준이 흔테 점심 주문을 한다. IC를 빠져 나와 무안으로 접어드는데 키를 잡고 있던 남하가 새 길이 뚫려 헤깔리기 시작한 모양이다. 자식이 확실히 모르면 물어나 보지 그래도 지 나와바리라고 알량한 자존심에 짐작으로 좌회전, 우회전 했으나 길은 영판 딴 판이다. 당황한 녀석이 광준이 한테 전화해서 지시를 받고도 더 헤깔려 분다. 좌삼삼, 우삼삼, 전후좌우로 여남은 바꾸를 돌아도 다람쥐 쳇바꾸 돌기다.

참다못해 조용히 있던 너계수가 대신 키를 잡는다. 남하하고 반대로 간께 금방 초당대학교가 나오고 거기서부터는 다 알것단다. 근디 헛바퀴 도느라 시간을 너무 허비한 탓에 밥먹을 시간이 없어져 부렀다. 괜히 광준이만 밥차려 놓고 눈빠지게 기달린 것이 허사가 되고 말었다.

우여곡절 끝에 무안 CC에 도착흐니 넉넉한 배의 소유자로 우리 동창회 회장이요, 무등 20 광주 총무이며 제4차 무안대회 총추진위원장 동무인 성렬이와 오랜만에 보는 낯익은 낯짝들이 우리를 반긴다.

3) 향기 나는 여자

점심을 기와짱 갈치조림 대신 클럽하우스 탕으로 대강 때리고 몸도 풀겸 프로암대회에 참석했다. 남 A, B 코스를 9개 팀으로 갈려 Tee up을 흔디 조편성을 봉께 각시와 찢어져야 했다. 낯선 땅에서 처음으로 머리를 얹으러 온 각시를 혼자 보내려니 가심이 에리고 설움이 복받쳐 올랐지만 보다 큰 영광을 위해 꾹 참았다.

대신 각시를 한국은행 총재 안형순이의 각시 양향자 여사에게 맡김시로 신신 당부를 했다. 향자씨는 처음 만났지만 왠지 믿음이 갔다. 이름 그대로 향기나는 여자였다. 밥 묵음시로 옆에 앉어 있기만 해도 은은한 쟈스민

향기가 배어 났다. 여자 나이 쉰이면 쉴 대로 쉬어서 청국장 뜨는 냄시가 나는 벱인디 그녀는 전혀 달랐다.

그녀를 겪어본 친구들의 의견도 대체로 일치했다. 성깔도 좋고 싹싹흐고 붙임성이 있어 형순이와 전혀 다른깨 안심흐란다. 그래도 늙어서 노파심이 생긴 탓인지 또 부탁을 했다. 모르면 갈캐 주고 조금 부족해도 감싸줌시로 절대 땔지 말고 왕따시키지 말 것이며 이 서방의 간절흔 부탁을 다른 각시들한테도 꼭 전해서 잘 데꼬 놀다 오면 훗날 그 은혜는 결코 잊지 않겠노라 다짐을 했다.

나는 최찰리, 김여주, 김하봉 프로와 한 팀이었으나 남하가 하봉이 돈 따 묵을라고 지그 팀에 있던 박희만이와 바꿔치기를 했다. 난중에 이야기를 들어보니 남하는 김재훈, 김성수, 김하봉이와 한 조를 이뤄 스트로크를 했는디 밥으로 여겼던 성수한테 완조니 코피를 쏟아분 모양이다. 시작흘 때 보니 남하가 핸디를 4개 주네 6개 주네 흠시롱 촐싹대자 성수가 나에게 조용히 다가와 씩 웃으며 두고 보란다. 지가 작년에 하이난에서는 호구였으나 요번에는 뭔가를 보여준다더니 나중에 성수한테 그 비법을 전수받어야 쓰것다.

찰리는 폼생폼사다. 근디 찰리라고 흥깨 뭔지 좀 어색흐다. 50년을 짜리라고 흐다가 고칠락 흥깨 잘 안 된다. 그래도 저는 괜찮은디 지그 각시가 듣기 싫다고 흥깨 어쩔 것이냐? 신경을 써 줘야제. 지 말대로 구력이 10년이 넘고 스페인, 하이난, 오키나와 등 해외 전지훈련을 댕겨서인지 스윙폼 자체가 우아함시로 예술이다. 근디 집중적으로 치지 않고 듬성듬성 댕기다 보니 스코아는 별로다.

여주는 야구를 해서인지 아니면 타고난 소질인지 구력은 나보다 두 달 많음에도 불구흐고 징흐게 잘 쳤다. 필 미켈슨같이 짝잽인디 드라이버를 한번 갈개 불면 장외홈런이다. 선수로 뛸 때는 홈런을 한 개밖에 못 쳤다는디 완전히 교타자에서 장타자로 변신을 했다. 기본이 튼튼해서인지 첨부터 끝까지 흐트러짐이 전혀 없다. 지금은 영암 구림 공고에서 체육선생을 흐고 있는디 수업을 1주일에 10시간 정도밖에 안 흔다고 흥께 열씨미 갈고 닦아서 정교함만 키운다면 내년에는 민사부도 지존의 왕좌를 물려줘야 흘 것이다.

희만이는 옛날에 깔짝깔짝흐다가 한 10년 쉬었단다. 요번에 요기 온다고 클럽 일체를 새로 사서 비닐도 덜 뜯은 탓인지 나랑 비슷흐게 허부적댔다. 여기저기 공 구걸흐러 댕긴 것을 보니 아마 공은 나보다 많이 잃어부렀을 것이다. 지금은 서울에 올라와 쉽시로 새 출발을 구상중이란다. 지난번 서울 입성 신고식을 흘 때 내가 부속국민학교 1년 선밴께 알아서 모시라고 했더니 요새는 보기만 흐면 일부로 "선배님, 선배님!" 흐고 동네 챙피흐게 악을 쓰고 댕긴다. 금시로 꼭 저는 영리해서 서중을 그냥 들어왔는디 선배님은 멍청해서 1년 더 댕기고 들어왔다는 말을 붙인다. 그래 짜샤! 나는 똥차두다. 넌 영리흥께 좋것다.

난 역시 안 돼. 나름대로 연습도 희고 하다못해 남하흔테 한 수 배울라고 과천 관악산 밑에서 원정 연수까지 받았으나 헤매기는 마찬가지다. 골프가 원래 골 패는 것인지 내가 멍청해선지 도대체 그 이유를 알고 싶다. 골프채를 선전에서와 같이 가방째 워터 해저드에 던져 불고 미련 없이 돌아 서려 했으나 차마 낯선 B코스에서 빼기치고 있을 각시를 생각해서 참고 또 참었다.

게다가 15홀째 접어들며 4시간이 넘어가자 헤어진 각시가 그리워 더 안 맞는다. 나는 각시 안 보고 견딜 수 있는 Maximum이 4시간인 것 같은데 훈기나 방택이는 고렇게 오랫동안 각시를 안 봄시로도 오찌고 버티는가 그것을 알고 잡다. 후제 고 비법도 전수 받아야 쓰것다.

날이 어둑해지며 바닷바람이 거세진다. 오랜만에 친구들과 속아지 없이 별 놈의 노가리를 까고 좋은 공기 마시며 푸른 풀밭을 거니는 기분도 상쾌

하다. 날씨도 거의 비는 뿌리지 않고 구름만 잔뜩 끼여 골프 치기에는 더할 나위 없이 좋았다.

첫날 농사를 끝낸 뒤 목간을 하고 나온디 찰리와 내가 마지막인지 암도 없다. 각시를 수소문 했으나 다들 모른단다. 할 수 없이 빛나리 사장님이 친히 운전흐시는 봉고를 타고 저녁 식사 장소인 옛날 기와짱에 도착했다. 하도 친구들이 많이 모여 큰 방도 부족해서 바깥 홀까지 두 방으로 나눠야 했다.

큰 방 가운데 웬 여인네들이 모여 앉아 있는디 바로 거기에 고렇게 보고 싶어 사무치던 각시가 무사히 이쁘게 앉아 있는 것이 아닌가! 너무 반가와 기쁨보다는 설움이 복받쳐 올랐다. 꼭 딸래미 키움서 첨으로 학교 보내 놓고 불안해 떨다 돌아온 딸의 인사를 받음서 오져서 눈물나던 기분이다.

각시는 쫑알쫑알 귀엽게 무용담을 애기한다. 첨이라 행여 민폐만 끼칠까 디지게 걱정했는디 형순이, 훈기, 용수 각시가 너무나 잘해 줬단다. 한대도 안 때림서 자상히 갈쳐 주고 잘 흔다고 칭찬도 해 주고 심지어는 난중에 늙어서 은퇴해 갔고 광주 내려가서 살믄 친구 해 준다고 약조까지 했단다. 형순이 각시야 직접 부탁을 했응께 그러려니 했지만 생판 얘기도 못 듣고 처음 보는 여수 용수 각시가 잘해 줬다는 말을 들으니 콧날이 시큰해진다. 각시가 이쁘고 고마운 탓인지 학교 댕길 때 용수흐고 친하지도 않고 졸업 후 첨 만났어도 남편까지 친흐고 좋은 친구같이 여겨져 떨어져 있는 용수를 찾아가 술 한 잔 권했다. 좌우간 나한테 이삐 보이고 홈피에 착한 인간으로 나올라면 우리 각시한테 신경 써야 쓴다.

빛나리 각시 미래 여사께서 손수 요리흐신 가을전어, 소라, 병어 매운탕에 저녁과 술을 맛있게 묵고 있는디 추석이나 설에 외지에 살던 새끼들이 하나 씩 도착 흐듯 밤늦게 전국 각지에서 친구들이 불나비처럼 모여든다. 한 명씩 들올 때마다 모다들 일어서서 '오매! 오랜만이다. 진짜 반갑다.'

며 껴안고 볼딱지를 비비는 둥 생쇼를 흔다. 각시들도 서방의 친구 각시는 친구인양 첨에는 눈치도 보고 체면도 차리며 견제구를 당기더니 금방 친해져서 서방들 숭보고 평가흐기에 바쁘다.

좌석을 돌면서 술잔을 돌리다가 대가리까지 도라분 친구들이 생겨난다. 나도 반갑고 술도 땡겨서 한 잔 해 볼라고 했더니 각시가 살모사 시모 눈을 하고 감시의 눈초리를 늦추지 않는다. 겨우 각시 몰래 상다리 밑에서 내열이가 따라준 양주를 에수칠라다 어느 새 다가와서 "여보! 뭐해?"하고 등짝을 치는 각시의 호령에 놀라 자빠져서 사래가 들려 머금고 있던 비싼 양주를 쏟아 부렀는디 지금 생각혀도 아까와 죽것다.

왕년의 무용담, 중 · 고등학교 꼰대들 야기, 거기다 광주 사교계 가시내들 근황, 서방, 각시에 새끼들 야기까지 복합적으로 어우르고 버무리다 봉깨 그야말로 무안 나이트, 천일야화다. 그래, 그동안 놈한테 못 흐고 된장독에 깻잎 쟁여 놓듯 가심에 싸놓은 야기를 원껏 토해부러라. 여기서는 암도 숭보거나 머시라고 흐거나 삐칠 놈도 없응깨 친정 집에 와서 엄니흔테 서방흐고 댕기는 짓 일르듯이 다 해부러. 그래야 가심앓이 속병도 낫고 속도 개운해져 돌아가면 또 몇 년 참고 살 수 있제.

4) 동백(冬栢) 아가씨

이 자리를 빌려 과거사 일부를 밝힘으로써 느그들흔테 양해를 구흐고자 흔다. 난들 느그들 오랜만에 만나서 술묵고 쪼개고 싶은 마음이 왜 없것냐? 느그들이 잔 잡아 권흘 때마다 두꺼비 파리채 묵듯 단숨에 털어 불고 싶제. 맘 같애서는 밤새 앞장서서 뽈고 마시고 잡제. 각시 눈치 봄시로 멍그작거리며 사양흐는 것을 써운흐게 생각했으면 용서해라. 그 존 것을 못흥께 얼매나 가심이 찢어지겄냐? 근디 내 가슴은 각시 맘에 비흐면 암껏도 아니란다.

내 각시도 원래는 훈기나 찰리 각시같이 착흐고 맘씨도 고왔다. 그래서 결혼 후 10년을 동백아가씨같이 살았단다. 셀 수 없이 수많은 밤을 지 풍만한 가심 도려내는 슬픔에 겨워 얼마나 울었는지 모른단다. 그리움에 지쳐서 울다가 지쳐서 가심이 뻘그게 멍이 들어 부렀단다.

서방인지 남방인지 원수가 허구흔 날 술쳐 묵고 새벽에 들어오다가 주말에는 1주일 동안 묵은 술에 보대껴 하루 종일 뻗어 자빠져 있더란다. 신혼 초 은마아파트 꼭대기에 세들어 산디 한보 정태수가 얼마나 날림으로 지었는지 끄떡흐면 엘리베이터가 고장 나불 때다. 하루는 하도 안 와서 나와 봉께 밑에서 뭔 소리는 들린디 사람은 나타나지 않고 불길한 예감이 들어 내려가 보았단다. 어떤 놈이 만병되게 취해 갔고 두 계단 올랐다 세 계단 미끄러져 불고 또 오르다가 자빠져 불고 흠시로 제 자리를 헤매고 있는디 서방이더란다. 14층을 고렇게 올랐으니 지난 여름 백두산 천지 계단오르기보다 심들었을 것 같다. 지그 집 남자들이 술을 벨로 안 마신께 남자들이 술 마시면 다 그런지 안데다 또 서방이 술 깨면 용하디 용흔께 고것이 지 팔자려니 흐고 참고 살았단다.

근디 고렇게 술을 마셔싸니 급성췌장염이 만성으로 되야서 인자는 술쳐묵고 분기에 한번씩 최소한 일 년에 4번씩 병원에 입원을 흐더란다. 어린 딸래미둘 키움서 직장 다니기도 바쁜디 아침 저녁으로 병원에 들려 남편 수발흐다 봉께 관절염이 생겨 불고 자존심상 아무에게도 말 않고 살다봉께 속이 숯댕이가 썩어 문드러져 아예 시구지름(석유)이 되야 부렀단다. 고생도 고생이지만 병원비에다 은행 결근으로 못 받은 돈만 해도 아파트 몇 채는 샀을 거란다.

그래도 원수는 퇴원흐면 한 달을 못 넘기고 술만 보면 환장해 갖고 덤벼들어 96년부터는 췌장을 가만히 놔두면 안 된께 뱃속에도 스탠튼가 뭔가 스트로우 같은 파이프를 꽂아야 된다고 할 때사 술을 끊더란다. 그때의 심정은 이미 홈피에 게재흔 「목숨 걸고 마신다」와 「아내는 부재중」, 「아내에게 바치는 눈물의 편지」에 잘 나타나 있으니 검색해서 보도록 해라.

하여튼 고런 사연이 있응께 나야 욕 묵고 맞아디져도 싼 인간이지만 말린 각시는 아무 죄도 없응께 느그들이 이해해 주라. 물론 요즘은 아조 행복흐게 잘살고 있다. 4년 전에 수술흔 뒤부터는 입원도 안 흐고 속차려서 집안 살림도 잘 도와주고 해서 요것이 행복인갑다 흐며 살고 있는디 요새 와서 가끔씩 술을 마기는 것같아 각시가 불안흐단다.

관절염도 양재천 데꼬 댕김서 살살 걷게 하고 좋은 약 사방데서 구해다 주고 이제량이 한약도 믹이고 집에서도 시간만 나믄 심지어는 텔레비 봄시로도 다리를 쪼물딱 쪼물딱 해줬더니 나서부렀다. 요번에도 이틀에 걸쳐 열 여덟 구녁을 두 바퀴나 돌아불고도 암시랑토 않다며 옛날 같으면 생각도 못 흘 일이란다.

밤은 깊어 가지만 좀처럼 자리가 끝날 기미가 보이지 않자 이뻰 너계수가 내 속을 오찌고 알고 각시랑 같이 온 놈들은 오늘같은 날이라도 점수 따야 흔담서 빨리 가서 자란다. 울고 싶은디 싸다구 올려붙여 준다고 얼릉 인나서 숙소로 빠져나갔다. 각시가 오른발이 자꼬 쥐가 난다고 해서 정성스레 주물러 주고 이뻰 각시 털난 가심에 꼭 껴안고 안 끗도 안 흐고 그냥 잤다.

5) 민싸부는 못 말려

둘째 날은 본 대회 날이다. 6시 반 의관을 정제한 뒤 옆방에 투숙한 김용출 변호사 차로 클럽하우스로 가서 아침 묵고 대회장으로 향했다. 모다들 어지께 내가 자러 간 다음 끼리끼리 모타서 밤샘을 했는지 눈알도 빨갛고 입에서는 단내를 풍긴다.

어제 안 보이던 이준회, 이문기, 고재상, 박영택, 김봉광, 임방택, 김태기, 국상표, 한홍준 등 많은 새 얼굴들이 와 있었다. 새벽 일찍 찾아온 모양이다. 요렇게 새벽에 시간 맞춰 찾아온 친구가 있는 반면 잘 놀다 기어 나가서 소식도 없이 돌아오지 않아 맘씨 좋은 쌀집 아자씨같이 생긴 성렬이 염장을 지른 친구도 있다.

서 A, B COURSE, 남 A, B COURSE에서 무려 16개 조로 나뉘어 TEE UP을 하는디 그 자체가 장관이다. 조 편성상 존경하는 민싸부 부부와 우리 부부가 한 조를 이뤘다. 골프를 지대로 한 수 배워 보라는 배려인지 아니면 50회를 대표하는 두 구라가 맞짱을 떠 보라는 것인지 확실치는 않으나 뭔가 야로가 있는 것 같기는 흐다.

아무튼 나로서는 평생 오기 힘든 기회이니만큼 너계수와 남하 조 짜기 담당 이사에게 감사드린다. 싸부님은 새벽부터 범인으로서는 상상도 못할 해괴한 말씀과 행동으로 좌충우돌 흐신다. 준비 체조를 시키는 캐디 언니 궁둥이 바지 위로 팬티 라인이 드러난다거나 똥꼬에 바지가 끼였다고 시비를 걸다가 느닷없이 그 특유의 개다리에 가라 기타 폼을 잡으며 "Left good job in a city"하며 'Proud Mary'를 열창흐고 70년대의 알리 스텝을 경쾌흐게 밟더니 허리를 유연흐게 돌려 꼬치 튕기는 춤을 춘다. 주위의 모든 군중이 박장대소하며 이구동성으로 뱉는 말이 "민싸부는 못 말려!!"

타석에 들어서니 싸부가 스윙 폼과 얼라이언먼트를 교정해 준다. 흐시는 말씀 하나하나가 금과옥조와 같고 동작 하나하나가 교본이요, 예술이건만 우둔한 제자가 제대로 소화해 내기에는 너무 어려웠다. 골프를 침시로 나누는 사제 간의 대화는 일반 범인들로서는 너무 난해했다. 산부인과 의사 진단인지 조폭들의 대화인지 제대로 이해흐지는 못흐지만 캐디와 각시는 폭소를 금치 못흔다.

내가 임팩트시 공을 맞치기 전에 몸을 돌려분다고 지적흐더니 일단 넣고 돌려야지 넣기도 전에 가랑이 사이에서 돌려불면 지아무리 돌려도 상대방이 쾌감을 느끼지 못한단다. 드라이버 거리가 안 나가서 레이디 티에서 각시들과 같이 친다고 흥깨 고럴라면 아예 하리수같이 꼬치 훑어 불고 오란다. 퍼팅을 흠시로도 허벅지에 쌌니 어쨌니 흐면 고것이 바로 자궁외 임신이라는 진단이 내리고 퍼터는 생선회 칼로 포 뜨듯이 살째기 뺏기란다.

여자가 무거운 것을 들고 댕기다 용쓰면 밑구녁이 빠져분다고 흐기에 빠진 밑구녁을 씻어서 소금에 절여 젓을 담그거나 고치장에 찍어 생선회로 묵으면 맛있것다고 답했더니 구녁에 대해서는 더 이상 갈칠 것이 없으니 하산하여 강호를 구하란다. 다들 민싸부 말씀을 잘 듣고 고대로 연습흐면 10타는 줄어분다흐니 고 효력이 나한테 있을지 모르것다.

드라이버를 치다가 쪼로나 픽이 나 창피해서 그냥 갈려고 흐면 캐디가 뒤에 있을 때는 원래는 이러면 안 된디 언니가 안 봉께 얼른 한 개 더 치란다. 캐디가 옆에 서 있으면 다시는 안 흐기로 흐고 얼른 한 개 더 치란다. 캐디도 하도 얼척이 없어 포기흔 듯흐다. 하여간 훈기 덕에 편한 맘으로 많이 배우고 연습도 많이 했다.

훈기 말에 의하면 원래 골프는 아조 쉬운 운동이란다. 살살 흔들다 부드럽게 때려 불먼 다 잘 나간단다. 근디 새끼들이 돈 벌어 퍼 묵을라고 요런 저런 이론을 만들고 맨날 새로운 채를 개발해냈다고 선전흐고 될 만흐면 폼이 틀렸다고 고치고 고쳐서 오랫동안 돈을 뽈아 묵는단다.

고래도 골프를 잘 시작했다는 생각이 든다. 원래는 각시가 지그 서방이 못해서 기죽는다고 마지못해 배웠는디 타석에 올라 궁댕이를 앙증맞게 뒤로 쭉 빼고 폼을 잡는 각시를 쳐다보는 것만으로도 흐뭇흐다. 금년 식목일 각시를 연습장에 끌고 가서 회비 내주고 입문시키기를 정말 잘했다는 생각이다. 오기 전에 돈 아낀다고 한참 빼는 각시에게 이쁜 골프복 한 벌을 장만해 준 것도 역시 현명한 선택이었다. 모든 것에 최선을 다하고 선생님 말씀은 일자, 일획도 틀림없이 실천흐는 모범생 각시는 어찌나 시킨 대로 잘 흘려고 연구흐고 노력흐는지 비거리는 별로지만 폼만은 강남에서 최고라는 찬사를 코치로부터 듣는단다.

어제 머리를 올렸지만 코스가 달라서 한번도 못 본 각시의 어깨를 감싸고 대자연 속에서 맑은 공기 마셔감서 대화를 나누는 것만으로도 욕정이 넘쳐 비아그라나 자이데나는 저리 가라다. 요새 참관기 댓글에 XX봉으로 끝나는 놈들이 자꾸 시비를 걸던디 조심혀라. 느그들이 문화일보 '강안남자' 주인공 '조철봉'이같이 이름 끝자가 작대기 봉이라 작대기 좀 놀린다고 깝죽대는 모양인디 필자는 비록 골프 막대기는 서툴러도 밤 짝대기 놀리는 초식은 느그들보다 훨썩 나슨께 느그들이 별 염병을 떨어도 전혀 기가 죽지 않는다는 것을 명심혀라. 정 의심나면 소비자흔테 직접 물어 봐.

글고 또 한 가지 분명히 짚고 넘어갈 것이 있다. 느그들이 나를 비아냥대거나 씹는 것은 존디 나를 빌미로 과천 한 대협을 음해흐거나 폄하흐는 놈은 냅두지 않을 것이다. 나는 한 대협 눈에서 피눈물 나게 한 넘은 용서할 수 없어. 누가 뭐래도 한 대협은 나를 골프로 인도흐시고 이국 만리 하이난으로 끌고 가시어 머리를 얹게 해준 분이여.

요새는 여주 같은 짝잽이도 배울 수 있는 연습장이 있지만 한 대협이 강호 무림계에 입문흘 때만 해도 왼손잽이 타석이라곤 없었다. 그래서 오리지날 SOUTH포인 한 대협이 눈물을 머금고 NORTH포로 변신을 한 것이다. 지대로 못 묵고 못 배운 것만 혀도 서러운디 고걸 가지고 도리깨 폼이네 무당 굿 폼이네 하고 손구락질흐는 넘들은 2편에서 언급한 재봉틀의 형벌을 피할 수 없을 것이다.

훈기 각시는 말이 없다. 훈기는 지그 각시가 옆에 있는디도 "내가 각시없이 혼자 왔응께 흐는 말이지만" 흠시로 노가리를 깐께 내 각시도 첨에는 훈기 각시인 줄 몰랐단다. 훈기가 아무리 얼척없는 짓거리를 해도 씩 웃는 것으로 끝이다. 포기나 체념을 했는지 모르지만 아마 속으로는 훈기와 주댕이로 맞장을 뜨는 또 한 마리의 괴물이 존재하는 것을 보고 안도의 한숨을 내쉬었던지 아니면 그 각시에게 동병상련의 정을 느꼈는지 모르것다.

연조가 있어 골프도 잘 치고 의상에도 신경을 쓰는지 큐롯 바지에 산뜻한 차림이다. 성격은 조용흐고 차분흠시로도 사람을 참 편흐게 대해 준다. 각시도 훈기 각시흔테 많은 것을 배움시로도 너무 편흐고 이모로와서 오래된 친구나 언니같이 포근흐단다. 나이 차가 난다고 해도 많아야 한 살이나 될까? 날씨도 참 좋았다. 다만 바닷바람이 너무 세서 가슴 표면적이 넓은 각시와 탄도가 높은 내가 손해를 본 것이 아쉬었다.

6) 내년에 다시 만나요!

시합을 끝내고 중식 장소인 클럽하우스 알바트로스 홀로 갔다. 이미 많은 친구들이 모여 있었다. 오랜만에 만난 친구들과 인사도 흐고 한잔씩 했다. 돼지 목살과 훈제 요리도 맛있었다.

방택이 각시 미영씨를 20년 만에 만났다. 옛날 학생회관 약사로 근무흘 때 흘일 없으면 들려서 귀찮게 흐다가 고것이 인연이 되어 방택이 흐고 맺어지게 됐응깨 이를테면 내가 중신애비다. 처녀 시절 오동포동흐니 귀엽던 얼굴은 어디가고 눈가에 잔주름을 숨길 수가 없으니 모진 세월이 고롷게 흘러부렀는가 괜스레 슬퍼진다. 광주만 해도 바닥이 좁아서 한 다리 건너도 뻔할 뻔이다. 형순이, 훈기, 방택이 각시가 전여고 동창으로 친구던디 요번에는 빠졌지만 영복이 각시도 동창이 아닌가 흔다. 방택이 각시가 저 쪽에 떨어져 앉아 있는 종봉이를 물어 본다. 대학교 댕길 때 같은 써클이었단다. 세상이 참 좁아서 죄 짓고는 못 살 것드라.

너계수 사회로 1부 예식이 시작되었다. 이번 행사를 기획흐고 추진흐고 돈 걷고 연락흐고 거의 혼자 총괄 지휘를 한 배짱이 성렬이가 요렇게 많은 친구들이 성황을 이루어 줘서 감사흐다는 인사를 했다. 성렬이는 배짱이다. 얼굴이 이쁘면 얼짱, 몸이 쭉쭉빵빵 잘 빠졌으면 몸짱이디끼 배가 크고 이쁘니깨 배짱이다. 글고 그는 배짱이 좋다. 어려운 일도 배짱 좋게 뚝심으로 밀어 붙인다. 요번 일도 얼마나 대가리가 아프겄냐?

토요일 낮부터 오는 놈, 밤부터 오는 놈, 일요일 날 오는 놈, 토요일만 놀다 가는 놈, 혼자 오는 놈, 각시나 친구를 데꼬 오는 놈, 각시 데꼬 와서 토욜, 일욜 다 논다고 해놓고 토요일 저녁에 기어 나가서 일요일 날 안 와분 놈, 골프는 안 침서 친구 보고잡어 저녁 뒤풀이만 참석흐는 놈 거기에다 돈도 빨리 내는 놈, 현장에서 당일 내는 놈, 안 내고 가분 놈, 또 버스타고 오는 놈, KTX나 비행기 타고 오는 놈, 지 차 몰고 오는 놈 등 열거흘라고만 해도 대가리가 쥐나분디 고것을 다 신경 쓰고 계산을 맞춰야 흐니 양배짱이가 아니면 엄두도 못 낼 일이다.

글고 또 그는 개미와 배짱이에서 배짱이처럼 한량 기질이 있다. 나는 그가 교수라는 것을 믿을 수가 없다. 동창들 애경사나 전국의 지회 행사, 모든 동호회 행사에 빠짐없이 참석흐면서 언제 연구해서 학상들을 가르칠까. 하도 공사다망하여 공사가 다 망해부러야 좀 쉴 수 있을 텐디 하여간 이번 큰 일 혼자 치르느라 무쟈게 욕봤다. 과천거사, 언제 성렬이 서울 오면 위로연 자리나 한번 마련토록 흐소.

내려오기 며칠 전에 정찬형 경인동창회장이 홈피에 올렸던 동기 유자녀 돕기 안건이 근창이의 제안 설명으로 흔쾌히 만장일치로 통과되었고 여러 동기들이 앞다투어 협찬을 해준 덕분에 크리스마스도 아닌디 때 아닌 선물 보따리를 듬뿍 챙겨와 고향의 인심과 훈훈함을 느꼈다.

혼자 떨어져 총각으로 삼시로도 아직 젊음과 싱싱함을 고대로 갖춘 이쁜 사현이는 골프공과 우산을 한 아름 가져와 앵게 주고 남하는 지 지역구에 소재한 보해를 등쳐서 소주, 복분자, 매취순을 얼마나 가져와 부렀는지 마시고 마셔도 1/10도 못 마셨다.

박선우 장군은 비록 참석은 못했지만 부친상에 참석하고 후의를 보내준 친구들에 대한 감사의 뜻으로 임페리얼 17년 산을 두 박스나 보내 왔다. 빛나리 광준이는 젤 좋고 비싼 소라와 생선을 친구들에게 먹인데다 식당은 원래 술값에서 남기는 법인디 고것도 전부 놈들 등쳐서 가져와 불고 애기들이 지그 집서 밤새며 요것조것 집어묵어 분 통에 징흐게 손해를 봤을 것인디도 몸에 좋다는 뽕잎차와 무안 밤고구마를 한 구루마 가져와서 넉넉흐니 나눠주었다. 요것이 세상 사는 맛이 아니것냐.

2부 시상식은 내가 진행했다. 원래 성격이 내성적이고 수줍음을 많이 타는데다 놈 앞에 나서는 것을 각시가 싫어 해서 조신흐게 안거 있을라고 했으나 요번은 달랐다. 각시를 무안에 데리고 옴서 스코아와 관계없이 신인상을 타게 해 준다고 꼬시고 성렬이와 남하에게 기름칠은 해 놨지만 성렬이가 전화는 잊어 분께 댓글로 달아라고 흔디 댓글로 달믄 놈들이 짜고 치는 고스톱이라 비난흘 것이 두렵고 행여 성렬이 치매가 도져서 신인상을 잊어 묵거나 놈한테 줘불까 염려가 되었기 때문이다.

근디 각시 몰래 요 테이블 저 테이블을 눈치 봄서 돌아다니며 급한 마음에 폭탄주를 많이 마셔분 탓인지 아니면 하도 많은 관중 앞에 처음 선 탓인지 말도 잘 안 나오고 기억도 희미흐다. 좌우간 내 의도대로 각시한테 신인상은 무사히 준 것 같다.

신인상

용우니 각시 강데렐라

귀하는 제 4차 무안 잔디 동산 남녀 오픈 공치기 시합에서
놈들은 빼는데 3년 걸린다는 궁둥이를
불과 5달 만에 완벽흐게 쏙 빼불고

놈들은 피는 데 3년 걸린다는 풍만한 젖가슴을
5달 만에 활짝 핀 방정맞은 폼으로

서방 가심을 뒤숭숭흐게 하였기에
상장을 드립니다.

2006. 9. 10
제4차 무안대회 나 홀로 추진 위원장 양배짱

모두들 기립하여 만장의 박수! 글고 신페리온지 사까치 방식인가에 의해 남하흐고 박흥주가 우승의 영광을 차지했는디 연일이가 돈 99만원으로 막판 뒤집기에 성공하여 남하가 준우승으로 밀렸단다. 이때 얻은 속병으로 남하는 지금 밤마다 잠 못 이루는 동백아자씨가 되야 부렀단다.

돈 게이트는 여자부에서도 터졌는디 16회 박준성 선배가 100만원을 하사한 탓에 우승은 이순복 성수님께 돌아가고 회비 빨리 냈다고 선납상인가 뭔가 별 희한한 상을 만들어 재훈이와 몇 명한테 준 것 같다. 마지막 그랑프리 메달리스트는 골프의 천재요 사교계의 황제이며 구라계의 지존이신 민싸부가 받는 것은 너무나 당연했다. 그 외 롱기스트, 니어리스트, 파, 버디 상들도 있었으나 사회가 폭탄주에 약간 헤또가 가부러서 지 꼴린 대로

각시들을 불러 보듬고 줘분 통에 없어져 부렀다고 흔디 잘 모르것다.

한 가지 선명흔 것은 참가한 각시들에게 모두 특별상을 시상흐고 수상 소감을 묻는데 “지금 서방흐고 언제까지 살라요?”라는 물음에 훈기 각시 한 명 빼고는 모든 각시가 “영원히 살겠다.” “태어난 날은 달라도 함께 죽겠다.” 심지어는 “다시 태어나도 지금 서방과 붙겠다.”고 답했다는 점이다. 모다들 우리 친구들은 각시한테 잘하고 각시 농사는 잘 지은 모양이다. 나중에 몰래 훈기 각시한테 고 답을 들어봐야 쓰것다.

내년에 다시 만날 것을 굳게 다짐흐며 서울행 버스에 올라탔다. 각시들은 사삭을 떠니라고 그런지 아니면 진짜 정이 들었는지 너무너무 헤어지기가 아쉽다며 손을 잡고 석별의 정을 나눈다. 언제든지 전화만 흐고 내려오면 부킹도 해 주고 같이 놀아준단다. 작년에도 밤고구마가 맛있었는디 요번에도 잘 쪄서 묵고 내년에도 꼭 다시 만나잔다. 청포도 사랑이 아니라 고구마 맹세다.

버스를 타고 가는디 그냥 가기는 서운한 양 재훈이로부터 빛나리 집에서 딱 30분만 숏타임으로 한딱까리 하자는 연락이 왔단다. 호상이를 필두로 일부 반대파가 있었지만 다수결로 민주적인 절차를 걸쳐 합법적인 마무리를 했다. 빛나리 집에서 야그흐고 한잔 뿐 것이 아물아물흔디 눈떠 보니 과천이었다. 그 사이 잃어버린 시간에 대해서는 기억나는 사람이 리플을 달도록 하렴.

골프가 좋기는 좋은 모양이다. 평상시 술만 마시면 폴짝폴짝 뛰며 요 원수 빨리 디지라 흐고 심지어는 혈액형이 B형이라는 것을 트집잡아 B형 인간은 비도덕적, 비인간적, 비가족적, 비책임적, 비확실적, 비이성적 등등 말도 안 되는 소리로 몰아세우던 각시가 지가 있어도 요렇게 술을 마시니 앞으로는 골프칠 때마다 반드시 따라가서 지켜야 쓰것다는 말로 조지는 것을 대신흔다.

(2006. 9.)

계림산수 갑천하(桂林山水 甲天下)!

1) 제1편「골프학 개론(槪論)」

서당개 3년이면 풍월을 읊고 마누라 3년이면 서방 때려잡는다고 뭐든지 삼시판잉깨 골프에 입문흔 지 3년째고 중국 원정이 세 번짼깨 인자는 뭔가를 이루어야 흘 것인디 맘대로 안 된깨 점차 초조해진다. 이건희 말짝시나 이미 잘 친 놈들은 더 격차를 벌림서 앞서가고 후발 개도국인 윤철이 같은 애도 욱일승천 뒤쫓아 오고 아니 100을 진작 깨불고 오이꼬시(추월)를 해부니 가운데 끼여 샌드위치가 된 것이 아니라 꼴찌로 쳐저 아예 설 땅이 없어져 부렀다.

그래도 어찌 것이냐? 비록 낼 지구의 종말이 온다 해도 오늘도 골프 채 메고 묵묵히 나의 길을 가야제. 지구의 종말이랑깨 떠오른다만 어떤 부부가 있었는디 한번은 마눌이 묻더란다. "여보! Honey, 5분 뒤에 지구의 종말이 온다면 뭐 흘라요?" 서방 놈이 답흐기를 "당신하고 신나게 한 코 뛰어야제." 긍깨 각시가 꼬라지를 팍 냄서 "글먼 나머지 4분은 뭣 흘라요?" 흐더란다. 짜식, 싸기는 징흐게 빨리 쌌던 모양이지.

골프를 흔히 롱게임, 퍼터, 숏게임으로 나누고 요 세 가지를 다 마스터베이션해서 올가니즘 경지에 달해야 진정한 싱글로 태어난다고 흔다. 롱게임은 드라이버나, 아이언을 시카리 쳐서 멀리 정확히 보내야 흔디 공부로 따지면 영어에 해당된다. 우리가 영어 공부흘 때 하루도 안 빼묵고 매일 외우고 모르면 사전 찾아보고 또 외우다 정 안 되면 사전을 씹어 샘캐불디끼 드라이버는 왕도가 따로 없이 매일 꾸준히 열씨미 연습흐는 놈이 최고다.

퍼터질은 국어에 해당된다. 우리 말은 누구나 된깨 누구나 기본으로 어느 정도 흐기는 흐지만 고것을 잘 흘라면 힘들다. 긍깨 국어는 첨에는 열씨미 흔 놈도 80점, 안흔 놈도 70점은 맞응깨 별 차이가 없지만 고것을 90점 이상 맞으려면 노력을 몇 배 해야 흔다. 마찬가지로 퍼터도 웬만히 연습흔 놈이나 한번도 안흔 놈이나 고저 고렇고 고렇지만 상수로 갈수록 고기서 판가름이 난다.

마지막으로 숏게임은 암기과목에 해당된다. 우리가 공부흘 때 사회나, 국사, 윤리, 생물 같은 과목은 열씨미 외우고 문제를 많이 풀어 본 놈이 잘 흐디끼 숏게임은 열씨미 공식을 외우고 많이 쳐 본 놈이 장땡이다. 엔간히 공부해서 중빠리 이하 학교를 갈 놈은 적당히 한두 가지만 공부해도 되지만 수능을 만점 받아서 서울대 갈 놈은 전부를 열씨미 잘해서 3위 1체를 이뤄야 흔단다.

근디 골프는 고것만이 아니다. 실력이나 연습도 중요하지만 마음이 중요흐다. 고래서 멘탈 게임이다. 백상어 그렉 노만같은 세계적인 선수도 마스터스에서 3일째까지는 7타 차 선두를 달리다 마지막 날 개판침시로 헤매다 7타 차로 떨어져불디끼 실력이 엇비슷흐면 마음을 비우고 잘 다스리는 놈이 이긴다.

골프 격언에 "100대 때는 내 공만 보이고, 90대 때는 남의 공이 80대 때는 코스의 모양이 눈에 들어오다가 70대 때는 내 맘이 보인다"라는 말이 있다. 고기에 내 실력을 대입해 보면 100대가 넘기도 흐고 60대가 되기도 흔디 맞는 말인가는 모르겠다. 하도 호기심에 공 볼라고 대가리를 헤까닥 돌려분다기에 대가리 처박고 치라는 충고에 충실흐다 보니 인자는 내 공이 어디로 간지 몰라분께 격언대로라면 100대도 못 된갑다.

근디 고렇게 허부적대는 나뿐만 아니라 예펜네까지 초대해서 '잘 친다, 좋아졌다' 흠시로 기를 살려 주는 영원한 싱글 골퍼 원선이와 혜재 프로의 친구를 생각흐는 갸륵흐고 아름다운 마음, 즉 남의 마음까지 보이니 70대를 뛰어넘어 60대가 된 것도 같다.

이왕 '골프학 개론'을 시작한 이상 이참에 골프장에서 사용하는 캐디들의 은어도 개안흐게 총정리를 혀 볼란다.

"캐디 말싸미 골퍼에 다라 은어와로 서르 사맛디 아니 흘세 이런 전차로 어린 골퍼가 니르고저 홀 배이셔도 마참내 지 뜨들 시러 펴디 못흘 놈이 하니라. 내 이랄 어엿비 너겨 새로 캐디들의 은어집을 맹가노니 골퍼마다 수비 너겨 날로 쑤메 편안케 하고저 할 따라미니라." 요것이 먼 말인지 모르것는 놈들은 서중, 일고를 안 나온 놈들일 것잉께 세종대왕께서 훈민정음을 반포흐실 때 말씀흐신 '세종 어제(御製)'를 다시 공부흐도록 혀라.

물론 모른 놈은 없것지만 처자식을 위해 특별 서비스 차원에서 이참에는 풀어줄 테니 꼭 외우도록 혀라.

"캐디들이 쓰는 은어가 골퍼들과 달라 은어로는 서로 뜻이 통하지 아니하니 이런 이유로 어리석은 골퍼가 말을 하고 싶어도 끝내는 제 뜻을 쉽게 표현하지 못하는 경우가 비일비재하더라. 내 이를 가엾이 여겨 새로이 캐디들의 은어집을 만드나니 골퍼들로 하여금 매일 쉽게 쓰게 함으로써 편안하게 하고자 하노라."

〈캐디들의 은어〉

○ **택시**: 캐디가 라이도 가르쳐주고 얼로 치라고 방향까지 코치했는디도 지 맘대로 똥고집부려 치다가 허천나게 어만 데로 가불 때를 가리켜

"택도 없다! 시발 놈아"라는 뜻으로 약칭 '택시'라 부른다.

○ **버스**: 앞 팀을 급흐게 쫓아가야 흔디 잃어버린 공 찾느라고 한참을 멍그작거리는 놈을 두고 "버리고 가! 스벌 놈아"라는 뜻으로 '버스'라는 표현을 쓴다.

○ **집시**: 볼을 구멍 가까이 붙이기도 혔고 뒤 팀이 쫓아온께 싸게 진행흘라고 OK 사인을 줬는디도 끝까지 안 집고 악착같이 퍼팅흐는 경우 "집어! 시벌 놈아"라는 뜻의 '집시'를 쓴다.

○ **물개**: 지 눈깔로 뻔히 공이 그린에 올라간 것을 보고도 가우 먹을라고 시치미 땜서 "언니야! 내 공 올라갔냐?" 흐고 물어보는 놈에게 하는 말인 "물론이지. 개새끼야!"의 준말

○ **장미**: 7번 주라고 했다가 8번으로 바꾸고, 쫌 후에 또 다시 7번 주라고 촐싹댐서 방정떠는 놈에게 "장난치냐! 미친 놈아"라는 뜻으로 쓴다.

○ **물안개**: 캐디 보고 못흔다고 구시렁대며 구박흠시로도 계속 그린 앞까지, 방카까지 지럭시가 얼마냐고 물어보는 놈에게 흐는 말로 "물어보지 마! 안 갈캐 줘, 개새끼야"라는 뜻

○ **아가씨**: 누구같이 가라 스윙을 좆나게 많이 흐는 놈에게 흐는 말로 캐디들이 젤로 싫어흐는 놈을 두고 쓴다. "아직도 가라 스윙흐냐? 씨발 놈아!"

○ **MC**: OK 받을 거리도 아닌디 지 맘대로 주서서 Hole-Out흐는 놈에게 쓰는 말로 "마크해! 씨벌 놈아"라는 뜻

○ **CEO**: OK 받을 거리도 아닌디 OK 안 준다고 구시렁대는 놈흔테 쓰는 말로 " 씨발(C)놈아, 이것(E)도 OK냐?" 라는 뜻

○ **MBC**: 퍼팅흘 때 지 차례도 아님서 앞에서 거치장스럽게 얼쩡대는 놈흔테 MBC라 한다. "마크(M)흐고 비켜(B)! 씨발 (C) 놈아!"

○ **천고마비**: 오시열 장사가 갈캐준 이론으로 "천천히, 고개 박고, 마음을 비우고 쳐라."는 뜻

○ **일파만파**: 첫 홀에서는 몸이 덜 풀려서 대부분 초짜들이 개판치는 경우가 많은디 요럴 때 일행 중 한 놈만 파를 흐면 딴 놈들도 모두 파로 쳐주는 것을 말한다.

전번에 금강산 아난탄가 중계를 봉께 북한 아샤키들도 잣치기를 흐기는 흔디 그 용어가 우리흐고는 많이 다르다고 흐드라. 요것도 언젠가 타협을 봐서 일치를 시켜야 흘 것인디 흘 일이 너무 많구나. 고 애들은 우드는 나무채로 아이언은 쇠채로 티잉그라운드는 타격대, 티는 못, 그린은 정착지라 한다고 흔다. 긍깨 굳이 북한식으로 중계를 흐자면 "박용운 선수! 타격대에 올라서서 못을 꽂고 못대가리에 공을 올려 논 다음 으뜸 나무채를 들고 방향을 꼬눈 다음 시카리 쌔려쳐서 공을 고운 길 멀리 날렸습니다. 다음 짧은 쇠채로 두 번째 휘두르기를 해서 공을 정착지에 안착시킨 다음, 쇠주걱을 이용해 구녁에 집어 넣어 작은 새 한 마리를 잡았습니다." 정도 될 것이다.

2) 제2편 「비자(榧子)나무의 가슴 아픈 전설」

2007년 11월 23일 18시 00분, 인천국제공항! 제3차 계림 원정대 22명이 여수, 광주, 원주, 용인, 과천, 서울에서 모여들었다. 근디 요번에는 선수단 구성이 다르다. 지금까정 해외 원정에는 여남은 수펄들이 오직 한 마리 여왕벌 만을 모시고 나가 여왕벌로부터 로얄제리를 한 볼때기라도 더 얻어 묵을라고 껄떡댐시로 허천을 떨었는디 요번에는 화려하고 우아하고 눈이 부셔 감히 용안을 우러러 뵙기도 힘든 여왕벌님이 7마리(?)나 납신 것이다. 그야말로 황금어장이다.

이미 여왕벌의 총애를 차지하기 위한 15마리 수펄들의 치열한 신경전과 각축전이 벌어지고 있었다. 요때까지만 해도 잠시 후에 닥쳐 올 비자나무의 저주를 암도 모르고 그저 히히덕거리며 쪼개기에 바뻤다. 이번 계림 납회에는 영원히 묻어야 할 두 가지 사건이 있었다. 하나는 백양사의 비자나무에 얽힌 사연이요, 또 하나는 계림 계수나무에 얽힌 가슴 아픈 사연이지만 이는 영원히 역사의 미궁으로 남을 것이다. 참가자 전원도 이를 무덤까지 가슴에 묻고 가기로 맹세, 또 맹세를 하였다.

이 사건의 전말이 밝혀지면 사랑하는 친구 두 명을 잃는 것은 물론, 중국의 출입국 관리와 아시아나 항공의 비밀 커넥션이 밝혀져 소름 끼치는 피바람이 몰아칠 것이요, 한중관계가 단절되거나 파국으로 치달을 위험이 있기 때문이다. 하여 요 사건의 진실을 알려고 흐지 마라. 판도라의 상자가 열리는 순간 그 저주로부터 어느 누구도 자유로울 수 없고 평온해 보이던 강호는 혈겁으로 물들고 말 것이다. 다만 이 순간 천우신조로 백면서생이요, 강호의 기린아 금호방의 상배검이 혜성과 같이 나타나 흑도의 마수를 제압하고 말없이 사라졌음을 밝히는 바이다. 새삼 이 자리를 빌어 박상배 대협객에게 찬미와 존경을 드린다.

초반에 커다란 피의 파도를 헤쳐 나갔음인지 그 다음부터는 순풍에 돛단 듯 탄탄대로다. 아시아나 항공사에서도 얼마나 감동을 묵었는지 비행기가 이륙흐기도 전에 각종 주류와 산해진미를 제공하였다. 비자나무의 공포에 떠느라 뚜껑이 열린 남하는 스튜어디스에게 와인과 삐루를 계속 추가했다. 물론, 계산은 준성이 형 앞으로 달아 놓았다. 오죽했으면 신승무 회장님이 과음으로 실신을 했것냐? 나는 심한 감기 몸살로 맹물만 마셨다.

우리 때문인지 비행기가 늦게 출발한데다 입국심사에서 비자나무의 저주로 약간 실랑이가 있어 맨 마지막으로 나오다 보니 희창이네 현지법인 신철현 차장의 안내로 대우호텔에 투숙했을 때는 새벽 2시가 다 되었다.

해외에 가면 녹수가 비록 깨를 홀라당 벗고 자는 변태같은 버릇이 있지만 외국어도 잘 흐고 뭐시든지 잘 알고 시킨 대로 흐는 것이 맘이 편흔깨 항상 녹수를 지아비로 모시고 함께 잔다. 근디 요번에는 방 배정을 받고 들어가 보니 호텔이 좀 특이하다. 객실에 있는 침대와 화장실 욕조 사이에 큰 유리창이 있어 목깐흐는 모습이 훤히 들여다보인다.

나는 피곤해서 간단히 먼저 씻고 나와 침대에 자빠져 있느라 몰랐는디 나중에 녹수가 들어 간깨 갑자기 TV가 켜지듯이 화면이 밝아지더니 깨벗은 녹수가 씨익흐고 웃음서 나타난다. 조명빨이 녹수 정면을 비침서 샤워쇼가 시작된다. 만삭된 풍만한 배 위로 샤워 물이 타고 흘러내려 배꼽 아래 계곡 사이로 폭포처럼 떨어지는데 녹수의 머시기가 계림의 산봉우리처럼 위풍당당 솟아 있다. 역시 녹수의 다마는 굵고 크다.

너무나 충격적이고 적나라한 광경에 빨리 커튼 내리라 악쓰고 돌아누워 버렸지만 커플로 온 친구들은 조았을 것이다. 사랑하는 배우자의 생쇼를 180인치 TV를 통해 LIVE로 시청할 수 있는 기회가 얼마나 있것냐. 나도 후제 각시 데꼬 와서 밤새 비쳐 주고 봐야 쓰것다.

새벽 2시 30분에나 겨우 잠자리에 들었는데 5시 30분 모닝콜이 울린다. 후다닥 씻고 계수나무의 슬픈 전설이 서린 겨울옷을 찾아 입고 아침을 묵은 뒤 첫날 무협대회장인 메릴랜드 골프장으로 향했다.

골프장이 계림에서 북동쪽으로 70km 정도 떨어져 1시간 20분 정도 달려가는데 요새 시열이가 중국어 공부에 맛을 들인 모양이다. 애기들이 옹알이 흐다 한마디씩 터지면 재미를 붙이듯 간판만 보이면 저것이 뭔 자냐고 희창이에게 묻는다. 착흐고 열정적인 희창이는 시열이의 귀찮은 질문에 성질 한번 내지 않고 자상히도 가르쳐 준다. 공부가 젤 쉽다는 시열인깨 담에 중국 올 때는 중국말을 잘 흘 것이다.

08시 제3차 원정의 제1라운드 공이 울렸다. 첫날 상대는 요화 장녹수 남편 최녹수, 얌전흐고 착한 문제아 박연일 고독흔 표범 윤보현이다. 연일이와 보현이는 요번 기회에 현지에서 미즈노 짝퉁을 15만원에 샀다며 비닐 껍딱을 뱃기느라 부산을 떤다.

앞이 탁 트인 타석에 올라서니 피런 잔디가 펼쳐지며 그 위로 구름 한 점 없는 하늘에 고국에 겨신 사랑시런 각시 얼굴이 떠오르며 새삼 그리움이 사무친다. 지금쯤 각시는 무얼 흐고 기실까? 여기가 8시면 내 조국 한국이 한 시간 빨른깨 9시가 되얏을 것인디 그라믄 각시가 몽베르 골프장에서 10홀을 끝내고 4홀 째 돌고 있을까?

한 달 전쯤 방택이, 근창이흐고 개다리 뜯음서 쐬주 한 잔 뽈다가 금년이 가기 전에 한 바퀴 돌자고 부킹 좀 흐라고 했더니 방택이 지 딴에는 짱구좀 돌려 교사들 쉬는 토요일로 잡는다는 것이 해필이면 24일이어서 전지훈련 강깨 못 간다고 취소해 부렀다. 근디 하루는 퇴근해서 집에 오니 각시가 근창이흔테 전화받었냐고 묻는다. 뭔가 멍그적대길래 눈치가 이상해서 캐물었더니 근창이가 토욜날 원수 중국 간깨 오히려 잘 되얏다며 지그들흐고 같이 꼴프치러 가자고 했단다.

새벽 6시에 저는 목동으로 향자 델러 가고 각시는 방택이가 모시러 온다고 했단다. 그래서 그러자고 했단다. 고 말을 듣는 순간 갑자기 모발이 곤두서고 뒷모가지가 뻔뻔해짐시로 피가 역류하여 눈깔에 핏발이 서고 춤을 샘키기가 힘들어지는 것이 영락없이 의처증이 도진 것이다. 각시가 근창이 방택이 흐고 라운딩을 흠시로 굿샷을 외치며 히히 웃고 방택이와 보둠고 삥삥 돌다가 피런 풀밭에 벌러덩 자빠져 뒹구는 정경이 눈앞에 펼쳐졌다.

이 놈의 의처증은 성격 탓이 아니라 병이어서 눈깔에 흙이 들어가야 고친다더니 안 그래야 쓰것다 흠시로도 도통 맘대로 안 되니 미치것다. 분노에 부르르 떠니 몸이 헐크처럼 부풀어 오르고 열 손구락을 무협지에서 철사장 단련흐듯 공역을 끌어모아 놀랜 각시를 덥썩 껴안고 귀때기를 잘근잘근 씹음서 속삭였다.

“오매, 잘했네 울 동상, 안 그래도 혼자 갈랑깨 징흐게 속이 쓰리고 미안흐더니 가서 신나게 놀고 오소.” 각시도 귀때기가 뻘개짐서 뜨거워지더니

“고마워, 오빠” 하고 답했다. 계림 출발흔 날 빳빳흔 새돈 30만원을 봉투에 넣고 “사랑흐는 동상! Have a nice rounding with Hyangja, Charlie and Bangtaek.” 정성스레 써서 전해 주고 왔다.

메릴랜드 골프장은 그런대로 괜찮았다. 특히 한긋져서 좋았다. 아웃코스는 완만흔 산을 타고 소풍 가듯이 돌다가 인코스는 호수를 주변에 끼고 돔시로 플레이를 흔다. 근디 내 실력은 또 다시 나에게 슬픔을 안겨 줬다. 내심은 타겟을 녹수로 삼고 요번 대결에서는 손 좀 봐 줄라고 피나는 노력을 했건만 녹수의 싸대기 올려붙이는 간결한 초식에 또 다시 물팍을 꿇어야 했다.

그나마 위안이라면 16번 홀에서의 창공을 가로 지르는 환상의 드라이버 샷이다. 16번 홀은 티샷을 강 건너 언덕으로 날린 뒤 배를 타고 건너서 치는 낭만적인 홀이다. 희창이가 사전에 뱃사공흔테 팁을 주라고 귀뜸해 줘서 드라이버를 물속에 빠친 놈이 팁을 주기로 했는디 노젓는 뱃사공에게 보현이가 천원을 줬다. 근디 여기서 헛소문이 나돌았다. 다른 얘들이 당연히 나로 안 것이다. 카이스키들, 벌써 해외 원정만 4차례나 한 베테랑이 공을 빠칠 리가 있겠는가.

진실은 이렇다. 프라이버시상 정확히 이름을 밝힐 수는 없지만 박모씨가 처음 갈긴 샷이 문세광이 박정희 저격 사건 때 피스톨 박, 경호실장 박종규 권총알이 도저히 날아 갈 수 없는 각도로 날라가서 합창단 장봉화 양을 맞혀 불었듯이 45도 오른쪽으로 날라가 빠져 분께 성질 나서 다시 갈긴 샷이 이제 좌측 45도로 날아가 빠져 부렀다. 고래서 박모씨가 당연히 팁을 줘야 흔디 잔돈이 없어 그의 가장 친한 죽마고우 보현이가 낸 것이다.

첫날 라운딩 화제는 여수에서 온 안용수 선장님이 롱홀에서 이글을 잡고 오시기 며칠 전 빈혈로 쓰러져 우리 모두를 가슴 조이게 했던 성수 각시 이미자 프로가 드라이버로 250야드를 날려분 역사적인 사건이었다. 용수는 이 날을 기념하기 위해 내년 봄 동백꽃이 활짝 필 때 우리 모두를 남도로 초대해 근방에서 기념 라운딩 한따까리 뛰고 오동도에서 잎새주를 징흐게 뽈아불기로 약조를 하였다.

가슴 아픈 일은 이미자 프로가 계림을 댕개와서 또 다시 몸져누운 것이다. 미자씨 주치의는 순풍산부인과 이태원 원장인디 원정 전에 이 프로를 치료흐고 수혈을 혀서 기사회생시켜 준 명의다. 총무 남하가 하도 속이 타서 지가 O형인깨 기꺼이 헌혈을 흔다고 했는디 우리가 중학교 생물 시간에 배운 것흐고 달라서 인자는 B형으로 O형을 받을 수 없단다.

차제에 비상시에 대비해서 미자씨 수혈자 리스트를 작성흘라고 흥깨 B형들의 적극적인 동참을 바란다. 단, 에이즈 보균자나 매독, 임질, 곤지름, 냉대하, 생리 불순자들은 사양흔단다.

그럼에도 불구흐고 같은 대하지만 요새 성렬이가 선전흐는 국산토종 대하는 OK다. 리조트 식당에서 점심을 묵고 개안흐게 싯친 다음 오후 관광을 위해 계림 산수의 정수가 모인 양삭으로 향했다.

3) 제3편「계림의 산수는 천하제일이다」

자꾸 나이를 묵은 탓인지 인자는 글쓰기가 징흐게 심이 들고 기억력이 희미해진다. 계림 이야기도 갔다 오자마자 찍 싸부러야 된디 27일 새벽에 도착혀서 겨우 집에 들려 옷만 갈아입고 출근해 앉자마자 광주에서 둘째형 사망 소식이 전해 왔다. 할 수 없이 부랴부랴 내려가 상을 치르고 왔는디 요번 월욜에는 이모부가 돌아가셨다고 해서 또 다시 광주를 댕개 왔다. 사람 노릇 흐기가 참으로 힘들구나.

글다 봉깨 불과 10일 전 일이 한 두어 달 지난 것같이 아물아물 흐다. 대가리가 쥐가 나서 그만 둘까 해도 모시고 댕김서 그 따땃한 가심에 얼굴을 묻고 놀던 훌륭하신 4모님들의 정을 못 잊어 혼미해진 기억을 겨우 추슬러 쓴께 느그들이 이해흐고 의심나거나 의문점이 있으면 회장 승무나 총무 남하에게 문의토록 혀라.

중국을 관광흐는 방법에 세 가지가 있다고 흔다. 첫째는 발로 흐는 관광인디 대상은 뻬이징과 시안이다. 뻬이징이나 시안은 어디를 가나 문화유산이 널려 있응께 발품을 팔아 부지런을 떨면 틀림없이 본전을 뽑는단다. 두 번째가 가심으로 흐는 관광인디 백두산과 상하이다. 우리 민족의 발원지인 백두산과 잃어버린 조국을 찾고자 임시정부를 설립한 상하이를 쏴 댕기다 보면 그 옛날 만주벌판을 누비던 태양사신기 광개토대왕이나 독립군의 호흡이 느껴져 저절로 애국자가 되고 가심이 애국심과 정렬로 타 오른단다.

세 번째가 눈깔로 흐는 관광인디 바로 황산과 계림이다. 황산이나 계림은 그저 사방을 돌아보며 눈깔만 껌묵껌묵해도 미쳐분단다. 그만큼 좋다는 뜻이다. 오죽하면 계림산수 갑천하(桂林山水 甲天下)라고 흐겄냐? '꾸이린 산수이 쟈티엔샤' 계림의 산수는 천하 제일이라는 말이다.

계림은 중국의 최대 소수민족인 장족의 자치구 즉, 어느 성(省) 소속이 아니라 광서 장족 자치구의 동북쪽에 있다. 위도상 북회귀선 근방에 위치해 있고 베트남과 국경을 접흐고 있다. 타이완이나 홍콩 등과 나란히 위치하여 우리보다 한참 아래니까 따땃흐리라고 생각흐면 큰 오산이다. 계림 날씨는 종잡을 수 없고 한번 추워지면 대책이 없응께 군밤장시 모자에 거위털 파카를 필히 준비해사 쓴다. 비록 입지는 않을망정 꼭 겨울옷을 가져가야 흔디 요것이 바로 계수나무의 슬픈 사연으로 절대로 발설흐믄 안 되고 죽을 때까정 가심에 묻어둬야 된다.

계림(桂林)은 한자 뜻 그대로 계수나무 숲이다. 계수나무가 하도 많아서 계림이라고 했단다. 매년 10월이면 계수나무 꽃인 계화가 벚꽃같이 흐드러지게 피어 끝내준단다. 계화는 꽃도 아름답지만 그 냄시가 여자들을 죅여준단다. 얼마 전 쥐시킨트의 '향기' 라는 소설이 영화화 되어 상영되더라마는 영화에서와 같이 여자들이 요 냄시를 한번 맡아 불면 코구녁이 벌씸대고 아래 입에 좍 흐니 군침이 돔시로 씰룩씰룩 해져서 도저히 안 흐고는 못 배긴단다. 담에는 납회시기를 쫌 땡개서 10월 계화가 만발흘 때 가서 쫙 벌리고 굴러댕기는 피조개나 홍합들로 볼때기 찜을 해불도록 흐자.

계림의 산수는 천하제일이라는 말이 무색하지 않을 정도로 아름다운 풍경을 가지고 있다. 우리가 가끔 산수화에서 본 절경이 실제로 계림에 있다. 특히 계림에서 양삭 사이에 안개, 비, 수천 개의 봉우리, 호수와 강으로 연결된 천하절경이 펼쳐져 있다. 긍깨 바로 이곳이 계림 산수의 엑기스요 이연걸 주연의 무협영화 소림사의 배경이란다.

희창이의 설명에 의하면 이곳이 옛날 몇 억만 년 전에는 바다 바닥으로 석회암 퇴적층이었단다. 글다가 지각 변동으로 융기했는디 석회암 산이 비바람에 흘러 내려 신기한 지형과 수많은 석회동굴이 생겼단다. 유식한 말, 소위 지질학적 용어로는 카르스트지형이라 흔다고 덧 붙인다.

버스 양쪽으로 펼쳐지는 광경은 선경이나 무릉도원이 따로 없다, 산이 겹겹이 싸여 봉다리만 해도 금강산의 세 배가 넘는 사만 개에 가깝다는디 모양이 전부 다르다. 흔히 산이나 산맥이라고 흐면 완만한 곡선을 이루며 마을을 감싸고 있는 형태에 익숙한 우리에게 계림의 산은 너무 이색적이다. 흡사 진안 마이산의 암봉, 숫봉같이 생겼는디 고보다 훨씬 크다.

글고 요런 봉다리가 두 개, 세 개 연속되는 것이 있는가 흐면 아예 실로폰같이 키 순으로 수십 개가 붙어 있는 것도 있다. 어떤 놈은 녹수 거시기가 발기했을 때같이 빳빳이 서서 꿈틀대는 핏줄이 용틀임치는 것같은 놈이 있는가 흐면 어떤 놈은 방금 찍 싸고 나서 흐믈흐물 대가리를 숙인 놈도 있다. 표고버섯, 송이버섯, 느타리버섯, 팽이버섯 같은 놈, 여자 젖통같이 생긴 놈에다 그 우게 꼭지가 붙은 놈, 겨드랑이 곡선같이 흘러 내린 놈, 가랑이 사이에 꼭 거시기같이 벌어진 놈, 닭대가리에 달린 벼슬같이 생긴 놈, 공작이 꼴랑지를 펼친 것같이 생긴 놈 하여튼 천태만상이다.

그 봉다리들 사이로 운무가 피어 오르며 저물어 가는 황혼 빛이 비치는 파노라마에 주댕이가 쩍 벌어지는디 상표가 바람을 잡는다. 꼴프라면 젤로 환장을 흐는 놈이 "우리가 골프 치러 왔냐? 놀러 왔제. 이 존데서 한 잔 제깨 불고 원없이 놀아불자" 라고 흠시로 계림의 특주인 43도짜리 '노계림(老桂林)' 에다 맥주 폭탄을 돌린다. 비록 말은 맹바기처럼 진실성은 없으나 술잔을 마다흘 리 없다.

계림 가기 전에 심한 몸살감기로 더지게 고생흐니라 비행기나 클럽하우스에서도 술 한 모금 대지 않었는디 상표가 한 잔만 흐란다. 아무리 돌파리지만 그래도 지가 원로급 내과 의산디 감기에 즉방 약을 조제해 준단다. 소첩의 지아비인 녹수마저도 한 잔은 흐라고 거든다. 먼 짓이든지 첨이 어렵제 한 잔을 해부렀더니 알딸딸 흠시로 목구녁이 쌔해지는 것이 그 담부터는 '오직 주(酒)님! 뜻대로 하소서' 다.

거기다가 남하가 마이크를 잡으라는 통에 관객들이 준 잔을 두꺼비 포리 채묵듯이 뽈아 불었더니 순간 헤또가 가분 통에 남하의 비밀을 폭로해 부렀다. 남하는 내 사랑하는 동생 김정옥이의 남편으로 매제다. 긍깨 간단히 말흐면 내가 손위 처남이다.

하루는 남하가 양재동 골목길을 걸어가는디 한 가시내가 와서는 폴짱을 낌시로 "아자씨, 놀다 가세요~ 끝내 줄께요~옹" 하고 꼬시드란다. 한남하 인상을 팍 씀시로 "나 지금 집에 가는 중이여" 가시내 "긍깨 놀다 가세요옹. 완죠니 홍콩 보내 줄깨요" 남하 "어허! 니가 아무리 잘해줘도 우리 각시같이는 못 해줄 것이여" 가시내 "어머! 싸모님 테크닉이 끝내 주나 보네요. 도대체 어떻게 해 주시길래 그러세용?" 남하 "응, 우리 마누라는 언제나 꽁짜여."

가시내 "?????????????"

정말 우리 모다 각시들흔테 잘 흐자. 딴것은 냅두고라도 내뿔지 않고 허구헌날 꽁짜로 대준 것만 해도 얼마냐? 고것만 해도 계산해 보믄 솔찬히 될 것이다. 다시 한번 고국에 계신 각시께 감사의 묵념을 올렸다. 술판이 무르익음서 흥겨워지자 수펄들이 여왕벌님에 대한 감사와 존경의 뜻으로 시호를 헌정키로 했다.

먼저 중국의 4대 미인 중 물고기가 서시의 미모에 놀라 헤엄치는 걸 잊고 가라앉았다는 데서 유래한 침어(侵魚)는 준성이성 중전이신 이순복 성수님께, (담날부터 우리는 성수님을 침어댁→침어떡→치매떡이라 불렀다.) 기러기가 날개짓 해서 나는 것을 잊고 땅으로 떨어지게 만든 왕소군의 미모에서 유래한 낙안(落雁)은 용수 각시 김영희 여사께(낙안떡), 달이 부끄러워 구름 뒤로 숨었다는 초선의 폐월(閉月)은 상표의 앵벌이이신 김정화 원장님께, 꽃이 부끄러워 잎을 말아 올렸다는 양귀비의 스화(羞花)는 대한생명 최영본부장님을 과감히 떨치시고 여자 혼자 몸으로 원정대에 참석, 성수 각시와 동침함으로써 불쌍한 성수를 독거노인으로 만드신 정연숙 여사님께 헌정하였다.

그리고 젊음의 컨셉을 강조하시며 일신우일신 실력이 향상되어 KLPG에 도전하시는 윤철이 각시 서진경 여사께는 로레나 서초아를, 빈혈에도 250야드의 드라이버를 날리고 가라 스윙 한번 없는 다이내믹한 샷의 여왕 성수 각시 이미자 여사께는 쥴리 미자리를 (쥴리는 쥴리 잉스터와 지바고의 쥴리 크리스티를 합침) 현존하는 인류 중 가장 아름답고 우아하며 귀티나는 스윙을 하시는 원선이 각시 이혜재여사께는 골프의 여제 아니카 혜재리를 봉정하였다.

상표는 각시가 시호를 받아 가문의 영광이라며 술도 내고 뒷날 관암에 갈 때 옵션 추가비용을 기꺼이 헌납하였다. 양삭에 도착해 보니 그간 어디에 그 많은 사람이 숨어 있었다 나타났는지 인파가 만파다. 인종 전시장을 방불케 한다. 양삭의 서양가에 있는 식당에서 이태리식으로 저녁을 때렸다. 식당은 유럽풍으로 깨끗이 단장되어 있었고 우리는 2층의 베란다에 있는 좌석에 자리를 잡았다.

전 날 비자나무에 부닥쳐서 개피를 본 남하도 기분이 째진 듯 이태리 가곡을 벨칸도 창법으로 베란다를 무대로 지나가는 수 천 명의 관중을 향해 열창했는디 하나도 알아묵을 수 없었다. 단, 귀국 후 지난 일요일 "무등 20 송년의 밤" 행사에서 남하의 노래 실력을 음대 교수이신 희창이 각시와 임해철 동문으로부터 검증받을 수 있었다. 근창이의 전화 중계를 광주 해철이가 듣고는 흐는 말 "으메, 누군지 몰라도 지인짜 잘 흔다이~"

모다들 배때기를 따땃흐게 채운 뒤 〈인상 유삼조〉를 관람흐러 갔다. 양삭에서 매일 밤마다 공연하는 야외극 〈인상 유삼조〉는 〈붉은 수수밭〉 등으로 유명한 장이모 감독이 연출한 소수민족 장족 류씨의 셋째 딸 이야기를 소재로 한 이미지 극이다. 600여 명의 배우들이 이강과 12개 산봉우리를 무대 배경으로 한 대자연 속에서 쪽배를 타고 쉴새 없이 움직이며 노래와 춤을 추는디 그야말로 판타스틱이다. 어둠 속에서 이강을 핏빛으로 물들이는 그 강열한 색채는 섬뜩하리만치 강하고 웅장하게 다가오며 자연과 사람, 빛을 훌륭하게 조화시키는 장감독의 뛰어난 연출이 과연 명물허전임을 실감케 한다.

요새 중국이나 동남아에서 한류가 판치네 어찌네 함시로 우쭐대는 무리들을 보는데 그야말로 우물 안의 개구리다. 북경의 경극, 항주의 송성가무쇼에다 요번에 인상유삼조를 보니 그 커다란 스케일, 풍부한 상상력에 엄청난 무대장치와 화려한 의상, 수백 명의 출연진을 볼 때 질려부렀다.

솔직히 우리는 째비가 되지 않는다. 정신차리고 독창적이며 우리만의 고유한 콘텐츠를 개발해 내지 않는 한 중화에 흡수되고 말 위기의식을 느낄 정도였다.

근디 솔직히 그 존 것을 조느라 잘 못 봤다. 첨과 끄트머리는 조깐 기억이 난디 딴 것은 가물가물흐다. 버스 안에서 이미 만병이 된데다 저녁 테라스에서 만찬을 암시로 귀여운 매제 남하의 세레나데에 취해 아예 폭탄주를 주댕이에 찌크러부렀더니 기억 상실증에 걸려분 탓이다.

4) 제4편「계림(桂林)의 여인들」

창공을 가~드는 호쾌한 드라입어
수줍게 바라보는 桂林의 女人아!

바람에 휘날리는 머리카락 사이로
아침놀에 물들은 女~人의 두 볼딱지

정확히 빨려가는 그린 위의 버디 퍼팅
말없이 바라보는 桂林의 女人아!

–운아 박

눈을 떠보니 사방이 칠흙같이 어둡다. 뒤주 속에 갇힌 사도세자처럼 답답흐고 두려움이 엄습해 온다. 속은 미싱미싱흐고 대가리가 깨져불라고 흔다. 분명히 녹수흐고 자고 있겄거니 흐고 불러봐도 대답이 없다. 오찌고 더듬어서 간신히 불을 켜고 보니 5시다. 옷을 입은 채로 혼자 자고 있다. 어지깨 잔 방도 아니고 기억도 나지 않아 방을 튀쳐 나왔는디 방문이 똑같고 호실도 깅가민가 해서 방을 찾느라 복도에서 남하와 녹수를 불렀다.

어떤 놈이 자다 깨서 뭐라고 흔다. 조용히 흐라는 중국말 같은디 아랑곳흐지 않고 녹수를 찾아 헤맸다. 어디선가 문이 열리더니 희동이가 팬티바람에 눈을 비빔서 저쪽에 가서 불러 보란다. 부르다 지치고 목이 메일 때

사 어디 구녁에서 녹수가 기어나옴서 뭔일이냐고 묻는다. 쌔빠지게 찾아 댕긴 놈흔테 먼일이냐고 물어분께 야속흐고 괴씸흐다.

역시 녹수는 4가지 없는 넘이다. 너도 인간이냐고 흠시로 머시라고 했더니 오히려 적반하장이란다. 금시로 전날 밤 이야기를 해준다. 방에서 마사지 흔다고 모자라는 가시내를 애쓰고 구해서 데꼬 왔더니 내가 인사불성 뻗어서 도무지 말을 안 듣더란다. 하도 잠 좀 자게 놔두라고 악을 써서 가시내를 보낼라고 했더니 말이 안 통해 멀뚱멀뚱 서 있는디 환장흐겄드란다.

잔돈도 없고 100위안을 주자니 마사지비가 70위안이라 아깝고 안 가는 가시내를 오찌고 달래서 보내니라고 지가 밤새 빼기 쳤단다. 술 취한 게 죄라서 짐을 챙개 들고 식당으로 내려갔다. 안 들어가는 죽을 꾸역꾸역 쳐넣고 둘째 날 목적지인 산수 골프장으로 가는디 마사지 사건으로 성질도 나고 컨디션도 개판이라 골프고 뭐고 다 싫고 쉰다고 했더니 큰 일 날 소리 말란다.

전날 성수 각시흐고 '세게(世紀)의 성 대결(性 對決)'을 펼치기로 약속을 했단다. 그래서 둘째 날은 용수, 영이, 성수 각시흐고 조를 짜 놨응께 디지드라도 치다가 디지란다. 어디 놀러 가면 항상 여자가 귀해서 여왕벌같이 모셨는디 오늘은 도리어 여자 셋을 거느리고 치게 생겼으니 내가 물개다.

대신 오늘은 꼬치 훑어 불고 다 함께 레이디 티에서 치기로 했다. 전반을 석경에서 시작흔다 해서 카트를 몰고 가는디 카트 길이 좁고 비포장에 다 험하다. 깔쿠막을 한없이 기어 올라가고 내려다보면 절벽이라 등꼴이 오싹흐다. 무서워서 용수 각시하고 팔짱을 꽉 끼고 탔는디 용수 각시도 골프장을 많이 댕개 봤지만 요런 데는 첨이고 말도 못 들어 봤단다.

사방이 절벽이고 사이사이 원시림이 우거져 있으며 멀리는 계림의 독특한 산들이 감싸고 있다. 캐디 놈은 대가리가 골프공같이 똥글똥글한 앞뒤짱구로 용하디 용흐게 생겨서 가시내 캐디흔테 맨날 깨지기만 흐던디 도통 말이 통하지 않는다.

겨우 "오른쪽? 왼쪽? 퐁당? 노퐁당? 오리막? 내리막? OB?" 일곱 마디로 대화를 흐는디 몇 홀 돌다보니 요것들이 요령이 늘어 "May Be."라는 말을 쓴다. "퐁당?" 하고 쳐다봄서 물으면 "may be" 다. 근디 요 말이야 말로 무책임의 극치다. "기면 좋고, 아님 말고"다.

매 홀마다 내가 조장이요 물갠께 HONOR로서 첫 티샷을 했다. 캐디 놈은 내가 아무리 꼬치를 훑어분 하리수라 설명해도 못 알아묵고 MAN 티에서 치란다. "콱, 4가지 없는 샤키! SHUT-UP" 흐고는 레이디 티에 올라섰다. 근디 레이디 티도 그동안 볼 때같이 만만흔 것이 아니다. 여왕벌님들을 모시고 치다 봉께 가우 좀 묵을라고 어깨에 심을 디지게 넣고 휘둘렀는디 요것이 맹바기 BBK처럼 한 방인 줄 알았더니 완죠니 헛방이 되야부렀다. 해태 4번 타자 김봉연이 삼진 묵고 자빠져 불듯이 균형을 잃고 휘청거리는디 이쁜 각시들이 부축해 준다. 글고는 충고를 허는디 내가 너무 빨리 싸분단다. 즉 조루라는 말씀이다. 쥴리 미자 리는 자기도 빨리 싸지만 나는 더 빨라분단다. 각시들 충고와 격려를 받고 다시 쳤는디 요것이 인자는 극우 보수 꼴통으로 한없이 오른쪽으로 날라가분다. 미자 리가 공을 줌시로 잘 칠 때까지 대가리 박고 살살 치란다. 각시들의 자상한 뒷바라지에 심기일전해서 포도시 중도 우파 정도로 티샷을 했다.

낙안떡 드라이버는 끝내 준다. 가늘지 않은 허리와 펑퍼짐한 궁둥이가 꽈배기처럼 유연흐게 꼬이다 용수철처럼 풀림서 호쾌한 스윙을 흐는디 공이 반드시 아스라이 사라져 분다. 수화떡은 아직 연조가 짧아서인지 조심히 따북따북 치는디 가슴을 활짝 피고 궁둥이를 뒤로 쪽 빼는 폼이 펀더멘탈이 잘 되어 있다. 하도 심이 없어 남편 영이가 200야드를 넘기면 100만원 준다고 했다는디 고날 수경 코스에서 잘 맞은 공이 200 야드를 거뜬히 넘어 갔음을 파트너들이 증명하노니 영이야! 각시흔테 빨리 100마논 줘

라. 수화댁! 상금 받으면 우리 강남에서 만나 뒤풀이 한잔 흡시다.

미자 리는 완전히 프로 폼이다. 가다가 잘 잡혀 있고 키도 큰 데다 타석에 들어서믄 군더더기 하나 없다. 개안흐게 갈개분 샷이 창공을 가르는디 오기 직전에 수혈을 받은 여자라고는 도저히 믿기지가 않는다.

석경 코스는 정말 웃기고 매력적인 코스다. 티잉 그라운드에서 단 한번도 페어웨이나 그린이 보이지 않는다. 잘 통하지 않는 캐디 지시에 따라 대강 휘두르는데 막상 가 보면 상상흘 수 없는 상황이 벌어진다. 한번은 숲 사이로 난 가랑이같이 좁은 페어웨이로 잘 날려서 각시들로부터 갖은 찬사를 듣고 '오잘공'이라는 말까지 들었는디 가서 봉께 해저드에 빠져 있다.

페어웨이가 모두 숲으로 가려 있고 그린은 모두 지붕 꼭대기 같은 포대 그린이다. 깔쿠막이 겁나게 심해서 댕길라믄 숨이 찬다. 페어웨이가 수많은 다리로 연결되어 있는디 모양이 모두 다르고 특이흐다. 콰이강의 다리도 있고, 레마겐의 철교도 있다. 〈For whom the bell tolls!〉에 나오는 낭만적인 다리 아래서 미자 리와 게리쿠퍼와 잉그릿드 버그만의 첫 키스씬을 재현했다. "키스 흘 때 코는 어따 둔다요?" – 미자 리. 말 없이 포옹을 흐고 고개를 45도로 돌려 입술을 포갠다. – 물개 박. "오매! 진짜 암시랑토 않소이~" – 미자 리. 오매 내가 시방 뭔 짓거리를 흐고 있다냐? 나이 든께 디질라고 환장을 했는갑다. 눈깔 뒤집힌 성수가 낫들고 쫓아오면 어쩔라고.

어느 홀을 도는디 앞에 큰 표고버섯같이 생긴 봉다리 하나가 정면으로 보인다. 영락없이 녹수 것이다. 미자 리는 전날 내가 버스에서 녹수 것같이 생겼다고 중개방송 흔 놈이 생각나서 우사서 공을 못 치겄단다. 낫살이 쉰이 넘어 분께 남하 말짝시나 남녀 구별도 없어져분 것 같다. 친구 각시도 친구 같애서 영판 이모롭고 편안흐다.

낙안댁이 하도 길이 울퉁불퉁해서 카트가 흔들리고 내가 옆에서 웃겨싼깨 오줌이 매럽단다. 그래서 여자 나이 쉰이 넘으면 누구나 요실금이 생기고 나도 전립선이 부커서 조금씩 샘깨 담부터는 뽀송뽀송흔 하기스나 양이 많을 때 쓰는 웨하스를 차고 댕기라고 가르쳐 줬다.

얌전흔 개가 부뚜막에 먼저 오른다더니 수화댁은 한술 더 뜬다. 요놈의 골프장이 하도 깔쿠막이 져서 그런지 그늘 집이나 화장실이 없다. 나야 물갠게 적당히 봐서 깔개 불면 되지만 우아하신 귀부인들에게는 안 될 말씀이다. 한참을 참다 화장실이 보이길래 카트를 멈추고 "왼쪽 화장실, 오른쪽 OB." 했더니 영이 각시가 얼릉 내려 화장실로 올라가며 묻는다. "오리막?"

시열이는 뭔 놈의 코스가 당체 뵈지를 않으니 지랄같다 흐지만 나 같은 골초에게는 석경이 좋았다. 잘 치는 놈이나 못 치는 놈이나 어차피 미나이데니까. 석경 나인 홀을 돌고 나니 이제 수경이다. 하도 옹삭흔 산비탈에서 빼기친 탓인지 수경을 보니 정말 광할한 만주 벌판이다.

원없이 휘두르고 여인네들과 쪼개며 걷고 좋은 공기를 허파꽈리까지 깊숙이 샘캐부렀더니 스코어는 별로지만 미싱거리던 속과 욱신거리던 대가리가 개안해져 부렀다. 18홀을 샅샅이 더투고 난 우리 모두는 환희와 열정의 포옹을 나누었다. 확인해 보지는 안 했지만 아마 그날의 성 대결에서 물개가 패배했노라고 역사에는 기록되었을 것이다.

클럽하우스 식당에 들어서니 만찬이 준비되야 있다. 현지 음식에 가져온 김치, 김, 맬치, 포, 고추장을 풀어 놓으니 황제 밥상이다. 시원한 삐루에 노계림 폭탄주를 몇 잔 들이키니 낙역재기중이다. 돈 따묵기를 흐던 넘들은 밥 묵다 열 받어서 9홀을 추가흔다고 뛰쳐 나가고 나머지는 골프텔에서 전신 마사지를 받고 낮잠으로 휴식을 취했다.

5) 제5편「꽃제비와 양강사호(兩江四湖)」

3시간 동안의 꿀맛 같은 휴식을 취하고 밤일을 위해 다시 계림으로 갔다. 동북식으로 저녁을 먹는데 맛있었다. 뭣만 묵었다 흐면 노계림 폭탄이다. 술잔을 돌림서 봉께 옆에 앉은 원선이의 낯부닥이 상기되고 숨이 거칠다. 준성이 성, 상표, 승무랑 게거품을 품는디 아까 우리 잘 때 Revenge Match를 흔다고 나인 홀 추가요 흐고 뛰쳐나가더니 코피를 쏟아분 모양이다.

냉정흐고 침착흐며 완벽흔 싱글 원선이는 좀체 돈을 푸지 않다 꼴아분 탓인지 충격이 컸던 모양인디 지그 각시 혜재리는 암시랑토 않은 듯 침어, 폐월과 시시덕거리며 잘만 먹는다. 만약 내가 각시 앞에서 돈을 꼴았으면 디져 부렀을 것이다. 공만 한 개 해저드에 빠쳐도 고 돈으로 짠 갈치 사다 감자 넣어 쪼리면 새끼들 1주일 밑반찬인디 찾으라고 난리 법석을 떤깨 돈을 펐다면 거의 인간 사표를 써야 쓸 것이다.

긍깨 나는 고스톱 친다고 늦게 감시로도 꼰 적이 없다. 비록 깨댕이 벗어분 적이 더 많아도 항상 없는 돈이라도 만들던지 깨평을 얻어서라도 각시흔테는 땄다고 기마이를 부린다. 쳤다 흐면 땄다고 흐고 팁을 팍팍 준깨 고스톱 치고 간다고 흐면 크게 머시라고 흐지 않는다. 오히려 은근히 기대하며 즐기는 것 같다. 근디 아마 요 초식을 성수도 미자리에게 써 묵는 눈치다. 각시 없을 때는 남하흐고 붙었다 흐면 땄다고 보고를 흐던디 전 날은 지그 각시 앞에서 빼도 박도 못흐게 남하흔테 완죠니 개구리가 되야 부렀단다. 그래도 순진한 미자 리는 자기가 살(殺)이 끼여 남편 기(氣)를 죽인다고, 오늘은 없는 데서 원없이 붙어 보라고 했다는디 고 결과가 자못 궁금흐다.

저녁을 묵은 뒤 '양강사호(兩江四湖)'를 보러 갔다. 양강사호는 말 그대로 계림 주위를 흐르는 이강과 도화강 두 강과 산호, 용호, 계호, 목룡호라는 4개의 호수를 서로 수로로 연결하여 만든 환상적인 유람코스다. 원래는 청계천보다 더 더러운 똥물로 냄시가 코창시를 틀 정도였던 시궁창을 몇 년 사이에 요렇게 변모 시캐 분 것을 보면 뙤국놈들 추진력과 발상이 놀랍다. 그런 연유로 중국놈들한테 청계천을 비쳐주면 개망신을 당한단다. 맹바기가 한국에서 태어났기에 망정이지 중국에서 났다면 계림 시장도 못 해 묵었을 것이란다.

유람선을 타러 가는디 장미나 미깡을 파는 삐끼들이 우르르 몰려들며 "아자씨! 천원! 싸다" 흠시로 난리 부르스를 떤다. 아무리 안 산다고 뿌리쳐도 소용이 없다. 악마구리같이 악을 쓰며 끝까지 달려든다. 할 수 없이 장미 한 송이를 샀다. 나중에 희창이가 가르쳐 준디 요것들이 바로 '꽃제비'란다. 그냥 안 사고 갈라면 모르는 체 가야지 귀찮다고 쫌 밀거나 뿌리치면 그 자리서 뻗어분단다. 글면 주위에서 숨어 살피던 흑도의 마두들이 우르르 몰려나와 손해 배상을 청구하여 낭패를 볼 수 있으니 조심흐란다.

유람선에 올라 강을 타고 도시를 도는디 세속을 벗어나 변화 무쌍흔 묘경 속에 들어서는 듯흐다. 황홀한 색색의 조명에 이강에 비친 아름다운 청산, 그림 같은 정자와 옥루들, 각 방에는 휘황찬란한 조명빨 아래서 이쁜 처자들이 비파를 타며 노래흐는 디 그 순간 우리 모두는 신선과 선녀가 되었다. 남하는 분위기에 취해선지 비자나무의 아픔을 잊으려는 몸부림인지 아님 죽은 파발로티가 젊은 부인을 못 잊어 '사랑과 영혼'에서와 같이 남하의 몸땡이를 빌려 환생흔 것인지 선상의 아리아를 신들린 듯 열창하였다.

양강과 도화강의 수위가 달라 중간에 거대한 갑문에 들어갔는데 양쪽 갑문이 닫히며 물이 쏴하고 빠지는데 그 모습과 소리가 장관이다. 가루지기 옥녀가 쪼그리고 앉아 오줌을 싸면 조런 소리가 날까? 말로만 듣던 파나마 운하 갑문의 원리를 체험했다.

커튼처럼 강변에 늘어진 버드나무 가지를 통과하는 황홀한 순간 꽃제비에게서 산 흑장미 한 송이를 외로이 혼자 오신 수화댁에게 사랑을 고백흠시로 바쳤다. 환상적인 양강사호의 흥분을 간직한 채 산수 골프텔로 돌아와 깨벗은 녹수 옆에서 코 박고 잤다.

마지막 날은 더 바쁘단다. 원래는 전날 오후에 관암과 이강 유람을 해야 된디 모다들 너무 피곤흐다고 쉰 탓에 오늘 보충수업을 끝낼라믄 더 일찍 일어나서 꼴프치고 점심은 버스에서 빵으로 때우고 속히 관암으로 이동해야 흔단다. 요기까지 와서 이강유람을 안 흐면 천추의 한이 될 것이라는 희창이의 위협에 모다들 바짝 얼어붙었다.

시간을 애끼느라 샷건 방식으로 출발흐다 봉께 나중에는 앞 뒤 홀 모다 우리 편이다. 우리 팀이야 연일이, 녹수와 한 조를 이뤄 돈 따묵기가 아닌 친선게임이라 빨리 빨리 진행흐는디 항상 앞 팀이 걸린다. 따라감서 보니 희창이, 용수, 상표가 돈 따묵기를 하는 모양인디 샤키들이 겁나게 신중흐다. 뭣이든지 돈이 걸리면 신중해지는 모양이다. 멀리서 봐도 용수가 왕복 달리기를 흠시로 페어웨이 방카에서 가라 스윙을 해쌌는 것을 보니 뭔가 안 풀려 돈을 꼰 모양이다.

앞 조 때문에 카트를 천천히 몰다 뒤에서 쫓아오는 장타자 신승무 회장님의 공에 맞아 두 번이나 디질 뻔했다. 옆으로는 윤철이가 지그 각시 서초아를 포함한 4모님들을 모시고 희희락락흐며 지나가는 모습이 보인다. 어지깨는 내가 물개였는디 오늘은 윤철이가 물개다.

서둘러서 골프를 끝낸 뒤 대강 문대고 짐을 챙겨 버스에 올라보니 모다들 약속은 참 잘 지킨다. 특히 4모님들은 말릴 것도 많고 꾸밀라면 시간이 더 걸릴 것인디 한 분도 늦은 분이 없다. 하기사 안 꾸민 쌩얼이 더 이쁘고 통째로 말리는 것보다는 반절로 쪼개서(흐흐?) 말리는 것이 더 빠를 수도 있을 것이다. 세세한 사항은 윤철이흔테 물어보면 잘 알 것이다.

버스 안에서 노계림 폭탄에다 빵을 안주로 씹고 계림에서 남쪽으로 30km 떨어진 이 번 여행의 하일라이트인 관암과 이강을 향해 엔테베 특공작전을 수행하듯 신속히 이동했다.

6) 제6편 〈동굴(洞窟) 속의 음녀(淫女)〉

관암으로 가는 길은 왕복 2차선 도로로 우리 시골 길과 비슷흐다. 다만 멀리 솟아 있는 산봉우리들만 특이흐다. 고것마저 눈이 사삭시런 탓인지 온지 3일밖에 안 됐는디도 벌써 고향처럼 느껴신다.

관암에 도착해 보니 유명한 관광지라는 생각이 전혀 들지 않는다. 옛날 60년대 우리 시골 차부같다. 요기도 예외는 아니어서 내리자마자 시골 아낙과 할매들이 감과 미깡 등을 들고 벌떼같이 몰려든다. 생활에 찌들고 햇빛에 그을려 깊은 주름살이 패인 곱사등 아낙들을 보니 중국을 온 것이 아니라 타임머신을 타고 40년 전 우리 에릴 때 고향으로 돌아간 것 같다.

심성이 곱고 여린 미자리가 차마 떨치지 못하고 요것 저것 사서 나눠 주는 바람에 묵다 남은 것을 들고 댕기느라 성가셨다. 오랜만에 사탕수시를 씹어 봤다. 달짝지근한 단물만 뽈라묵고 뱉는디 옛날 배고프던 시절이 생각난다. 우리가 요렇게 잘 묵고 챙겨 입은 것이 얼마나 되얏냐? 그래도 우리는 존 세상 맛이라도 보고 간다만 일제시대, 6 · 25 겪음서 쌔빠지게 고생흐시고 없시 삼스로 10남매를 키우시다 돌아가신 엄니, 아부지가 새삼 생각난다.

길가에 있는 유자를 보니 육적의 고사가 떠 오른다. 글고 본깨 요기가 육적의 고향땅 오나라였던가? 느그들도 난중에 나같이 후회 안 흘라면 부모님 살아겨실 때 잘해라.

반중 조홍감이 고와도 보이나다.
유자 아니라도 품엄 직하다마는
품어가 반길 이 없으니 글로 설워하노라.

관암은 들어가는 방법부터 특이흐다. 2인용 봅슬레이를 타고 들어간디 두 사람이 앞뒤로 앉아 껴안고 타야 한다. 이왕이면 다홍치마라고 여인네를 품고 타려 해도 다들 주인이 시퍼렇게 눈뜨고 지키고 있고 수화댁은 보이지 않아 만만흔게 녹수다. 녹수 등짝에 코를 박고 시카리 달리는데 스릴이 만점이다. 한참 야외를 시원스레 달리다 그대로 어두운 굴 속으로 들어간다. 주위가 밝아지며 종착역이라고 하차흐란디 공간의 크기가 보통이 아니다.

종류 동굴이라면 울진의 석류굴이나 고씨동굴같이 고개 숙이고 조심조심 댕개야 하는 줄 알았는데 그 스케일이 다르다. 정말 상상을 초월해분다. 수 백 명이 들어갈 수 있을 뿐 아니라 한쪽으로는 어두운 곳이 있어 가보니 두 놈이 호수에서 낚시를 흐고 있다. 봅슬레이 코스는 3Km로 속도는 초속 15m나 되어 세계최대, 최장의 코스로 기네스북에 올랐단다.

관암은 이강 크루즈의 절경이 가장 아름다운 곳에 형성된 총길이 12Km의 종유동굴이다. 동굴 내에 협궤열차, 나룻배, 엘리베이터 등이 설치되어 누구나 편하고 지루하지 않게 즐길 수 있도록 설계되어 있다. 봅슬레이 역에서 계단을 통해 올라가며 동굴을 탐사하는디 그저 입이 딱 벌어진다. 이건 숫제 동굴이 아니라 베르사이유 궁전이나 성 베드로 대성당에 들어선 것 같다.

돔식으로 높은 천장에서는 수억 년에 걸쳐 만들어진 석순이 스와로프스키 샹들리에보다 더욱 아름다운 모습으로 영롱히 빛나고 있고 대자연이 빚어낸 위대한 조화는 미켈란젤로의 천장벽화를 능가한다. 그 천장을 떠받

치듯 솟아오른 석주는 지금까지 인간이 만들었던 도리아식, 이오니아식, 코린트식의 어느 신전 기둥보다 더욱 정교하고 아름답다.

동굴의 석순이나 석주들은 그 자체로도 찬란흐고 신비흐고 기괴하지만 형형색색의 조명을 받아 더욱 환상적인 분위기를 연출시킨다. 만물상이 따로 없다. 이 세상 동식물의 형상이 다 있다. 숫제 성기(性器)나 체위(體位) 박람회장 같다. 여인의 젖통이를 닮은 놈, 가루지기처럼 옆으로 찢어진 놈, 세로로 찢어진 놈, 녹수 머시기같이 크고 굵은 놈 시열이 것같이 작지만 세고 정교흔 놈, 다마가 굵은 놈, 지럭시만 멀대같이 긴 놈에다 돼지 것같이 배배 꼬인 놈, 어떤 놈은 남녀가 한데 엉켜 뒤덤벅이 된 형상인디 색계에서 양조위와 탕유의 체위같이 뒤에서, 옆에서, 위에서, 아래서 또는 사방으로 얽힌 놈도 있고 여남은 년놈이 뭉쳐 스와핑을 흐는 놈, 뱀같이 두 년놈이 꽈배기같이 꼬인 놈도 있다.

친구들이 지질학적 상식이 넘쳐서 그런지 종류굴에 물이 떨어지지 않는 것을 보니 풍화작용이 끝난 것같다고 흔다. 여자가 폐경이 되면 국물도 안 나오고 불임이 되듯이. 그저 탄성을 지르며 나아가는디 앞에 희무끄레흐니 석상 같은 것이 비치는데 뭔가 꿈틀거리는 것이 사람 같기도 흐다. 다가가니 정말 사람이다. 장족 여인들이 고유 의상을 입고 돌보다 차가운 무표정한 얼굴을 흐고 가늘고 높은 음산흔 톤으로 중국 특유의 노래를 흔다. 〈동굴(洞窟) 속의 음녀(淫女)〉다.

음녀들의 노래를 들어분 머시매들은 욕정이 솟아올라 얼굴이 상기되고 숨이 거칠어 진다. 조것들이 오디세이에서의 사이렌이나 라인강의 로렐라이처럼 머시매를 꼬셔 잡아 묵어 불란가? 나는 귀를 막어 미혹으로부터 벗어날 수 있었고 각시와 함께 온 친구들은 각시를 꽉 보듬어서 화를 피할 수 있었지만 남하는 덩실덩실 춤을 추며 여인들에게 다가 간다. 보니 이미 마수에 빠져 정신이 나가분 것 같다. 때 마침 협궤열차가 다가와 흥분해서 미쳐분 남하를 낚아채서 열차에 태우고 토낌으로써 음녀들의 손아귀를 벗어날 수 있었다.

열차를 타고 가는데 양쪽 언덕 위에 인디안 전사 같은 놈들이 몰려나와 코뿔소 뿔 같은 통소를 분다. 자식들 하여간 사람 쪽수가 많다 보니 별 놈의 짓거리를 다해서 볼거리를 제공흔다. 열차에서 내리니 폭이 100m가 넘고 높이가 4~50m가 됨직한 궁전이 나온다. 웅대한 규모와 갖가지 화려한 장식에 모두들 발길을 멈추고 감탄사만 연발흔다.

사진 찍는 포인트가 있어 준성이 성, 원선이 부부가 기념 촬영을 했는디 뽑아서 봉깨 궁전의 신비흐고 찬란함은 보이지 않고 조명에 비친 석주들이 무당 푸닥거리흘 때 쓰는 장삼 자락 같아 안 찍느니만 못흐다. 궁전에서 돌계단을 타고 내려오니 커다랗고 시컴흔 호수가 있고 조각배가 이회창이 말처럼 아직 12척이 남아 있다. 조각배 두 척에 나눠 타고 노를 저어 어두운 동굴을 헤쳐 나가는데 음산하고 스산한 분위기가 어디선가 공룡이 튀쳐나오고 시조새가 이빨을 드러내고 달라들 것 같다.

'공포의 시간이 계속되며 30년 전에 본 영화 〈깊은 밤, 깊은 곳에〉의 장면이 생각난다. 바빠도 고 영화 얘기를 잠깐 흘란다. 이유는 첫날 메릴랜드 골프장에 갈 때 내가 친구 각시들을 꼬실라고 노가리를 까자 시열이가 요 영화 남자 주인공 래리가 기억난다며 여자 무서운지 알고 조심허라는 뜻으로 경고를 혔기 때문이다.

요것은 시드니 셸던의 원작 *'The other side of midnight'* 를 영화한 것인디 간단히 말해서 순진한 여자 잘 묵고 잘못 찼다가 좆 되야분 머시매 야그다. 동양 여자는 한을 품으면 오뉴월에 서릿발이 내리는 것으로 끝인디 양년은 한을 품으면 디져야 끝난다는 복수에 대한 집념과 처절함을 보여 준다.

제2차 세계대전, 플레이 보이인 미 공군 장교 래리가 청순한 디자이너지망생 노엘을 꼬셔서 같이 가서 자자고 흔다. 근디 래리라는 놈이 여자 꼬실 때 어찌나 화려한 노가리를 구사흐던지 그 대화 하나하나를 '정철 영어 회화 테이프'로 만들 정도였다. 암것도 몰른 순진한 노엘이 "한방에 들어가는 것은 존디 침대가 한 개라 한 사람은 어디서 자나요?"라고 묻자 래리라는 놈이 저는 침대 옆 재떨이서 자면 된다고 능청을 떰서 데꼬 들어가서 갖은 감언이설로 꼬셔서 묵고 떠나 분다. 곧 온다던 래리가 소식이 없자 노엘은 농락당흔 것을 알고 복수를 결심흔다.

래리의 애기를 가진 노엘이 철사 옷걸이로 쇠꼬챙이를 만든 뒤 화장실에 쪼그리고 앉아 유산시킬 때의 섬뜩한 모습은 우메! 지금도 소름이 끼친다. 전쟁이 끝난 후에도 노엘은 오직 복수의 일념으로 래리를 추적하여 알게 모르게 볶아 묵다 마침내 죽이기 위해 그리스의 동굴로 유인흐는디 그 굴이 관암같이 생겼다. 계림이나 지중해 연안의 옛 유고 연방이나 그리스가 세계에서 대표적 카르스트 지형이기 때문에 자연이 영락없이 닮았단다. 노엘은 래리를 죽인 뒤 자신도 음모에 빠져 형장의 이슬로 사라진다.

애기가 어만 데로 빠져 불었다마는 우리는 각시 눈치만 살피고 바람피우기는커녕 버리지만 말아 달라고 애원흐며 붙어 산 깨 요런 비극은 없으리라 확신흔다. 호수를 지나니 또 방이 나온다. 녹수는 지그 각시 시킨 대로 흔담서 호수에서 낚시로 잡은 고기를 사서 방생함으로써 지그 각시 은성 보살의 대자대비하심을 만 천하에 공포하였다.

갑자기 동굴 속을 유람흐는 우리가 정자(精子) 같다. 올챙이들이 속 좁고 깜깜한 질속을 파집고 헤엄쳐 나가 커다랗고 안락흔 자궁에 도착흐듯이 컴컴한 동굴을 지나면 커다란 궁전이 나온다. 동굴 속이 좁을수록 직접 손으로 만질 수 있어 좋다. 그래서 가장 맛 좋은 여자는 속 좁고 질(膣) 좋은 여자인가보다. 기부 문화의 선두주자 상표가 헌납흔 돈으로 옵션 사항인 폭포를 볼 수 있었다. 동굴 속에서 폭포를 본다는 것도 생각흘 수 없는 짓이다.

담은 엘리베이터를 타고 올라간단다. 엘리베이터 2대가 나바론 요새에서 폭탄을 실어 나르듯 오르내린다. 엘리베이터를 타고 한참을 올라 내리니 햇볕이 들어오며 출구가 나온다. 하여튼 중국놈들은 돈 되는 짓이면 멋이든 하는 것 같다. 우리 같으면 자연 파괴다, 환경 보호다 흠시로 환경단체에서 떼거리로 몰려 와 뻗어불면 몇 십 년이 걸려도 못흘 짓을 우선 묵기는 곶감이 달다고 일단 질러 놓고 보는 것 같다.

동굴 속의 많은 석순과 석주를 잘라 불고 시멘트도 허천나게 퍼부어 놓았는디 전봇대로 이빨을 쭈시든 요강으로 때깔을 불든 말든 지그 것 지기가 개발흔다는디 시비 걸 생각은 없고 덕분에 편히, 재밌게 볼 수 있어 좋았다. 이강크루즈를 위해 모다들 흥분을 가라앉히고 나루터로 내려 갔다.

7) 제7편「선상(船上)의 미인계(美人計)」

맑은 이강에 쏟아져 내리는 투명한 햇빛은 조금이라도 손을 대면 바스러져 불 것 같다. 쏟아지는 햇살을 두 손으로 고이 받아 두 볼에 살짝 얹어 보았다. 각시들 볼에도… 친구들 어깨 위에도… 녹수, 연일이 배 위에도….

“Sunshine! on my shoulders makes me happy!”다.

유람선에 올라 주위를 돌아보니 천하절경이다. 강 양쪽에는 계림 특유의 산봉우리들이 메타세콰이어 가로수같이 쭉 펼쳐져 있고 구름 한 점 없이 눈이 부시게 푸른 하늘에는 가마우지가 나래를 펴고 옥빛 이강 가에는 수천 마리의 집오리들이 헤엄을 치고 그 가운데 물살을 가르고 올라가는 유람선에 하얀 물보라가 부서지며 흩날린다. 요것이 정말 사람이 사는 세상인가! 신선이 노니는 무릉도원인가! 벅차오르는 가심에 하나라도 더 보려고 두 눈을 부릅뜨니 눈깔이 튀쳐 나올라고 흔다.

계림에 와서 이강 유람을 안 흔 놈은 첫날밤에 그냥 잔 놈보다 더 모지리, 찌부, 핫찌부 같은 놈이다라고 흘 만큼 계림 관광의 절정은 이강 유람이다. 일반적으로 이강 유람선은 상비산 공원 앞에서 출발하여 82km 떨어진 양삭까지 물결을 거슬러 약 5시간 동안 유람흔단다. 이강 유람은 물이 맑은 가을철이 최고란다. 희한한 모습의 봉다리들을 보고 있으면 자연의 신비로움에 저절로 감탄을 흐게 된다.

주도 면밀흔 희창이는 행여 우리가 시간에 쫓기고 5시간을 배 우에 있으면 심들고 지루해 할까봐 이 중에서도 가장 좋은 곳, 즉 엑기스만을 추출하여 종합정리 흔 다음 그 중에서도 꼭 시험에 나오거나 가장 예민하고 은밀한 성감대만 콕콕 찍어 사설 배를 전세 내서 단독으로 2시간 정도 유람키로 계획을 짰단다. 아아! 공명의 신기를 능가흐는 차가운 대가리! 사다함보다 우정을 중히 여기는 뜨거운 가심! 희창이 같은 친구를 둔 우리는 얼마나 행복흔가. 희창아! 후제 우리 각시 데꼬 한번만 더 오자. 이 존 것을 나 혼자만 볼 수 없어 오늘은 차라리 눈을 감어 불었다.

희동이가 현기증이 날 만큼 아득한 천길 낭떠러지를 올려다보더니 무협지 생각이 난단다. 무협지의 전개는 대개 뻔흐다. 주인공이 웬수들에게 쫓겨 토끼다 막다른 절벽에 이르면 진퇴유곡, 오도 가도 못하다 아득한 봉다리 꼭대기에서 떨어진다. 디진 지 알았는디 포도시 의식을 찾으면 대개는 나뭇가지에 걸려 있거나 강물에 떨어져 강변 모래밭에 흘러와 있다.

꿈인가 생신가 두리번거리다 보면 가까이 작은 동굴 입구가 있고 망신창이가 된 몸땡이로 기어 들어가면 갑자기 밝아지며 딴 세상이 펼쳐지는데 정자 우에는 학같이 생긴 백발의 노인이 눈을 감고 운기조식을 흐고 있다. 오찌고 저찌고해서 노인네의 웨이타, 파출부 생활 몇 년 흐다 보면 노인을 싸부로 모시고 무술을 배우게 되는디 노인은 무림에서 이미 몇 십 년 전에 사라진 전설 속의 고수다.

글다가 한 3년 지나면 어느 날 밤, 제자를 불러 "얘야, 이제 하산해서 강호를 구해라!"고 말흔 뒤 가부좌를 흐라고 흐고 제자 등거리에 있는 명문

혈에다 손부닥을 대고 공력을 주입시켜 기경팔맥을 뚫어 준다. 한참 운기조식 흐다 뭣이 이상해서 뒤돌아보면 사부는 찐이 빠져 죽어 있다. 제자놈은 사부 면전에 재배 드리고 왕년에 사부가 보라고 흔 보따리를 풀어 보믄 200년 공력을 증가시캐 준다는 천년하수오와 무림의 비급이 있고 고것을 혼자 자습해서 마스터베이션을 흐면 내공이 노화순청, 초범입성의 경지에 이르게 된다.

바야흐로 하산할라고 기어 들어간 동굴을 걸어 나오면 밖은 여전히 절벽이다. 허지만 인자 고수가 되어 무림에서 단절된 섭공도허나 답설무흔의 신법으로 가볍게 뛰어 내린다. 강호에 나오면 꼭 흑의녀, 홍의녀, 백의녀들이 뒤를 따라 댕기며 보호해 주고 사랑을 고백허지만 자기는 부모님의 웬수를 갚고 문파를 다시 일으켜야 한다고 흠시로 냉정히 거절흔다. 글다가 하루는 동굴에 들어가 목이 말라 물인줄 알고 춘약(春藥)을 잘못 마셔 꼴려서 몸부림치다 자기도 모르게 착한 백의녀를 묵게 되는디 약에서 깨어나면 이미 백의녀는 훌쩍 날아가고 주인공은 낭자를 그리워흐며 찾아 헤맨다. 어느 날 계림을 지나다 이강의 유람선을 타면 흑도의 음녀가 주인공을 따 묵을라고 선상에서 미인계를 쓴다.

이날도 예외는 아니어서 나 혼자 배 난간에 기대어 고국에 겨신 각시 생각에 잠겨 있는디 어디선가 여인네들의 꺄르르 웃음소리가 들려온다. 웃음소리의 진원지를 찾아가 보니 칭구들과 각시들이 뱃머리에서 이강의 은어 튀김에 이강주를 들이키며 쪼갬시로 둘러 앉아 있는 것 아닌가. 글안코도 한 잔 뽈고 싶은 생각이 간절했는디 나 없이 요런 배은망덕한 짓거리를 흐고 있다니. 천강지법으로 모다 튕개서 보내 불고 싶은 마음이 간절했으나 사숙뻘인 준성이 성이 가운데 떡 버티고 계셔서 참았다.

만만흔게 녹수라 왜 안 불렀냐고 조졌더니 불러도 안 왔음시로 난리냐고 대든다. 하기사 녹수의 악골은 이미 강호에 공성이 나 있다. 녹수가 무덤 앞에 있는 차를 훔쳐 토끼다 잽혀 경찰서에 끌려갔단다. 짜부가 왜 차를 훔쳤느냐 묻자 저는 디져도 차를 훔친 적이 없다고 빡빡 우겼단다. 성질 난 짜부가 "짜샤! 분명히 돌른 차를 타고 가다 들켰잖아?" 녹수가 뭐러고 흔지 아냐? "아! 나는 차가 무덤 앞에 있길래 차 주인이 디진 줄 알았제~"

뒤늦게 끼어들어 만회흐느라 이강주에 은어 꼬치를 연방 씹어묵었다. 큰 멸치나 붕어 새끼만한 이강 은어 튀김은 씹을수록 쫄깃쫄깃흐고 고소했다. 탁 트인 이강의 진경산수를 감상흐며 은어에 이강주를 들이키니 이태백이 따로 없다. 아야! 시열아! 권주가 한번 개안흐게 뽑아 불어라.

간간이 유람선들이 스쳐 지나가는데 가시내들이 배 대가리에 가랑이를 쩍 벌리고 걸터앉아 흥분해서 괴성과 함께 손을 흔든다. 조것이 인어면 잡아서 살짝 디쳐 묵자고 했더니 희창이가 상체가 인간인 인어를 원흐는지 하체가 인간인 인어를 원하는지 묻는다. 아따! 뻔흐제! 이왕이면 묵을 수 있는 것을 잡어야제.

유람선이 U턴을 하여 되돌아간다. 올라올 때는 햇살이 고왔는디 인자는 해가 저물어 간다. 저물어 가는 황혼을 배경으로 펼쳐지는 이강 산수는 정선의 몽유도원도다. 역광으로 까만 톱니바퀴같이 보이는 산, 잔잔한 파랑을 일으키며 흐르는 강. 미쳐불것다라는 말 이외에는 표현할 수 없고 오히려 말로 표현하는 것이 미친 짓이다. 그래서 나는 아무 말도 하지 않았다.

"Und sagt Antwortet Wort." 그러나 "Ende gut, Alles gut."

그립고 아쉬운 이강을 뒤로 하고 계림으로 돌아와 최후의 만찬을 나눴다. 역시 노계림이 등장하였으나 고것은 수펄들의 몫이고 여왕벌들에게는 이날만은 우아하게 와인이 제공되었다. 이제 마지막 프로그램인 몽환이강 관람이다. 몽환이강쇼는 세계적으로 인정받고 있는 중국의 써커스와 서양의 발레가 완벽흔 조화를 이루며 만들어낸 공연이다.

천하제일의 산수를 자랑흐는 계림에서 자연이 만들어낸 아름답고 신기한 풍경과 함께 인간이 만들어낸 최고의 공연으로 아시아 첫 번째 초대형 산수정경 공연이다. 여러 차례 국제, 국내 금상을 획득했을 뿐 아니라 국가 주석과 함께 미국 방문 공연에도 참가하여 수없이 절찬을 받았으며 공연 후에 만족흐지 않으면 표를 반납해 준다.

역동적인 무대와 조명, 음악, 눈이 부실 정도로 화려흔 의상, 인간의 몸뚱이로 중국의 문화와 자연을 멋지게 표현한 환상적인 공연으로 오직 계림에서만 볼 수 있다. 화장실까지 새로운 미디어가 설치되어 일을 봄시로도 공연을 끊이지 않고 계속 감상할 수 있단디 일정상 시간에 쫒겨 5분 일찍 나오느라 확인은 못했다. 공연이 끝나면 주차한 수백 대의 차량이 잔칫집 신발짝 섞이듯 얽혀서 지체가 되기 때문에 비밀 장소를 정하고 쫌 일찍 모트기로 했는디 확인해 보니 전원 탈출에 성공이다.

계림에서의 일정을 모두 끝내고 공항으로 향했다. 공항에 도착흐니 각자 주문흔 비단 이불 30채와 희창이 현지법인 총경리께서 하사하신 노계림 44병이 산더미처럼 쌓여 있다. 자 이제 모두 끝났다. 그러나 나는 아직 배가 고프다. 왜? 그것은 각시만이 알 것이다.

8) 끝편 〈종국(終局)〉

요번 계림 여행기는 여러 모로 심이 들고 부치구나. 일정이 오전에는 골프, 오후에 관광이라 술을 낮부터 마셔 논께 필림이 끊긴 상태라 기억해내기가 심들고 22명이라는 엔트리가 원정에 참여한 데다 선수 구성도 복잡하였고 어따가 메모흐는 성격이 아니라 즉시 잊어불기 전에 써부려야 되는디 공사가 다망한 관계로 상 당흐고, 수술 흐고 검사 받고 흐느라 세월이 흘러분 탓이리라.

그래도 나름대로는 진실에 가깝게 기록흐느라 애썼다. 딱 두 가지 사기라기보다는 풋가시를 넣는디 하나는 성수 각시와 입술을 포갰으면 하는 간절한 바람을 마치 포갠 것으로 묘사흔 것이고, 나머지는 영이 각시흔테 장미꽃을 바치며 사랑을 고백흔 장소가 선상이 아니라 버스 안이라는 것이다. 이로 인해 두 분의 명예가 훼손되었거나 가심의 상처를 받았다면 훗날 엎드려 백배 사죄를 드리겠다.

연재 도중 녹수가 본인의 샤워쇼와 거시기의 표현이 실제보다 덜 적나라흐고 작게 묘사되었다고 항의하며 술 사주며 공갈을 쳤으나 조선시대 왕조실록을 기록흐던 사관(史官)의 정신으로 일축하였다. 혹여라도 왜곡이 있었으면 훗날 역사의 심판을 받겠다는 각오는 돼있다. 단, 요참 계림 투어의 화두는 시종일관 녹수의 거시기였다. 원래 고놈이 크고 잘 생개서 어따 내놔도 자랑흘 만도 흐지만 특히 계림의 산수가 우연의 일치로 돌리기에는 너무나 고 녀석을 빼다 박은 듯 닮았기 때문이다. 행여 요것도 잘못이 있었다면 고기에 대해서는 소유자인 녹수 본인보다는 영원한 관리자요 소비자이시며 뼈다구 있는 가문 출신인 광산 김씨 은성씨께 고개 숙여 사과드리리라.

계림에 다녀온 지가 보름이 넘었는디도 계림의 산수와 친구들의 모습이 아직 선흐다. 역시 좋은 사람들과 좋은 만남으로 함께 한 여행은 정말 좋았다. 특히 이번 납회를 위해서 남하와 희창이가 징흐게 욕봤다. 둘이 아니었다면 요런 좋은 프로그램은 엄두도 못 냈을 것이다. 놈들도 골프도 칠만큼 치고 관광도 젤 좋은 데만 골라서 흐는 고런 알찬 일정은 없다고 부러워 흐드라.

요번 납회를 계림으로 정한 다음부터 남하는 오직 이 일에만 매달렸다. 다행히 남하가 지그 회사에서 흘 일이 별로 없고 회사가 노가 나는 회사였기 때문에 살아 남었지 아님 요번에 망해 불었을 것이다. 출근흐면 희창이한테 전화해서 협의한 뒤 희창이네 현지법인 신철현 차장과 전화로 확인흐고 팩스 넣고 참석흘 놈들 모집흐고 연락흐니라 손구락이 쥐나 불고 목이 쉬어부렀단다. 나중에는 하도 많이 강께 겁도 나더란다.

간다고 했다가 취소흔 놈, 쪼금만 기다리라고 흐는 놈 단체 비자랑, 비행기 표 다 끊어 농께 하나만 끼어주라고 사정흐는 놈, 각시 넣다, 뺐다 흐는 놈 고것만 정리흘라고 해도 헷갈린디 지 돈도 아님서 친구들 돈 한푼이라도 아끼려면 현찰로 결제흐라고 흥께 몇 천만 원을 현찰로 바꿔 갖고 신경 쓰다 봉께 오죽흐먼 비자나무 열매를 샘캐 불었겄냐. 지그 각시도 남하가 하도 준비흐느라 촐싹댐서 자발을 떤깨로 아예 이참에 여행사를 차리라고 흐드란다. 나중에 들어 보니 친구 위해 지 돈 들여감서 흐는 짓이니 흐제 돈 벌라고 흐는 짓이면 못 흐겄드란다.

희창이도 정말 디지게 욕봤다. 친구들 쫌이라도 편흐게, 차질 없이 묵고, 놀고, 자게 흘라고 지가 미리 현지에 가서 음식점 하나까지 다 사전답사를 흐고 일정 짜고, 예약흐니라 검은머리가 파뿌리가 되야 불었드라. 요번 납회 준비 파일을 봉께 김경준이 BBK 관련 파일보다 양이 많아 불던디 그래도 생색이나 사삭 한번 안 떨고 신경질 한번 안 냄시로 술과 이불 호창 하나까지 세심히 챙개 주는 것을 보고 감동 묵어부렀다.

그 외에 함께 간 친구들도 모두 아름답고 훌륭했다. 붕어알 친구로 초, 중, 고 12년을 함께 댕긴 원초적 죄 땜시 나의 어린양이나 앙탈을 꼬라지 한번 안 내고 너털웃음으로 받아주는 넉넉한 최녹수, 외롭고 슬프지만 고운 눈매를 갖추고 언제나 있는 듯 없는 듯하면서도 궂은 일을 도맡아 흐는 고독흔 반항아 박연일. 젠틀한 매너에 코스모스같이 해맑은 모습, 수줍은 성격에 말없이 배시시 웃으면서도 호쾌한 샷을 날리는 회장 신승무. 언제 봐도 양기 넘치고 활달한 장비 같은 외모와 우람한 체구에도 불구흐고, 속맘은 비단결 같고 잔정이 넘치는 의리의 사나이 곽희동. 하도 용흐게 생개서 오찌고 세리를 흐고 세무사를 해 묵을까 걱정될 만큼 착함시로도 꼭 칭구들 일에 적극 참석흐고 연일이 챙기고 돌보는 윤보현. 소박흔 외모에 먼

일이든지 열정에 불타고 클래식, 창, 팝송을 마스터해서 분위기를 돋구는 천하장사 오시열 친구따라 계림 간다고 1주일에 한번씩 올라오는 부군 최영 장군을 물리치고 나아갈 길을 소신껏 선택한 현대판 '인형의 집' 로라 정연숙 여사. 법 없이는 못 살 사람들의 만남, 법이 지켜줘야 살지 법이 안 지켜주면 맞아 죽을 만큼 착흐디 착흐고 여리디 여림시로도 골프와 친구는 누구보다 사랑흐고 음악과 영화를 즐기는 낭만파 백원선, 이혜재부부.

20회보다 더 20회 같은 16회이시며 후배를 사랑흐는 마음이나 부부 간의 금술에 있어서나 '살아 있는 전설' 로 요번에도 본인 말씀대로 놀러가는 것이 아니라 후배들의 안내와 보호를 위해 기꺼이 참석흐셨다는 박준성 선배님과 이순복 성수님. 남편과 각시가 바뀌였으면 좋았을 것을... 먼 일이든지 감싸주고 남편을 얼뚱애기 달래듯 모든 띵깡 다 받아 줌시로도 정작 본인 마음은 순흐디 순해 길거리 잡상인 청 하나 거절흘 줄 모르는 천사표 '목동의 큰 손' 이미자씨와 그런 각시를 모시고 사는 호강에 초친 남자 김성수 부부.

캠퍼스 커플로 만나 아직도 풋풋한 캠퍼스 냄새를 풍기고 찡꼴나게 골프쳐서 딴 돈을 아낌없이 사회에 환원흐는 '초원의 빛' 웨렌 비티와 나탈리 우드를 연상케 흐는 국상표와 김정화 부부. 항상 어린 콘셉트를 바탕으로 꼬막각시 빼끔살이 흐듯 삼시로도 그 손과 씀씀이는 하늘보다 커서 우리 산행흘 때 유부 초밥을 산더미같이 싸 오고 모듬 꼬치 어묵을 한 다라 가득히 가져오더니 요번에도 비단 이불을 여섯 채나 도리다시해 분 '영원한 소년, 소녀' 차윤철, 서진경 부부, 듬직흔 남편과 넉넉흔 아내, 영호남 화합의 상징으로 전라도보다 더 전라도 여자 같은 낙원댁, 듬직흐고 의리에 사는 영원한 마도로스 안용수와 김영희 부부

당신들은 정말 아름다운 사람들이여. 함께 흐는 동안 정말 행복했고 자랑스러우이. 아울러 나의 몰상식 흐고 적나라흔 저질 표현과 전라도 쌍말과 쌍소리를 이해해주고 받아준 우아흐고 고매흐신 각시들에게 진심으로

대가리 숙여 감사드린다.

글고 모든 친구들아! 어느덧 금년도 치고, 때리고, 뛰고, 박고 쪼시다 봉께 라스트 홀이구나! 매년 12홀을 지냄시로 아쉬움이 남지만 나이 묵어 강께 더욱더 빠르고 허전흐구나! 꼴프라면 9홀이나 18홀을 추가흘 수도 있지만 한번 지나온 내 청춘의 홀들은 추가흘 수가 없으니 내 그를 서러워흔다.

홈피에 세밀이다 보니 모임도 많고 그리운 친구들 소식도 많아졌구나. 금년도 10여 일밖에 안 남은 오늘! 기쁜 일도 많았지만 아쉬운 일도 많았다. 특히 친구들의 죽음은 정말 가슴 아프고 안타까운 일이야. 정초에 권태호가 하얀 겨울에 떠나더니 여름의 끝자락에 양장성이가 가고 끝내는 고재창이마저 낙엽 따라 가버렸구나.

한 세대 윗분들의 상을 당하거나 문상을 갔을 때는 슬프지만 먼저 와서 먼저 간다는 것이 순리로 받아들여지던디 막상 같은 세대인 친구들의 죽음을 보니 슬픔과 함께 이제 우리도 죽음을 위해 무언가 준비할 때가 되었다는 생각이 든다. 그 누구도 죽음에서 자유로울 수 없고 어차피 가야할 숙명이라면 욕심을 버리고 매사에 감사하며 가까운 이들에게 베풀고 사랑을 남기고 가고 싶은 바람이다. 그런 의미에서 우리의 안타까움과 아쉬움을 지난 해에 이어 전개되고 있는 '동기 유자녀 돕기' 로 달랬으면 한다.

금년은 정해년(丁亥年)이라 근지 정해진 놈들만 복을 받어서 더욱 양극화가 심해져 분 것 같더라마는 내년은 무자년(戊子年)인께 모다들 새해 무쟈게 복 많이 받어 불고 흐는 일마다 만사형통 해불 길 바란다.

(2007. 12.)

불쌍흔 고아들의 치앙마이 방랑기

1)「불쌍흔 고아들의 치앙마이 방랑기」

모가지가 길어서 슬픈 짐승이여
언제나 점잖은 편 말이 없구나.
관이 향기로운 너는 무척 높은 족속이었나 보다.

물속의 제 그림자를 들여다보고
잃었던 전설을 생각해내곤
어찌할 수 없는 향수에
슬픈 모가지를 하고 먼 데 산을 쳐다본다.

-노천명의「사슴」

젖가슴이 커서 슬픈 짐승이여
클럽이 가슴에 걸려 일렁이구나
폼이 아름다운 너는 무척 큰 드라이버였나 보다.

벙커에 처박힌 공을 들여다보고
잃었던 스윙을 생각해내곤
어찌할 수 없는 가슴에

슬픈 모가지를 하고 그린 위를 쳐다본다.

–박용운의 「각시」

작년 가을 어느 날 오전, 녹수가 점심 때 양재동으로 넘어 오란다. 가면 뻔할 뻔이다. 고날은 고걸로 끝이다. 지그들이야 사장인깨 넘 눈치 볼 것 없이 개기면 되지만 나야 아직은 눈칫밥 묵는 은행원인디. 하기사 고렇게 말해봤자 세계적인 두 네다바이(사기꾼)에게 걸리면 도저히 빠져 나올 수가 없다. 근디 더 한심흔 것은 뻔히 암시로도 부나비가 불을 찾아 헤매다 뛰어 들어 디지듯 차마 거절흐지 못하고 가기를 반복하는 내 마음이다.

여느 때와 마찬가지로 1차로 오리에다 쐬주 한잔 걸치고 다시 남하 사무실로 돌아가 꼬불쳐 논 매취순 박스를 경리 가시내가 사온 생선묵에다 큰 종이컵으로 권커니 자커니 흐다 봉깨 모다들 헤또가 쫌씩 가부렀다. 흘일 없이 3차를 위해 밤 되기를 기달리며 금년 달력을 뒤적이다 설 연휴가 5일이라는 것을 알았다. 즉석에서 어차피 설날 흘 일도 없는디 어디 바람이나 쐬로 가기로 의기투합을 했다. 녹수가 언젠가 웅이도 고런 말을 흐던디 말 나온 짐에 아예 끌텅을 파불기로 했다.

인터넷에 들어가 탐색을 해보니 세상에 뛰는 놈 위에 나는 놈 있고 지지리 흘 일 없는 놈들이 쌔부렀는지 6개월 전인디도 일본, 필리핀, 괌이고 어디고 간에 진즉 예약이 끝나부렀단다. 중국 쪽으로 눈을 돌리려니 유식흔 녹수가 중국은 설을 우리보다 훨씬 크게 쉰깨 그때 가면 비싸고 복잡해서 디져분단다.

고래서 대안으로 나온 것이 치앙마이고 만장일치로 위대흐신 최녹수 사장님을 설맞이 치앙마이 원정대 단장으로 임명한 뒤 은밀히 거사를 준비하였다. 근디 '天知 地知 我知 子知' 라고 거사 계획이 탄로가 나자 전국 각지에서 설날 흘 일 없는 고아나 이산가족이 몰려들어 박이 터져 부렀다.

우리는 눈물을 머금고 맹바기 작은 정부 만든다고 조직 개편흐디끼 가까운 식솔부터 잘라내고 최후의 엔트리를 확정하였다. 최후의 티켓은 20장! 고 면면을 살펴 보믄 먼저 서울에서 현존흐는 남편 중 가장 자상흐다는 백원선 부부, 현존흐는 남편 중 가장 무심흐다는 한남하 부부, 현존흐는 남편 중 가장 헌신적이라는 김희창 부부, 현존흐는 남편 중 가장 유순흐다는 유문식 부부, 글고 광주에서 현존흐는 남편 중 가장 양반 같다는 김영식 부부, 현존흐는 남편 중 가장 크다는 최녹수 부부, 현존흐는 남편 중 가장 섹시흐다는 고정석 부부, 현존흐는 남편 중 가장 성능이 좋다는 허 웅 부부, 글고 웅이의 성능을 증명하는 이제 9살 된 아들 뽁남이와 큰딸 남매, 라스트로 현존흐는 남편 중 가장 불쌍흐다는 박용운 부부였다.

섣달 그믐날, 은행에다는 고향길이 천리라 일찍 가봐야겠다고 사기치고 허위허위 각시 끌고 인천공항에 이르니 이미 온통 난리북새통이다. 주차대행을 찾으니 집에 가서 알아보든지 내년까지 기다리든지 꼴린 대로 흐란다. 각시와 짐을 내린 뒤 허겁지겁 단기주차장에 대강 대 놓고 강께 각시가 여권이 없어졌다고 얼굴이 노래져서 빨리 차에 가서 찾아 보란다.

다시 차로 왕복 달리기를 흐느라 숨이 찬디 각시는 뒤통수에다 생전 처음 골프치러 나간디 여권 없어 못 가믄 디질 줄 알라고 으름장을 논다. 겨우 여권을 찾아 게거품 물고 돌아가 보니 간단 놈들은 한 놈도 뵈지 않고 마중 나온 박근이와 근창이뿐이다. 광주 놈들은 대낮에 와서 면세점 쇼핑흔다고 진작 기어 들어가고 서울 놈들도 여편네 성화에 전부 일찌거니 입장흐셨단다. 우리만 시간 맞춰 들어가 비행기 안에서야 녀석들이 보이는디 모다들 설 대목장을 봤는지 보따리들을 한아름씩 들고 온다. 좌석을 부부끼리 사방으로 찢어논 탓에 악쓰기도 멋해서 인사도 못 했다.

드디어 사랑흐는 각시와 나란히 앉아 있응께 맨날 테레비 뉴스에서 명절을 맞아 해외 골프 관광 가는 놈들을 봄서 조 놈들은 뭔 놈의 상팔자라 조렇게 팔자가 늘어졌는가 했는디 우리가 고 장본인이 되었다는 뿌듯함이 엄습해 온다. 여편네는 지 말대로 서방 믹여 살릴라고 맨날 새벽에 앵벌이 댕김서 준비흐느라 지친 탓인지 비행기가 이륙흐자 내 어깨에다 코를 박고 잔다. 이코노미 징후군에다 잠도 안 와 피곤흐던 참이라 콱 대가리를 밀어 불라고 흐다 얼굴을 봉께 문득 짠흔 생각이 든다.

고래도 남편이라고 나 같은 놈을 믿고 병들면 침대 옆에 앉아 병수발흐고 새끼들 보살핌서도 한번 잘살아 볼라고 악착떠는 것을 생각흐니 그래! 나라도 잘 해 줘야제. 내가 아니면 누가 보살피것냐. 나 하나 만을 사랑흐고 믿어 온 각시를. 암도 안 보는 틈을 타서 이마에 뽀뽀를 지그시 흔 뒤 내 자리까지 편히 눕혔다. 좌석을 여편네 잠자리로 제공하고 나니 이제는 입석이다.

요리조리 친구들을 찾아 나섰다. 생전 각시 옆에 붙어있지 않는 남하도 할 수 없이 코가 끼여 각시와 나란히 자고 있는 모습을 보니 좋았다. 녹수 자리에 가보니 녹수는 없고 대신 각시가 두 자리를 차지하고 새우잠을 자고 있다. 앞 동네로 가보니 역시 금술 좋은 원선이, 문식이 부부는 붙어 자고 있고 오랜만에 보는 웅이가 앉아 있는디 왠지 옆에 앉은 처자가 낯설다.

웅이 각시를 무안에서 언뜻 한번 본 적이 있어 물었더니 따로 아들과 함께 앉아 있단다. 아니나 다를까 고 옆에서 대장금의 스타 이영애 여사가 콩만 한 손자와 놀고 있다. 주먹만흔 것이 귀엽기 짝이 없는디 아무리 손주라지만 영락없이 웅이와 붕어빵이다. 손지가 영락없이 지그 할애비 닮았다는 말에 대장금이 펄쩍 뛰며 지그 아들 뽁남이란다. 인자 아홉 살로 초딩 2학년인디 게임에 열중흐느라 묻는 말에 콧방귀도 뀌지 않는다. 나도 애기들이 오물짜같이 이쁜 것을 봉께 손주 볼 낫살이 됐는갑다.

하루는 대장금이가 뽁남이를 데리고 서점에 갔단다. 요것조것 뒤적이다 보니 뽁남이가 안 보여 놀라 찾았더니 구석지에서 먼 책을 열심히 보고 있드란다. 책 제목을 보니 “올바른 육아법”이었다나? 의아해서 이유를 보니 “내가 엄마, 아빠에게 제대로 키워지나 볼라고라우~~~”라고 답흐드란다. 고 말을 듣고 웅이는 박장대소를 흠시로 아들 하나 똑소리 난 놈 둬부렀다고 했다니 새끼 키우다 보믄 다들 눈깔에 뭐시 씨여서 모지리가 되분개비여. 웅이는 이미 옛날 교대 부속을 같이 댕겼던 영원히 변함없는 친구가 아니었다.

비행기 꼬리 쪽으로 가봉깨 맨 뒤에 녹수가 말같이 서 있다. 고 모습을 보니 갑자기 말의 축 늘어진 거시기가 생각난다. 각시 편히 자라고 아예 저는 5시간을 서서 가불기로 했단다. 최녹수의 장녹수를 생각흐는 애틋한 정에 감동을 묵어 눈물이 핑 돌아분다. 나도 어차피 각시흔테 자리 뺏긴 놈 녹수랑 같이 서 있어 부렀다.

거의 6시간의 비행 끝에 목적지인 치앙마이에 도착했다. 밤이 늦어서인지 겨울옷을 입었는디도 견딜만 흐다. 은나래 여행사의 현지 가이드 서과장을 만나 나흘 동안 우리의 보금자리인 홀리데이 인 호텔에 둥지를 틀었다. 계림같이 호텔 방에 생쇼를 관람흘 수 있는 180인치 테레비도 없고 생전 처음 해외 골프 투어를 온 각시도 장시간 비행과 긴장이 풀린 탓인지 각자 침대에서 베개 보듬고 잤다.

2) 제2편 ‘단장 부부’

EAGLE을 축하드립니다

가장 자상한 남편 백원선

戊子年 설날, 남쪽 나라 치앙마이

람푼 C.C. 4번 Hole Par 5에서
우리 모두의 소망과 사랑과 우정이
그대의 원 샷으로
창공에 날아올라 독수리가 되었으니
우리 모두 이를 기뻐하여 영원히 간직코자
여기 조그만 증표를 만들어 바칩니다.

戊子年 正月 初

치앙마이 원정대 총단장　최녹수
관광단장 김은성
外 뽁남이와 불쌍흔 孤兒 一同

새벽 6시 모닝 콜이 울린다. 한국과 시차가 2시간잉께 평소 아침 8시면 빠른 것은 아니지만 늦게 잔 탓인지 눈까풀이 무겁다. 아침에 깨면 습관적으로 각시 옆으로 다가가 비몽사몽간에도 숙달된 손놀림으로 각시 온몸을 HAIR TO FOOT로 정성껏 훑어주고 진흐게 껴안고 모닝 설왕설래(舌往舌來)를 약간의 사까치를 곁들여 나눈 뒤 후다닥 씻고 뷔페로 갔다. 친구들이 늙어서 새벽잠이 없는 탓인지 아님 아직 우리 부부만 물이 안 마르고 철철 넘친 통에 신혼같이 사는 탓인지 아무리 서둘러도 나흘 동안 줄창 제일 늦었다. 일행은 관광팀, 골프팀으로 나누어 운행했다. 오전에는 두 팀이 각자 지 갈 길로 가고 골프가 끝나는 점심 때부터는 다시 모타서 오후 일정을 함께 했다.

관광팀 멤바는 녹수와 희창이 각시, 웅이 아들과 딸 4명으로 단장은 당연히 최녹수 총단장 사모님 광산 김씨 우석 어멈 은성씨다. 늙으면 성깔이 없어지고 똥그랗게 된다드니 맞는 말이다. 우석 엄씨를 홈 캄잉 데이에서 첨 만나 설악산, 백두산, 필리핀 등을 어울려 댕갰는디 그 시절 보여줬던 파르르흐고 불같던 성깔은 다 어디로 가불고 용하디 용한 할마씨가 되야부렀는지 웅이 아들 뽁남이를 얼싸안고 댕김서 핥아부는 것을 보니 녹수도 빨리 우석이를 여워야 쓰것드라. 인자 은성씨 성깔이 죽었응께 말흔다마는 몇 년 전에 필리핀 골프치러 가서 반바지로 나갔다가 캐디가 "Blue jean, no!" 했다고 채를 띵개붐서 반바지를 찢어 불듯이 성질을 냄서 안 치고 가분다고 흔다.

남하가 포도시 달개서 클럽 하우스 샵에서 바지를 사 입히고 데꼬 왔는디 그래도 분이 안 풀리는지 요런 거지 같은 옷을 비싼 돈 주고 샀다고 띵깡을 부리는 통에 회비에서 바지 값을 내기로 흐고 겨우 달래서 쳤는디 고 바지 요새도 잘 입는지 모르것다. 같이 골프를 치다가 벙커에 빠져서 허우적대고 있었더니 어느 새 벙커턱에 출현하여 요령을 갈쳐줌서 고렇게 치란디 어디 시로또가 곰방 되냐? 몇 번 흐다고 안 된께 포기흐고 벙커를 기어 나오는디 기연치 될 때까지 다시 쳐 보람서 우에서 밀어분 통에 벙커로 엉덩방아를 찧어부렀다.

요번에는 좀 잘 쳐서 은성씨 맘에 들어 볼라고 했는디 그간 망막을 다시 도배흐는 눈 수술을 흔데다 고것이 쪼깐 나슨께 인자는 팔목이 아퍼서 골프는 포기 했단다. 인자 우리나 각시들도 한 50년 넘게 써서 근지 삭신이 성흔 데가 없어 다 보링흘 때가 된 것 같다. 고럴수록 서로 믿고 의지흠서 새록새록 부부간의 정을 다져가야 쓸 것이다. 은성씨는 겪어보믄 볼수록 사나운 것이 아니라 겁나게 여리고 착흐고 경우가 갱꼬지게 발라서 참 편흐게 해 준다. 글고 영리흐고 눈치가 빨라서 머시매들 흐고 댕기는 짓도 척흐면 삼 만리다. 자기 판단에 어느 선까지는 느긋흐게 봐주다가도 어느 선을 넘는 순간 글로 끝이다.

긍께 째시랑흔 일로 쌈흐고 달래고 얼르고 흘 필요가 없어 전혀 피곤흐지 않고 설사 녹수가 디질 죄를 지드라도 앗사리 고백흐고 용서를 빌면 개안흐게 용서해주는 여장부다. 글고 성격이 아쌀흐고 뒤끝이 없다. 남편 생각흐는 것도 세계 최고다. 설악산에 가서는 허약흔 남편이 양기를 돋굴라면 곡기를 해야 쓴담서 꼭 챙겨먹이고 하다 못흐면 육포라도 믹이고 백두산에 가서도 김장 김치를 냉장고에 1년 동안 숙성시킨 놈을 젖가슴 여미듯 정성들여 싸와서 천지에서 머시매들 흔테 믹이곤 한 여자다.

등산흠서 숨이 차 심장이 터져불라고 혀도 미국에 있는 우석이흔테 온 전화를 '우리 아들' 흠서 자상스럽게 한없이 받는 한석봉이 엄니의 후예다. 아마 아들 생각흐는 면에 있어서는 원정 출산을 감행한 뽁남이 엄씨 대장금을 능가했으면 했지 모자라지는 않을 것이다. 나도 첨 장개가서는 각시가 하도 여시 코구녁이고 성질이 칼같아서 하도 자주 깨싼깨 각시가 조금 멍청흐고 둔해서 서방이 뭣을 흐고 댕기던 사기를 치면 이래도 흥, 저래도 흥흐면 좋을지 알았는디 늙은깨 고것이 아니드라. 그래도 영리흐고 약삭빠른 각시가 기분도 잘 맞춰 주고 덜 피곤흐다는 것이 오랜 삶의 현장에서 체득한 지혜이니만큼 녹수야, 너는 많은 복 중에서 각시 복은 젤 잉깨 그리 알고 잘살아라.

골프팀은 최단장님의 인솔 아래 첫 라운딩을 위해 람푼 골프장으로 향했다. 교외로 빠져 나오니 허허벌판이다. 달리는 차와 함께 기분도 상끗해진다. 치앙마이는 방콕에서 북쪽으로 700km 떨어진 태국 제2의 도시로 고대로부터 독특한 역사를 가지고 있으며 경관이 뛰어난 북부지방의 중심에 위치한 매력적인 도시란다. 풍부한 문화유산과 화려흔 축제, 뛰어난 수공예품, 고산족들의 다양한 생활상을 만날 수 있는 도시로 '북방의 장미'라 불린단다. 인구는 한 200만이 된다고 흔다. 그간은 한국에서 직항편이 없어 한국 사람들이 올라면 호치민이나 방콕에서 환승을 해야 하기 때문에 별로 많이 찾지 않다가 작년 10월부터 대한항공이 주 4회 직항편을 띄워 앞으로 한국 관광객 유치에 기대가 크단다.

람푼 골프장은 치앙마이에서 가장 오래된 골프장으로 그린이나 페어웨이의 관리 상태는 비교적 양호흐지만 나무가 징흐게 많아 페어웨이가 좁은 통에 평소보다 5~10타는 더 치드라도 너무 신경질 내지 말고 그러려니 흐고 즐기며 치란다. 대체 가 봉께 어렵기는 흐다. 첫 홀 타석에서부터 PGA에서 본 것처럼 양쪽에 숲이 우거저 페어웨이로 난 통로가 여자 가랭이처럼 비좁다.

첫날 파트너는 한남하, 유문식, 김희창이다. 각시흐고 묶어주라고 녹수흔테 통사정을 했건만 시기, 질투가 유난히 강흔 단장님이 들어줄 리 없다. 대신 녹수는 문식이, 남하, 글고 용운이 각시 세 명을 데리고 물개 쇼를 했는갑더라. 첨 출발흘 때 캐디들 흐고 말이 안 통해 답답흔디 녹수가 "One man, Three madam." 해분깨 개안흐게 통해분다. 녹수는 필리핀, 중국에서도 통역을 도맡아 했는디 태국에서까지 시원흐게 통하는 것을 보니 도대체 몇 개 국어를 통달흔지 모르겠다.

가이드 말대로 코스에 나무가 많아 정교함을 요구흐기 때문에 프로지망생들의 전지훈련 장소로 각광을 받는다더니 대체 한국에서 온 젊은 학생들이 많이 보인다. 근디 새끼들이 흐는 짓이 4가지가 없다. 쌔빠지게 뒤 대준 부모 생각해서라도 열심히 노력해야 쓸 것인디 하고자 흐는 열정이나 도전정신은 도무지 보이지 않고 시간만 나면 담배만 디지게 뻘고 있다.

말로만 듣던 희창이의 변강쇠 샷을 직접 보았다. 티박스에서 드라이버를 치는디 공 위에서 몇 번 대가리를 까딱까딱 흐다가 혼신의 힘을 다해 갈개 불면 요것이 코프라 트위스트 흐듯 쇳소리를 냄서 한 없이 날라가다 끄트머리에서는 왼쪽으로 휘어가는 드로 샷인디 300야드 정도는 가볍게 넘어 분다. 칠 때마다 드라이버에 공이 깨져부는 소리가 진동한다. 나는 코스가 좁아 공을 20개도 넘게 잃어부렀지만 고수들흔테 주워들은 것도 많았다.

날씨는 이른 봄날처럼 첨에는 서늘흐더니 낮에는 좀 더워진다. 내리쬐는 햇볕이 따갑고 눈이 부시지만 그늘에만 들어가면 선선해서 관광하기에는 딱 좋은 날씨다. 라운딩을 끝내고 클럽하우스 식당으로 가니 각시가 반겨 준다. 최근에사 골프를 배운데다 몇 번 라운딩도 못해 본 각시는 첨으로 해외 골프를 쳐 본 탓인지 무척이나 흥분해 있었다. 비록 잘 치지는 못해도 늦게라도 배와 논깨 각시랑 같이 요렇게 어울려 댕길 수 있다는 것만으로도 행복을 느꼈다.

3) 제3편 '전신 마사지'

오후 관광으로 난나 왕국의 사원인 왓수완덕과 승가대학을 관람했다. 태국은 실론의 소승불교를 받아들인 불교국가인데 내가 대가리가 비어서인지 탑과 부처상이나 건물이 별로 예술적이지 못흐고 어딘가 헤벌레흠시로 짝퉁 냄시가 난다. 새로운 사실은 태국에서는 개팔자가 상팔자로 겁나게 대접을 받는다는 것이다. 윤회설을 신봉흐다 보니 인간이 죽어서 사람과 가까운 개로 환생할 확률이 높은 탓이란다.

고날도 햇볕이 뜨거운 탓인지 껌정 개새끼 한 마리가 탑의 기단부에 올라 그늘에서 낮잠을 즐기고 있었다. 관광팀과 재회의 기쁨을 나눴다. 짧은 이별이지만 그래도 반갑다. 웅이와 대장금이는 손자 같은 새끼 뽁남이의 코끼리 쇼, 코끼리 트래킹, 뗏목 트래킹 등의 무용담을 듣느라 입이 뒷모가지까지 찢어져 뒤에서도 이빨이 다 보인다.

하루 일과를 끝내고 전신 마사지를 받으러 갔다. 태국의 마사지는 원래 사원의 승려들로부터 발생해서 민간요법으로 전해 왔는디 세계 최고란다. 첨이라 마사지의 성격을 몰라 방 배정부터 헷갈려 남녀로 구분흐자는 놈, 부부끼리 받자는 놈 등 개방정을 떨어 어수선했지만 나는 시종일관 침착하게 각시의 손을 꽉 쥐고 나란히 누워 있었다

건장흐게 생긴 아줌마들이 질서 정연흐게 입장흐더니 각자 요에 누워있

는 사람들의 발밑에 쭈그려 앉아 마사지를 시작흔다. 엄지 발구락 대가리를 꽉 눌르는디 쌔 흔 것이 과연 명불허전이다. 꼬박 2시간 동안 마늘 조사서 다지듯이 온몸의 108혈을 누르고, 쭈시고, 주물르는디 고 시원흐고 개안흔 기분이 정말 째진다. 가랑이 사이도 거시기만 살짝 피해 감서 양쪽 사타구니를 자근자근 조사주는디 끝내준다. 귀때기, 겨드랑이, 가슴, 하복부 성감대를 사정없이 비벼 주는 디도 개안할 뿐 조금도 꼴리지 않는다.

바비큐 꾸듯이 돌려놓고 등짝에 올라타서 물팍으로 궁둥이 뼈를 맷돌 갈 듯이 뻉뻉 돌리는데 하루의 피곤이 절로 가신다. 마지막 클라이맥스에서는 거의 죽여준다. 앉혀놓고 양어깨를 뒤로 재껴 자구는 닭날개 꺾기, 행감친 다리에 지그 다리를 비집어 넣어 걸고 뒤로 나자빠지는 넉사자 굳히기, 허리와 어깨에 지그 다리를 대각선으로 끼고 돌리는 빗장걸기, 코프라트위스트, 등짝을 발로 공중에 들어 올려 발바닥으로 돌리는 풍차돌리기 희창이는 가시내가 지 몸이 유연흔 지 알고 새우등 꺾어 껍딱 까기를 했다는디 어찌고 흐는지 모르것다. 사방에서 곡소리가 난다. 여인네들의 비명이 들리는데 환희의 절정이다. 나는 도저히 바울 수 없어 항복을 선언했는디도 말이 안 통해 더 세게 해분다.

끝나고 나니 모다들 "따봉! 따따봉!! 시로뽕!!!"이란다. 낼부터는 골프치고 꼭 전신마사지를 받잖다. 이상흔 것은 마사지를 흔 아줌씨들은 암시랑 않은디 나자빠져서 받은 년놈이 더 힘든 듯 허기가 진다.

저녁은 한식이다. '아리랑' 집인데 김치나 된장국, 녹두나물, 상추쌈 등을 푸짐흐게 주는디 맛도 좋았다. 맛도 맛이지만 음식이 떨어지기가 바쁘게 검은 얼굴에 하얀 이를 드러내고 웃으며 리필해주는 현지 종업원들의 넉넉흔 마음 씀씀이가 고마웠다.

저녁을 묵고 빨리 호텔로 가서 씻고 해외에서 오랜만에 각시흐고 운우의 정을 나누려는데 샤키들이 깽판을 놓을라는 건지 아님 물이 안 나와서 아예 피하는 것인지 어디 좋은 데 가서 무드있게 한 잔 빨잔다. 할 수 없이 강가에 있는 카페로 갔다. 우리나라로 치면 대학가 같은 곳인데 태국은 아직 대학생이면 기본적으로 있는 집 새끼고 대가리 좋은 애들로 인정을 받기 때문에 교복을 즐겨 입는단다. 마치 왕년에 우리 가시네 꼬실 때 개 멋부린답시고 성들 사복 빌리거나 몰래 입고 나갔는디 영리한 민보-훈기만 고것을 알고 서중, 일고 교복 입고 댕기듯이.

치앙마이는 우리에겐 아직 잘 알려지지 않았지만 유럽인들에게는 꼭 가봐야 할 세계 10대 여행지에 꼽힌단다. 그래서인지 다른 동남아 도시와 달리 한국인들이 드물고 백인들이 많다. 카페에도 대부분 백인들이고 약간의 대학생들이 앉아 있다. 라이브 카페로 세 명이 반주를 흐고 노래를 흐는디 우리는 두 팀으로 나뉘였다. 아줌마들은 무대 바로 밑에 앉아 7080 세대의 소녀 시절로 돌아간 양 박수와 환호성을 지르고 남정네들은 따로 뒤에 앉아 한 잔씩 나눴다. 물론 내 각시만 옆에 앉아 시종일관 내가 술잔을 입에 대는지 살모사 시모 눈을 치켜뜨고 감시하고 있었다.

추억에 남을 저녁을 보낸 흐뭇한 밤이었다. 나올라고 흔디 약간의 실랑이가 있었다. 술값을 광주에서 온 섹시남 고정석원장이 기연치 낼라고 용을 쓰는디 고것을 최단장이 냅두지 말라고 말린 모양이다. 젊은이의 성의를 생각해서 거절치 못흐고 고맙게 받아들였다. 고원장은 웅이, 녹수의 골프 친구로 원선이 동생친구도 된단다. 우리흔테는 한 3년 후배뻘 되는디 겁나게 예의도 바르고 선배 모실 줄도 알고 놀지도 알고 각시를 진정 사랑흐는 정석적인 삶을 사는 양반이다. 일찍이 전대 치대를 수석으로 졸업흐고 가톨릭센터 2층에서 치과를 흐고 있응깨 입알이 시원찮은 놈들은 가봐라. 잘해주고 우리 애기흐면 깎아줄 것잉깨.

각시도 멋있게 생겼다. 다이아나 황태자비와 나스타샤 킨스키를 보태서 나눠논 것 같은데 눈매가 날카로움시로도 고혹적이다. 성격은 많이 못 겪어봐서 조까 헤깔린다. 딴 아줌마들은 탄다고 토씨를 끼고 얼굴을 탈레반 같이 마스크로 가리고 법석을 떤디 시원흔 민소매 소대나시 차림으로 라운딩을 흐는 걸 보면 대범흐고 과감흔 것 같은디 놈들은 환장흐는 전신 마사지를 안 받고 발 마사지만 흐는 것을 보면 수줍음을 타는 것같기도 흐다.

10시에 호텔로 돌아와 씻고 각시를 침대에 눕히고 덥석 올라탔는데 녹수방과 통흐는 문이 영판 신경이 쓰인다. 웃기는 놈의 호텔이다. 먼 놈의 방 사이에 문을 달아 놓았을까? 가서 돌려 보니 잠기기는 꽉 잠겼다. 근디 소리는 좀 들릴 것 같다. 테레비를 틀어놓으니 알아묵도 못흐는 말이라 신경이 쓰여 정신 집중이 되지 않는다. 인자는 고짓도 정신을 집중해야 되지 어릴 때 맹키로 Any time, anywhere는 캐도 없는 소리다. 각시를 보듬고 있다가 잠든 것을 확인한 후 내 침대로 건너갔다.

4) 제4편 'B형 남자의 슬픔'

이튿날은 설날이다. 한국에 있으면 설이라고 새벽부터 절흐러 댕기고 세배 받고 흘텐데 먼 데 있으니 거치장시럽지 않고 한긋져서 좋다. 여자들도 시댁이나 갔으면 종일 전 지지고 가래떡 썰고 설거지흐느라 빼기칠 것인디 종일 푸른 초원을 거닐며 "굿샷! 조오~타"를 연발흐니 잘살고 못 살고를 떠나 서방 복은 있는 것 같다.

오늘은 하일랜드 골프장이다. 벙커가 다소 많기는 흐지만 관리가 잘 돼 있고 조경이 아름다워 아시아에서는 몇 번 째 안가는 만족도가 높은 꼴프장이란다. 오전에는 김희창, 최녹수와 우리 부부다. 단장님의 배려로 견우와 직녀가 만나 한바탕 질펀흐게 놀아보기로 했다. 근디 나는 각시 앞에만 스면 왜 그렇게 쫄아 부는지 각시 앞에서 보란 듯이 날린 첫 티샷이 엉뚱한 데로 가분다.

내 딴에는 천천히를 되내이며 최선을 다했는디도 각시는 촐싹대며 대가리를 까닥 들었다고 머시라고 흔다. 글고 지가 보기에는 내가 성의 없이 친단다. 고것이 불만이란다. 근디 고것은 혈액형 때문이란다. A형은 원선이같이 모든 것을 꼼꼼이 챙기고 항상 최선을 다 흐며 선생이나 부모가 시키거나 가르쳐 준대로 흐고 행여 부모나 선생을 속이거나 못 된 짓은 가심이 통개 통개해서 못 흔단다.

반면 B형은 모든 것이 어영구영이란다. -어떤 놈이 또 어영부영이라고 따질지 모르지만- 선생이나 부모가 가르쳐 줘도 삐딱흔 똥고집은 있어 절대로 말을 안 듣는단다. 틈만 나면 여편네를 속여 묵을라고 흐고 뻔히 들켜도 구렁이 담 넘어 가듯 둘려 붙인단다. 한마디로 B형은 아닐 非자란다. 긍깨 모든 못 된 것, 즉 비양심, 비상식, 비인간적, 비리, 비도덕적이며 하다못해 알러지성 비염도 B염이란다. 옛날 젊었을 때는 현격한 식성 차이로 이혼을 생각흔 적이 있었는디 인자는 현격흔 혈액형 차이로 이혼을 결심흘 때가 온 것 같다.

고런 각시를 모시고 친깨 주눅이 들어 더 오그라 들어부렀는지 아니면 팔뚝이 곰배팔이 되어부렀는지 11번 홀에서는 드라이버를 날렸는디 요것이 한없이 오른쪽으로 오른쪽으로 휘면서 날라가분다. 멀리건으로 한 개를 더 쳤는디 더 멀리, 더 악성 슬라이스가 나서 사라져분다. 세 번째서야 포도시 카트길 있는 데서 멈춘다. 성질나서 OB난 것 빼고도 Four On을 시킨 뒤 퍼터질을 조심스레 흐고 있는디 검정 티셔쓰에 검정 선글라스를 낀 탐 크루즈같이 생긴 희컨 백인 놈이 카트를 타고 와서 조용히 지켜본다.

모다들 그 자식을 진행담당 매니저인디 진행이 늦어서 쫓아온 줄 알고 대강 퍼터를 문대고 ok를 준 뒤 서둘러서 다음 홀로 이동했다. 근디 요 새끼가 안 가고 따라 오더니 씩 웃으며 나흔테 묻는다. "Do you speak

English?" 그냥 모른다고 해불 것인디 알량흔 자존심에 "Just a little." 흐고 답했다. 고랬더니 막 영어로 횡설 수설 시부렁거린디 말머리에 "~~~~~ your ball hit the roof."만 들린다. 고래서 지붕이 어쩐지는 제쳐 두고 내가 뭣을 겁나게 히트를 쳐부렀다는 말인 줄 알고는 좋아서 헤웃었더니 돈을 내 놓으라고 흔다. 낌새가 이상해서 글로벌 맨 희창이를 불러서 통역을 부탁했더니 한참 후에사 고 이유를 알았단다.

내가 11번 홀에서 원없이 갈개 분 공이 골프장 밖으로 날아가 주변에 있는 집 지붕을 깨부렀으니 배상을 흐라는 말이란다. 조금 캥기는 바가 있어 조심스럽게 얼마냐고 물어 봉깨 450바트란다. 속으로 얼른 계산해 보니 만 오천 원이라 일단 내가 감당흘 수 있는 액수라 맘이 놓여 느그도 시설 보호 측면에서 책임이 있는 것 아니냐고 따질라고 했더니 희창이가 몇 푼 안 된깨 얼른 줘불고 끝내란다. 괜히 오해가 생겨 경찰 부르고 어찌고 흐면 더 대가리만 아프단다. 해외 나와서는 뭔 일이 생길지 몰릉깨 웬만흔 일은 좋은 게 좋은 거란다. 대신 잔돈이 없어 50바트를 깎아서 400바트만 줬다.

돈을 물어준 것은 괜찮은디 해필 각시 앞에서 그래논깨 또 깨졌다. 돈을 벌어도 시원찮을 판인디 돈까지 물어주고 세상 사람들흔테 다 물어 보란다. 골프 치다 지붕 깨서 물어준 사람은 첨 본단다. 하기사 지가 몇 번이나 골프를 쳤것냐? 끽해야 10번도 못 된깨 조런 소리흐제. 각시 아가리에 주눅이든데다 지붕 깬 값까지 물어 주고 나니 고담은 개판쳤다.

쓰라린 눈물의 점심을 묵고 나니 원선이가 첫날 이글 기념으로 전원을 초대하여 한번 쏘는 의미에서 나인 홀을 추가흐기로 했단다. 근디 오후에는 머시매들이 끼리끼리 돈 따묵기를 하려고 각시들흐고는 안 친단다. 속없는 각시는 또 나흐고 같이 치잔다. 해외까지 나와서 부부 쌈을 흘 수도 없고 횡설수설 요리조리 뺐더니 만만흔게 뭐라고 고원장이 성수 3분을 모시고 친단다.

천우신조로 거머리 같은 각시 떼어불고 허 웅, 김영식, 김희창이와 한조를 이루어 쳤다. 아따, 광주 놈들 잘 치드라. 모다들 도채비드만. 종부세 내드라도 서울서 오찌고라도 뻐대봐야제 웬만해서 광주 가면 디져불 것드라.

드라이버가 계속 슬라이스가 난다. 지붕을 깬 전력도 있어 찬찬히 백스윙을 했다가 손목 롤링을 의식흠서 다운스윙과 임펙트를 해도 아차흐면 오른쪽으로 가분다. 그동안 DJ, 놈현이 찍다가 요번에는 맹바기를 밀어줬더니 극우 보수 꼴통이 되야분 탓일까?

고민흐며 희창이가 치는 것을 감상흐고 있는디 영식이가 조용히 다가와서 쓰고 있던 파라솔을 개더니 쥐고 스윙을 해 보란다. 글더니 말없이 뒤에서 나를 껴안듯 흠시로 손목을 잡고 빙 한번 돌려준다. 스윙 궤도가 내가 지금까지 해 왔던 것흐고는 다르다. 너무 Upright흐지 않냐 했더니 그래도 오히려 Flat흐단다. 고렇게 해야 자연스럽게 롤링도 되고 양팔이 펼쳐지며 공이 반드시 멀리 간단다. 그 순간 갑자기 눈앞이 훤해지더니 뭣인가 섬광처럼 대가리를 때린다. 깨달음의 순간이다. 더 이상 말이 필요 없었다. 염화시중의 미소가 아니라 우산스윙의 미소다.

알았다! 유레카! 고 담 홀부터는 영식이가 뒤에서 안고 돌려준 궤적을 생각흐며 스윙을 했더니 공이 반드시 날라 간다. 비거리도 훨씬 늘어 다른 애들과도 손색이 없다. 그래! 요것이여! 알고 보면 골프는 좆도 아니어. 근디 인지까지 왜 이것을 몰랐을까? 하기사 모든 것이 거저 되는 것이 없는개비여. 인고의 세월을 보내야 깨달음이 오는개비여. 헬렌 켈러에게 설리반이 있었던 것처럼 나에게는 영식이가 있었다.

영식이는 무안이나 함평에서 잠깐 스친 적은 있지만 내 기억으로는 남선연탄 사장 아들로 서중을 졸업흐고 서울고로 간 것 같응깨 말을 나누기는 36년 만이었다. 말이 36년이지 지금도 일제 36년 흐면 그 긴 세월, 지긋지긋한 세월이라 하디끼 참 오랜 세월이다. 그 당시는 난방이라고 해봤자 오직 연탄 하나뿐이었는디 남선연탄은 잘 안 깨지고 불도 안 꺼지고 오래 간깨 없어서 못 팔 정도로 경쟁력이 있다 보니 장당 50전이나 1원은 비쌌던 것 같다. 거기다가 백운동에서 효천 나가는 목포통에 징흐게 넓은 공장이 있었응께 지금까지 갖고 있다면 땅값만 해도 겁나게 올랐을 것이다.

글다가 누군가흔테 영식이가 S대를 졸업흐고 미국 가서 박사 되어 귀국해서 교수님이라고 들었는디 요번에 봉께 교수 치우고 남선석유라고 지름 장시를 흐는 갑더라. 부자집 아들로 태어나서 귀하게 크고 잘 배우고 해서 인지 지금도 조용히 있어도 양반티나 배운티가 난다. 요새 맹바기가 겁나게 미국 박사 출신 교수들 좋아흐던디 어디 옛날 산자부장관 같은 것이나 흐면 좋을 것인디.

각시도 수수흐고 용흐게 생긴데다 조용흐다. 부부가 티를 안 냄시로도 잔잔한 사랑이 흐르는 황금 연못의 헨리 폰다나 캐더린 햅번 같은 부부다. 고런 영식이도 P3홀에서 벙커에 빠져 후벼 파다가 안 된깨 두 번째 샷이 나이스 아웃이 되는 순간 구녁에서 깃대를 빼던 캐디 등짝에 맞었다. 워낙 근거리고 궤도가 낮아 별일 없으려니 한데다 그린 위에서 등짝을 맞은 캐디도 잘못이 있네 없네 흐는디 또 다시 해외 골프 경험이 많은 희창이가 그냥 좋은 것이 좋은 거라고 한 200바트 주고 달래라 해서 그렇게 했다.

우리 앞 팀은 LPGA 정예 멤버다. 그 이름만 들어도 울던 뽁남이가 울음을 멈춘다는 대장금, 백원장 댁, 영식이 댁, 고원장 댁이다. 요번 원정대에서 각시가 총 9명인디 최녹수 단장 사모님은 부상으로 기권흐고 희창이 각시는 마사지에 맛들려서 골프는 7명이 치다 봉께 자연 Major와 Minor로 쪼개졌다. 위 4명이 메이저고 남하 각시 (정)옥이와 필자의 각시 (혜)영이는 시로또라 당연히 마이너인디 문식이 각시 (선)화는 진정 프로임시로도 희생정신을 발휘해서 끝까지 마이너로 남았다.

LPGA 멤버들의 플레이를 뒤따라 간디 정말 볼만했다. P3에서는 모두 다 아이언을 남편 등짝 찍듯이 아님 싸대기 올려붙이듯이 찍어 그린에 착 착 올려분다. 퍼터질 만흐면 환성과 하이파이브가 오간다. 눈깔 좋은 희창이가 누가 버디를 잡었다고 중계를 흔다. 온 골프장이 그녀들의 함성이고 특히 대장금이의 환호는 심금을 울린다. 대장금이는 작년 가을 무안에서 잠깐 보고 두 번째로 본디 참으로 대단한 여자다. 작은 거인이다. "Little Big Woman"이다. 내가 만나본 여자 중 고렇게 내공이 심후한 고수는 2년 전 백두산에 갔다가 귀국길에 들린 심양의 '동묘향산' 이라는 식당에서 만난 북한 처자뿐이다.

웅이는 의사들 부부 동반으로 골프치러 가서 지 마누라가 앞에 가면 그린에서 들리는 것이라고는 지 마누라 소리뿐이란다. 근디 뽁남이가 꼭 지 그 엄마 목소리를 닮았단다. 각시 자랑인지 쪽 팔린다는 한탄인지 애매모호흐다. 대장금은 카리스마도 넘친다. 사내로 태어났으면 서방파 태촌이 정도는 째비가 되지 않았을 것이다. 여자들끼리도 한번만 만나 관계가 있으면 즉시 말을 내려분다. 은성씨, 혜재씨가 수창 초등학교를 나왔다고 흥깨 자기도 수창 출신이라며 뭣을 몇 가지 따져 보더니 혜재씨가 동창이라고 흐자고 다음부터는 담방에 "야! 혜재야!"다. 희창이 각시흐고도 막 트길래 물어봉깨 전여고 동창이란다. 고원장 사모님은 대장금을 숫제 '언니! 언니!' 흠시로 측천무후 대하듯 고 앞에서 고개도 못든다. 수창 2년 후배 우석 엄니는 요새 어찐가 모르겄다. 대장금에 대해서는 지금까지만으로도 한이 없지만 좀더 겪어 본 뒤 훗날 『대장금전(大長今傳)』을 한 서너 권 따로 쓸란다.

오후에는 룽아룬 온천욕이다. 근방에만 가도 진한 유황 냄새가 방구 냄시나 달걀 썩는 냄새 같다. 시설은 벨로지만 수질만은 105도 유황 온천으로 최고란다. 들어감시로 목간을 흐면 배가 고플까봐 계란을 사서 온천 분수에 담가 놓았다가 나와서 까 묵었다. 미리 말은 들었지만 정말 시설은 개판이다. 고등학교 때나, 친구 군대 가기 전날 밤, 떼씹흐러 들어간 여인숙처럼 조그만 복도 양쪽에 닭장같이 탕이 쭉 널려 있다. 태국은 대중탕의 개념이 없고 전부 독탕이란다.

각자 깨벗고 자기 탕에 들어가 1인용 욕조에다 물을 받아 온천욕을 흔다. 물은 양도 많고 질도 좋았다. 한국 같으면 요 정도 온천이면 당장 개발해서 대형 사우나를 지어서 돈을 갈퀴로 긁어불 것인디 태국 놈들은 묵고 살면 그뿐, 돈 욕심이 없단다. 개안하게 씻은 다음 어제와는 달리 발 마사지를 흐고 2주일 된 송아지를 석쇠에다 꾼 바비큐로 저녁을 했다.

매번 먹을 때마다 피눈물 나고 숨 막히는 암투가 펼쳐졌다. 술을 오찌고 한 모금이라도 마시려는 나와 고것을 철저히 감시흐는 각시와 그 틈바구니에서 각시 몰래 한 잔이라도 공수해주려고 흐는 눈물겹게 착흐디 착흔 우방들의 대결이다. 속아지 없이 착흔 원선이는 납회를 선생도 갈 수 있게 방학 때 흐잔디 그러면 다음부터는 각시만 보낼란다. 술 없이 백년을 깨어사느니 술과 함께 하루를 취해 살리라.

호텔로 돌아오니 오늘은 헤어지기 전에 '구정아 탄생 기념 Special Event'가 있으니 라운지 바로 집합흐란다. 뭔 일인가 했더니 오늘이 설날로 영원한 독립군 '한남하 장군'의 '사랑흐는 옥이'가 오신 날이란다. 구정아는 신정아에서 유래흔다. 원선이에 의하면 1월 1일 태어난 애기를 신정아(新正兒)라고 흔단다. 한자로 쓰면 다른디 한글로 쓰면 변양균이 꼬셔묵은 여자가 된단다. 고런 연유로 설날, 구정에 태어난 옥이는 구정아(舊正兒)가 되어 만리타국에서 생일 축하 파티를 흐게 되었던 것이니 아! 이 얼마나 기구흔 운명인가! 눈물 없이는 볼 수 없는 영화, "독립군 아내! 구정아!!" 개봉박두! 기대하~시라.

이렇게 생일 축가와 뽁남이의 개다리 축하 퍼포먼스로 무쟈게 복받은 치앙마이의 무자년(戊子年) 설날은 저물어 갔다.

5) 제5편 '모가지가 길어서 슬픈 짐승이여'

3일째는 시합이 없이 종일 관광만 흐는 날이다. 매일 기본으로 열 여덟 구녁 이상을 파야흐는 우리 같은 PGA, LPGA 선수들에게는 꿀 같은 휴식이다. 350km 떨어진 치앙라이에 가서 GOLDEN TRIANGLE을 보고 미얀마, 라오스, 태국 3국을 돌라면 종일 버스로 11시간 이상 이동해야 흔단다. 시내를 벗어나면 우리나라 6,70년대 농촌 같다. 끝없이 논이 펼쳐지고 희컨 물소가 풀을 뜯고 있다. 태국은 일 년 내 따뜻해서 삼모작을 흘 수 있는디 쌀값 안정을 위해 정부에서 이모작 이상은 못 흐게 흔단다.

참으로 사람 사는 세상일은 복잡흔 것 같다. 옛날 같으면 쌀 한 톨 구흐기가 심들고, 지금도 며칠 전에 성욱이가 메일을 보냈드라마는 탄자니아나 아프리카는 식량이 없어 굶어죽는 사람들이 쌔부렀는디 보릿고개 넘긴지 얼마 안 되는 우리도 풍년이 들면 오히려 쌀값 폭락을 걱정해야 흐는 판이니. 지금은 굶어 죽는 대표적인 나라인 에티오피아나 우리가 우습게 알고 놀러 온 태국도 불과 몇 십년 전에는 우리보다 훨씬 잘살고 심지어는 6·25 때 불쌍흔 우리나라 구해주려고 수만 리 길을 기꺼이 달려온 16개 참전국 중의 하나가 아니였드냐?

오늘 가는 미얀마도 마찬가지다. 옛날 킹스컵이나 메르데카컵 시합에 나가서 얼마나 태국이나 버어마흔테 깨졌냐? 우리가 아시안게임을 유치했다가 제대로 준비가 안 돼 반납해 분께 할 수 없이 방콕에서 개최흐는 등 세 번이나 아시안게임을 개최흔 나라가 아니드냐? 6·25 참전국 중 필리핀, 태국, 에티오피아 군인들이 젤로 맘씨가 좋아 씨레이션이나 소시지 같은 식품이나 구제물자를 인심을 많이 쓰니깨 고 주둔지에 사람들이 많이 모여들어 피난촌 중에서도 젤 컸다고 흔다.

긍께 사람은 앞날이 어찌고 될 줄 모릉께 항상 겸손해야 돼. 글고 지도자를 잘 만나야 돼. 풍부한 자원이나 식량을 가진 나라들이 어영부영 흐다 망해 분 것을 반면교사로 삼아야 쓸 것이다. 우리도 놈현이가 해 준 것도 없음시로 조동아리만 놀려 염장을 질러쌍께 얼마나 속상했더냐? 맹바기가 제2의 한강의 기적을 만드네 어쩌네 촐싹대기는 흔디 걱정이 앞선다. 샤끼들이 냅 두면 국민들이 야물고 부지런흥께 잘 될 것인디.

글고 삼성 새끼들도 요참에 콱? 아이고 고만해야 쓰것다. 괜히 정치, 경제 제대로 알도 못흠서 나불대다가는 똑똑흔 친구들흔테 혼구녁이나 나지…. 인자 우리도 옛날같이 같은 생각이 아니여. 허기사 얼마나 많은 세월이 흘러부렀냐? 그동안 겪은 일이나 걸어 온 길이 얼마나 달랐드냐? 이따금 정치적인 이슈가 게시에 뜨면 여러 가지 견해가 난무흐드라마는 인자는 우리들도 다양성을 인정흐자. 너그런 맘으로 근갑다 흐고 모두를 보듬어 주자.

단, 온 시상이 다 바뀌고 산천초목이 다 바뀌어도 글고 숭례문과 정부종합청사가 다 불타부러도 "다 하라 충효! 이어라 전통! 길러라 실력!"이라는 우리의 교훈과 "우리는 피 끓는 학생이다. 오직 바른 길만이 우리의 생명이다"라는 학생탑의 비문만은 잊지 말고 영원히 간직흐자. 당시의 순수했던 초심만은 결코 잊지 말자.

흔히 태국 흐면 율 부린너와 데보라 카가 주연한 '왕과 나' 나 고지식흐고 전통을 중시흐는 영국군 장교의 명연기로 아카데미 남우주연상을 수상한 알렉 기네스와 윌리암 홀덴이 열연한 데다 경쾌한 주제곡이 너무나 유명한 〈콰이강의 다리〉, 〈007 제임스 본드〉 시리즈를 촬영한 푸켓이 떠오른다. 정치적으로는 끊임없는 군부 쿠데타로 정권이 불안정흐고 사회적으로는 기생관광과 마약, 에이즈가 많은 나라라는 정도다.

그렇지만 잠롱 시장 같은 청백리를 배출흐기도 흐고 비록 탁신이 부정부패에 연루되어 망명 생활을 흐고 있기는 흐지만 재임 중 마약과의 전쟁을 승리로 이끌어 이제 태국내에는 거의 마약 중독자가 없다고 흔다. 현재 국왕 푸미폰은 즉위 과정에서 형의 암살과 연루설이 퍼지는 등 꺼림칙하였으나 즉위시 "절대 안 웃고, 외국에 안 나가고 궁궐에서 살지 않겠다"라는 세 가지 약속을 지금까지 철저흐게 지키고 대신 궁궐을 개방하여 그 입장수입으로 빈민을 위한 자선활동을 활발히 펼쳐 국민들로부터 추앙을 받는단다. 단지 왕이 80이 넘어 오래 살 것 같지 않아 걱정이라고 흔다.

차는 끊임없는 산길을 먼지를 날리며 달린다. 가다가 휴게소를 들렸는디 콘돔 휴게소다. 콘돔레스토랑이 있고 커다란 입간판에는 형형색색의 콘돔들이 즐겁게 뛰놀며 웃는 모습을 그려 놓았다. 쫌 망측한 듯하지만 다 사연이 있단다. 콘돔 레스토랑은 태국에서 젤 크고 유명한 체인점이란다. 사장이 젊었을 때 영국 유학을 갔는디 태국에서 왔다고 흥께 모다들 태국을 문란한 성생활과 에이즈의 천국쯤으로 알고 있더란다. 그래서 귀국 후 레스토랑을 차리고 에이즈 퇴치 운동에 앞장 서서 휴게소나 식당에서 콘돔을 무료로 나눠주며 계몽운동을 폈다고 흔다. 요즘 태국에는 에이즈 보균자가 별로 없단다. 가끔 나는 에이즈가 창궐해서 못된 짓을 흔 놈들은 다 에이즈 걸려서 죽어불면 좋겄다라는 생각도 해본다. 그래야 나같이 평생 각시만을 사랑흐며 한 구녁만 파고 각시가 안 줄라고 흐면 구걸해서라도 한 코씩 얻어 묵는 불쌍흔 놈들만 사는 세상이 도래흐제.

중간중간 길가에서 좌판을 벌이고 있는 상인들로부터 과일과 옥수수, 수수깡 같은 데다 밥을 집어넣어 만든 우리 같으면 김밥을 사묵음시로 3시간 반을 달려 메콩강에 도착했다.

지리 시간에 배운 골든트라이앵글이다. 배를 타고 강 건너편에 내렸는데 거기서부터 라오스란다. 야자나무 잎사귀를 엮어서 초가집같이 지은 가게들이 죽 늘어서 있고 아주 조잡한 특산품이나 뱀술을 진열해 놓고 파는데 고것이 면세점이라니 기가 막힌다. 야자나무 그늘 아래 모여 앉아 코코넛 열매 국물도 뽈아 묵고 프랑스가 라오스를 지배흐며 만든 공장에서 생산흔 유명한 라오스 맥주도 이찌 고뿌 흠시로 재밌게 놀았다. 나이 묵어갈수록 인자 딴 것은 별로고 각시들 흐고 모여 앉아 노닥거리는 것이 젤 재미있는 것 같다.

돌아오는 배에서 북쪽으로 보이는 곳이 미얀마로 전락원의 파라다이스 호텔 빨강 지붕이 보인다. GOLDEN TRIANGLE 황금 삼각지 흐면 낭만적이고 멋있는 곳인지 알았는디 우리의 남이섬보다 훨씬 한산흐고 황량하다. 세계적인 마약 산지로 이름을 날린 양귀비는 코빼기도 보이지 않고 마약왕 쿤사도 작년에 늙어서 죽었단다.

배에서 내리는디 아가씨들이 접시를 가지고 와서 사라고 흔디 가운데 박힌 사진이 어디서 본 듯흐다. 아까 탈 때 누군가 사진을 찍더니 다녀오는 동안 어느 새 접시로 만들어서 판다. 조잡해서 안 사려 했으나 나는 괜찮은디 각시 사진이 이국 만리에서 깨져 버려지만 천추의 한으로 남을까봐 사가지고 왔는디 화장대에 세워 놓고 본께 좋은 기념품이 된다. 언제 다시 가 볼 수 있는 곳도 아닌 데다 각시 가슴이 MM(마를린 몬로), BB(브르짓도 바르도), CC(클라우디아 카르디날레), SL(소피아 로렌)보다도 크게 나와 흐뭇흐다. 그래서 내가 화장흘 때는 접시 두 개를 딱 붙여 놓는디 각시가 화장흘 때는 양쪽으로 떼어 놓는다. 왜 각시는 나흐고 붙어 있는 것을 싫어흘까? 담부터는 접시를 아예 포개놔 부러야겠다.

점심을 묵고 국경을 통과하여 미얀마에 입국했다. 국경이라고 해봤자 어디 던적스런 시골 차부 같은 건물을 지나가는디 출입국 관리란 놈들도 이미 여행사에서 급행비를 줘서 기름을 쳐 놨는지 소 닭 쳐다보듯 흔다. 시내 구경이라고 해봤자 볼 것도 없고 타이탄 트럭보다 작은 74년, 75년 산 새끼 트럭에 두 대로 분승해서 고산족이 사는 민속 마을로 올라갔다.

마을을 올라가는데 목에다 링을 낀 할마씨들이 무표정한 표정으로 쳐다보는데 마치 동물원의 기린을 보는 것 같다. 나이에 따라 링을 하나씩 더 끼우는지 젊은 애들은 몇 개 끼우지 않았는데 나이든 여인 일수록 링의 개수도 많고 그만큼 목도 길다. 목 긴 카렌족의 썰렁한 전통쇼를 관람흐는데 기쁨이나 흥이 나기보다는 같은 인간으로서 연민의 정이 앞선 탓인지 괜히 슬퍼진다. 그때 문득 생각난 시가 처음에 실었던 노천명이의 「사슴」이요, 용운이의 「각시」다. 진정 "모가지가 길어서 슬픈 짐승이여!…."

카렌족은 링을 끼울 때마다 목이 길어나는 것이 아니라 어깨가 내려앉는단다. 점점 목을 지탱하기가 힘들어 옆을 쳐다볼 때도 고개를 돌리는 게 아니라 몸통을 돌려야 되고 목에 링을 제거하면 지탱할 힘이 없어 꺾인깨 기도가 막혀 죽는단다. 같은 인간으로 태어나 무슨 죄로 저리 살까? 기념사진을 찍고 팁을 주라는데 기분이 울쩍하여 텁만 주고 돌아섰다.

카렌족의 다섯 살 된 꼬마를 보았는데 너무나 이쁘다. 하도 기가 막히게 이뻐서 옆에 앉아 가만히 손가락으로 손등과 볼을 만져 보는데 너무 부드러워 오히려 서글프다. 뽁남이는 웅이집에 태어나 갖은 귀여움과 부귀영화를 독차지하는데 저 애는 어이타가 이 산골에 고산족으로 태어나 슬픈 운명의 길을 가야만 할까? 무언가 한없이 주고 싶은데 없어 각시와 혜재씨는 안타까워하다 과자를 몇 개 집어주자 두 손을 합장하며 감사의 인사를 하는데, 지금까지 그림으로만 보아왔던 아기 천사의 모습이다. 괜히 고산족을 본 뒤 기분이 센티해져서 백색의 사원이네 국경의 짜퉁시장을 들렸는데 본둥만둥 서둘러 돌아왔다.

치앙마이는 이제사 개발을 시작흔 탓인지 아직은 주위에 아무 오락시설이나 리조트도 없이 썰렁흐다. 우리에게는 골프 외에 놀 것도 없고 볼 것도 없지만 유럽인들은 다른가 보다. 그들은 한 달 정도 여유 있게 휴가를 내고 이사짐같이 몽땅 싸와서 그저 이 문명이 발달흐지 않은 때 묻지 않은 곳에서 걸어다니며 햇볕을 즐기고 실제로 고산에 올라가 원주민들과 함께 며칠씩 캠핑을 한단다. 그들과 우리와의 생각의 차이가 그들에게는 꼭 가보아야 할 명소가 되고 우리에게는 그저 겨울에 와서 골프나 치기 알맞은 곳 정도로 생각되는 모양이다.

하루 종일 차만 타고 다녔는디 더 피곤흐다. 한우리라는 한식당에서 저녁을 먹는데 떡국이 한 보자기씩이 나와 명절 기분을 내는디 최진희의 노래가 정원에 울려 퍼지고 있었다. 일정상 마사지가 없는 날이라 대신 친히 각시 온몸 마사지를 해줬다. 만족도를 물었더니 소비자께서는 겨우 쓸만흐다고 하신다. 서울에서는 은행일로 시달린 데다 공해에 찌들어서인지 겨우 1주일에 두 번 사랑을 나누는데 치앙마이에서는 신경쓸 일이 없는 데다 공기가 좋은 탓인지 이틀 만에 밤 도장을 또 찍었다.

6) 최종편 '치앙마이 부르스'

마지막 날이다. 짐을 싸가지고 나오다 봉께 그래도 4일이나 지낸 탓인지 서운흐다. 뭐든지 마지막은 슬프지만 마지막은 또 다시 새로운 시작을 의미흔다고 허지 않더냐?

최후의 아마겟돈 전투를 치르기 위해 아침을 단단히 묵고 로얄 치앙마이 골프장으로 향했다. 서울을 대표해서 광주 놈들을 혼내주라는 주최 측의 의도로 허웅, 고정석, 박영식이와 한조가 되었다. 전 날까지의 실패 원인을 철저히 분석흐고 그간 여러 사부로부터의 가르침 중에서 엑기스만을 추출하여 총 복습을 했다. 한남하 사부로부터 공에 5cm 가까이 서기. 희창이로부터 궁뎅이를 빼고 몸을 까바지지 않게 앞으로 숙일 것. 영식이로부터 임펙트 후 양팔을 쭉 피고 돌릴 것. 딴것은 어찌됐든 요번에는 요 세 가지만 신경을 써서 해 보기로 마음을 다졌다.

요시! 드디어 게임은 시작되었다. 세 초식만 명심흐고 타석에 들어섰는디 그 효과는 놀라왔다. 내가 봐도 놀랄 만큼 대 변신이었다. 그 결과가 나도 믿어지지 않았다. 우선 끊임없이 나를 괴롭히고 급기야는 지붕까지 깨분 드라이버 샷이 14번 중 한번도 우라가 나지 않았다. 지금까지는 아이언 5,6,7,8,9번 중 어느 것으로 쳐도 잘 맞으면 멀리 가고 안 맞으면 거기서 거기였는디 인자는 고것이 아니다. 150야드는 그간 5번으로 쳐도 앞에서 떨어졌는디 7번으로 쳐도 오버해 분다. 가만히 질러도 공이 붕붕 날라 댕긴다. 타수야 어찌되었든 공이 멀리 멀리 붕붕 날라 댕긴께 기분이 째진다.

그동안 혹시나 흐고 나갔다가 역시나 흐고 은퇴를 선언했는디 인자는 고것이 아니다. 골프를 알고 완전히 눈을 떠분 것이다. 스킨스 게임을 흠서 600바트를 한번에 묵고 OECD에 가입도 해부렀다. 아! 치앙마이에서 제 2의 골프 인생이 시작된 것이다.

뒤에서 남하, 녹수, 원선, 문식이가 쫓아오는디 정교흔 싱글 원선이 샷이 예전 같지 않다. 그린을 오버해 불고 다시 치면 뒤땅이고 돌아가서 치면 쪼로다. 하기사 타이거 우즈가 온다 흔들 스팅의 폴뉴맨이나 로버트 레드포드를 능가흐는 녹수, 남하 두 네다바이를 당흐것냐? 원선아! 쫌만 참어라. 내가 골프장에만 오면 못 친 것이 죄라 주둥이 다물고 있었는디 오늘 공이 날라댕기는 것을 봉께 쫌만 있으면 고 두 놈 조동아리를 개안흐게 꼬매 주마.

클럽하우스에 온께 나의 사랑흐는 혜영이와 남하의 사랑흐는 정옥이가 완전히 흥분의 도가니다. 영이는 하나도 에수를 안치고 102개를 쳐부렀단다. 전에는 깔쿠막이나 벙커, 러프에 있으면 옮겨 놓고 쳤는디 오늘은 있는 고 자리에서 있는 고 상태로 조사부렀단다. 옥이는 더 흥분이 가시지 않은 듯 고 동안 드라이버를 칠라면 아픈 어깨가 도지지 않을까 걱정흐느라 제대로 못 쳤는디 오늘은 개안흐게 갈개부렀단다. 글고 모든 것이 한 단계 업그레이드 되야부렀단다. 아프다고 사삭떨던 것도 다 나서 불고 한 마디로 건강 찾았단다. 그 모든 것이 사부님 탓이란다. 그래서 희창이 사부님흔테 은혜를 갚어야 된디 고것은 서방들이 흐란다. 그리고 나서 올케와 시누이는 올 여름에는 기연치 100을 깨자고 굳게 결심을 했다.

요번에 본께 세상이 좁아서 죄짓고는 못살 것드라. 첫날 골프치고 클럽하우스에서 점심을 묵는디 문식이 각시 선화씨가 원선이흔테 쌔흐니 다가가더니 어서 많이 본 듯 얼굴이 익단다. 원선이도 얼굴이 뻘개지더니 저도 근담서 혹시 옛날에 전대 병원에 근무흐지 않았냐고 묻는다. 선화가 맞담서 그때 자기는 간호사였고 원선이는 레지던트였단다. 글고 서로 간에 야그를 나눈 디 꼴사가 뭔가 혼전에 복잡흔 관계가 있었던 듯싶다.

원선이가 성실흐고 친절해서 간호사들흔테 인기가 좋았다고 선화가 말흥께 원선이도 선화씨가 키도 크고 선선흐게 생겨 당시에 11층 VIP실 담당이었는디 레지던트들흔테 인기 짱이었다고 화답을 흔다. 순간 당황흐고 불안해진 건 혜재씨와 문식이다. 당장 혜재는 그 먼 그때 저도 약국에 근무했는디 모르겄냐고 몰아 붙인께 선화도 본 듯흐단다. 문식이도 선화는 지 초등학교 은사님 딸로서 초딩 때부터 점찍어 놨응께 암도 터럭 손 하나 댈 수 없었노라고 못을 박는다. 지 남편, 각시 지키려는 노력이 눈물겹다. 광주만 해도 한 다리 건느면 만린께 지금이라도 사기쳤거나 비밀이 있으면 일찌감치 컴잉아웃흐고 용서를 빌어야제 감출라고 흐면 금방 들통이 나고야 말 것이다.

밥 묵고는 농장에 갔으나 양재동 꽃시장 1/100만도 못 흐고 코브라농장에 가서 뱀쇼를 관람했는디 징그랍기만 했다. 은성씨를 만나 괜히 지발 저려서 간밤에 욕조 수채 구멍에서 물빠지는 소리가 나던디 먼 소리냐고 넌지시 물어 봉께 그런 소리는 흐들들 말란다. 자기들은 물이 말라분 지가 진작이고 녹수도 잊어분 지가 옛날잉께 넘 얘기 해서 염장지르지 말고 이녁들이나 소리 안 나게 잘흐란다.

라텍스 공장과 수공예 민예 마을 싼 캄팽에 가서 간단한 쇼핑을 마친 뒤 최후의 만찬으로 타이의 전통 음식 수끼를 묵으로 갔는디 고기서 얼척없는 전투가 발발흘 줄은 암도 몰랐다. 수끼는 샤브샤브처럼 야채, 해산물, 버섯, 고기를 뷔페식으로 퍼다가 끓인 육수에 데쳐서 묵는디 맛있었다.

좌석이 자연스레 남녀로 쪼개졌다. 희창이만 각시들이 골프 잘 갈채준 대가로 모시겠다고 끌고 간 통에 여인석에 앉았다. 많은 각시들이 희창이 선생님이 최고라고 알랑방귀를 뀌는디도 희창이 각시는 오져서 웃기만 흔다. 아마 각시들은 드라이버 비거리와 정력이 비례흐는 걸로 착각을 흐고 있는 듯했다. 희창이 각시는 희창이가 하도 발발 떰시로 눈치를 보길래 겁나게 무선지 알았드니 이참에 본께 부드럽고 자상흠시로도 활달한 음대 교수님이셨다.

평생을 희창이 믹여 살릴라고 앵벌이를 흐는 통에 인자는 삭신이 오만데가 쭈시고 망가져 부렀단다. 의자 끄트머리에다 궁뎅이만 살짝 걸치고 곧게 세운 자세에 턱으로는 깽깽이-바이올린을 끼고 힘줘서 버팀서 레슨을 흐다 본께 허리에 무리가 가서 디스크가 생겨 수술을 흐고 철심을 박아놨단다. 고래서 요번에는 골프도 못 치고 제대로 놀러 댕기지는 못했지만 매일 온몸 마사지와 발 마사지를 스테레오로 받어분 데다 피부 마사지까지 곁들여 때 빼고 광 내논께 겁나게 우아흐고 투명해져부렀단다. 맘씨도 너그럽고 남편에 대한 믿음도 굳세어서 희창이를 각시들 골프 선생으로 원없이 빌려줘 분통에 남하나 내 각시는 선생님 잘 만나서 골프가 허천나게 늘어 부렀담서 은혜에 보답흐는 의미로 밥을 사라고 쫄른다. 밥만 먹으면 질린께 나는 밥을 사고 남하는 죽을 사기로 했다.

머시매들은 폭탄주를 돌리는디 각시가 흥분한 탓인지 감시의 눈초리가 소홀해졌다. 그 틈을 이용해 친구들은 몰래 폭탄주를 전달흐고 첨으로 각시의 감시망을 피해 행복을 만끽했다.

각시들은 독립군의 아내 정옥이의 기자회견을 들음서 흥분해서 웃고 맞장구를 치는가 흐면 때론 주먹을 부르르 떨며 분노를 표시흐고 갖은 위로와 동정에 찬 한숨을 쉬었다. 요실금이 있으면 말 흘 것도 없고 오줌보가 타이아표 통고무신보다 질긴 여자도 오줌을 재릴 만큼 큰 소리로 함성을 지르고 웃었다. 우리에게는 각시들의 행복한 모습과 웃음소리가 천사들의 합창보다 더 감미롭고 아름다웠다. 계속해서 각시의 긴장은 풀려가고 빗발치듯 몰려오는 폭탄주를 마시는 나는 기쁨에 가슴이 터져 불라고 했다. 고래 바로 이 맛이여, 요것이 행복이여!!

근디 바로 그 순간, 찰라에 모든 것이 끝나고 갑자기 고요가 엄습했다. 대포동 미사일 발사 소리가 나더니 천사들의 합창이 끝나고 거기에는 아무도 없었다. 우리 모두는 귀와 눈을 의심했다. 분명히 1초 전까지 거기서 웃고 떠들며 놀던 우리 천사들의 모습이 바람과 함께 사라져분 것이다. 정신을 차리고 사태의 전말을 파악흐기까지는 한참이 흘렀다.

사건의 전말은 이렇다. 우리에게는 너무도 감미로운 각시들의 합창이 옆 테이블에 앉은 고약한 영감탱이들에게는 악마구리들의 울부짖음으로 들린 것이다. 고래서 한 영감이 조용히 흐라고 꽥 고함을 질른 모양이다. 근디 근다고 혀도 또 한 가지 의문이 남는다. 그렇다면 조용히 흐면 될 것인디 그 많은 여인들이 어떻게 그렇게 순식간에 사라질 수 있단 말인가? 그 의문은 나중에 각시들의 증언을 듣고 현장검증 후에사 풀렸다.

여인들도 기본 눈치와 양식은 있었단다. 비록 절정에 이르자 어떻게 제어하지 못하고 흥분해 괴성을 지르고 떠들고 웃기는 했지만 언젠가는 누군가에게 혼날 줄 알았단다. 특히 옆 테이블의 영감탱이들과 할망구들의 낌새가 요상흐더란다. 벼락이 칠 것 같은 불길흔 예감에 떠들다 갑자기 악소리가 들리자 뭐 요것저것 정리하고 자시고 할 것도 없이 누가 뭣을 잘흐고 못 흐고를 따질 겨를도 없이 '오매! 올 것이 왔구나. 우리 모다 요럴 줄 알았다. 오히려 인자 온 것이 이상흘 정도다.' 라는 생각에 무조건 사그리 도망갔단다. 뭐 누구흔테 야그흐고 앞뒤를 따질 것 없이 오로지 그 순간 그곳에서 빨리 사라져야한다는 일념뿐이었단다.

사태를 파악흔 우리는 전의를 가다듬고 적의를 불태웠다. 일단 우리 천사들에게 놀라움과 충격을 준 적들을 쓸어버리기로 했다. 적들도 우리의 분노를 의식했는지 숙연한 자세로 눈치를 살피고 있었다. 남하의 "지미 X흘 놈들" 같은 도발적인 언동도 못 들은 체했다. 나이나 숫자나 전투력은 우리가 월등했다.

우리는 적들의 가이드를 불러 일단 경고를 했다. 근디 그 과정에서 세계적인 신경외과의 거장이신 백원선 원장님이 우리의 치명적인 약점을 노출해부렀다. 가이드에게 "어야! 우리도 배울 만큼 배운 사람이여! 말로 해도 다 말귀를 알아들을 사람들이다 말이시~"라고 고백을 혀분 것이다. "어야! 우리는 못 배운 사람들이여! 긍깨 말로 흐먼 안 통흔깨 한번 붙자는 것이여?"라고 해야 흔디 말을 거꾸로 해분 것이다. 흐다가 정 안 되믄 고국에 계신 근창이흔테 전화해서 똑똑흔 놈 세 놈만 불러서 치앙마이를 피로 물들여 불라다가 연초부터 이국만리에서 조선족끼리 피를 튀긴 사실이 알려지면 새 정부 출범에 발목 잡는다 할까봐 참기로 혔다.

마지막 일정으로 야시장 구경이 있는디 보잘것이 없고 비행기 시간이 남아 있어 각시들의 열화와 같은 성화에 일정에 없던 온몸 마사지를 한 따까리 추가했다. 근디 마사지 아줌마들이 종일 마사지를 흐다가 막차로 흐다봉깨 찐이 다 빠져분 모양이다. 조스고 눌르고 돌리는 심이 첫날 1/100도 안 된다. 시지부지 개판이다. 시원찮다고 불만을 야그해도 못 알아묵고 도리어 웃는다.

웅이가 싱글을 흔데다 지그 새끼들 흐고 잘 놀아준 데 대한 감사의 표시로 거금을 투자해서 전원 온몸 마사지를 받게 해 줬는디, 민초들은 지그 서방들이 돈 낸 줄 알고 개판이라고 불평만 늘어논깨 웅이가 얼마나 속이 상해부렀것냐? 모다들 지금이라도 반성해서 웅이흔테 고맙다는 위문 편지라도 보내도록 해라. 게다가 뽁남이가 마사지가 끝나면 팁을 두당 200바트씩 줘야 된디 고것을 안 줄라고 자는 체 흐다 진짜 깊은 잠이 들어부러서 웅이는 이후 비행기를 탈 때까지 내내 뽁남이를 보듬고 댕개야 했다.

12시가 넘어서야 공항으로 향했다. 자! 그동안 신나게 놀고 얼척없는 짓거리를 흐고 댕기느라 기가 막혔던 4박 6일을 끝내고 인자 지 정신 차려 조국으로 돌아가야 될 때가 온 것이다. 자~알 있거라! 나아는 간다~ 이별의 마~알도 없이~ 떠나가는 새보옥 항고옹~ 치앙마이발 1시50분~ (빠바바 빠바바 빠바바 빰빰) 세상은 잠이 들어 고요한 이 바암~ 나~마니 소리쳐 웃을 주~우~리야.

아아~~! 붙잡아도~ 날라가는~ 인천행 대한항~공!

(2008. 2.)

제4부
나의 이야기

소녀와 토끼

> 소녀와 토끼가 함께 살았습니다. 비록 짧은 10일을 함께 살았지만
> 다른 사람들의 평생 사랑보다도 그 둘의 사랑은 더욱 깊습니다.
>
> 들꽃처럼 풋풋한 10살배기 소녀와 생후 보름 남짓한 하얀 토끼의
> 너무나 처절하고 애틋한 사랑은 지켜보는 모든 이의
> 눈시울과 가슴을 적시게 합니다.
>
> 토끼는 소녀를 떠나갔지만 아기 예수의 부활을 믿는 소녀의 마음에는
> 영원히 뚜렷하게 기억될 것입니다.

저에게는 10살짜리 초등학교 3학년인 막내딸이 있습니다. 아직 에버랜드의 브레이크댄스를 키 제한 130㎝에 걸려 못 타게 되자 씩씩거리고, 또래 친구들보다 10㎏ 정도 가벼워 목욕탕에 갈 때마다 크게 숨을 들이켜고 조심스럽게 체중계에 올라 보지만 몇 년째 큰 차이가 없어 한숨 쉬는 녀석입니다. 얼굴은 주먹만하고 머리는 앞 뒤 짱구로 골프공처럼 생긴 녀석이 눈알을 돌릴 때면 무슨 생각이 그리 많고 깊은지 놀라게 하곤 합니다.

간혹 밤중에 제가 아파도 애 혼자 남겨두고 가는 것이 께름칙해 다음날 아침까지 견뎌 보려고 누워 있으면 다가와서 자기도 다 크고 조금도 무섭

지 않으니 어서 병원에 가라고 졸라 기어이 보내 놓고는 욕실에 들어가 물 틀어 놓고 기도하며 하염없이 울어대는 속 깊은 녀석입니다.

입원해 있으면 병문안을 왔다가도 제가 통증 때문에 조금이라도 귀찮은 표정을 하면 저 때문에 신경써서 그런다며 다음날 반성의 편지를 써 와서 베개 밑에 밀어 놓고 뽀뽀하고 가는 귀여운 녀석입니다. 병원에 올 때마다 엄마보다 먼저 뛰어와서 언제 어디서 누구한테 들었는지 아밀라아제 수치를 물어보고는 가져온 수첩에 일자별로 적으며 병세를 파악하는 영악한 녀석입니다.

요새 아이들의 학교와 학원 숙제가 그리 쉽지만도 않아 엄마가 함께 밤을 세워 끙끙 앓는다는데 지금까지 학교 다니며, 한번도 다른 사람의 힘을 빌리지 않는 자의식이 강한 녀석입니다. 언젠가는 방학이 끝나갈 무렵 가족 전체가 여행을 가서 개학 전날 돌아온 적이 있습니다. 방학숙제 중 그림일기가 보름 이상 밀리고 만들기, 그리기 등이 있어 어린애가 하루 저녁에 해 치우기에는 불가능하게 보였습니다. 그래서 부모가 도와주든지 그냥 선생님께 사유를 말씀드리라고 했더니 알아서 하겠다며 다들 걱정 말고 잠이나 자라는 것입니다. 모두들 저녁 늦게 돌아와 피곤하기도 해서 책상에 앉아 있는 녀석을 보고는 어느 정도 하다가 잠들겠지 하며 곯아 떨어졌습니다. 늦잠을 자서 출근을 서두르며 애를 깨워 간밤의 결과를 물어보니 모든 숙제를 다 끝내고 가방까지 챙겨 놓고 4시 넘어 잠들었다는 것입니다. 아이지만 무서운 녀석입니다.

때론 스트레스 해소차 노래방에 가자고 졸라대서 데리고 가면 한 시간 내내 춤을 추며 열창을 하여 온몸이 흠뻑 땀에 젖고, 여러 가족이 모여 놀러가서도 어느 누구보다 가장 늦게 광적으로 놀아대는 열정적인 녀석입니다. 공주병에 걸렸거나 내숭 떠는 여자 친구들을 가장 싫어하고, 드레스나 스커트를 사주며 입으라 해도 귀찮다며 사시사철 쫄바지만 입고다녀 쫄바지 패션을 유행시킨 터프한 녀석입니다. 녀석은 우리 집에서 가장 바쁜 녀석입니다. 도대체 고 자그마한 체구에 골프공만 한 머리에 어쩜 그 많은 일을 해낼 수 있는지 불가사의합니다.

월, 수, 금요일은 학교에서 돌아오기가 무섭게, 어쩔 때는 학교에서 바로 영어학원에 가야하고, 화, 목, 토요일은 씽크빅 수학학원과 피아노 학원에 가야하며 매주 눈높이 수학, 과학 선생님이 오시기 전에 문제를 다 풀어야 하고, 매일 아침 윤선생 영어 전화에 대비하여 테이프를 들어야 하고, 강남도서관에 가거나 빌려온 책을 읽어야 하고 TV 어린이 프로뿐 아니라 어른 연속극 내용도 다 파악하고 있고, 신곡이란 신곡은 다 불러야 하고, 연예계 소식통이며, 집이나 학교에서 코미디계의 거성으로 추앙받는만큼 썰렁한 시리즈나 삼행시도 다 외워야 하니 그 많은 걸 어떻게 소화해 낼까?

보다 중요한 것은 고 녀석이 학원을 다니고 학습지를 보게 된 동기와 절차가 다르다는 것입니다. 저나 아내나 녀석에게 학원에 다니라거나 학습지를 구독하라고 말한 적이 없습니다. 오히려 시간이나 건강상 무리라며 다니지 말라고 합니다.

녀석은 친구로부터 정보를 취득하고 자기가 하고 싶은 것이 있으면 그 친구를 따라 학원에 가서 직접 보고 선생님과 상의를 한 다음 명함을 가져와서 엄마에게 전해주며 안 보내줘도 좋으니 선생님과 전화상담이라도 한 번만 해달라고 합니다. 할 수 없이 아내가 전화를 하면 거의 허락하게 되어 있습니다. 이미 녀석이 선생님을 구워삶아 놓았고 그런 애를 처음 본 선생님들이 엄마에게 간청하기 때문입니다. 동기가 그러하니 녀석에게 가장 큰 벌은 학원을 그만두거나 학습지를 끊으라는 것입니다. 그렇기 때문에 엄마가 학원에 가라고 챙기거나 공부하라고 다그칠 필요가 없습니다. 스스로 알아서 학교, 학원 시간표를 짜서 맞추고 교통편도 백화점이나 학원 셔틀버스의 시간이나 노선을 연구하여 시간에 맞게 잘도 다닙니다.

집에서도 방에 들어가 listening하고 reading하고 녹음해야 하기 때문에 좀처럼 얼굴 보기가 힘듭니다. 저보다 항상 늦게 자기 때문에 먼저 자러가며 할 말이라고는 공부 그만하고 빨리 잠자라는 말뿐입니다. 아내 말대로 신통방통한 녀석입니다.

모든 부모들은 자식이 자기나 다른 애보다 똑똑하고 공부 잘 하기를 바랍니다. 특히 엄마들은 그 점에 있어 더욱 강한데 그 이유는 전통적 가부장적인 사회에서 불확실한 자신의 미래에 대한 확실한 보험심리에서 기인한다고 '맞아죽을 각오를 하고 쓴 한국인 비판' 의 저자 이케하라씨는 말합니다.

지난 4월말 큰조카의 결혼식이 있어 집안 친척들이 모인 적이 있습니다. 대부분의 잔치집이 그러하듯 많은 식구들이 모이면 일단은 남녀로 구분되고 그 다음에는 거의 노소로 분리하여 끼리끼리 얘기하고 노는 게 일반적인 모습입니다. 우리도 예외는 아니어서 자연스럽게 분류가 되는데 그 분류에 있어 노소 분류기준의 경계선이 저희 아내입니다.

그 위로는 이미 자식들이 대학에 다니거나 더 커서 애들 결혼이나 노후의 설계에 대해 얘기하는 반면, 제 아내를 포함하여 그 밑으로는 자식 교육이나 육아법이 그 화제의 주종을 이룹니다. 화제가 그러니만큼 대개는 저의 집사람이 현직 교사라는 강점과 강남에서 산다는 비교우위, 그리고 제 식구들이 교육에 그렇게 극성이라기보다는 자유방임적이기 때문에 주도권을 잡고 말하면 모두 수긍하는 분위기입니다.

그러나 이날은 오랜만에 강적이 등장하였습니다. 저의 사촌여동생으로 남편은 의사고 본인은 수학선생이었는데 그만 두고 자식들 뒷바라지에 전념하는 동생인데 하필 그 집 애들이 중학생, 초등학교 3학년이어서 우리 애들과 자주 비교가 됩니다. 제가 아내에게 교육에 대해 너무 극성이라고 한소리라도 할라치면 자기는 그 애에 비해서 1/10 내지는 1/100도 못 된다고 말문을 막아 버리는 소위 강남 어머니의 전형적인 모델입니다.

그래서 초등학교 3학년인 그 집 딸은 이미 뛰어난 아이로 소문이 자자하고 특히 영어에 있어서는 애기 때부터 시작하여 지금도 강남에서 거의 외국수준의 학원에 보내며 그것도 모자라 방학 때마다 캐나다에 보내 가르친 보람이 있어 타의 추종을 불허합니다.

반면 우리 애는 늦게 시작하고, 또 품질에 비해 홍보가 뒤떨어져 다른 식구들에게 잘 알려져 있지 않다는 것이 아내의 불만입니다. 그러던 차에 두 아이가 오랜만에 만났으니 그 두 어머니의 신경전이 매우 치열했으리라는 것은 당연합니다. 어떻게 하면 남에게 속을 보이지 않고 자기 애의 우월성을 선전할 수 있을까 골몰했을 것입니다. 다행히 우리 애가 늦게 시작했다는 핸디캡을 극복하고 영어와 피아노에서 약간 뒤진 면을 수학과 춤과 노래에서 만회를 하였답니다. 친척들도 다크호스로 등장한 우리 애를 다시 보고 인정하기 시작했답니다.

어른들의 속셈과는 상관없이 어린애들은 끼리끼리 모여 그 옆에서 끝말잇기를 하고 있었던 모양입니다. 앞에 동생 딸이 앉고, 다음이 우리 애, 그 다음이 초등학교 1학년짜리 사촌 남동생이 앉아 있는데 몇 번 돌아가다 보니 두 여자 애는 재치 있게 잘 넘기는 반면 암만해도 1학년짜리 남자 애가 자주 걸리고 틀렸답니다. 그래도 계속하는데 자꾸 우리 애가 머뭇거리며 조금씩 늦게 이어간 모양입니다. 아내가 몰래 지켜보는 데 쉬운 것도 애가 망설이며 답답하게 간신히 넘기더라는 것입니다.

약간은 속이 상한 아내가 집에 돌아와 평소 너답지 않게 왜 그랬냐고 물어 봤더니 아이의 대답이 게임을 몇 번 해보니 아무래도 남동생이 못 따라가고 그래서 자꾸 걸리니 흥미를 잃고 무안해서 더 기가 죽고 그러다 보니 더 틀리더랍니다.

그래서 자기가 그 동생이 쉽게 할 수 있도록 도와줘야겠다는 생각이 들어 앞에 앉은 애가 '사'로 끝나는 낱말을 말하면 언뜻 '사람'이나 '사슴' 같은 단어가 쉽게 떠오르지만 다음 차례인 동생이 '람'이나 '슴'으로 시작하는 단어를 생각하기는 무리이고 '사자' 정도면 '자'로 시작되는 단어가 '자전거, 자가용' 등이 있어 쉽게 이어갈 수 있겠다 싶어 한 단계를 더 생각하다 보니 속도가 늦었다고 답하더라는 것입니다. 엄마보다 더 남을 이해하고 베풀 줄 아는 애 늙은이입니다.

그러나 요 녀석의 가장 큰 특징과 무서운 점은 놀라운 체념의 철학과 절제력, 그리고 집념입니다. 녀석을 지금까지 키우며 생떼 쓰는 것을 본 적이 없습니다. 백화점이나 가게에 데리고 가면 녀석도 몹시 갖고 싶은 게 있을 것입니다. 마음에 드는 옷이나 장난감 인형 등이 있으면 혼자 만져 보고 요리 저리 살펴보다 엄마가 오면 얘기를 하고, 안 된다는 한마디면 그저 네하고 고개를 숙이고 가는 것입니다. 좀더 떼를 쓰면 사줄 수도 있으련만 '안 된다'는 말 한마디에 깨끗이 체념을 하는 것입니다.

실망의 빛이 역력하면서도 참고 가는 녀석의 뒷모습이 안쓰럽고 애처로워 사줄까 하고 꼬드겨 봐도 그냥 고개를 흔들고 맙니다. 자식 이기는 부모 없다고 어쩔 때는 다른 아이들처럼 주저앉아 떼도 쓰고 울부짖으면 주위 창피해서라도 사줄 텐데 자존심인지 체념인지 즉시 수긍하고야 맙니다.

그런 녀석에게도 단념할 수 없는 것이 있으니 그것은 토끼와 자전거입니다. 벌써 몇 년 전 일입니다. 가끔씩 학교 앞 교문에 토끼와 병아리를 몇 마리씩 가지고 와서 파는 할머니 한 분이 계신답니다. 하굣길에 애들이 모여 쪼그려 앉아 지켜보고 만져 보다 대부분이 용돈으로 사거나 엄마를 졸라 이미 한두 마리 씩은 사서 기른답니다.

그런 날이면 녀석은 집에 돌아와 엄마에게 조용히 운을 떼어 봅니다. 이미 몇 차례 거절당했음에도 또 한번 부탁해 보고 안 되면 그날은 그냥 그걸로 끝입니다. 그러나 엄마가 기분이 좋거나 분위기가 잡히면 잊지 않고 끈질기게 또 얘기 합니다. 그러다 또 거절당하고 그러기를 몇 년째 입니다. 자전거도 마찬가지 입니다. 친구들도 다 있고 자기도 너무 타고 싶다는 것입니다. 그 자리에 제가 있을 때면 사주자고 거들어 봅니다마는 아내는 속없이 애들에게 인기 작전만 쓴다고 나무랍니다.

기가 죽어 고개 숙이고 방으로 들어가는 녀석이 애잔하여 따라 들어가 사줄까 하고 물으면 눈가에는 이슬이 맺히면서도 단호히 고개를 저어 거절하는 녀석입니다. 그러면서도 단념하지 않고 또 엄마에게 요청합니다. 녀석은 정말 기다림의 철학을 도통한 모양입니다.

그러나 인고의 세월이 가고 기다림의 보람이 있어 드디어 기회가 왔습니다. 금년은 어린이날을 앞두고 아내가 학교 수련회 일로 3일간 집을 떠나게 되었습니다. 저와 두 딸은 마침내 해방의 기쁨을 맛볼 수 있었고 아무런 두려움 없이 아내를 비판할 수 있었고 평소 소신을 마음껏 토로할 수 있었습니다.

때 맞추어서 우연히 소비조합에 들렀다가 자전거를 특판가로 판매한다는 사실을 알고 카탈로그까지 얻어 와서 펼쳐 놓고 녀석에게 마음에 드는 것을 골라보라고 하였습니다. 귀가 솔깃하여 쳐다보며 요것저것 묻고 행복해 하던 녀석이 한참 후에 다시 고개를 흔드는 것이었습니다. 아무리 마음에 들어도 엄마 없을 때 사면 안 된다는 것입니다. 아빠가 더 파워가 있음을 과시하고, 돈도 있으며 엄마의 비난과 질책을 감수할 각오와 결의가 확고함을 피력하고 최악의 경우 이혼도 불사하겠다고 하였지만 녀석은 또 그 철저한 냉철함과 이성으로 저의 기대에 찬물을 끼얹었습니다. 자전거를 사면 자기는 기쁘더라도 엄마가 속상해 하면 집안 분위기가 엉망이 되기 때문에 절대로 안 된다는 것입니다.

그 태도가 더욱 더 내 가슴에 불을 질러 나는 이 절호의 기회에 역모를 저지르려는 결심을 굳히고 이튿날 비밀리에 자전거를 사서 배달을 시켰습니다. 그때의 흐뭇함이란… 자전거를 탄 녀석과 함께 신나게 달릴 생각만 해도 무서운 아내의 존재를 잊을 수 있었습니다. 내일이면 자전거가 배달되리라는 흐뭇한 비밀을 가슴에 안고 저녁에 집에 돌아와 보니 녀석이 뛰어나와 흥분된 얼굴로 저를 끌고 갔습니다. 거실 구석에 가보니 아이스박스만한 플라스틱 상자가 놓여 있어 그 안을 들여다보니 주먹만한 어린 하이얀 토끼가 눈도 제대로 뜨지 못하고 엎드려 있었습니다. 들뜬 녀석의 이야기를 들으면서 엄마의 허락도 없이 어떻게 샀을까 하는 의구심이 생겨 물었습니다.

방과 후에 교문을 나서니 토끼할머니가 오랜만에 오셨더랍니다. 쪼그리고 앉아 토끼를 보며 망설이는 아이에게 할머니는 귀가 솔깃한 선전을 했답니다. 어린이날을 맞아 평소 만원 받던 토끼를 오늘에 한해 특별히 6000원에 세일 하겠다고.

그간 용돈을 모아 만원을 가지고 있던 녀석은 몹시도 갈등을 느끼다가 용기를 내어 진부령에 있는 엄마에게 전화를 했답니다. 이틀간이지만 너무도 보고잡고 반가운 아이의 목소리가 전화로 들려오자 집사람은 콧등이 시큰해지며 마음이 약해졌던 모양입니다. 아이의 토끼에 대한 보고를 듣고는 상처를 받을까봐 차마 거절하지 못하고 조건부 승인을 하였답니다. 토끼를 전적으로 책임지고 보살피고 냄새나지 않게 관리하고 너무 마음을 주지 않을 것 등등. 뛸 듯이 기뻐하며 토끼와 먹이로 쓸 사료까지 전 재산을 털어 싸들고 집에 와 토끼집을 만들고 음식통을 만들고 바쁜 시간을 보내야 했습니다.

토끼를 기르는 아이는 선량한 관리자의 의무를 훨씬 능가하는 부모로서의 책임과 의무를 다 하였습니다. 우선 토끼의 이름을 토순이라 명명한 후 자기의 딸로 입적시키고는 잘 때도 데리고 가서 침대 옆에 놓고 '잘 자' 하며 잠을 재웠고 아침에 눈뜨기가 무섭게 토끼를 살폈습니다. 학교나 학원을 다녀와서는 물을 주고 먹이를 주었으며 깊은 산 속 옹달샘 노래를 신나게 불렀습니다. 토끼를 보며 공부하면 잘 된다고 그 옆에서 상을 펴놓고 숙제를 하였습니다. 우리는 너무나 즐거웠고 행복하였습니다.

이윽고 아내가 돌아오는 날, 그날은 자전거도 배달된 날입니다. 퇴근 후 돌아오자 역시 예상대로 아내는 불 같은 목소리로 저를 자기가 없는 사이에 아이를 유혹하여 역모를 꾸민 비겁자로 몰아 세웠습니다. 저는 이미 각오한 바라 전혀 기가 죽지 않고 조선시대 삼사의 관리들이 목숨 걸고 임금께 상소를 올리던 비장한 심정으로 읍소를 하였습니다.

당신이 자전거를 반대하는 이유는 사고의 위험인데 그것은 공원이나 운동장 외에서는 절대로 자전거를 타지 않고, 행여 넘어져 다치면 어쩔까 하는 걱정을 없애기 위해 여기 이렇게 헬맷과 팔, 다리 보호장구를 사 왔노라고 자신 있게 말했습니다. 때마침 와 계시던 장모님마저 저를 감싸고돌아 아내는 자포자기로 저에게 눈을 흘기는 것으로 마무리 지을 수밖에 없었습니다.

녀석에게는 금년 어린이날이야말로 평생 잊지 못할 '사상 최고의 날' 이었을 것입니다. 몇 년간의 숙원이던 자전거와 토끼를 모두 얻은 날이니까요. 집 근처 학교 운동장으로 가서 아이의 자전거를 잡아주며 가르치는 제 마음도 만족 그 자체였습니다. 어두워져서야 자전거를 끌고 돌아오며 녀석에게 기분을 물었습니다.

아이의 대답은 역시 나보다도 한 수 위였습니다. 오늘이 가장 기쁜 날임은 틀림없지만 그 이유가 달랐습니다. 아이는 자전거와 토끼를 얻은 것도 기쁘지만 그보다는 그동안 그렇게 닫혀 있던 엄마가 마음을 열고 자기를 이해하고 허락해 준 사실이 더 기쁘다는 것입니다. 무섭고 영악한 녀석, 저 녀석은 전생에 도대체 무엇이었을까? 여우였을까?

아이의 토순이에 대한 사랑과 정성은 눈물겨운 것이었습니다. 토순이를 조금이라도 더 훌륭히 키우기 위해 열심히 꾀돌이의 과학책에서 토끼편을 찾아서 읽고 테이프를 들었으며 토끼를 키우는 친구에게 물어도 보고, 영어까지 가르쳤습니다. 토순이가 심심하다고 바람 쐴 겸 데리고 나가 돌아다니다 엄마한테 혼이 나기도 하였습니다. 토순이도 아이의 사랑을 받아서인지 며칠 사이에 놀라보게 컸으며 제법 똘람해져 집밖으로 뛰어 나오려고 점프도 해보고 참외 껍질이나 상치를 주면 곧잘 먹었습니다.

어느 날 아이는 자기가 아무리 잘해 주어도 토순이가 친구가 없어 어쩐지 외로와 보인다는 것입니다. 그래서 토끼할머니가 며칠 후에 다시 들리기로 하셨으니 이왕 내친 김에 한 마리를 더 사서 함께 키우자는 제안을 하였습니다. 우리도 동감하고 즉시 찬성하였지만 기다리던 할머니는 오시지 않았습니다. 할머니가 오시는 날까지 아이는 토끼의 엄마와 친구 역할까지 떠맡아야 했습니다.

토순이가 우리 집에 온지 1주일이 되자 이제는 온 식구로부터 사랑을 받기 시작하였습니다. 저도 아이의 권유에 의해 토순이를 한번씩 만져보며 지켜보노라니 점점 정이 들었고 집사람도 물을 주고 먹이를 주는 등 잘 보살펴 주었습니다. 심지어는 토순이가 처음으로 똥을 싸자 신기한 듯 들여다 보고 오줌도 더럽게 생각하지 않았습니다.

부처님 오신 날 오후에는 아이가 토순이를 유심히 지켜보더니 너무 살이 쪄서 비만인데 운동부족이라고 운동도 시키고 토끼집도 청소할 겸 토끼를 데리고 나갔습니다. 오랜만에 외출한 토끼는 조금씩 걸어도 보고 풀도 조금씩 뜯어 먹은 모양입니다. 토끼가 초식동물이기 때문에 풀을 잘 먹는다는 걸 깨달은 아이는 이튿날 학교에서 돌아오자마자 바구니를 들고 나가 하나 가득 풀을 뜯어 왔습니다. 막내로 자란 아이에게 토끼는 처음으로 보살핌의 대상이었으며 그것이 아이의 기쁨이자 보람이었습니다. 그런데 이것이 그토록 가슴 아픈 일의 화근이 될 줄이야 아무도 몰랐습니다.

운명의 5월 13일!

토요일임에도 늦게까지 할 일이 있어 집에 전화를 하였으나 아무도 받지 않았습니다. 통상 아내가 받을 시간인데 의아하여 핸드폰으로 연락을 하였습니다. 아내의 목소리는 울음 섞인 분노와 신경질에 가득 차 있었습니다. 다짜고짜 토끼가 다 죽어가서 차에 싣고 이리저리 다녀보는데 옛날 있던 가축병원이 없어져 미치겠다는 것이었습니다. 이유를 물어보고잡었지만 운전 중인 것같고 제정신이 아닌 것 같아 행여 사고라도 날까봐 다 잘 될 거라며 얼른 끊었습니다.

끊고 나서 왠일일까? 아침까지 별일 없었는데 갑자기 무슨 일이 일어났을까? 이런저런 생각에 정신이 집중되지 않아 연설문 원고 작성도 잘 되지 않았습니다. 아내의 말투로 보아 토끼가 거의 죽어가는 것 같은데 어쩔까? 그렇게 되면 아이가 상처가 클텐데 어떻게 위로해 줄까? 아내는 이런 사태까지 예견하고 애초에 토끼를 못 사게 하였을까? 내가 아내의 깊은 뜻도 모르고 괜히 아이를 부추기지 않았을까? 여러 가지 생각이 떠 오르면서도 괜히 내가 넘겨 짚어 방정맞은 생각을 하고 있는 것이 아닐까? 잘 되겠지. 왜냐하면 아내는 똑똑하니까. 그러면서도 괜히 찝찝한 것은 어쩔 수 없었습니다.

퇴근 후 집에 들어서자마자 토끼집을 찾아봤더니 역시 없었습니다. 말없이 침울하게 앉아 있는 세 여자의 모습에서도 뭔가 직감할 수 있었습니다. 아이의 얼굴은 일그러져 있었습니다. 원래 아토피성으로 피부가 약한 애가 얼마나 울었는지 코밑이 헐고 입술은 퉁퉁 불어 있었으며 눈은 말할 수도 없었습니다. 세계타이틀 매치를 끝낸 로키의 실베스터 스텔론을 연상시켰으며 인간의 눈알이 너무나 슬피 울면 토끼보다도 더 빨개질 수 있다는 것을 처음 알았습니다.

무거운 분위기를 어떻게 깨뜨려 봐야겠는데도 도통 어떻게 해야할지 생각이 나지 않았습니다. 아무 거리낌이 없고 무슨 말이라도 할 수 있는 집안 분위기를 자랑했는데 말문이 막힐 때가 있다는 걸 처음 경험하였습니다.

식탁에 앉아 식사 전 기도를 드릴 때에야 비로소 입을 열어 토끼의 명복을 비는 기도까지 바칠 수 있었습니다. 간간이 고개를 들어 천장을 바라보며 눈물을 감추려 애쓰는 아이의 모습이 더욱 애처로워 목을 메이게 하였습니다. 식사 후 평상시 같으면 과일 먹으며 갖은 얘기를 하며 웃고 놀텐데 애들은 각자 방으로 들어가 버리고 아내와 단둘이 남게 되자 그때서야 아내에게 물어 보았습니다.

속상하고 당황하기는 아내도 마찬가지였습니다. 학교가 끝나고 집에 돌아오는 길에 아이로부터 전화가 왔더랍니다. 이 시간이면 수학학원에 갈 시간인데 왜 안 갔냐고 다그치니 아이가 토끼가 다 죽어간다며 울부짖더라는 것입니다. 그래서 토끼는 엄마가 알아서 할 테니 학원이나 가라고 달래고서는 집에 돌아와 토끼를 보니 겨우 숨만 할딱거릴 뿐 이미 축 늘어져 있더랍니다. 불쌍하기도 하고 아이에 대해 약속했던 책임도 있어 정신없이 차를 몰고 가축병원을 찾아 헤매다 못 찾고 이리저리 전화를 해 보니 한 군데 다행히 의사가 있어 토끼의 증세를 얘기하니 가망이 없다며 단념하라고 하더랍니다. 그러면서 최근에 토끼 먹이로 무엇을 주었냐고 물어 사료나 상치를 먹이다 어제는 아이가 뜯어온 풀을 먹였다고 답했더니 아마 바로 그 풀에 농약이 묻어 그런 것 같다고 답하더랍니다. 큰 토끼는 어느 정도 체력도 있고 면역이 되어 이겨낼 수 있지만 어린 토끼는 죽을 수도 있다는 것입니다.

돌아오는 길에 아파트 경비 아저씨한테 혹시 최근에 농약을 뿌린 적이 있냐고 묻자 바로 전날 농약을 살포했다고 하더랍니다. 그래서 아이가 충격을 받을까 봐 아저씨에게 토끼를 건네 주며 아파트 뒤뜰에 놓아 두었다가 죽으면 잘 묻어 달라고 부탁하고 돌아왔답니다.

그런데 내막을 잘 모르는 아저씨가 토끼 걱정에 학원에 갔다가 정신없이 달려오는 아이를 불러 세워 이야기를 한 모양입니다. 설사를 하고 피오줌을 싸며 거의 죽어가는 토끼를 본 아이는 한참을 울었다고 합니다. 아무리 달래도 그 어떤 방법도 통하지 않더랍니다. 때로는 혼자서 슬픔을 삭일 줄도 알아야 하기에 저도 아이의 닫힌 방문을 바라볼 뿐 들어가지 않았습니다. 그리고 아무 말도 하지 않았습니다.

이튿날은 일요일이고 손님을 초대해 놓았던 터라 아침나절부터 손님맞이에 바빴습니다. 아이의 이모와 외할머니가 일손을 돕느라 와 계셨는데 성당에 다녀오던 녀석이 어른들에게 인사도 없이 휑하니 방으로 들어가 버렸습니다.

모두들 아이의 황당한 태도를 의아해 하는 데 집히는 바가 있어 한참 후 방에 들어가 보았습니다. 멍하니 누워 천장을 보며 하염없이 우는 아이에게 위로의 말을 해 줄 수도 없었습니다. 괜히 콧날이 시큰해오고 제 눈도 젖어 옴을 느낄 수 있었습니다. 아빠의 눈물을 보일 수 없어 조용히 아이를 안아 주었습니다. 자식이 죽으면 부모는 가슴에 묻는다더니 아이의 슬픔과 비통함이 가슴의 떨림을 통해 무디어진 제 가슴에도 전해왔습니다.

한참을 소리 없이 흐느끼던 아이가 조용히 말문을 열었습니다. 성당에서 돌아오는 길에 어제 토끼가 놓인 뒤뜰에 가보니 토끼가 없더라는 것입니다. 토끼는 어디로 갔을까? 저도 조용히 답해주었습니다. 하늘나라에 가서 부활을 기다리며 너를 지켜보고 있을 거라고. 덧붙여서 인생을 살아가노라면 너무나 슬픔과 고통이 많기 때문에 그것을 극복하는 용기와 추억으로 승화시킬 수 있는 지혜가 있어야 한다고.

무언가 생각에 잠긴 아이가 결심을 한 듯 이제는 울지 않을 테니 나가서 아무에게도 말하지 말라며 대신 토끼의 추억이 담긴 아름다운 이야기를 써 달라고 부탁하였습니다. 그 약속이 생애 가장 어렵고 부담스런 이 글을 쓰게 하였습니다.

아이를 데리고 나와 아파트 뒷길을 손을 잡고 걸었습니다. 아카시아 꽃이 활짝 피고 그 향기가 바람에 날렸습니다. 가위 바위 보를 하여 아카시아 잎을 따는 게임을 하여 아이가 크게 이겼지만 그리 기뻐하지는 않았습니다. 한참을 걷다가 아이가 말했습니다. 자기는 평소에 개미가 얄밉고 미워서 손가락으로 눌러 죽이거나 놀라서 달아나는 개미를 쫓아가서 밟아 죽이곤 했다는 것입니다. 그러나 앞으로는 절대로 그러지 않겠다고 말했습니다. 왜냐하면 개미에게도 친구가 있고 엄마 아빠가 있어 슬퍼할 개미가 너무 많기 때문이랍니다.

이번 일로 아이가 부쩍 성숙해 버린 것 같습니다. 제 욕심으로는 지금처럼 맑고 명랑하고 천진하고 활달하게 영원히 남아 있으면 싶은데 말입니다. 오늘 아침에도 아이가 말했습니다. 토끼할머니가 오시면 이번에는 두 마리를 한꺼번에 사서 정말로 잘 기르겠노라고.

저는 조용히 기도하였습니다. 아이가 자전거를 타고 신나게 달리는 푸른 벌판을 토끼와 제가 뒤따라 가고 아이가 힘이 들고 목이 말라 쉴 때면 맑은 옹달샘의 물을 힘껏 들이마시고 아이와 함께 팔베개를 하고 들어 누워 새파란 하늘에 두둥실 떠가는 하얀 뭉개 구름을 바라보며 옛이야기를 나누고 그 옆에서는 토끼가 깡총거리며 마음놓고 풀을 뜯어먹을 수 있는 그런 세상이 하루빨리 오기를….

문득 만해의 「님의 침묵」 마지막 연이 떠오릅니다.

> 우리는 만날 때 헤어지는 것을 염려하는 것같이
> 헤어질 때 다시 만날 것을 굳게 믿습니다.
> 아아! 토끼는 아이를 떠나갔지만
> 아이는 결코 토끼를 보내지 아니하였습니다.

(2000. 5.)

모가지 걸고 마신다

“차라리 밥을 끊겠습니다.” “명심하십시오. 정말 최후의 경고입니다.” 6년 전 담당 주치의와의 대화이다. 췌장염을 앓은 지 15년여. 술을 마시면 안 되는 줄 알면서도 ‘설마 이번만은 괜찮겠지.’ 하며 마시고 괜찮으면 또 목숨을 걸고 마시다 재발하면 입원했다. 퇴원 후에는 한 달을 넘기지 못하고 제 무덤을 파는 어리석은 짓을 반복한 세월이 이제는 만성췌장염이 되어 술을 끊어도 치료가 불가능하단다.

순간 회한의 날들이 주마등처럼 스쳐간다. 후배들을 모아 놓고 선배랍시고 일장 훈시를 늘어놓은 후, 술은 이렇게 마시는 것이라고 우동 그릇에 소주를 채워 원 샷 시범을 보이던 일. 자대에 배치 받던 날, 통일화에 가득 부은 막걸리 10잔(?)을 순식에 비워 선임들로부터 신고식 사상 ‘최고의 루키’ 라며 일주일간 훈련을 면제받았던 전설.

신입행원 환영식에서 전 직원이 권하는 잔을 두꺼비 파리 채먹듯 벌컥벌컥 들이킴으로써 ‘주신(酒神)’ 이란 칭호를 획득했던 일. 책임자 시절, 약속이 있어 퇴근하는 부하직원들을 “고과에 반영하겠다”는 위협으로 붙잡아 고주망태를 만들었던 일. 지점 회식이나 야유회 날이면 한번도 제정신으로 혼자서 집에 돌아오는 날이 없던 기억. 아내한테 혼나고 석 잔 이상 마시지 않겠다고 다짐한 다음날, 2,700cc 피쳐 석잔을 마시고 약속을 지켰다고 우기던 일.

뿐만 아니라 병원에 문안 온 어린 딸에게 다시는 술을 마시지 않겠노라 다짐하며 각서까지 써 주고도 한 달이 못가 그 약속을 파기한 못난 아빠! 입원 준비물들을 보따리에 쌀 때, 흐느낌으로 들먹거리는 고개숙인 아내의 가녀린 목살을 보면서도 제 버릇 남 못주는 한심한 남편!

그토록 좋아하던 술이 부메랑이 되어 영원히 술을 끊어야 한다. 술과의 전쟁이 시작되었다. 내 자신과의 외롭고 고독한 싸움이었다. 너무 힘들고 처량하고 슬플 땐 많이 울기도 했다. 불면증과 우울증도 괴로왔다. 무너지는 나를 지탱할 수 있게 해준 힘은 아내의 헌신적인 뒷바라지와 두 딸에 대한 사랑이었다.

나를 아는 모든 사람이 불가능이라고 했던 술을 끊은 지 어언 6년! 나는 지금도 술을 나쁘다고 생각하거나 배척하지 않는다. 다만, 술은 행복을 주기도 하지만 행복은 반드시 술에만 있는 게 아니라는 사실과 건강은 건강할 때 지켜야 한다는 평범한 진리를 뼈저리게 깨달았다. 사람은 의지와 절제로 술을 지배할 수 있어야 한다. 술이 사람을 지배해서는 안 된다.

(2002. 12.)

반지 도둑

1980년 봄, 하루는 집에 들어오니 어머니께서 아버지 회갑 때 친구 분이 선물하신 반지를 본 적이 있느냐고 물으셨습니다. 아버지 유품을 정리하다 문득 반지가 생각나서 찾아보니 없다는 것입니다. 잘 찾아보면 어디에선 나올 것이라며 대수롭지 않게 대답하고 넘겼습니다.

며칠 뒤에 어머니께서 다시 부르시더니 정색을 하며 "좋게 말로 할 때 그 반지를 어떻게 했는지 솔직히 대답하라."고 하였습니다. 뜻밖의 말에 어안이 벙벙했지만 이내 어머니께서 나를 반지 도둑으로 주목하고 있다는 것을 알아차릴 수 있었습니다.

나는 결백을 주장하고 어찌 그런 오해를 할 수 있는지를 원망하며 급기야는 너무 억울해서 펑펑 울기까지 하였습니다. 그러나 어머니는 저의 반박을 당연한 발뺌이라고 예상하신 듯 더욱 세차게 다그치셨습니다. "결론은 뻔하다. 우리 집에 도둑이 둘 있는데 큰 도둑놈이 분명 아니니 그렇다면 너밖에 누가 있느냐?"는 것이었습니다. 어머니께서 그렇게 주장하시는 데는 나름대로 일리가 있었습니다. 우리 집에는 두 명의 도둑이 있는데 그것은 외부의 도둑이 아니라 바로 내부의 도둑이었으니 바로 둘째 형과 나입니다.

둘째 형은 어려서부터 집에 값나가는 것이 있거나 돈이 있으면 가지고 나가 친구들과 흥청망청 쓰다가 돈이 떨어지면 귀가하곤 했습니다. 집에

곗돈이나 외상값 등 큰돈을 받아 보관하다 잠깐이라도 지키는 가족이 자리를 비우면 그 틈을 노려 돈을 가지고 나갔습니다. 그러니 항상 주위에 친구가 많았고 학교는 제대로 다닐 리가 없었습니다. 어머니께서는 4남 6녀 중 유일하게 제대로 성장하지 못했으며 무절제하고 낭비벽이 심한 형을 걱정하면서 버릇을 고치려고 노력하셨지만 타고난 천성과 방랑벽을 어찌할 수가 없었습니다.

반면 형은 착하고 온순하며 인정이 많았습니다. 나와 아홉 살 터울임에도 자라면서 나무라거나 싫은 소리 한번 한 적이 없습니다. 형은 재물에도 욕심이 없었습니다. 당시 유행하는 형의 옷이나 구두를 보고 좋다거나 멋있다고 하면 마음에 들면 가지라고 즉시 벗어 주었습니다. 내가 못된 짓을 하거나 사고를 쳐서 부모 몰래 거액을 요청하면 아무 말 없이 그냥 주거나 당장 가진 돈이 없더라도 다음날 꼭 전해주곤 하였습니다. 하다못해 길에서 제 친구를 만나더라도 그냥 보내는 법이 없이 밥이라도 한 끼 사서 먹여 보냈습니다.

형과 어머니 사이의 범죄와의 전쟁 와중에 또 하나의 도둑이 생겨났습니다. 집이 부유한 편이었지만 10남매를 가르치고 입히고 하는데 여유가 없을 때입니다. 자식들에게 용돈을 푸짐하게 준다는 것은 극히 희귀할 때였습니다. 원래 끼가 있고 놀기 좋아하던 나는 사춘기가 지나면서 친구들과 어울리다 보니 돈이 필요하였습니다. 책값이나 납부금에 몇 푼씩 보태 청구함으로써 비자금을 마련하기도 하였지만 턱없이 부족하였습니다. 저는 어머니의 돈에 손을 대기 시작하였습니다.

워낙 큰 살림이라 작은 금액은 어머니께서도 모르셨습니다. 그러나 간혹 약간의 큰 돈을 빼내면 어머니도 뭔가 눈치를 채는 듯하셨지만 그 의심은 나를 철석같이 믿었던지라 당연히 형의 소행으로 치부해 버리곤 하셨습니다. 나는 완전범죄를 노리며 틈새시장을 공략하곤 했던 것입니다.

어쩔 때는 나의 소행임에도 어머니는 형을 추궁하였습니다. 그러면 형은 내가 범인임을 알고 있음에도 무죄를 주장하거나 발뺌을 하지 않고 묵비권을 행사함으로써 간접적으로 시인해 버리곤 했습니다. 아마 형의 깊은 속내는 집안의 풍파는 자기 하나로 족하고 동생까지 끌어들임으로써 더욱 어머니를 속상하게 하지 않겠다는 것이었는지 모릅니다.

꼬리가 길면 밟힌다고 어머니도 저의 범행을 눈치채셨습니다. 그리하여 도난, 분실 사고가 나면 범죄의 경중에 따라 일차는 형을 추궁하시고 그 후에 저를 추궁하시는 것이었습니다. 그러나 우리 용감한 형제는 현행범이 아닌 이상 항상 모르쇠나 부인으로 일관하였습니다.

유일한 대안은 돈을 철저히 잘 지키는 것이었으나 그때만 해도 은행 이용이 일반화되지 않고 어머니께서 아무리 머리를 짜내어 은밀한 비밀 장소에 숨겨도 감쪽같이 돈은 없어지고 말았습니다. 어머니는 아들들과의 전쟁에 거의 노이로제에 걸리셨지만 뾰족한 수는 없었습니다. 어머니도 철저한 수사를 해서 진범을 밝힌다 한들 결국은 당신 아들 중 하나인지라 경종을 울리거나 한풀이에 그칠 뿐이었습니다.

그러나 이번 반지의 경우는 달랐습니다. 아버지가 돌아가신 뒤 어머니는 눈에 띄게 변하셨습니다. 자존심이 세고 합리적이고 생활력이 강하시던 분이 나약해지신 것을 보면 역시 아버지의 그늘이 컸나 봅니다. 평소 같으면 가볍게 그냥 넘겼을 텐데 무언가에 집착하신 듯 추궁하시는 칼날의 강도가 예전과 달랐습니다.

반지의 향방을 먼저 나에게 물으신 뒤 어머니는 형을 소환하여 심문을 하신 모양입니다. 그런데 이번에는 형의 반응이 다르더라는 것입니다. 강력 부인을 하며 눈물까지 비치더랍니다. 형이 그런 반응을 보인 것은 30년 만에 처음이랍니다. 애초부터 어머니는 나를 범인으로 확신하셨나 봅니다. 반지 금액이 금전 가치로 따져 형에게는 너무나 소소했기 때문입니다.

결백을 증명할 수 없는 저는 너무 억울했습니다.

더욱 원통한 것은 주위 형제들의 미묘한 반응이었습니다. 솔직히 고백하고 용서를 빌라는 것입니다. 끝까지 잡아떼자 어머니는 섬뜩한 말씀까지 하셨습니다. 용의자인 형을 이용하는 내가 더 교활하고 나쁜 놈이라는 것입니다. 카인 같은 놈이라고도 하셨습니다. 그런 짓을 하면서 어떻게 성당에 다니고 하느님을 믿느냐고까지 하셨습니다. 서슬이 퍼런 어머니의 저주에 가까운 질책에 오해를 푸는 것도 결백을 주장하는 것도 포기할 수밖에 없었습니다.

대신 그 막막함과 답답함과 억울함은 형에 대한 증오로 바뀌었습니다. 어차피 범인은 내가 아닌 이상 형이 틀림없었습니다. 한심하고 무능한 인간! 그 나이에 아직 속을 못 차리고 고깟 반지 하나 때문에 어머니의 속을 상하게 하고 나에게 이렇게 큰 괴로움을 주다니 형이 미워졌습니다. 용서할 수 없었습니다. 그간 형이 베푼 것을 생각하며 마음을 달래 보려고도 했지만 되지 않았습니다. 그 사건 이후로 형과의 관계는 겉으로는 평온한 것 같아도 마음속 깊숙이 자리잡은 앙금은 쉽사리 사라지지 않았습니다.

그해 여름 어머니마저 돌아가셨습니다. 금슬이 좋은 부부는 헤어져서 못 산다더니 여덟 달 만에 아버지의 뒤를 따르셨습니다. 서럽게 서럽게 통한의 눈물을 흘리며 후회해 봤지만 청개구리의 슬픔이었습니다. 그때도 유달리 반지사건이 떠올랐습니다.

어머니가 돌아가신 2년 뒤 이사를 하게 되었습니다. 태어나서 살던 집을 옮긴다는 게 모두에게 착잡하였던 모양입니다. 추억과 역사가 깃든 곳이라 결혼한 형제들, 누이들, 수녀 누나 2명까지 10남매가 오랜만에 한데 모여 옛일을 얘기하며 이삿짐을 정리하고 날랐습니다.

광마루에 놓여 있는 장롱을 옮기게 되었습니다. 어머니의 손때가 묻은 30년이 넘은 농이었습니다. 여러 명이 들고 옮기다 잘못하여 삐끗하며 흔들리자 장롱 위에 있던 잡다한 물건들이 먼지와 함께 쏟아져 내렸습니다. 흔히들 수납하기가 지저분한 것들을 보이지 않게 장롱 위에 숨겨 놓기 때문에 별게 다 있었습니다. 그 중에서 조그만 반지 상자 하나가 눈에 띄었습니다. 이상한 예감에 열어 보니 금반지 하나가 있었고 그것은 어머니가 내가 훔쳤다고 몰아세웠던 반지가 분명했습니다.

사건의 진실이 밝혀진 것입니다. 범인은 아가사 크리스티의 추리소설처럼 피해자 자신인 어머니였습니다. 집안에 두 놈의 도둑이 돈 되는 것은 무엇이나 호시탐탐 노리고 있으니 살림하랴 사업하랴 말년에는 중풍으로 쓰러지신 아버지의 병수발까지 하시랴 정신없이 바쁘신 어머니가 본인이 농 위에 숨겨 놓고는 기억력도 흐려지고 아버지의 죽음이라는 충격에 그만 깜빡 잊으신 것입니다. 늦게나마 진실을 밝힐 수 있다는 기쁨에 찬 나의 외침에 식구들이 모였습니다.

모두들 그때를 기억하며 무죄가 판명된 저를 축하하고 위로해 주었습니다. 말없이 서있던 형이 다가와서 가만히 제 손을 잡아주었습니다. 물론 형도 나를 범인으로 단정하고 있었을 것입니다. 그간 형에 대한 원망과 저주와 회한의 감정이 사라지고 따뜻한 형제간의 정이 붙잡은 손을 타고 물밀듯이 밀려들었습니다.

수녀인 큰누나가 "이 반지는 자식과 부모, 그리고 형제 사이의 불신과 미움을 씻어내고 모자간의 사랑과 형제간의 신의를 되찾아준 의미 있는 반지다. 네가 항상 끼고 다니며 엄마, 아버지와 형을 생각하도록 해라"고 말했습니다. 자존심이 센 어머니는 자식들의 허물이나 비행을 자신의 부덕의 소치로 돌리며 탄식할 뿐 일체 외부에는 말씀하시지 않았습니다. 그런데 반지 사건만은 너무나 원통하여 수녀인 큰딸에게 하소연 겸 한풀이를 하셨던지 누나도 소상히 알고 있었습니다.

마지막으로 큰방 벽에 있는 십자가를 떼어 냈습니다. 십자가 뒤에 걸어놓은 성지 가지가 말라 부스러져 내렸습니다. 어머니, 아버지 두 분은 하루도 거르지 않고 이 십자가 앞에서 아침 저녁으로 기도를 바쳤습니다. 쌓인 먼지를 닦아내며 조그만 누명에도 이렇게 큰 상처를 받고 분노와 미움의 세월을 보냈는데 죄 많은 우리를 대신하여 가시관을 쓴 채 십자가에 못 박혀 돌아가신 예수님은 얼마나 상심하여 피눈물까지 흘리셨을까 하는 생각이 들었습니다. 그러나 이때만은 주님도 "이냐시오야! 이제야 내 마음을 조금은 이해할 수 있겠지." 하며 빙그레 웃고 계셨습니다.

20년이 흐른 지금 이런 부끄런 고백을 하는 이유는 병상에 누워 있는 형에게 조금이라도 내 마음을 전하기 위함입니다. 형이 금년 초 뇌졸중으로 쓰러져 열 달째 투병하고 있습니다마는 바쁘고 멀다는 이유로 고3 수험생이 있다는 핑계로 딱 한번 문안을 갔을 뿐입니다. 약간의 의식은 찾았지만 아직 말도 못 하고 거동도 못 한다고 합니다.

반대의 처지라면 형은 나를 자주 찾았을 것입니다. 와서는 말없이 내 손을 잡아주거나 말하지 못해도 내가 가고 싶은 곳으로 휠체어를 밀고 갔을 것입니다. 갈 때는 소리 없이 내가 가장 원하는 것을 머리맡에 놓고 사라졌을 것입니다. 어느덧 금년도 저물어 갑니다. 이 해가 가기 전에 형을 찾아가 깡마른 손을 꼭 한번 쥐어 보렵니다.

(2003. 12.)

아내는 부재중

집에 전화를 했는데 아무도 받지 않았습니다. 무슨 일로 외출을 했겠지 하며 아내와 애들 핸드폰으로 시차를 두고 몇 차례 전화를 했지만 도통 불통이었습니다. 짜증이 나고 부아가 치미는 한편 전에 없던 일이라 은근히 불안감이 생겼습니다.

통상적으로는 퇴근 무렵 아내가 전화를 하여 퇴근 시간과 집에서의 식사 여부를 확인합니다. 아내는 신혼 초부터 만성췌장염으로 병원을 안방처럼 드나들던 저의 병간호를 하느라 고생을 해왔던 처지라 음식에 신경을 씁니다. 가능하면 집에서 먹는 것을 원하지만 반절 이상은 외식을 하기 때문에 그때마다 음식과 술에 대한 엄중 경고를 빼놓지 않습니다.

췌장염의 원인이 술이기 때문에 아내는 술하면 거의 노이로제에 걸려 있습니다. 때문에 외식을 할 때면 거의 한 시간 간격으로 술을 마시지 않고 있음을 보고해야 하고 조금이라도 보고가 늦어지면 아내가 확인 전화를 합니다. 가끔 핸드폰을 놓고 오거나 진동으로 놓아 받지 않을 때는 아내는 엄습해오는 불안에 가슴이 두근거리며 좌불안석이 되어 여기저기 수소문을 하고 수배전화를 한다고 합니다.

조심은 하면서도 어려운 상사나 고객과의 술자리에서 매시간 연락을 한다는 것이 그리 쉽게 되지 않을 때가 많습니다. 그런 날은 투정을 부리는 아내에게 아직도 남편을 믿지 못해 동네 창피하게 한다고 항의를 하면 저

때문에 걸린 병이라며 그렇지 않으려면 믿음을 줄 수 있게 행동을 하고 항시 연락을 하면 되지 않느냐고 몰아세웁니다.

그런데 오늘은 반대가 되어 집에 가는 차 안에서야 아내의 전화를 받고는 신경질을 부렸습니다. 아내는 어쩌다 그렇게 됐는데 그것을 못 참고 화를 내느냐며 역지사지 해보라고 맞받아쳤습니다. 곰곰 생각해 보니 아내의 말이 맞습니다. 저는 그런 경우가 비일비재하고 아내는 거의 없는데 그걸 못 참고 성질을 부린 내 자신이 너무 이기적이고 옹졸하지 않았나 하는 생각이 들었습니다.

아내는 맞벌이를 하면서도 살림과 애들 교육을 도맡아 합니다. 그 조그마한 체구에 그렇게 많고 힘든 일들을 조금도 차질 없이 해내는지 불가사의할 때도 있습니다. 하다못해 남편에게 따뜻한 밥을 먹이려고 퇴근시간을 확인하고 그에 맞춰 식사 준비를 하는 세심한 부분까지 마음을 쓰는데도 못된 남편은 어쩌다 일찍 들어가 식사하는 것이 무슨 벼슬이라도 되는 양 위세를 부리곤 했습니다.

평소 전화를 하더라도 일방적으로 나의 스케줄과 요청 사항만 얘기하고 끊었습니다. 마음 놓고 편안하게 생활하는 것이 모두 아내의 뒷바라지 덕분인데 고맙기는커녕 그것을 너무나 당연시하고 조금만 내 뜻대로 되지 않으면 불평만 늘어놓았습니다.

우리의 신앙생활도 마찬가지가 아닌가 합니다. 주님은 항상 제자리에 계시면서 우리가 돌아오기만을 애타게 기다리시고 행여 연락이 끊기면 좌불안석이 되고 초조해 하시는데 우리는 도리어 멀어져만 갑니다. 기본적으로 주시는 풍성한 은총은 당연히 여기고 고통이나 시련이 찾아올 때면 잠시 찾아 자기의 용건만을 말하고 끊어버립니다. 그러고도 요구사항이 이루어지지 않으면 주님의 뜻은 헤아려 보지도 않고 그저 원망을 하고 배신을 합니다.

기도란 하느님과의 대화입니다. 대화란 상대방이 있기에 반드시 상대방의 말에도 귀 기울여야 합니다. 대화란 말만으로 되는 것도 아닙니다. 그 누구를 진실로 이해하고 헤아린다면 이심전심 침묵중에 함께 하는 것만으로도 한마음이 됩니다. 항상 자신의 위치를 파악하고 주님이 안심할 수 있도록 미덥게 행동하고 일방적인 기도가 아니라 주님께 감사하고 그분의 고통을 이해하고 그분의 충고에 귀기울이는 겸허한 자세를 가져야 할 것입니다.

오늘 밤은 아내의 두 손을 꼭 잡고 고마움과 미안함을 전해 보렵니다.

(2005.3)

아내에게 바치는 눈물의 편지

여보!

세상에 사랑 없이 살 수 있는 것은 없지만 사랑하는 일보다 더 힘든 일도 없다고 해. 하지만 어떻게 해? 아무리 미워도 사랑의 힘으로 살아가야지.

얼마 전 일본인 과학자가 전자현미경으로 물의 입자를 촬영한 사진을 본 적이 있어. 보기에는 똑같은 물이지만 눈 모양의 육각형이 질서정연하게 벌집 모양을 이룬 아름다운 물이 있는가 하면 약간 찌그러진 것, 심지어는 형태가 엉켜서 볼썽 사나운 모습의 물까지 천태만상이었어.

설명에 의하면 아름다운 물의 사진은 '사랑의 물'이요, 추하고 못생긴 물은 '미움의 물'이라고 하더라고. 사랑이 넘치는 가족이 함께 모여 식사를 하는 식탁에 놓여 있는 물이나 자식을 위해 기도하기 위해 어머니가 떠놓은 정화수는 사진으로 찍어 놓으면 틀림없이 아름답다는데. 그러나 서로 미워하고 질시하고 다툼이 있는 곳에 있는 물은 같은 컵에 담아 놓았더라도 일그러지거나 찌들어 있다고 하더라고. 모든 생물이 사랑을 먹고 산다는 사실은 알았지만 무생물인 물까지 사랑을 먹고 산다는 사실을 처음 알고 신기한 생각이 들었어.

만약 우리들 마음에 빛이 있거나 모양이 있어 사진을 찍는다면 어떤 모습일까? 당신은 우리 가족 모두를 사랑하고 우리 모두 당신을 사랑하기 때문에 당신의 마음을 사진으로 찍으면 예쁜 하트 모양의 형상이 싱그런 청포도 송이처럼 알알이 영글어 있을 거야. 내 마음은 어떨까? 당신을 속이고 하도 애간장을 태워서 미움을 독차지한 결과 더럽고 추하게 찌그러진 깡통 캔 같을 거야.

그래도 어떻게 해? 비록 찌그러지고 찢어졌어도 어떻게 든 펴고 상처도 때우고 다듬어서 써야지. 우리는 서로 사랑하고 있고 너무나도 사랑하는 두 딸이 있잖아. 내가 잘못했어. 다 알고 있어. 자꾸 말하다 보면 감정이 격해져서 억지를 부리고 자존심을 세우려고 택도 없는 말을 하지만 잊어버려. 본심은 그게 아니야. 항상 미안해하고 감사하고 있어. 도리어 당신이 너무 잘하니까 한번씩 좁은 마음에 깽판을 부리는 거야.

당신도 이제 너무 완벽하게 잘하려고만 하는 마음을 놓아 줘. 세상을 어수룩하고 느슨하게 풀린 마음으로 한번 살아봐. 당신은 충분히 그럴 자격이 있어. 그간 너무 잘해왔잖아. 힘들고 고생하면서도 주어진 일을 모두 완수했잖아. 나도 잘났고 능력이 있어. 비록 건강 때문에 항상 자제하고 미리미리 포기하고 욕심을 버리려고 노력하지만 잘 안 될 때가 있어. 당신을 생각하면 강박 관념에 사로잡히지만 직장에서나 친구들 사이에서 잘난 체하고 호기도 부리고 인정받고 싶을 때가 있어.

변명 같지만 술 담배를 끊고 사람을 만나 돈 장사를 하기에는 너무 어려워. 담배만 해도 물론 한번에 끊은 사람도 있지만 당신 아버지나 성태 아빠를 봐. 마음대로 안 되잖아. 시간을 줘! 그렇다고 계속 마시고 피겠다는 것은 아니야. 최대한 절제를 하려고 노력하겠지만 간혹은 모른 체 너그럽게 이해해 줘. 그러면 나도 점차 당신이 원하는 남편이 되어 갈 거야. 정말 잘못했어. 용서해 줘. 그리고 내가 술김에 뱉은 말은 모두 반대야.

당신을 무시할 리도 없거니와 욱하면 생각과는 반대로 말이 나와. 진짜 잘할게. 용서한다면 일요일에 전번에 얘기했던 식당에 가자고. 당신이 자랑하는 사랑하는 딸들 데리고.

2005. 7. 남편 올림

아름다운 죽음을 위하여

교회력에서 11월은 1년의 마지막 달로서 위령성월입니다. 교회가 이 달을 위령성월로 정한 이유는 우리가 연말에 지난 해를 돌아다보고 새해를 설계하듯 하루하루 살기에 바빠 잊었던 돌아가신 영혼들을 생각해 보고 그분들을 위해 기도하며 아울러 우리 자신의 의 지난 날을 반추하고 다가오는 죽음에 대해 대비하라는 뜻이 아닌가 합니다. 우리는 누구도 죽음으로부터 자유로울 수 없습니다. 따라서 "그날 그 시간은 아무도 모르니 항상 깨어 기도하라"는 주님의 말씀대로 어차피 피할 수 없는 죽음이라면 그에 대해 대비를 해 두는 것도 나름대로 의미가 있을 겁니다.

병치레를 많이 해서인지 주위에 사람이 많아서인지 죽어가는 사람을 볼 기회가 남보다 많았습니다. 입원을 해 보면 왜 그리 아픈 사람도 많은지…. 별 희한한 병도 많고 기구한 사연도 많지만 병에 걸려 죽어 가는 사람들의 심리상태는 대부분 비슷하여 일반적으로 부정의 단계에서 분노, 우울, 타협의 단계를 거쳐 수긍의 단계에 이른다고 합니다.

처음 불치의 병이라는 진단을 받은 사람들은 대부분 그 사실을 받아들이지 않고 그러한 불행이 절대로 자기에게 닥칠 수 없다며 부정한다고 합니다. 그것은 의사의 오진이거나 의료기기의 결함이라며 다른 병원이나 이름난 의사를 찾아간다고 합니다. 그러다 결과는 마찬가지로 오진의 희망이 사라지면 몹시 분노한다고 합니다.

세상에 이런 불행이 하필이면 왜 나에게 찾아오는가? 나는 그런 대로 열심히 살아오고 비교적 양심적으로 살았으며 남 못할 짓을 저지르지도 않았는데 나 보다 훨씬 뻔뻔하고 못된 짓을 일삼던 놈들도 버젓이 살아 큰 소리 치는 데 너무도 분하고 원통하여 세상을 원망하고 저주하게 됩니다. 내가 무얼 잘못 했는지 하느님도 무심하시지 하며 갖은 분노가 한참 계속되다가 우울과 회한의 단계로 넘어간다고 합니다.

그동안 살려고 얼마나 노력했는데. 이렇게 살다 이렇게 가는 건 데 왜 그리 모질고 독하게 살았는지, 내 자신이나 가족에게는 무엇 하나 해 주지 못하고 잎새에 이는 바람에도 괴로워하고 떨어지는 낙엽 하나에도 눈물이 핑 돌고 낙엽따라 갈까, 차라리 하얀 겨울에 떠날까. 그래도 생에 대한 미련을 버릴 수 없어 타협을 시작한다고 합니다.

타협의 대상은 누구라도 좋습니다. 하느님이든지 절대자든지 이 세상의 모든 사람이든지 그저 내가 나을 수만 있다면, 조금이라도 더 살 수만 있다면 내 재산의 얼마를 떼어 불쌍한 이웃을 돕는다든지 내 모든 지위와 명예를 버리고 남은 생을 바쳐 이웃을 위해 봉사한다든지 몸부림치며 타협을 시도하다가 차도가 없을 땐 모든 것을 체념하고 현실을 받아들인다고 합니다. 나는 죽는다. 그러나 죽기 전까지 어느 것이 최선인가. 주변을 정리하고 사랑했던 사람들과의 이별, 자기가 못다한 일에 대한 회한과 아쉬움을 남긴 채 하나하나 죽음을 준비한다고 합니다. 이러한 감정은 순차적으로 나타나기도 하고 복합적으로 표출되기도 하는 것 같습니다.

예수도 죽음을 앞둔 인간으로서의 심경을 성경 곳곳에서 나타냅니다. 예수는 그 자신이 인류구원이라는 원대한 사명을 띠고 이 땅에 왔지만 그 방법은 자신의 죽음이라는 것을 알고 있었습니다. 예수는 때때로 분노를 표출합니다. 성전의 장사치들을 향해 회초리를 휘두르고 수난을 앞두고 피땀 흘려 기도하다 돌아와 잠을 자고 있는 제자들의 모습을 보고 분노를 나타냅니다. 아마 그의 마음 속에는 "내가 저런 한심한 인간들을 구하려고 목숨을 바쳐야 하나?"라는 억울한 심정이 내재해 있었는지도 모릅니다.

죽음을 앞두고는 "나에게 이런 쓴잔을 거두어 달라."며 하느님께 애원도 하고 타협을 시도하기도 합니다. 그러나 "내 뜻대로 마시고 당신 뜻대로 하소서."라며 곧 자기의 사명을 수긍하고 모든 것을 의탁합니다. 십자가에 못 박혀 죽을 때는 "나의 하느님! 나의 하느님! 어찌하여 저를 버리시나이까?"라고 절규하기도 하고 마지막에는 "모든 것이 이루어졌다."며 편히 눈을 감습니다.

사람이 죽을 때는 굉장히 고통스러운가 봅니다. 정말 죽기가 어렵고 죽음의 고통은 산고의 고통을 능가한다는데 옆에서 지켜보는 모든 이도 몹시 괴로워합니다. 그러다 죽습니다. 죽는 것은 마찬가지지만 어떤 사람은 평화롭게 잠들었다고도 하고 어떤 사람은 고통 속에 죽었다고 합니다. 과연 우리는 어떤 죽음을 어떻게 맞이해야 할까요. 이왕이면 평화스러운 죽음이 나을 것입니다. 그러려면 준비를 해야 합니다. 모든 일이 거저 되는 게 하나도 없습니다.

소설가 박완서씨는 남편과 아들을 잃은 뒤 신을 저주하고 부정하며 능력도 없는 신을 믿고 속았다며 십자가를 내동댕이치기도 하였답니다. 그러나 돌아오는 것은 아무 것도 없고 혼자라는 외로움과 죽음에 대한 두려움과 고통의 심연만 깊어갈 뿐. 그래도 악을 쓰고 원망하며 스트레스와 고통을 해소할 수 있는 상대가 있는 것이 없는 것보다는 낫다고 고백합니다.

타협에 성공한 사람도 있습니다. 자기는 도저히 가망이 없었는데 신앙체험을 통해 새 생명을 받고는 도저히 그대로 있을 수 없어 하느님의 사업에 나섰다는 신앙간증이나 강론을 들으신 경험이 있을 것입니다. 이런 분들은 그래도 약속을 이행할 줄 아는 착하고 신의가 있는 사람들입니다.

대부분의 사람들은 다급하고 절박했던 순간이 지나면 그건 비참한 악몽이었으며 자신의 능력과 투지로 극복했다며 곧 잊어버리고 맙니다. 신앙이라고는 전혀 없던 사람이 죽음을 앞두고 신의 존재를 인정하고 믿음으로써 모든 것을 주님께 맡기고 평온한 모습으로 죽은 사람도 있습니다. 입원 중에 잠 못 이루는 밤이나 고통이 심할 때는 죽음을 생각합니다. 가능하면 아름다운 죽음을 위해 묵상하고 기도합니다. 바람이 있다면 욕심을 버리고 매사에 감사하며 가까운 이들에게 사랑을 남기고 가고 싶습니다.

그리고 또 하나의 바람이 있다면 내가 분노하고 괴로워할 때 너그러운 마음으로 받아주고 이해할 수 있는 그 누구, 내가 타협을 시도할 때 내 입장에 서서 순수하고 진솔한 대화를 나눌 수 있는 그 누구, 내 모든 것을 믿고 맡길 수 있는 내 목숨까지 송두리째 의탁할 수 있는 그 누군가가 있었으면 합니다.

어제 오후에는 아내와 막내를 데리고 남산을 산책하였습니다. 막내는 평행봉을 한다면서 낑낑대고 그 옆 벤치에 아내와 앉았습니다. 눈을 들어 시내를 내려다보는데 빨갛고 노랗게 단풍이 든 나무 사이로 붉은 해가 지는 모습이 너무나 아름답고 장엄하며 경건하기까지 하였습니다. 저녁 무렵이어서인지 스산한 바람이 불고 낙엽이 우수수 아내의 어깨와 내 발 밑에 떨어져 내렸습니다. 지는 해와 수북이 쌓인 낙엽이 앙상블을 이루며 묘한 감정이 일었습니다. 하루의 일과를 끝내고 사라지는 해와 일 년의 생을 마감하고 떨어지는 낙엽. 진정 자연의 섭리는 아름다운 죽음인 것같습니다. 자기의 소임을 마치고 난 뒤 내일이 오면, 그리고 새봄이 오면 다시 돌아오리라는 희망과 믿음과 의지를 간직하고 한때의 화려한 모습이나 치장을 미련없이 훌훌 떨쳐버리고 떠나가는 자의 아름다움. 내가 죽을 때는 지나온 세월이 나름대로 보람이 있었노라고 그래도 주님을 만났다는 것이 행복했노라고 그분의 품에 안겨 웃고 갈 수 있기를 저물어 가는 남산의 황혼녘에 조용히 기도하였습니다. (2005. 7.)

나는 아직 암것도 모르것다

미국의 테러에 대한 응징이니 이용호 게이트니 대통령의 역사 인식 부족이니 하며 세상이 온통 어수선한 가운데도 자연의 순리만은 어쩔 수 없는 듯 1년 중 가장 활동하기 좋은 계절 가을은 깊어만 갑니다. 10월은 로사리오 성월이요 전교의 달입니다. 그래서 10월이 되면 본당마다 신부에 따라 강도의 차이는 있겠지만 최소한 한 가정에 1명씩 전교하도록 대대적인 캠페인을 벌입니다.

해마다 벌이는 캠페인이지만 40년이 다 되도록 저는 단 한 건의 실적도 없습니다. 그러면서도 실적에 대한 부담감을 완전히 떨쳐버릴 수 없어 반성도 해보고 고민도 해보며 가끔은 주위 사람들과 대화도 나누어 봅니다.

전교 실적을 점검해 보면 대부분의 사람들은 저와 비슷한 처지이고 그 이유도 대체적으로 동일합니다. 이유인 즉슨, 첫째는 일단 먹고 살기에 바쁘고, 둘째는 하느님의 존재에 대한 확신이 없다 보니 신앙생활이 기쁘거나 활력이 있을 수 없을 뿐더러 신앙인으로서 모범적인 생활을 못 하고 있기 때문이라고 합니다.

상품에 대한 정확한 지식과 확신이 있어야 남에게 권유도 하고 섭외도 할 텐데 자신이 상품에 대해 모르고 확신도 없으니 어떻게 섭외를 할 수 있겠냐며 열심히 공부해서 언젠가 확신이 서고 모범을 보일 수 있을 때가 오면 열심히 전교하겠노라고 다짐하는 사람들을 많이 봅니다. 과연 언제

쯤이면 전교를 할 만큼 여유가 생기고 하느님의 존재를 확실히 알고 믿으며 활기차고 즐거운 신앙생활을 통해 남의 모범이 될 수 있을까요?

저에게는 외삼촌 신부님이 한 분 계십니다. 외아들인 삼촌이 신부가 됨으로써 외가는 대가 끊겼는데 지금 같으면 있을 수도 있는 일이지만 그분이 신학교에 갈 때만 해도 그것은 천하에 불효막심한 죄로써 주위의 모든 사람이 만류하였다고 합니다. 오직 외할머니께서만 아들의 선택을 축복하고 훌륭한 신부가 될 수 있도록 간절히 기도하겠다고 격려하셨다고 합니다. 이제 연세도 80이 되고 서품을 받은 지 50년이 된 고참 원로 신부로서 은퇴하시어 전남 순천의 조그마한 아파트에 살고 계십니다.

지난해 여름 김수환 추기경께서 동창이자 막역한 친구인 신부님을 찾으셨습니다. 오랜만에 친구 집을 찾아 점심상을 마주한 추기경께서는 격식을 차릴 필요가 없는 편안한 분위기가 식욕을 돋우고 시장기도 느끼던 참이라 신부님의 식사 전 기도만 끝나기를 기다리셨답니다. 그런데 이날따라 평소 강론과 기도가 짧기로 소문난 신부님의 기도가 유난히 길었답니다. 두 손을 합장하고 눈을 내리 깐 채 고개를 숙이고 기도를 하는 신부님의 기도는 한없이 계속 되었답니다.

"…를 축복하시고, …도 축복하시고,"
"…을 용서하시고, …도 용서하시며 …"

기도가 끝난 줄 알고 "아멘" 하시며 숟가락을 드시다 머쓱해진 추기경께서 기도가 끝난 뒤 "아따, 우리 안당 신심이 아주 깊어졌구나." 하시니 안당 신부께서 답하시길 "금메, 나는 이제야 하느님을 쪼끔 알 것 같은디 추기경까지 된 너는 어쩌냐?" 이에 추기경께서 "너는 쪼이라도 아니까 좋겠다. 나는 아직 하나도 모르겠다."고 답하셨답니다.

팔십이 된 노성직자들이 만나 하는 얘기는 굉장히 근엄하고 성스럽고 철학적이며 의미심장할 것 같지만 실제로는 순박하고 너무나 우스꽝스럽고 천진난만하여 우리를 즐겁게 하면서도 많은 것을 시사해 줍니다.

예수를 본받아 착한 목자가 되겠다며 사제라는 형극의 길을 택한 두 분. 그 두 분이 50년 동안 사제라는 어려운 길을 나름대로 마치고 인생의 황혼에서 하신 말씀이 "아직 하나도 모르겠다"니 우리가 주님을 모르는 것은 당연한 일이 아니겠습니까? 오히려 하느님을 안다고 하는 것이 하느님을 무시하고 모독하는 일이 아닐까요?

수험생이 노력은 별로 하지 않은 채 그 결과가 좋기만을 바라듯 어찌 보면 전혀 알려고 노력하지도 않고 해 보았자 잠깐 기도하거나 성경이나 책 몇 권 읽고 나서 그래도 주님을 모른다고 탓하는 것 자체가 우리의 오만이 아닐까요? 그런 의미에서 정확한 이유는 잘 모르겠지만 로사리오 성월을 전교의 달로 정한 것은 참으로 적절하다는 생각이 듭니다. 마리아는 우리에게 신앙의 표본을 보여주기 때문입니다.

로마의 식민지 이스라엘의 평범하고 순박한 시골 처녀 마리아는 어느 날 갑자기 가브리엘 천사로부터 예수 잉태라는 무시무시한 메시지를 전해 듣고는 즉시 "주님의 종이오니 그대로 제게 이루어지소서."라고 답합니다. 아무리 무지한 마리아라 할지라도 그 말의 의미를 모르지는 않았을 것입니다. 처녀가 애를 갖는다는 것 자체가 평범한 삶이 끝나고 가시밭길을 걷는 것이요, 잘못되면 돌에 맞아 죽는 당시의 율법도 알고 있었을 것입니다.

아마 우리 같으면 자신은 자격이 없으니 다른 사람을 찾아보라는 겸손 아닌 거절을 하거나 좀더 신앙이 깊어질 때까지 기다려 달라고 하였을 것입니다. 그러나 마리아는 조금도 주저함이 없이 응답을 하였습니다. 그렇습니다. 그것이 바로 신앙인의 자세입니다. 자신의 부족함과 불완전함을 인정하고 자신의 능력 범위 내에서 최선을 다하고 나머지는 주님께 완전히 의탁하는 것입니다.

주님은 우리 자신이 미약하고 부족하다는 것을 우리보다 더욱 잘 알고 계십니다. 그런 그분이 우리에게 사명을 부여하실 때는 다 그분의 원대한 구원사업에 보잘 것 없는 우리를 동참시키려는 뜻이 있어서입니다.

모든 일은 때가 있습니다. 금년만은 모두 한 건의 실적을 올리도록 합시다. 해보지도 않고 지레 겁을 먹고 포기하지 맙시다. 왜냐하면 우리의 주인이신 주님께서 모든 것이 이루어지게 해 주시기 때문입니다.

(2001. 10.)

지나니 한숨이요, 나오나니 눈물이다

남자는 강하고 눈물이 없다는 것은 말짱 거짓말이더라. 내가 유별난지 청승맞은지 아님 쪼잔흔 남잔지 몰라도 지난 토욜 고1짜리 막내를 미국에 교환 학생으로 보내 놓고는 한숨도 못자고 디지게 울었다.

유행가가 흘러나와도 내 맘 같고 성당에서 미사를 흠시로도 눈물이 나오고 하늘을 봐도 땅을 봐도 눈물만 나오니 새끼 돈 벌러 놈집살이 보낸 것도 아님서 요러니 요것이 뭔 병인갑다. 하도 울어싼께 각시가 인자 우리 노부부 둘이 맘대로 여행 다니고, 산에 가고 골프침서 재밌게 살믄 되제 뭣이 걱정이냐고 흠시로 또 울먼 다시는 안 대준다고 홍께 안 운다고 약조는 혔는디 고것이 내 맘대로 될랑가 모르겄다. 7년여 전에 고 새끼 초등학생 때 '소녀와 토끼'를 써 줌서 울었는디 인자는 늙어서 노파심까지 생긴 탓인지 더 눈물만 늘어부렀더라.

어차피 새끼는 지 갈 길로 떠날 것이고 인자는 늙은 각시 보듬고 꿋꿋이 살아 갈란다. 긍께 느그들도 인자 놀러 가거나 골프 칠 때는 우리 부부 좀 신경 써 주라. 느그들은 자식흔테 어쨌는지 모르겄다만 나는 지금까정 고 새끼흔테 연애편지를 수십 통 써줬는디 요번에 쓴 편지를 올린께 내가 또라이인지 고 자식이 모진 것인지 심판 좀 봐주라.

주희야! 이 편지를 읽고 있을 때는 너와 우리는 헤어진 다음이겠지. 공항 대합실일까. 비행기 안일까. 늦으면 새로운 보금자리인 호스트 집일 수도.

가시리 가시리잇고 바리고 가시리잇고
날러는 어찌 살라고 바리고 가시리잇고
잡사와 두어리마나난 선하면 아니올세라
셜온님 보내옵나니 가시난닷 도셔오셔소.

「가시리」라는 고려 가사의 한 소절이야. 님을 보내는 애닯은 마음을 노래하는게 너를 보내는 아빠 맘 같아서 한번 읊어 봤어. 아빠 맘 같아서는 너와 함께 있고 싶지만 행여 네 꿈을 펼치는데 걸림돌이 될까봐 차마 그럴 수가 없구나. 너 없이는 못 살 것 같아 결코 너를 떠나보낼 수 없을 줄 알았는데 이렇게 흔연히 보낼 수 있다는 게 역설적으로 너를 진정 사랑하고 있나 봐.

전지전능하신 하느님께서 모든 인간을 당신의 뜻에 맞게 창조하실 수도 있지만 인간을 너무 사랑한 나머지 자율적으로 선택할 수 있는 자유의지를 주셨다는 심오한 교리를 너를 통해 확실히 알 것 같아. 네가 없는 집을 생각한다는 것이 두려워 자꾸만 잊어버리려고 노력하고 대범한 척 그냥 보내려고 했다마는 오히려 그게 위선적이고 부자연스러울 것 같아 이렇게 편지로나마 내 마음을 전한다.

솔직히 네가 떠난 다음에 엄마 아빠는 어떻게 될지 모르겠어. 종일 네가 어디쯤 가고 있을지 무엇을 하고 있을지만 생각하며 의욕을 잃은 채 멍한 세월을 보낼지 아님 너 때문에 엄마와 그간 하지 못했던 골프와 등산을 하며 우리만의 시간을 즐길 수 있을지 모르겠어. 잘은 모르지만 아빠는 어떻게든 이겨낼 수 있는데 엄마가 후자였으면 좋겠어.

너와 헤어져 본 적이 없는지라 한동안 별 생각을 다하겠지. 어젯밤 잠결에 TV 광고가 들리던데 '헤어짐도 행복'이데. 헤어져 있으면서 서로의 사랑에 대한 중요성을 느낄 수 있기 때문이란다. 그런 의미에서 너와 함께 했던 시간들을 하나하나 곰곰이 되새겨볼 거야.

너의 탄생, 아니 그 이전, 너의 잉태부터 너는 엄마 아빠의 기쁨이요, 기다림의 대상이었어. 엄마가 너를 갖기 위해 얼마나 노력했는지 아빠는 다 알아. 날마다 하느님께 기도하고 성모님께 묵주기도를 드리고 병원에 다니고 오죽하면 상상임신까지 했겠니.

태어나기 전에 이미 너의 본명을 '로사리와'로 정했어. 아들딸의 구분은 무의미했기에 아들이면 로사리오, 딸이면 로사리아로 정했지. 왜냐면 너는 성모님께서 엄마의 간구를 들어 허락하시어 생긴 아이니까. 네가 출산 예정일인 9월 중순을 한참 넘겨 로사리오 성월에 태어난 것은 결코 우연이 아니야.

너를 낳을 때 엄마는 무척 고생했어. 91년 10월 7일 아침 7시에 차산부인과에 갔는데 남들은 분만실에 들어간 지 2시간 정도면 다 나오는데 밤이 되어도 소식이 없는거야. 할 수 없이 아빠는 집에 돌아와 언니와 잤지.

꼬박 하루가 지난 다음날 새벽에야 외할머니로부터 전화가 왔어. 또 딸이라는 할머니의 실망에 가득 찬 푸념은 귀에 들어오지 않고 무사히 탄생했다는 것만으로도 기쁨이고 축복이었어. 너무나 오랜 산고의 고통에 지친 엄마에게 "괜히 새끼 때문에 고생했다"고 위로하자 엄마는 "아기에 대해 불평을 하지 말라"는 거야. 너를 처음 본 순간 엄마는 그간의 모든 고통이 사라지고 "너무 오랫동안 우리 아기 고생했다"라는 생각만 들며 사랑스럽더라는 거야.

어릴 적부터 너는 엄마, 아빠의 보람이요, 기쁨이자 자랑이었어. 자식을 키우다 보면 한번쯤은 귀찮고 짜증이 나련만 너로 인해 속상한 적이 한번도 없어.

단지 강남보육원을 보낼 때 처음엔 약간 속이 상했지. 좁은 생각으로는 최고로 좋고 유명한 유치원에 보내고 싶었는데 도리어 엄마가 너와 등하교를 함께 할 수 있고 수업 중간에도 짬을 내어 지켜 볼 수 있다기에 참았지.

그래서인지 엄마 대신 참관했던 유치원 졸업식 날 너의 담임이셨던 백은경 선생님이 원고를 읽으며 흐느끼는 것을 듣고 아빠도 많이 울었어. 내 자신 졸업식에는 울기는커녕 참석한 적도 없으면서 말이야.

어쩜 아빠는 네가 어릴 때 평생 씻지 못할 잘못을 범했는지 몰라. 어린 시절 너에게 잘해 주려고 계획만 세우면 항상 아파서 병원에 입원했지. 돌잔치 때도 입원해 있다가 친척들에게 행여 들킬까 몰래 외박을 나와 참석했지. 그래서 너를 안고 있는 돌잔치 사진만 보면 지금도 눈물이 나와. 어린이날을 맞아 신나게 놀러 갈 약속을 하고도 갑자기 아픈 바람에 공수표가 되었지. 그런 게 아빠 마음에는 항상 짐으로 남아 있어.

병원에 누워 있을 때 네가 병문안을 오면 너무 반가웠어. 어린 나이에도 너는 생각이 깊었지. 한번은 아빠가 화장실에 가려고 맞고 있던 링거 병을 쳐들고 침대에서 일어서자 네가 침대 밑에 놓여 있던 슬리퍼를 재빨리 찾아내어 신기 편하게 발밑에 놓아 주는 것을 보고 주위에 있던 다른 보호자들이 아이가 너무 영악하다고 했지. 네가 엄마와 집으로 돌아가고 나면 침대 곁에 붙여 놓았던 너의 사진을 보고 울었지. 한 밤 중에도 병원 옥상에 나와 우리 집 방향을 쳐다 보며 네 생각에 눈물도 흘렸어.

삼릉초등학교 시절이 너와 나 사이에는 하이라이트였던 것 같아. 그때는 네가 모두 아빠의 도움을 필요로 했으니 말이야. 엄마가 먼저 출근 한 뒤 너를 깨워 먹이고 머리를 빗기고 가르마를 타서 잼으로 묶어 주고 손을 잡고 학교에 데려다 주고 돌아서 출근하던 시절이 지금도 선해. 오은이 엄마나 다른 엄마들이 유별난 아빠라고 여겼을지 모르지만 아빠는 그저 좋았어. 초등학교를 졸업하고 언주 중학교에 입학했을 때 정말 흐뭇했지. 알뜰한 엄마가 돈 아끼느라 큰 정부미 부대 같은 교복을 얻어 와서 입힐 때는 깜찍하게 딱 맞는 교복을 사서 입히라고 화를 냈어. 항상 네가 원하는 모든 것을 최고로 해주고 싶었지. 시험 볼 때는 함께 속을 태우고 다음날 결과를 물어 보고는 일희일비했지.

네가 꿈 많은 여고생이 되었을 때 아빠는 도리어 서운했어. 품안의 자식이라고 하던데 훌쩍 커버린 네가 이제는 아빠의 도움을 필요로 하지 않을 것 같아서야. 그때나 지금이나 너는 항상 마음에 꼭 드는 딸이었어.

실은 이번에 네가 미국에 가는 것이 부럽고 자랑스럽기도 해. 어릴 적 아빠도 꼭 미국에서 살아 보고잡었고 영어를 한번 잘해 보았으면 하는 게 소망이었지. 어리석고 의지가 약한 아빠는 꿈을 이루지 못했는데 그것을 야무지게 챙기고 확고한 의지로 이루어 나가는 네가 정말 대견해. 이번이 너의 생에 있어 아주 좋은 기회가 될 거야. 가서 너의 소망과 꿈을 맘껏 펼쳐 봐.

규칙적인 생활을 하고 호스트 가족과 친하게 지내고 학교에서는 많은 친구를 사귀고 그들을 이해하도록 해라. 범사에 감사하며 기도하고 무슨 일이 있으면 호스트 부모와 상의하고 아빠한테 연락해. 너는 어디 가서 무엇을 하든 누구에게나 사랑받고 잘할 거야. 도리어 엄마가 걱정이야. 엄마의 일과와 생각의 거의 모두는 너일 거야. 네가 이렇게 훌륭히 자라 얼짱, 몸짱, 공부짱이 된 것은 엄마의 희생과 노고 덕분이야.

너를 잘 먹여서 1센티라도 더 키우려고 요리를 하며 다지느라 손가락 뼈마디가 아프고 쑤셔도 네 키를 재며 흐뭇해 하던 엄마. 학교 일과 살림에 지쳐 쓰려져 자다가 학원 끝날 시간이면 소스라쳐 놀라 깨서 데리러 가면서도 네가 공부 잘한다는 한마디에 모든 걸 잊고 보람을 찾는 엄마.

자기는 몸매가 뚱뚱하고 작고 엉망이라도 두 딸이 날씬하고 예쁘다는 칭찬 한 마디에 기뻐하는 엄마. 엄마가 너와 언니를 차려 입히고 외출하는 것을 얼마나 좋아하는지 아니? 너희들은 엄마의 전부요, 자랑이야.

비록 엄마가 극성맞고 욕심이 많아 원칙적이고 많은 것을 원하더라도 엄마의 하루 일과를 돌이켜 봐. 자기를 위한 시간은 거의 없이 모두가 너와 가족을 위한 시간일 거야. 우리 모두는 엄마에게 커다란 빚을 지고 있어. 그것을 잊으면 결코 안 돼.

이 기회에 오늘의 네가 있기까지 돌보아 주시고 사랑해 주시던 분들을 새겨보는 것도 좋을 거야. 너를 키워주시고 돌보아 주신 할머니, 앞으로 살면서 너와 가장 가까운 사이인 언니, 언니가 아니었으면 너는 가장 촌스럽고 옷을 못 입는 아이일 텐데. 멋쟁이 언니가 있어 얼마나 다행인지 생각해 봐. 가르쳐 주었던 이모와 삼촌들, 지금은 말도 못 하시지만 틀림없이 서울대에 갈 애라고 칭찬하시던 광주 큰아빠, 고모와 큰아빠, 작은아빠, 성당의 신부님과 주일학교 선생님들, 유치원에서 여고까지의 선생님들, 모두에게 감사드리고 모든 일에 만족하며 이렇듯 행복하게 은총을 베풀어 주신 주님께 항상 기도하도록 해라.

이제 꼭 10달 후에 키는 3센치가 더 커서 168이 되고 몸매는 더욱 영글고 늘씬한데다 영어를 완벽하게 구사하고 세련된 매너를 지녔으며 세계를 관조할 수 있는 혜안을 갖춘 데다 세계인을 모두 포용할 수 있는 넓은 마음을 지닌 멋진 내 딸의 영광스런 변모와 귀환을 손꼽아 기다리며….

주희야! 잘 다녀와. 안녕.

(2007. 8.)

천상 잔치에 참석하자

지난 11월 10일, 아내의 생일을 맞아 전남 장성에 갔습니다. 직장 다니랴 살림하랴 거기다 남편 병간호까지 겹쳐 관절염으로 고생하는 아내에게 무언가 특별한 생일 축하를 해 주고 싶었습니다.

어디 가고 싶은 곳이나 하고 싶은 것이 있느냐는 물음에 아내는 딱히 없다고 하였습니다. 생각 끝에 그때쯤이면 백양사의 단풍이 한창일 때이고, 장인, 장모를 찾아 뵐 겸 장성에 가는 것이 어떠냐고 제안을 했습니다. 아내는 정말이냐며 반색을 하였습니다. 제 딴에는 몹시 가고 싶은 데도 내가 싫어하고 불편해 할까봐 차마 말을 못하고 있었던 모양입니다.

3년 전부터 장인, 장모 두 분께서는 장성에 내려가 계십니다. 물론 생활의 근거지는 서울에 두고 두 분이 번갈아 오가곤 하시지만 사육하는 가축과 농사 때문에 요즘은 시골에 머무시는 때가 많습니다. 장인께서 은퇴하신 후 할 일 없이 보내시는 것을 보고 장모께서 고향에 내려가 소일거리로 농사나 짓자고 하셨답니다.

고향집이라고는 하지만 아내가 초등학교 때 상경했으니 40년이 다 된데다 요즘 시골에서는 그냥 들어와 살라고 해도 들어올 사람이 없어 오랫동안 방치한 탓에 폐가나 다름이 없었답니다. 두 분이 가셔서 약간 개조를 하고 청소를 했지만 집은 매우 허름합니다. 특히 화장실이나 부엌이 재래식이어서 불결하고 매우 불편합니다. 그런 연유로 아내는 가고 싶으면서도 먼저 얘기하지 못한 모양입니다.

처음에는 소일거리로 짓던 농사가 장모께서 워낙 부지런하시고 남에게 지고는 못 사는 억척이 있어 이제는 제법 소출이 납니다. 덕분에 우리나 친척들은 순수한 무공해 농산물을 먹습니다. 저희가 내려간다는 말을 들은 장모님은 그 날만 손꼽아 기다리셨습니다. 전화할 때마다 행여 아내가 관절염이 더 심해지면 못 올까봐 몸조심하라고 신신당부를 하시고 그것도 모자라 어디도 못 가게 하실 정도였습니다. 내려가는 날 고속도로 사고로 예상보다 약간 늦었는데도 두 분은 몹시 걱정하고 계셨습니다.

저녁은 손수 재배하신 각종 야채로 차린 시골밥상인데 두 분은 드시지도 않고 이것저것 주섬주섬 얹어주시며 많이 먹으라고만 하십니다. 아내도 태어난 집에서 하는 생일잔치에 감회가 새로운 듯합니다.

평소에는 비워두던 방인데 우리가 온다고 방에 불을 어찌나 많아 땠는지 찜질방 같았습니다. 이튿날은 장인께서 행여 간밤에 방이 식었을세라 아궁이에 장작불을 지피는 소리와 장모께서 저희들이 서울 갈 때 보낼 것을 준비하는 소리에 잠이 깨었습니다. 짐을 싣는데 끝도 없었습니다. 다 실었다 싶으면 또 가져오시고 하찮은 것도 사서 먹으려면 다 돈이다 하시며 이곳저곳 쑤셔 넣는 바람에 차바퀴가 깔릴 정도였습니다.

일요일이라 미사를 보러 갔습니다. 읍내에 있는 성당은 시골치고는 꽤나 크고 예쁘게 꾸며져 있었습니다. 젊은 신부의 강론이 상당히 마음에 와 닿았습니다. 요즈음 신자들은 너무 쉽게 미사를 궐한답니다. 툭하면 이 핑계 저 핑계로 빼 먹다 요즘은 단풍놀이 가느라 참석치 않는답니다.

그런데 이것이야말로 본말이나 주객이 전도된 것이랍니다. 그 아름다운 단풍을 만들어 주신 분을 찬미하는 것을 잊고 단풍에만 정신이 팔려 구경 다닌다는 것입니다. 영원한 본질은 잊은 채 순간적이고 피조물인 허상만을 좇는 어리석음을 범하고 있다는 것입니다.

덧붙여 미사는 하느님께서 우리가 보고잡어 잔칫상을 차려 놓고 초대하는 행사랍니다. 부모가 자식들이 보고잡어 정성껏 어릴 때 좋아했던 음식을 차려 놓고 간절한 마음으로 기다리시는데 자식들이 사소한 약속이나 핑계로 오지 않는다면 부모의 심정이 어쩌겠냐는 것입니다.

미사 후 백양사로 향했습니다. 옛날 조용하고 고즈넉한 백양사의 분위기와 단풍을 좋아했는데 기대와는 딴판으로 사람이 많고 복잡하기는 어디나 마찬가지였습니다. 그러나 백양사의 단풍은 역시 좋았습니다. 비록 내장산과 등을 맞대고 있지만 백양사의 단풍은 다릅니다. 내장산의 단풍이 온 산을 덮은 수십 종의 단풍나무 잎이 붉게 물들어 정열적이고 타는 듯한 불꽃이라면 백양산의 단풍은 단풍나무의 붉은 색과 활엽수의 엷은 갈색, 비자나무의 진한 초록색이 한 데 어울려 아름다운 조화미가 있는 반면에 서로 견제하는 듯한 긴장미가 서려 있습니다.

단풍나무 숲 사이를 걸으며 저 높고 파란 하늘과 아름답고 황홀한 단풍, 계곡을 흐르는 맑은 물, 그 속에서 지저귀는 새소리 모두를 아내에게 생일 선물로 바친다고 했더니 아내는 말로는 세계 일등이라며 눈을 흘기면서도 싫은 기색은 아닙니다. 동행하신 두 분은 중년의 아내가 어린애인 양 먹고 싶은 것 없냐고 물으시고 갖고 싶은 건 다 말하라며 마냥 즐거워하십니다.

'이 무엇고?' 라는 카페 겸 식당에서 점심을 먹었습니다. 불가의 용어로 "어디서 와서 어디로 가는고?" 라는 깊은 의미를 가진 이 집은 마을에서 동떨어진 곳에 산을 뒤로 하고 강을 앞에 둔 전형적인 명당에 자리잡고 있었습니다. 전통 초가로 토담과 싸리문으로 둘러싸인 집은 곳곳에서 주인의 예술과 인테리어에 대한 높은 안목을 엿볼 수 있는 운치가 있었습니다. 사랑하는 사람과 좋은 분위기에서 함께 한다는 것은 정말 좋은 추억입니다.

계산을 하시려는 장인을 어렵게 만류하고 음식 값을 치르고 앞서 나오는데 장인께서 아가씨에게 하는 말씀이 들렸습니다. 자식들이 오랜만에 멀리 왔는데 행여 음식 맛이 없으면 어쩌나 걱정했는데 모든 것이 마음에 들어 다행이라며 고맙다고 하셨습니다. 사위는 백년손님이라더니 조그마한 일까지도 세심하게 신경을 쓰는 정성에 뭉클하였습니다.

헤어질 때도 '고맙다'를 연발하시며 손녀 손에 용돈을 꼭 쥐어 주십니다. 멀리 떨어져 사는 것도 아니요 오랫동안 헤어져 지낸 것도 아니고, 대접을 해드린 것도 없이 하루 잘 얻어먹고 많은 것을 얻어가는 데도 저렇게 좋아하시고 흐뭇해 하시니 도대체 '부모 사랑의 비밀'은 무엇일까요? 그 비밀은 바로 하느님께 있습니다. 그 사랑의 원천은 바로 하느님께로부터 오는 것입니다. 하느님은 사랑 그 자체이시기 때문입니다.

대림절입니다. 이제 이 기간이 끝나면 우리의 구세주께서 이 땅에 오실 것입니다. 하느님은 우리 인간을 너무 사랑하신 나머지 항상 잔칫상을 차려 놓고 우리를 기다리시고 목메어 부르시지만 우리 인간은 무엇이 그리 중요하고 바쁜지 사소한 핑계로 초대를 거절합니다.

기다림에 지친 하느님은 너무도 소중한 자식들이 보고잡어 명절 때 노부모들이 자식들의 노고를 덜어주려 온갖 정성을 다한 보따리를 서너 개씩 꾸려 들고 역귀성을 하듯 스스로 인간이 되어 이 땅에 오십니다. 그것이 바로 성탄입니다.

베레쉬트 가족 여러분! 한 해를 마무리하는 이때 한번쯤은 우리를 위해 멀리서 오시어 목숨까지 버리신 예수님을 묵상하고 지금도 여러분을 초대하시고 계시는 하느님의 천상 잔치에 응해야 되지 않을까요?

(2001. 12.)

잘 가, 엄마! 정말, 너무나 보고잡네

저녁밥을 묵고 나니, 엄마 며느리, 즉 나의 각시가 금년 들어 첨이라며 참외를 깎아 주드라고. 성당서 오는 길에 아저씨가 트럭에서 팔기래 샀다네. 백화점보다 질은 떨어지지만 싼 맛에 그냥 먹으람서 하는 말이 "당신같이 참외 좋아한 사람이 있으까이." 자네 며느리가 뭣을 몰라도 한참 몰러. 지그 시엄씨를 봤으면 다시는 고런 소리 못 흘텐디. 참외를 보면 엄마가 생각 나. 엄마같이 참외를 좋아했으까. 아예 삼시 세 끼를 참외로 때웠응께. 누나나 큰성, 이모가 놀러올 때는 선물로 참외를 사왔지. 몇 개가 아니라 한 접씩 사거나 리어카째로 사왔어. 냉장고가 흔하던 시절이 아니라 오래되면 곯기도 흐고 맛이 오이만도 못한 쌩퉁이도 많았어. 내가 맛이 없거나 좀 간 것 같담서 버리면 엄마는 얼릉 주어서 칼로 창시만 대강 쓱 긁어내고 먹었지.

그때는 참외를 밭에서 키우다 보니 여름 한철 석 달 정도만 나오고 장마철이나 비가 많이 오는 해는 단맛도 없을 뿐 아니라 희멀거니 썩은 게 많았어. 지금은 비닐하우스에서 재배를 흥께 거의 1년 내내 참외가 나오고 종자 개량이 잘 되어서 무지흐게 달아. 해마다 참외를 처음 먹으면 엄마 생각에 열병을 앓아. 젊어선 어쩌다 그러다 말것지 했는디 나이 묵을수록 더해. 처자식이나 친구에게도 말 못할 저 가슴 밑바닥에서부터 저려오는 아련한 슬픔을 어쩔 수가 없어. 길을 가다가도 버스나 전철을 타도 테레비

를 보거나 음악을 들어도 은행에서 일을 ᄒᆞ다가도 엄마 생각에 멍해짐서 나도 몰래 눈물이 줄줄 흘러. 내가 왜 이런다냐 이상ᄒᆞ다 ᄒᆞᆷ시로도 정말 내 마음 나도 모르겠어.

엄마 떠난 지 30년이 훌쩍 넘었어. 엄마 없이 산 세월이 함께 산 세월보다 훨씬 긴 데도 잊히기는커녕 새록새록 생각나. 대단한 것도 아니고 아주 하찮은 디도 엄마가 있어 그런가 봐. 어릴 때 여름에 더워서 땀띠 쓴다고 투정을 ᄒᆞ면 엄마는 대청 모기장 속에서 부채질 하면서 내 등짝을 긁어주고 손바닥으로 문대줬잖아. 글먼서 했던 얘기, “나는 눈 감고도 멀리서 내 강아지 오면 냄시로 알 수 있다.” “먼 냄시?” “고소하고 맛난 냄시!”

각시는 내가 술묵고 와 안 씻고 자면 도끼 빗으로 때리며 등짝에서 쩐내가 진동ᄒᆞ고 입에서 썩은 내가 코창을 튼다고 ᄒᆞ던디 엄마 코ᄒᆞ고 각시 코는 왜 그렇게 성능이 다를까?

나이 묵어서도 엄마 앞에서 홀랑 깨댕이 벗고 팬티, 란닝구 갈아 입으면 “이놈아! 인자는 컸응께 저그 안 보인 데 가서 갈아 입어.” “아따! 엄만디 멋이 어찐당가.” “후제 장개가서 글먼 각시ᄒᆞᆫ테 쫓겨낭께 글제.” “아이고 글면 차라리 잘 됐네. 난 엄마랑 살지.” ᄒᆞ면 “어디 두고 보자!” 했는디.

엄마 얼릉 와! 시방도 엄마만 오면 마사지 해주고 빰도 문댐서 뽀뽀도 흐고, 젖도 만짐서 각시랑 안 자고 엄마 보듬고 잘랑깨. 3류 가수가 관객들은 전혀 감동이 없는디 저만 지 감정에 목이 메어 지대로 노래를 못 흔다드니 자네 아들이 못나기는 못난 모양이여. 하도 죽것으먼 '그래, 잊을라고 흐먼 흘수록 안 된깨, 차라리 자네하고의 추억을 글로 써서 영원히 기억하자' 맘묵고 PC 앞에 앉으면 눈물이 앞을 가려 자판을 한 자도 못 치것어. 난 영 무식흐고 싸가지 없는 놈인가 봐. 환갑이 낼 모렌디 아직도 엄마흔테 자네라니. 그래도 할 수 없어. 엄마는 엄만디 뭐. 그래야 편흐고 이모롭고 존디 뭐.

작년 김기덕 감독, 조민수, 이정진 주연의 〈피에타〉라는 영화를 안 본다는 각시 꼬셔서 같이 봤어. 이정진이가 사채업자 충견으로 나와. 돈을 빌려주고 약속한 날 못 갚으면, 빚쟁이 앞에서 아내를 겁탈흐는가 흐먼 돌로 찍어 다리뼈를 부러뜨리고 압축기에 팔을 넣어 절단해서 받아낸 상해 보험금으로 돈을 받아내는 등 징흔 놈이여.

고런 이정진이 앞에 어느 날 실성흔 여자 조민수가 엄마라며 나타난거야. 언제, 어디서, 누구한테 태어났는지 모르고 사랑을 받아본 적도, 남을 믿어 본 적도 없이 늑대같이 자라난 놈은 본능적 경계심으로 절대 엄마일리 없다며 부정을 해. 그러나 조민수의 끈질긴 사랑과 희생에 점점 마음을 열어. 메마르게 야수같이 큰놈이 한번 가족과 모정에 눈을 뜨자 걷잡을 수 없게 된 거야. 사랑, 자비, 용서, 연민 등의 감정이 싹트며 옛날같이 돈을 받아내지 못해 사채업자 사장에게 디지게 터지면서도 새로운 희열에 젖게 되고. 맛있는 거나 예쁜 것을 보면 먼저 엄마 생각이 나고 엄마가 기뻐 웃으면 저도 웃고.

그간 모르고 지냈던 행복이 가득한 어느 날. 갑자기 엄마가 사라진 거야. 엄마 걱정에 거의 미치기 일보 직전, 납치된 엄마로부터 연락이 오고.

엄마를 찾을 수 있다는 희망에 약속 장소인 공사장에서 기다리는 데 저 위에서 무언가 떨어지는 소리에 달려가 보니 엄마가 투신해서 으깨져 죽은 거야. 복수의 일념에 엄마 죽인 원수를 쫓아다니다 보니 그것은 엄마의 자작극이었고 엄마라 믿었던 조민수는 저한테 아들을 잃은 피해자였어. 너무도 기막힌 복수에 생의 의욕을 잃은 그는 결국 자살해.

그래! 세상에서 가장 처절한 복수는 한없이 사랑하고 베푼 다음, 갚을 기회를 박탈하고 떠나는 거야. 가장 가슴 아프고 슬픈 때는 반중의 가장 좋은 조홍감을 품어가 반길 이 없을 때여.

난 엄마한테 받기만 했지 단 한 푼도 보답을 못 했어. 하다못해 참외 한 개라도, 하다못해 한 시간만이라도 병간호를 했다면 이렇지는 않을 거야. 엄마한테 한 푼도 보답을 못한 탓인지 자식에게 받는 것도 못할 짓 시키는 것같아 싫어. 큰딸이 새벽에 저 출근할 때 차로 태워다 준디 춥다고 솜바지 사주고 꺼칠흐다고 면도기 사줬는디 바지 입고 면도흘 때마다 눈물이 나드라고.

결혼하고, 애 낳고, 큰 집으로 이사하면서 울 엄마가 봤으면 얼마나 오져하고 이뻐하고 즐거워흘까! 옛말 틀리는 것 하나도 없어. 사람이 죽을 때가 되면 남은 사람을 위해 정을 뗀다더니 정말 꼭 그래야 돼. 떠나려면 정을 꼭 떼고 가사 써. 안 글면 남은 사람이 너무너무 괴로워. 평생 씻지 못할 한과 고통과 슬픔을 남기는 거야.

그래서인지 부모님 병수발흐느라 심들고 마누라 눈치 보인다는 친구들이 오히려 부러워. 친구들 모친상에 잘 안 가는 이유도 나보다 30년이나 더 엄마하고 살았음서도 서운흐네 슬프네 흐는 것을 보면 염장지르는 것인지 성질이 나드라고.

엄마! 요즘 뜨는 〈별에서 온 그대〉란 드라마가 있어. 김수현이가 외계인인디 지가 사는 행성의 공전 주기가 400년에 한번씩 지구와 궤도가 겹쳐 거의 스쳐 부닥칠 정돈디, 조선시대 중반에 우연히 지구에 착륙했다 돌아가지 못흐고 지구에서 살게 돼. 지그들 흐고 지구 사람들은 시간이나 세월 관념이 달라 지그들이야 안 늙고 영원히 살지만 지구인들은 늙고 죽는다는 것을 모르고 사랑을 했는디, 많은 사람들이 늙어서 추해지고 병들어 고통스럽게 죽는 것을 보고는 다신 사랑흐지 않기로 흔 거야.

글다가 지가 살던 별이 400년 만에 지구에 접근흔다는 날을 3달 앞두고 전지현이를 만나 진짜 사랑을 하게 된 거여. 전지현이는 우연히 김수현의 일기를 보고 그가 이번에 돌아가지 않으면 죽는다는 사실을 알게 돼. 그가 돌아가서 다시 오려면 최소한 400년은 걸린디 그간 지구의 인간은 틀림없이 죽을 거고…. 여자가 얘기해. 함께 살면 당신은 죽게 되고 자기는 당신을 너무나 사랑하기 때문에 울다 지쳐 따라 죽을 수밖에 없지만 당신이 자기 별로 돌아가 이 우주 어느 공간에선가 자기를 잊지 않고 가끔씩 생각하며 존재하고 있다면 그 희망만으로도 살아갈 수 있다는 거야

그 말을 듣는 순간, 엄마도 이 우주 어느 별에선가 나를 지켜보고, 생각하고, 걱정하고 잘 되기만을 바라며 존재하고 있을 거란 생각이 떠올랐어. 엄마도 예수님같이 틀림없이 부활해서 나를 잊지 않고 살고 있을 텐데 내가 그 사실을 잊은 거야.

엄마! 작별 인사는 미리미리 나눠야 한데. 진짜 마지막이 오면 아무것도 할 수 없데. 엊그제 이산가족이 만나 2박 3일 동안, 껴안고 울며 한을 풀던디. 1박 2일이라도 아님 한 시간만이라도, 그것마저 안 되면 꿈에라도 딱 한번만 놀러 와! 그때 못 나눈 작별 인사 나누게.

잘 가! 엄마! 정말 너무나 보고잡네.

(2014. 3.)

■발문

박용운의 저서 출간을 기다리며!

조 승 환
(손해사정인)

1. 대그빡

먼저, 저서 출간을 미리 축하!
아울러, 드디어 저자의 반열에 오르게 됨을 다시 한번 감축!!

필자가 붙인 글 제목이 '박용운의 저서 출간을 기다리며' 인 것은 '사무엘 베케트' 의 대표작인 『고도를 기다리며 (*Waiting for Godot*)』를 본뜬 형국이 되고 말았다. 이는 박용운이 게시판에 올린 글 제목이 상당 수 '아름다운 죽음을 위하여' (게시글 45번) 라든가 '설악과 함께 사라지다' (게시글 70번) 등등으로 어디서 한번 들어봄 직한 작품명을 차용하고 있는바 가령, 칼 힐티의 『잠 못 이루는 밤을 위하여』나 마가릿 미첼의 소설 『바람과 함께 사라지다(*Gone with the wind*)』를 연상케 한다. 그래서 필자도 그의 글 제목 붙이는 스타일을 한번 흉내 내어 보았다.

각설하고, 그가 일고 50회 동창 홈페이지(www.ilgo50.or.kr) 자유게시판에 올린 글 편수를 헤아려 보니 「지리산 산행기 마이크 테스트」(순번 1 / 2003. 8. 19)를 시작으로 최근작 「그리운 옛날의 그 친구들 –상해 회갑여행기 하편」(순번 125 / 2016. 5. 20)에 이르기까지이다. 무려 13년에 걸친 125편의 글의 방대함에 경의를 넘어서서 경악을 금치 않을 수 없다. 그의 표현 방식을 빌리자면, "오메, 징한 노옴 !"

다시 한번 각설하고, 이 글은 '박용운의 작품세계' 같은 거창한 평론적 수사를 접어두고, 그저 필자 나름의 느낌을 감상문 형식으로 소박하게 쓴 것이다. 굳이 장르를 따지자면, 삼류 아류의 '얼치기 평론' 쯤으로 치부해 두고자 한다.

2. 몸땡이

그의 글을 읽노라면 묘한 마력에 빠져든다. 혹자의 평대로 만화나 무협지 같은 '판타스틱' 을 넘어서서 공감의 극치와 함께 다음 편을 기다리게 하는 매력이 있다. 그 이유는 무엇일까? 짐작컨대, 동창회 게시판을 드나드는 독자들 즉, 우리 동기 동창들의 '노스탤지어' 를 건드린 표현 방식일 것이다. 마치 그 옛날 어머니가 끓여주시던 구수한 된장찌개의 맛을 잊지 못하듯이 감수성이 예민한 시기에 익혔던 '전라도 사투리' 의 그 재미진 맛을 그는 익히 몸으로 체득하고 있었을 것이다.

특히, 수도권 지역에 거주하며 '전라도 사투리 콤플렉스' 에 시달렸을 친구들의 억압된 감정을 풀어헤친 일종의 '카타르시스' 였다고나 할까. 다시 한번 그의 표현 방식을 차용하면 '참았던 오짐을 시원하게 시카리 깔기대끼' 처럼. 따라서 그가 올린 글들이 대부분 전라도 사투리체임은 특정 독자층의 '니즈(needs)' 를 겨냥했을 터.

이는 그의 타고난 본능적 감각이었거나 아니면 주판알 튕기는 생활 속에서 터득한 이른 바 상인들의 '다상량(多商量)' 의 영향도 있지 않았을까 하고 유추해 본다. 그는 또한, 몇 마디 간단한 내용을 무한대로 늘이는 타고난 이야기꾼이기도 하다. (이른바 팬티 고무줄처럼) 한 편의 영화 러닝타임 120분짜리를 1,200분으로 늘려 설명하는 가히 가공할 만한 내공을 지녔음에 새삼 경탄하지 않을 수 없다.

즉, 주먹만 한 밀가루 반죽 한 덩어리를 수백 가닥의 면발로 변모시키는 수타면의 달인에 버금간다. 따라서 그의 이야기는 그 끝을 알 수 없다. 한마디로 '네버 엔딩 스토리' 처럼 언어의 마술사이기도 하다. 다시 한번 그의 표현체로 옮기자면 그의 이야기는 마치 '거미 똥구녁에서 거미줄이 끊임없이 술술 나오데끼…' 이다.

혹자는 이를 '노가리' 쯤으로 폄하할지 모르겠으나 필자는 그러한 견해에 결코 동의할 수 없다. 일부러 정제되지 않은 말투인 것은 순전히 특정 독자(전라디언)를 겨냥한 것이었을 뿐, 점잖은 또는 현란한 수사를 얼마든지 능수능란하게 구사할 수 있는 내공을 지녔음을 나는 믿어 의심치 않는다.

"아따메, 짜장 빼는 놈이 우동, 짬뽕 못 빼겄능가!" 그에 관한 이야기는 이쯤 해 둔다. 나머지 평가는 오롯이 독자 제현의 몫으로 냉겨 두고자 흔다.

3. 꼴랑지

자유게시판에 실린 그의 글들은 순전히 동창들의 시선을 붙들어 두기 위한 편린일 뿐, 짐작컨대 그가 숨겨둔 '보물창고' 에는 수없이 많은 글 편들이 햇빛 볼 그날을 애타게 기다리며 짱박아져 있을 것이다. 그리하여, 그의 처녀본 출간을 기다리며 추후 제2, 제3의 작품들이 '줄줄이 사탕' 맹키로 세상 밖으로 나오기를 기대한다.

물론, 각고의 노력을 요하겠지만 주변의 따뜻한 격려가 더해진다면 마치, 원석이 장인의 '절차탁마' 를 통하여 빛나는 금강석이 되듯이 그의 이순(耳順) 또한 반짝이는 보석으로 찬란히 빛날 것이다.

박용운 책 발간에 부쳐

강 남 석
(목포고 24회, 전 대림산업 근무)

1975년 봄 동대문운동장 야구장
대통령배 고교야구대회 광주일고와 경북고 결승전
경북고 성낙수의 공을 받아쳐 김윤환이 3연타석 홈런을 날리자
3루에 앉아 응원을 하던 광주일고 졸업생 모두가 일어섰다.
손을 앞으로 흔들며
"우러러 보라 우러러 보라 우리 위용을 우리 위용을!"
일고 친구들 사이에 앉아 있던 나만 그대로 있을 수 없는 노릇
같이 서서 나도 일고 졸업생이 될 수밖에
이렇게 나와 일고와의 인연이 시작되었다.

스물여섯 복학을 한 어느 날, 당시 훤칠한 키와 시원한 입담으로 학교사회를 평정해버린 용운이와 만났다. 목포고, 광주고 순천고 공립학교는 우리 기수가 모두 24회여서 그냥 24회라면 바로 같은 또래로 인식하는데 일고만 달라 졸업년도까지 물어야 한다.

"그럼 우리 둘이 동창이 확실한 게 말 놓고 지내자!"
이렇게 둘은 처음부터 바로 마음을 열었고.

목포고등학교를 졸업한 나는 호남의 영재들이 모인 광주일고 출신들이야말로 모두 공부를 잘하는 모범생들이어서 술, 담배를 조심함은 물론이고 표준말을 바르게 사용하는 줄 알았다.
그러나 어쩌랴! 계림동 양동의 술집들을 용운이 손에 이끌려 출입하게 되었고 잊혀져가는 우리말을 찾아내서 갈고 닦아야 한다며 순수 전라도 말을 고집, 덕분에 서울 생활이 30년을 훌쩍 넘긴 지금도 나는 서울 말을 전혀 못한다.

저력은 멀리 가지 않는 법!
'정치사상사' 등 전공과목이 잘 정리된 내 노트를 복사해 간 박용운 학생. 밑줄을 그어가며 소리 내어 몇 번 읽어보더니 노트 주인인 나는 4년을 채우는데, 성적 우수자로 조기 졸업을 하고 바로 한일은행으로 직행하더라는.

몇 년 전, 요즘 심심풀이 삼아 글을 하나씩 쓴다며 알려줘 동창 홈페이지에 올린 글들을 미리 볼 기회가 있었다. 마치 그때그때의 장면을 사진으로 찍어낸 듯한 서술에다 감칠맛 나는 우리 말, 알파고도 읽어내지 못할 상대의 심리묘사.
"아니 용운에게 이런 재주까지, 그래 용운이가 뭔들 못 하겠어?"

무등산 아침 해같이
13년간의 작업이 무등산에 힘차게 솟는 아침 해마냥
더 넓은 세상 밖으로 얼굴을 내민다고 하니

그것도 광주일고 동창들의 열화와 같은 성원을 등에 업고.
축하로만 그칠 일이 아니다. 시기도 하고 질투도 해야지
글에 등장하는 여러 아는 친구들의 이름에는 반가움이…,

박용운 만세! 광주 일고 만세! 무등산 아침 해같이 만세!

무등산 아침 해같이

찍은날 2016년 7월 1일
펴낸날 2016년 7월 7일
지은이 박용운
펴낸이 박몽구
펴낸곳 도서출판 시와문화
주 소 (13955) 경기 안양시 동안구 경수대로 883번길 33,
103동 204호(비산동 꿈에그린아파트)

전 화 (031)452-4992, 010-5281-7930
E-mail poetpak@naver.com
등록번호 제2007-000005호 (2007년 2월 13일)

ISBN 978-89-94833-24-8(03810)

정 가 20,000원